의식주와 민속놀이를 통해 바라본
조선의 근대

의식주와
민속놀이를 통해 바라본
조선의 근대

단국대학교 동양학연구원 편

채륜
CHAE RYUN

  '문화전통'이란 과거 문화유산의 정체성을 밝히는 데 초점을 둔 '전통문화'와는 그 의미를 달리한다. 문화전통은 전통문화를 지속적으로 향유하면서도 새로 유입된 외래문화를 주체적으로 수용하여 자기화하는 과정 속에서 형성되는 것이다.

  오랜 역사를 거쳐 형성된 우리의 문화전통은 개화기 이후 서구의 충격과 동아시아 국제질서의 재편 과정에서 큰 혼란을 겪었고, 이어 일제강점기라는 민족적 시련에 의해 새로운 국면을 맞이하게 되었다. 특히 일제강점기 우리의 문화전통은 내적 발전의 역량이 억압된 채 점차 일방적 수용 및 왜곡의 양상으로 '변용'되었다. 그러나 그 가운데에서도 우리의 문화전통을 지키고자 하는 노력은 일부에서 계속되었다. 즉 조선후기에도 이미 한민족의 문화적 정체성을 찾기 위한 선각자들의 노력이 있었으며, 이를 계승하여 일제강점기에도 일제의 우리 민족의 문화전통에 대한 왜곡에 대항하여 한국문화전통을 찾고 널리 알리기 위한 노력이 있었다.

  이러한 지식인들의 의도적인 노력 이외에도 문화의 각 층위와 요소마다 배어 있는 전통적 면모들은 한민족의 일상생활에서 면면히 '지속'되었다. 나아가 근대화의 명목 하에 이루어진 서구화가 극도에 달한 오늘의 우리 문화 역시, 그 내면을 조금만 깊이 있게 살펴보면 그것이 전통과 무관하지 않음을 쉽게 확인할 수 있다.

  변화와 왜곡이 가장 극심했던 개화기에서 일제강점기까지의 한국

문화전통의 지속과 변용의 양상을 면밀하게 조사·연구하는 작업은 오늘날 우리 문화전통의 정체성과 지향점을 모색함에 있어 구체적인 정보를 제공할 수 있을 것이다. 한국의 개화기 민속 문화에 대한 연구는 극히 미흡하고, 일제강점기에 대한 연구 역시 해방과 함께 단절된 면이 있다는 점에서 이 시기 한국 사회 전반에 걸친 문화전통의 실상 파악은 매우 긴요하다.

본 연구원은 그동안 '동양학총서'를 간행하여 한국학 연구자들과 동양학 연구자들의 연구에 실질적인 자료를 제공하여 왔다. 이번에 간행하는 『의식주와 민속놀이를 통해 바라본 조선의 근대』 역시 이러한 작업의 일환에서 이루어진 것이다. 본 연구서에서는 개화기에서 일제강점기에 이르는 기간 동안 우리 민족의 의식주와 민속놀이가 어떠한 변화 속에서 새로운 문화전통을 창출해 나갔는지를 밝혀내고자 하였다.

본 연구서의 발간에 즈음하여 〈'개화기에서 일제강점기까지' 한국 문화전통의 지속과 변용〉의 공동연구원으로 과제를 이끌어 주신 최인학, 송재용 교수에게 연구원을 대표하여 감사의 말씀을 전한다. 또한 연구과제의 수행을 위해 열성을 다해 준 서종원, 이영수, 염원희 연구교수와 김민지, 김태환, 최윤정 연구원에게도 감사의 마음을 전한다. 아울러 본 연구원의 연구 과제와 도서의 발간 취지에 공감하여 옥고를 건네주신 필자 여러분께 진심으로 감사의 말씀을 전한다.

동양학연구원(구 동양학연구소)에서는 지난 3년간 중점연구소 과제인 〈'개화기에서 일제강점기까지' 한국 문화전통의 지속과 변용〉의 2단계 과정을 수행하면서 총 12권의 자료집과 학술총서를 발간하였다. 이후 지속적으로 이어질 개화기에서 일제강점기 한국 문화전통의 지속과 변용 양상을 다각도로 조명하는 연구를 통해 관련 학문분야

에 구체적인 기여를 할 수 있기를 기대하면서 지원을 아끼지 않은 한
국연구재단 관계자와 이 책의 출판을 맡아준 '채륜' 관계자 여러분께
도 감사의 마음을 드린다.

2012년 2월
단국대학교 동양학연구원장 서영수

차례

'의식주와 민속놀이를 통해 바라본 조선의 근대' 연구에 대한 의의

송재용_ 단국대학교 교수

1.

개화기에서부터 일제강점기에 이르는 시기는 서구 문물의 도입과 식민지로의 편입으로 인해 우리 사회 전체가 근대적 전환과 문화적 억압·굴절이라는 충격적인 경험을 하게 되는 기간이다. 조선은 1876년(고종 13)에 강화도조약을 체결함으로써 문호를 개방하게 된다. 조선의 개항은 근대 일본의 무력적인 포함외교砲艦外交라는 외래적인 계기와 함께 조선 내부에서 자라고 있던 대외 개방의 내재적 계기가 작용하여 이루어진 것이다. 하지만 내재적 작용에도 불구하고 일본의 무력에 의한 외래적 계기가 더 크게 작용함으로써 불평등 조약을 체결하게 되고, 이후 청일전쟁과 러일전쟁에서 승리한 일본의 식민지로 전락하고 만다.

식민지 지배 권력은 조선의 사회·경제적 수탈뿐만 아니라 민족을 말살하고 소멸시키고자 하는 정책을 집행한다. 일제는 토지약탈과 식민지 착취를 목적으로 1910부터 1918년까지 이른바 '토지조사사업'을 실시한다. 그 결과 임야 및 민간인 공유지, 미간지개간지, 농경지 등 약 1484만여 정보의 토지를 약탈한다. 이것은 당시 국토면적의 약 62%에 해당하는 실로 방대한 것이었다. 이로 인해서 일제에 병합되기 이전에 자작농이었던 사람이 조선총독부의 소작농으로 전락하게 되었으며, 일반농민과 소작농의 처지는 더욱 열악한 상황에 처하게 된다.

1911년 8월에 〈조선교육령〉을 공포하여 조선인을 일본제국에 충량忠良한 국민으로 육성하고, 조선에 일본어를 보급하고, 필요한 실업기능 교육만 시킴으로서 민족말살과 식민지교육을 자행한다. 이러한 목적을 달성하기 위해 공립학교뿐만 아니라 사립학교의 경우도 총독부의 지시를 따르도록 제도화하였다.

뿐만 아니라 일제는 조선의 전통적인 삶의 방식을 폭력적으로 해체하면서 근대적 생활양식으로의 변화를 물리적으로 강제하고자 하였다. 그러나 일상적인 생활방식은 외세의 강압에 의해 일시에 변화하고 교체될 수 있는 것이 아니다. 조상이 남긴 유무형의 유산을 묵묵히 이어받아 생활해 온 기층민들에 있어 외래문화의 수용은 자신들의 삶에 일정부분 영향을 미칠 수는 있어도 그 본질을 바꿀 수는 없다. 기층의 생활은 정치·경제적 변화의 진행과는 층위를 달리하는, 장기적으로 지속되는 문화전통의 토양을 바탕으로 교섭과 통합의 복합적인 과정을 거치면서 전화轉化하는 것이기 때문이다.

그동안 개화기에서 일제강점기의 연구는 문학 분야를 제외하고는 민족독립과 계급투쟁이라는 거대담론 속에서 언급되었다. 식민지 권력은 주민들의 일상에 대한 체계적 관찰과 이에 기초한 일상의 재조직을 시도하며, 다른 한편으로 조선인 엘리트들은 조선의 전통적 생활양식을 성찰의 대상으로 삼아 이를 바꾸기 위한 계몽운동에 열을 올렸다. 그러나 민중들의 일상생활은 이들의 정책이나 계몽에 영향을 받아 변화할 뿐만 아니라 이에 대한 습속화된 보수성에 의해 지속되는 것이다. 일상생활은 도시화와 산업화, 국권의 상실과 이를 회복하려는 의식적 운동 등 다양한 요인들이 경합하는 장이었던 것이다.[1]

이러한 현상은 생활의 기초인 의식주뿐만 아니라 우리의 전통적인 민속놀이를 통해서도 엿볼 수 있다. 우리의 민속놀이 대부분은 설과 단오, 추석 등 세시풍속과 결부된 놀이였다. 그런데 근대 시기에 와서는 민속놀이가 세시풍속의 현장을 벗어나 별개의 공간에서 개최되었

---

1 공제욱·장근식 편, 『식민지의 일상 지배와 균열』, 문화과학사, 2006, p.16.

다. 그 대표적인 공간이 운동회였다. 운동회는 근대시기 체육을 통한 체력의 증진과 함께 집단 오락을 통해 민족의 정체성을 각인하는 공간이자 동시에 축제의 장이 되었던 것이다.[2] 일제강점기에는 민속놀이가 세시나 지역 축제의 장에서 놀아지고 지역 주민들의 출연과 운영으로 이루어지던 전통 사회에 비해 기획된 민속놀이 진흥정책에 의해 그 전승 구조가 변용되었음을 지적할 수 있다.

조선총독부에 의해서 마련된 농촌오락 진흥 방침의 기본 골자는 첫째, 대중적이고 전 조선에 보편적으로 보급되어 있는 것, 둘째, 시국 인식에 장애가 되지 않고 충국신민 양성에 도움이 되는 것, 셋째, 체력증진에 도움이 되고, 넷째, 경제적 부담이 없는 것을 엄선하여 보급하는 것이었다. 그러나 관 주도의 선동적인 향토오락 장려운동은 정작 놀이의 향유자여야 할 농산어촌의 인민들에게는 별다른 실효를 거두지 못했는데, 이는 무엇보다 이러한 오락의 선동이 전시체제하의 수탈과 공출로 피폐해진 농촌 사회 현실과 괴리되어 있었기 때문이다. 대신 향토오락 진흥운동은 무대화된 〈향토오락경연대회〉나 탈춤의 부흥과 같은 기획된 퍼포먼스를 양산하는 방향으로 흘렀다. 또 한편에서는 씨름, 그네, 윷놀이, 줄다리기와 같은 몇몇 민속놀이에 집중되는 양상을 보였는데, 이러한 민속놀이는 대개 당시 유력 일간지의 후원을 받으며 시민운동회와 같은 성격을 띠는 민속놀이대회로 개최되었다. 일제강점기 민속놀이는 본래의 전승 공간인 '향토'를 떠나 수백 수천의 관중을 동원하는 〈민속놀이대회〉로 성행하는데, 그 전승 공간인 '향토'와 놀이의 주체자를 더욱 확장하고 도시화했다는 점에

---

2 김난주·송재용, 「일제강점기 향토오락 진흥정책과 민속놀이의 전개 양상」, 『민속놀이의 문화정책과 변모양상』, 단국대학교출판부, 2011, pp.36~37.

서 민속놀이 전승 방식의 근대적 변모 양상이라 할 수 있을 것이다.[3]

『의식주와 민속놀이를 통해 바라본 조선의 근대』는 본 연구원의 한국연구재단 중점과제인 "개화기에서 일제강점기까지 한국 문화전통의 지속과 변용"의 일환으로 기획된 것이다. 본 연구원 중점과제의 2단계 3년차는 의식주와 민속놀이를 종합적으로 정리하여 그 의미를 부여하고 평가하는 단계였다. 즉 이 시기 한국의 의식주 생활 문화와 민속놀이가 보여주는 지속과 변용의 의미를 평가하고 이를 바탕으로 한국 민속 문화전통의 정체성 해명과 함께 그 형성 과정을 구명하고자 하였다.

본서는 2011년 7월 7일에 개최한 학술대회 〈'개화기에서 일제강점기까지' 한국 문화 전통의 지속과 변용VI; 민속놀이와 의식주〉에서 발표한 것과 중점과제에 맞춰 새로 집필한 것, 그리고 본 연구소의 중점연구과제에 부합되는 기존의 발표 글들을 취합한 것이다.

2.

본서는 수록된 글의 성격에 따라 크게 제1부 의식주 편, 제2부 민속놀이 편으로 구분하였다. 제1부 의식주 관련 글을 개략적으로 정리하면 다음과 같다.

배영동의 「경제현상으로서 근대 이행기의 의생활」[4]은 19세기 말엽부터 20세기 중반까지 농촌사회의 의생활이 어떤 모습을 띠면서

---

3 위의 책, pp.42~43.

4 배영동, 「경제현상으로서 근대 이행기의 의생활」, 『비교민속학』 제27호, 비교민속학회, 2004, pp.363~399.

변모하게 되었는가를 고찰한 글이다.

근대 이행기에 섬유재·직물·의류라는 자원이 어떻게 생산·분배·소비되었는지에 대하여 자연환경·시장경제·식민지 상황·가족제도의 관계 속에서 살펴보았다. 이를 위해서 논자는 경북 예천의 함양 박씨가에 소장된 일기, 전남 구례 운조루에 소장된 일기, 일본인의 한국 기행 자료, 그리고 경북 안동·의성·문경·영주 등지에서 수집된 현지조사 자료 등을 활용하고 있다.

근대 이행기에 섬유재와 직물은 기본적으로 자가에서 생산되었으나, 그 조달에서 시장 의존도가 점차 높아졌다. 섬유재와 직물의 생산은 일반적으로 자연환경 조건에 맞추어서 가족노동으로 진행되고, 고난도의 공정은 마을 내 전문가의 참여로 이루어졌다. 하지만 일제에 의하여 한국의 주권이 침탈되는 상황 하에서 염료와 광목 등이 수입되면서 직물시장의 교역이 확대되었다. 여기에 재봉틀이 도입되면서 전문적인 옷집이 출현하게 되었던 것이다.

섬유재와 직물의 생산과정에는 한국의 사회구조, 좁게는 가부장적 가족제도가 작용하였다. 섬유재와 직물생산의 핵심적 주체는 여자 어른들이다. 전통적으로 남경여직男耕如織의 방식으로, 남자는 농사를 짓고, 여자는 직조와 바느질을 담당했던 역할분담의 결과이다. 즉, 남자는 농사의 연장선상에 있던 섬유재 생산에는 참여했으나 직물생산에는 거의 참여하지 않았다. 특히 남자 아이는 직물 생산과정에서 전적으로 배제되었다.

직물과 의류의 소비는 전통적인 유교이념과 가부장적 가족제도의 틀에서 이루어졌다. 직물과 의류의 소비과정에서 남자, 특히 그 중에서도 지위가 가장 높았던 남자 어른들이 가장 좋은 대우를 받았으며, 반대로 여자 아이들은 직물과 의류의 소비과정에서 가장 열악한 대우를 받았다. 그리고 일상적 상황보다는 의례적 상황에 직물과 의류의 소비가 집중되었으며, 속옷보다는 겉옷에 대한 가치가 강조되었다.

한편, 일제가 도입한 몸뻬는 전통적 가치관에 충격을 준 옷이었지만, 여자들의 농작업 참여도가 높아지면서 차츰 확산되었다. 요컨대, 근대 이행기의 의생활은 외래문물의 도입과 시장경제의 변화라는 사회적 상황에 따르면서, 자연환경 조건과 기술 수준에 맞추어 서열적 사회구조와 유교적 이념과 가치를 실천하는 가족경제였다.

이영수·최인학의 「구한국 관보 복식관련 자료의 유형별 분석」[5]은 2011년 8월에 단국대학교 동양학연구소에서 '구한국 관보'에 수록된 복식 자료들을 총망라하여 펴낸 『구한국 관보 복식 관련 자료집』의 개관적인 성격을 띤 글이다.

'구한국 관보'에서 복식 관련 자료들은 칙령, 부령, 내부고시, 궁정녹사 등을 통해서 확인할 수 있는데, 『구한국 관보 복식 관련 자료집』은 16년간의 관보 기록을 일일이 뒤져서 복식과 직간접적으로 관련된 자료들을 총망라한 것이다. 그 결과 1894년에서부터 1909년까지 발행된 호외와 부록 등을 포함한 72호의 관보에서 모두 91개의 복식 관련 자료를 수집하였다. 이 글은 91편의 복식 관련 자료를 크게 1) 조신 및 관원 관련 복식 2) 군 관련 복식 3) 경찰 관련 복식 4) 사법 관련 복식 5) 훈·포장 관련 자료 6) 단발 관련 자료 등의 6개 유형으로 구분하고 당시의 시대적 상황에 따른 복식의 변화양상을 살펴본 것이다. 1876년 강화도조약을 맺으면서 문호를 개방한 조선은 선진 외국의 문물을 받아들이면서 정치, 경제, 사회, 문화 전반에 걸쳐 일대

---

5 이영수·최인학, 「구한국 관보 복식관련 자료의 유형별 분석」, 『의식주와 민속놀이를 통해 바라본 조선의 근대』, 채륜, 2012, pp.83~113.

개혁을 단행하였다. 복식도 예외는 아니어서 1884년 갑신의제개혁, 1894년 갑오의제개혁, 1895년 을미의제개혁을 통해 많은 변화를 겪게 되었다. 이 글은 '구한국 관보'에 수록된 복식 자료를 통해 당시 서구 열강의 침략에 대응하면서 근대화라는 새로운 환경에 적응하고자 했던 노력과 신분제 폐지와 같은 조선의 내부적 문제를 혁파하고자 했던 정황 등을 고찰하였다.

주영하의 「조선요리옥의 탄생: 안순환과 명월관」[6]은 조선요리옥에 대해 통시적으로 접근한 글이다.

이 글은 일제강점기의 조선음식에 대한 미적 경향보다는 근대적 도시가 만들어지면서 재편되는 음식의 문화적 생산과 소비 장소로서 조선요리옥의 각종 현상에 주목하였다. 이마무라 도모에는 조선요리옥이 일본요리옥의 조선 진출과 관련된 것으로 보았다. 일본의 조선 진출로 조선에서 일본요리옥의 필요성이 늘어나게 되고 이러한 영향으로 조선요리옥이 나타나게 되었으며, 그 최초가 '명월관'이다. 명월관의 설립은 대한매일신보의 기사를 통해 1903년 9월 17일로 추정되고 안순환이 그 주인이었다가 여러 경로를 거쳐 김성수에게 넘어갔다. 지금의 광화문 동아일보사 자리가 그곳이다. 안순환은 영어학교에서 근대 문물을 익히고 대한제국의 관료가 되어 종3품의 고위직까지 이른 인물로 적어도 1929년까지 조선요리옥 사업을 운영하였다. 이후 성리학에 대한 관심으로 녹동서원을 건립하고 명교학원을 설립하여 유학 교육에도 참여하였다가 1942년 72세로 사망하였다.

조선요리옥의 대표적 경영자인 안순환은 조선음식을 지키려는 선

---

6 주영하, 「조선요리옥의 탄생: 안순환과 명월관」, 『동양학』 제50집, 단국대학교 동양학연구원, 2011, pp.141~162.

각자라기보다는 조선요리옥을 통해서 새로운 자본을 축적해간 사업가였다. 그는 조선음식을 개량의 대상으로 보았다. 이런 의미에서 안순환은 결코 대한제국의 궁중음식을 유지시킨 인물은 아니며, 그 보다는 대한제국의 궁중음식을 근대적 상업공간인 조선요리옥에서 메뉴로 변모시킨 인물로 보아야 한다.

식민지시기 조선요리옥은 단순한 음식점이 아니라 정치적이고 문화적인 모임이 열리던 장소였다. 여기에 근대적으로 바뀐 기생들이 드나들면서 접대를 하기도 했기 때문에 천 가지의 얼굴을 가진 연회의 장소였던 것이다. 사실 조선시대에는 왕실이나 관청에서 행하는 공식적인 연회를 제외하면, 사적공간에서 대부분의 연회가 이루어졌다. 이에 비해서 식민지시기 조선요리옥은 사적공간에서 행해지던 연회를 공적영역으로 옮겨놓았다. 이 공적영역에서는 공적인 모임뿐만 아니라, 사적인 식욕과 성욕까지도 공적으로 해결하였던 것이다. 즉 '근대'의 시각에서 조선음식과 그 연회는 공공성을 확보한 것이고 자신의 집에서 소비하던 조선음식과는 다른 차원의 조선요리옥 음식을 조선음식의 대표로 여기게 되었다. 이것은 지금까지 '한정식'의 이름으로 그 대표성을 유지하고 있다.

최인학의 「일제강점기의 식문화 지속과 변용」[7]은 일제강점기시대에 있어서 우리 식문화가 어떻게 변용되었는지를 논자가 단편적이나마 보고, 듣고, 읽은 것을 정리한 글이다.

일제강점기 이전에는 그런대로 식문화에 관한 문헌이 있으나 일제강점기에 와서는 특히 외식과 관련하여 언급한 글이 적은 편이라고

---

7 최인학, 「일제강점기의 식문화 지속과 변용」, 『남도민속연구』 제20집, 남도민속학회, 2010, pp.311~332.

하면서, 몇 편의 선학연구에 의존하면서 나름대로 객관적인 시각에서 일제강점기의 식문화의 지속과 변용에 대해 접근하고 있다.

우선 '식문화의 지속과 변용'이라는 주제에 들어가기 전에 '몇 가지 식단의 원류고'를 언급하면서 본론에 접근하였다. 일제강점기에 일본은 지배 권력의 우월성 때문에 한국의 식문화를 동화시키고자 노력하였다. 왜간장, 왜된장 등 가공 공장이 생겨나 이로 인해 한국인 중의 일부는 일본식의 간장이나 된장에 맛을 들여 변화를 가져온 이도 있었다. 중류이상의 부유층에 있어서는 다소 외식음식이 수용되어 있기는 하나 일반인에 대해서는 식민지시대 일본인의 식문화의 강압적 노력이 있었음에도 불구하고 전연 반영되지 않았다는 것이다. 식문화란 오랜 역사를 통해 그 민족에 적응하는 것이기에 일제강점기란 짧은 기간에 전통음식이 변용될 수 없기 때문이다. 이 글에서 논자는 일제강점기 우리의 식문화가 일반 농민과 서민들에 의해 한국인의 미각과 조미료를 기반으로 하여 변용 없이 계승되었다고 하였다.

이규진·조미숙의 「음식 관련기사를 통해서 본 일제강점기 식생활 연구」[8]는 1936년 4월에 창간하여 1940년 12월에 폐간된 일제강점기 대표적인 여성잡지인 『여성』을 분석한 글이다.

『여성』 49권에 실린 식품영양 관련 기사를 통해 당시 소개되었던 과학적 조리법, 식품의 영양학적 분석, 식단짜기, 서양음식 도입 등 많은 근대적 식생활의 요소를 발견할 수 있었다고 한다. 그리고 조리법과 관련된 기사는 한국음식에 대한 비중이 높은 반면 일본 음식 소개는 매우 빈약하였다. 이에 비해 여러 가지 서양음식 조리법과 재료

8 이규진·조미숙, 「음식 관련기사를 통해서 본 일제강점기 식생활 연구」, 『한국식생활문화학회지』 23(3)집, 한국식생활문화학회, 2008, pp.336~347.

가 소개되었고 나아가 서양식 식탁 예절 등이 적극적으로 기사화 되었다.

서양에서는 요리법을 '큰 학문'으로 여기고 있으며 칼로리를 계산하여 섭취량을 정하는 등 과학적인 음식섭취를 한다며 이를 도입하려는 노력을 하였다. 또한 가사노동의 효율을 위해 식단을 작성하고 영양표를 고려하며 위생관념을 도입하였다. 식품의 영양적 측면에 대해 높은 관심을 가지고 미용으로까지 연결시키며, 모유 수유의 중요성을 강조하였다. '현미, 채소, 두부' 등을 건강음식으로 추천하는 것은 현재의 영양상식과 크게 다르지 않았다. 그리고 음식의 맛뿐 아니라 시각과 취각의 중요성을 언급한 기사와 미식학 문헌으로 분류할 수 있는 기사도 발견되었다.

『여성』을 통해 1936년 4월부터 1940년 12월 사이 '일제강점기'라는 특수한 상황에서, 영양을 고려하고 가사노동의 효율화 방안을 모색한 우리나라 식생활 발전단계와 근대화의 단면을 살펴볼 수 있었다. 앞으로도 우리나라 식문화 연구를 위해서 과거의 여성잡지나 신문 등을 통한 연구가 지속되어야 하며 방신영, 이각경, 홍선표 등 주요 인물들에 대한 업적 발굴 등 후속 연구가 이루어져야 할 것이다.

이 글은 『여성』의 음식 관련 기사 분석을 통해 일제 강점기 상류층 신여성들의 식생활의 단면과 근대적 식생활의 요소들을 알아봄으로써 전통 식생활의 서구화 과정에서 나타나는 변화를 조사한 것으로 근대 식생활 연구를 위한 기초자료를 제공하는 데 일조하고 있다.

히구치 아츠시樋口 淳의 「개화기에서 식민지시대까지 한국 주거 문화의 지속과 변용開化期から植民地時代に於ける韓国住文化の持続と変容」[9]은 한국과

---

9 히구치 아츠시, 「개화기에서 식민지시대까지 한국 주거 문화의 지속과 변용」, 『개화기에서 일

일본의 전통적인 주거 문화를 비교하고 그것이 근대화와 함께 어떻게 변용되었으며, 현대에 이르러서는 어떤 변용의 형태를 보여 왔는지에 대해 고찰한 글이다.

근대 이전의 주거생활에서 한국은 〈남녀구별〉, 〈사랑채와 안채〉 구조로, 일본은 〈이로리囲爐裏〉, 〈도마土間, 이타노마板の間, 자시키座敷〉 구조로 전형화 시켰다. 논자는 근대 이후인 1988년에 경북 예천군 가곡리에서 현지조사를 실시하였다. 새마을운동의 영향으로 집의 외관 구조가 바뀌었지만 바깥주인의 사랑방과 안주인의 안방이 나뉘어져 〈남녀유별〉의 구조는 유지되고 있었다. 이 지역의 청취조사를 통해 새마을운동의 극단적 개혁을 통해 음력설과 같은 마을 행사의 양상을 바꾸어놓았고 이후 개선되었다고는 해도 예전의 떠들썩함은 사라졌다. 양력의 정착과 새로운 농업기술의 영향 등 환경의 변화에 따라 계절행사나 전승, 신앙 등의 의미를 잃게 되었는데 이러한 변화는 일본에서도 마찬가지로 강제적이었다. 비록 새마을운동의 영향이 크게 보이기는 하지만 이러한 변화는 거문도의 예에서 보듯이 이미 개화기에서 일제강점기에 걸쳐 일어난 것이었다.

오래 전부터 일본인에게 전략적 요충지로 잘 알려진 거문도는 아편전쟁 직후 영국과 러시아에 의해 조사가 이루어졌다. 이후 일본도 거문도에 진출하게 되었는데, 일본어민의 본격적인 이주는 1906년부터 이루어졌다. 1905년 야마구치현 유타마우라의 대화재로 가산을 잃은 기무라 주타로가 가족과 함께 일부 재산을 갖고 거문도로 진출하게 된 것이 그 시발점이 되었다. 이후 거문도, 거문리를 중심으로 항구도시의 양상을 띠게 되었는데 1915년에서 1918년 사이에는 한국인보다 일본인의 인구수가 훨씬 많았다고 한다. 또 이들을 상대로 하는 여관, 식당, 목욕탕, 카페, 유곽 등이 형성되어 근대 항구도시의 풍경이 나타나게 되었다.

이러한 변화 양상은 일본의 경우 1858년 일미수호통상조약을 통해 개항된 요코하마에서 볼 수 있다. 1911년에 준공된 가와사키시의 일본가옥을 살펴보면 근대 이후 도입된 유리를 제외하고도 근대 이전 〈민가〉에서 볼 수 없었던 건축 양식이었다. 근대 이후 상류계급으로 퍼지면서 오늘날 〈일본가옥〉으로 불리게 되었다.

거문도에서도 일본식 주택이 남아 있는데 〈나가토야 여관〉이 그것이다. 이 집의 구조는 근대 이전 일본민가에서 볼 수 없었던 것으로, 구미에 의해 개국된 후 만들어진 〈새로운 일본문화〉가 적용된 예이다. 말하자면 일본과 거문도는 거의 동시에 동일한 〈문화 변용〉을 경험하게 된 셈이라고 하겠다.

이영수의 「일제강점기 일본인과 조선인의 온돌관」[10]은 단국대학교 동양학연구소에서 펴낸 『주거 문화 관련 자료집』을 중심으로 일본인과 조선인의 온돌관을 비교·고찰한 글이다.

온돌의 등장은 우리 가옥 구조와 생활 방식, 그리고 생활용품에 이르기까지 주생활 전반에 걸쳐 커다란 변화를 가져왔다. 이러한 온돌은 일제강점기에 산림 황폐화의 주요인으로 꼽히며 끊임없이 개량 내지 폐지해야 한다는 논란을 불러일으켰다. 이 글은 당시에 제기된 온돌과 관련된 논의를 크게 경제적 측면, 위생적 측면, 인간 행태적 측면으로 나누고, 다시 경제적 측면을 산림의 황폐화와 온돌의 개조

---

10 이영수, 「일제강점기 일본인과 조선인의 온돌관」, 『실천민속학연구』 제18호, 실천민속학회, 2011, pp.297~331.

로 세분하여 관련 자료를 중심으로 논의를 전개하였다.

일본인들은 조선의 온돌을 산림을 황폐화시키고 위생상 좋지 않으며 나태한 조선인을 양산하는 산물로 인식하였다. 그래서 조선의 온돌을 문명과 근대에 역행하는 것으로 생각하고 해체해야 할 대상으로 여겼다. 이러한 비판적 시각은 주거에서 조선 고유의 색채를 일소함으로써 우리 민족의 정신을 말살하여 그 종속관계를 영구히 지속하고자 했던 일제의 민족말살정책과 무관하지 않았던 것이다.

일본인과 달리 추운 겨울을 이겨낼 방도가 온돌 이외에 달리 대안이 없었던 조선인에게 있어서 온돌의 존폐는 바로 민족의 생존과 직결되는 문제였다. 그래서 일본인과 달리 온돌의 장점을 부각시키면서 온돌의 구조적 형태를 지키고자 하였다. 이것은 일제강점기 하에서 우리 민족의 정체성을 잃지 않으려는 노력의 일환이었던 것이다. 그리고 일본인에 의해 온돌의 폐단으로 제기된 비경제성과 비위생성 등은 양국의 생활 방식에 따른 차이에서 기인한 것이지 결코 온돌이 주는 폐단은 아니었던 것이다.

3.

본서에 수록된 제2부 민속놀이 관련 글을 개략적으로 정리하면 다음과 같다.

윤광봉의 「근대시기 놀이의 변화 양상」[11]은 개화기의 초입이라 할

---

11 윤광봉, 「근대시기 놀이의 변화 양상」, 『개화기에서 일제강점기까지 한국 문화전통의 지속과 변용Ⅵ』, 단국대학교 동양학연구소, 2011, pp.109~133.

수 있는 1894년부터 일제가 무너진 1945년 사이에 수많은 놀이들이 외세의 침입 특히 일제의 침입으로 인해 어떠한 변화를 거듭해 왔는 가를 살펴본 글이다.

갑오경장 전후 당시의 외국인 눈에 비친 한국의 놀이에 대한 기록에 의하면, 카를르 로제티는 한국인의 놀이성향에 대해 '한국인은 선천적인 도박사'라고 하였다. 길모어의『서울풍물지』에서는 대중적인 오락으로 연날리기, 특히 연싸움과 제기차기를 들면서 조선 사람들이 새롭고 이상한 광경을 보기 위해 모여드는 모습에 주목하였다. 그리피스는 남자들의 놀이로 격투기를, 헐버트는 놀이의 시간성을 언급하였는데 계절놀이를 일컬음이다. 그 외에도 많은 기록들이 모인 것이 컬린의『Korean Games』였다. 스튜워트 컬린의『Korean Games』에는 한국의 놀이 97개가 일본과 중국의 놀이와 함께 소개되었다.

합방 이전 대한제국 경제의 예속화가 심화되는 가운데 외래품의 침투는 근대를 향한 급격한 변화이기도 했으나 전통적 생활방식에 익숙한 당시 한국인들에게는 형식이 새로운 근대적 오락거리와 만나게 되면서 당황 반 호기심 반으로 혼란을 겪으며 근대성 속으로 빠지게 되는 시기였다. 1890년대 진고개에는 한국인을 유혹하는 대표적인 물건으로 눈깔사탕과 만화경이 있었다. 그리고 이를 이용해 시바이, 족예, 요술, 곡예, 취시, 투륜 등이 소개되어 재미를 보았다. 근대화 초기 1896년에 훈련원 연병장에서 관립소학교 운동회가 있었는데 이것이 우리나라 최초의 운동회였던 것이다. 이때 처음으로 발공차기 즉 축구가 도입되었고 그 외 군대행진, 대포알 던지기 등이 행해졌다. 이들 놀이는 모두 규칙과 관계되며 반복가능성의 특징을 지녔다. 1905년 일본은 보호통치를 위해 무언가 저촉되거나 방해되는 요소를 없애려고 들었는데 대표적 집단놀이인 석전이 그러한 대상이었다.

또한 극장에서 일본연극을 모방토록 해서 이른바 신파극이 대중연극으로 자리매김하게 되었다. 이러한 사회적 변화 특히 외국인 선교사와 일제의 강압 통치는 실제로 놀이에도 많은 변화를 가지고 왔는데 이러한 모습은 『개화백경』을 통해 볼 수 있다. 그러나 이 시기에도 석전이나 투우, 윷, 정월행사 등은 일본인의 관심을 받기도 했다.

1930년대에 접어들면서 관습적으로 반복되던 전통놀이는 신앙성이 쇠퇴하고 오락성이 강조되었고 지역적 특성과 환경적 차이에 따라 변화하고 차별화가 이루어져 다양한 형태의 민속놀이로 정착되었다. 이는 조선총독부에서 발간한 『조선의 향토오락』을 통해 조사되었다. 그 이전에 『조선의 연중행사』를 통해서도 몇몇 놀이들을 조사했는데 대부분 시절에 어김없이 하는 대표적인 놀이들이었다. 이러한 정리작업은 일제의 통치 강화를 위한 방편의 하나로 놀이에 대한 보다 체계적인 정리가 필요했음을 알 수 있다. 이 와중에도 한국인과 일본인에 의한 전통놀이에 대한 관심과 기록을 볼 수 있는데 대표적인 것으로 윤백남, 박로아 등을 들 수 있다. 전통놀이를 통한 고유한 정신 양성이 큰 목적이었던 것이다.

전시하에 이르러 향토예술진흥과 농촌오락 장려에 대해서 전쟁과 노동으로 인한 위무의 수단으로 인식했고 조선 고유의 향토예술까지 조장 동원하려 했다. 이러한 차원으로 이 분야의 전문가들의 고견을 듣기도 하고 부흥책을 마련하고자 하였다. 한편으로 친일파들을 통해 학생들의 놀이에 간섭하며 지침을 내리기도 하였다. 국가비상시인 40년대 전반은 모든 것이 국가를 위해 존재하는 것이기에 꼭두새벽 일터에 나가 밤늦도록 고생하는 산업전사들에게 오락이라는 것은 언감생심이었다. 그래서 농어촌 구석구석을 누비기 위해 이동극단을 조직하여 그들의 시름을 잠시나마 잊게 하려는 고육책을 쓰기도 하였다. 어떻게 하면 자신들의 흉악함을 오락으로 대치할 수 있을까 하는 궁여지책을 시도한 시기이기 때문이다. 이러한 한계에 머물러 우리의 일반적인 놀이 내지 전통놀이가 활발하지 않게 된 요인이 되었던 것이다.

이승수의 「광복 이전 전래 무예의 지속과 변용」[12]은 개화기와 제국일본의 식민주의 정책 속에 한반도의 무예가 구체적으로 어떻게 전개되었고 그 과정에서 전통적 무예가 어떻게 지속, 변용되어왔는지, 또 그 결과 한국인의 신체문화에 어떠한 영향을 미치게 되었는지를 당시의 신문과 각종 문헌자료를 토대로 하여 총체적으로 고찰한 글이다.

한국의 전래 무예는 개화기와 일제강점기를 거치면서 무예 전승의 토대를 약화시키는 결과를 초래하였으며, 한편으로는 새로운 무예문화를 창출하며 지속적으로 발전하게 되었다.

개화기에 일본, 프랑스, 중국 등 여러 나라를 통해 수용된 군사제도로 인해 제도권 속의 전래 무예인 석전·검술·창술·봉술·도술·패술·마상재·격구·기사·기창 등이 대부분 소멸하게 되었다. 대신에 개항 이후에 조선에 파견된 선교사에 의해 서양 스포츠 및 무예가, 일본인에 의해 유도와 검도가 유입되었다.

조선총독부는 1919년 3·1운동을 계기로 제한적으로나마 조선의 문화를 용인하면서 일본화를 겨냥하였다. 이때 전래 무예가 스포츠로 변용되기 시작하는데 그 대표적인 것이 궁술과 씨름이었다. 궁술은 임진왜란 이후 전쟁 수단에서 호연지기의 풍류로 전환되었다

---

12 이승수, 「광복 이전 전래 무예의 지속과 변용」, 『한국사회체육학회지』 제42호, 한국사회체육학회, 2010, pp.117~130.

가 3·1운동을 계기로 각종 궁술대회 개최와 함께 스포츠로 자리 잡게 되었다. 대회의 우승자에게는 상장과 상품을 수여하였는데 이러한 경기방식은 전통적인 방식에서 벗어나 근대 스포츠, 특히 일본식 무도대회 형식으로 바뀌었음을 보여주는 예이다. 씨름 역시 민속놀이로써 거행되다가 1927년경 조선씨름협회가 창설되면서 현대식 스포츠로 발전하였다. 촌락사회에서 오락성이 강한 신체활동에서, 협회 주도의 전국적인 규모로 행사가 거행되는데 이를 통해 제국주의 정책에 편입되는 양상을 보였다. 이러한 제도적 변화에 따른 전래 무예 그 자체의 변용은 종목에 따라서는 쇠퇴와 소멸을 가져오게 되었다.

외래스포츠와 무예 및 무도의 수용은 조선의 전래 무예의 스포츠화 혹은 무도화에 많은 영향을 미치게 되었다. 무예의 종목에 따라 약간의 차이는 있겠지만, 무예 속에 내재되어 있는 정신적인 요소는 많이 탈락되면서 세속화하였다. 따라서 조선시대부터 변함없이 이어져 온 무예는 찾아보기 어렵게 되었다. 대신 근대 스포츠의 핵심인 경기화의 방식으로 무도가 탈바꿈하면서 조선인의 신체문화로 계승 발달하게 되었던 것이다.

김현숙의 「대한제국기 운동회의 기능과 표상」[13]은 대한제국의 정치·사회적인 맥락에서 운동회가 어떠한 역할을 담당하고 있는지를 고찰한 글이다.

이 글은 운동회가 어떻게 정부의 국민통합과 근대 기획에 이용되었는지, 그리고 애국계몽론자들의 계몽과 국권회복의 수단으로 동원되었는지에 대해 분석하였다. 대한제국기의 운동회는 서양처럼 개인

---

13 김현숙, 「대한제국기 운동회의 기능과 표상」, 『동아시아 문화연구』 제48집, 한양대학교 동아시아문화연구소, 2010, pp.7~31.

이 다양한 목적을 위해, 다양한 운동 종목을 즐기는 여유에서 이루어진 것이 아니라, 황제에게 충성하는 근대 '신민만들기' 프로젝트의 일환이자 문명화된 대한제국의 선전의 장으로 활용되었다. 외면상으로 대한제국기 운동회는 다양한 색깔과 음악, 깃발, 진귀한 상품, 자유, 평등 등의 기호를 갖고, 보고, 듣고, 먹는 즐거움을 제공하였다. 하지만 그 이면에는 정부와 지식인들의 '충량한 신민 만들기'와 '근대 문명인 제조'라는 면밀한 목표에 따라 엄격한 규칙과 규율이 적용되고, 치열한 자본주의적 경쟁이 도입되며, 근대적 시공간으로 구획되는 운동회가 기획되었던 것이다.

새롭게 도입된 체육과 운동회는 을사보호조약이라는 식민지화의 위기에 따라 여가적이고 유희적인 요소는 상당부분 탈색되고, 대신 규율과 복종, 여가 대신에 교육과 희생을 강조하는 장으로 변용하였다. 이러한 현상은 우리만이 경험한 것은 아니며, 반식민지적 국가였던 중국에서도 동일하게 나타났던 현상이었다. 애국계몽사상가들은 운동회와 체육을 활용하여 민족으로서의 단결과 항일의식 고취, 그리고 체조를 가장한 군사훈련을 시킴으로서 종전의 황제에 충성하는 '신민만들기'에서 국가에 애국하는 '국민만들기'를 시도하였다. 결국 체육과 운동회는 새로 탄생하는 민족과 민족주의 담론을 생산하고 훈련하는 장으로 활용되었던 것이다. 이렇듯 대한제국기의 운동회는 '근대인'과 '민족'이라는 새로운 미시권력이 탄생되는 사건이자 공간이 되었던 것이다.

서종원의 「근대시기 서구식 완구玩具에 대한 단상斷想」[14]은 『매일신

의식주와 민속놀이를 통해 바라본 조선의 근대

---

14 서종원, 「근대시기 서구식 완구에 대한 단상」, 『의식주와 민속놀이를 통해 바라본 조선의 근대』, 채륜, 2012, pp.427~456.

보』,『동아일보』,『조선일보』의 신문 기사를 통해 근대시기 외부에서 유입된 대표적인 놀이 도구인 완구의 유입배경 및 전파과정, 완구에 대한 당시의 인식 양상, 완구와 아이들의 교육과의 연관성, 완구와 관련된 다양한 사건·사고 등을 살펴본 글이다.

근대시기에는 서구에서 유입된 완구에 대한 개념이 제대로 정립되지 않아 이들 완구를 접하는 과정에서 혼란스러운 부분이 적지 않았으며, 완구를 어떻게 다루어야 하는지 몰라 다양한 형태의 사건·사고가 발생하였다. 이런 연유로 근대시기 완구에 대한 인식은 부정적인 인식과 긍정적인 인식이 공존하였다. 처음 서구식 완구를 접해 본 많은 사람들은 어떻게 받아들여야 하는지를 제대로 인지하지 못하였다. 그러면서 한편으로는 새롭게 유입된 서구식 완구에 대해 많은 관심과 호기심을 가졌던 것 또한 사실이다.

근대시기 완구에는 우리가 알지 못하는 또 다른 무언가가 숨겨져 있을 가능성도 배제할 수 없다. 통치자나 지배자의 입장에서 순수한 아이들을 그들의 입맛에 맞는 성인으로 길러내기 위해 완구라는 놀이도구가 이용되었을 가능성이 있기 때문이다. 이러한 양상은 특히 일제강점기에 오면서 더욱 두드러졌을 것으로 보이는데, 이점은 완구 이외에 여러 가지 놀이문화에서도 확인할 수 있었다. 근대시기의 문화적 표상을 올바로 이해하기 위해서는 아동놀이를 비롯한 민속놀이 전반에 걸쳐 내재되어 있는 실상을 보다 면밀하게 천착하고 폭넓게 접근할 필요성을 제기하였다.

권선경의 「일제강점기 장난감 관련 기사의 양상과 의미」[15]는 일제

---

15 권선경, 「일제강점기 장난감 관련 기사의 양상과 의미」, 『의식주와 민속놀이를 통해 바라본 조선의 근대』, 채륜, 2012, pp.457~473.

강점기 신문에 나타난 장난감 관련 기사를 통해 어린이의 개념과 장난감이 갖는 여러 가지 의미를 고찰한 글이다.

일제강점기 장난감과 관련된 신문 기사들은 크게 '교육', '위생', '어머니'라는 키워드로 묶을 수 있다. 구한말부터 나타나기 시작한 어린이에 대한 개념은 어린이의 인권을 중시한다는 점에서 전통적인 어린이의 개념과는 다른 것이었다. 근대적 의미에서 어린이라는 개념이 새롭게 정립되면서 어린이의 교육적 측면이 강조되었다. 그러나 일제강점기라는 특수한 상황 역시 고려해야만 한다. 식민권력의 입장에서 황국신민의 재생산이라는 측면에서 아이들의 교육 또한 중요했기 때문이다. 그래서 1930년대 들어서 어린이 운동은 전면적으로 금지되기에 이르렀다.

장난감을 통한 아이들의 교육이 부각되면서 자연스럽게 아이들의 양육을 전담하는 어머니의 존재가 중요하게 부각되었다. 장난감의 교육적 가치를 높이기 위해서는 아이에게 좋은 장난감을 장만해주어야 했는데, 그것을 선택하는 것이 어머니의 몫이었기 때문이다. 그리고 '위생'은 당대 사회의 가장 커다란 담론 중의 하나였기에 장난감 역시 그러한 담론에서 자유로울 수 없었던 것이다.

의식주와 민속놀이를 통해 바라본 조선의 근대

4.

개화기에서 일제강점기를 거치면서 우리의 수많은 전통이 사라지고 왜곡되는 시련도 겪었지만, 한편으로는 우리의 전통을 굳건히 지키면서 외래문화를 수용하는 가운데 새로운 문화전통을 형성하기도 하였다. 문화전통이란 문화의 전승 주체가 재래의 전통문화를 향유하면서 새로 유입된 외래문화를 주체적으로 수용하는 자기화 과정에서 성립된 것이다. 이 과정에서 다양한 지속과 변용의 양상을 보이게 된다. 문화전통의 지속과 변용을 연구함에 있어 전대로부터 '잔존'한 전통 문화유산을 규명하는 일에 진력할 것이 아니라 오히려 외부문화와의 접촉 과정에서 혼성 변이되면서 중층적으로 축적되는 제반 현상들에 관심을 기울여야 한다.

그동안 한국문화 연구에 있어서의 전통은 대개 근대 문화나 서구문화의 타자의 자리에서 발견해 왔다. 이에 따라 재래의 것, 고유한 것이 '잔존'되는 현상에 관심을 기울여왔다. 그러나 이러한 방어적·고립적·배타적 시각에 입각한 전통에 대한 소극적인 해석은 결과적으로 민족의 정체성을 정태적이고 고정된 것으로 파악하는 한계를 지닌다. 전통에 대한 본질적인 관점은 전통에 대한 이해를 협소하고 경직된 것으로 한정시키고 있다는 점에서 제고할 필요가 있다.

오랜 역사를 거쳐 형성된 우리의 문화전통은 개화기 이후 '서양의 충격'과 동아시아 국제질서의 재편 과정에서 큰 혼란을 겪었고, 이어 일제강점기란 민족적 시련에 의해 새로운 국면을 맞이하게 된다. 특히 일제강점기 우리의 문화전통은 내적 발전의 역량이 억압된 채 일제에 의해 점차 일방적 수용 및 왜곡의 양상으로 '변용'되었다. 이런 과정에서 최남선, 이능화, 손진태, 송석하, 임석재 등 일부 선각자들에 의해 우리의 문화전통을 지키고자 하는 노력이 지속적으로 전개되었던 것이다. 이들은 일제가 한민족의 문화전통을 왜곡하는데 대항하여 우리의 문화적 정체성을 찾고, 한국 문화전통을 널리 알리기 위해 노력하였다. 이러한 지식인의 의도적인 노력 이외에도 문화의 각 층위와 요소마다 배어있는 전통적 면모들은 한민족의 일상생활에서 면면히 '지속'되었다. 나아가 근대화의 명목 하에 이루어진 서구화가 만연된 오늘의 한국 문화 역시, 그 내면을 조금만 깊이 들여다보면 우리의 문화 전승 주체들이 과거부터 지켜온 전통과 무관하지 않음을 쉽게 확인할 수 있다. 이렇게 볼 때 변화와 왜곡이 가장 극심했던 일제강점기의 한국문화전통의 지속과 변용의 양상을 면밀하게 조사·연구하는 작업은 현재 우리가 가지고 있는 문화의 정체성을 규명하고 나아가 미래적 전망을 모색하는 데 있어 구체적인 정보를 제공해 준다는 점에서 의미가 크다고 하겠다.

의식주 문화전통은 모든 문화 층위 가운데서도 인간 생명과 직결되는 삶의 가장 근간을 이루는 문화 층위이며 나아가 한 민족과 국가의 고유성을 가장 직접적으로 드러내는 것이기도 하다. 근대화 서구화의 기치 아래 서양 문물과 제도가 급속도로 유입되고 일제의 식민지 동화 정책에 의해 한국의 의식주 문화 전통은 심층적 전면적인 변용 양상을 보인다. 그럼에도 불구하고 이 시기 의식주와 관련한 연구 성과는 미미한 편이다. 따라서 의식주 생활 문화에 대한 1차 자료를 찾아 정리하고, 이를 토대로 이 시기 의식주 문화 변용이 오늘날 우리의 생활 문화와 어떻게 맞닿아 있는지 그 현재적 의미를 파악할 필요가 있다.

놀이는 심층적 다면적 면모를 지닌 문화 복합체이다. 특히 민속놀이는 우주와 자연의 순환법칙이 담겨있고 인간사의 희로애락이 구현된 것이다. 이러한 우리의 민속놀이는 개화기와 일제강점기를 거치면서 전승이 단절되거나 서구 외래놀이 문화의 유입으로 일대 변용을 겪게 된다. 따라서 이 시기 한국 민속놀이 문화에 나타난 변용 양상을 면밀히 추적하고 그것이 지니는 문화사회학적 의미를 총체적으로 구명할 필요가 있다.

본서에 수록된 12편의 글은 개화기에서 일제강점기를 거치면서 우

의식주와 민속놀이를 통해 바라본 조선인 근대

리의 문화전통이 어떻게 변모되면서 오늘에 이르게 되었는지를 엿볼 수 있는 작업의 소산물이라 하겠다. 특히 넓은 의미에서 〈개화기에서 일제강점기까지 한국문화전통의 지속과 변용〉 연구에 초석이 되는 귀중한 원고들이다. 모쪼록 본서가 근대 시기 한국의 사회문화를 전공하는 연구자들에게 널리 활용되어 관련 학문 분야에 기여할 수 있기를 기대한다.

참고문헌

공제욱 · 장근식 편, 『식민지의 일상 지배와 균열』, 문화과학사, 2006.

권선경, 「일제강점기 가투놀이의 연구」, 『의식주와 민속놀이를 통해 바라본 조선의 근대』, 채륜, 2012.

김난주 · 송재용, 「일제강점기 향토오락 진흥정책과 민속놀이의 전개 양상」, 『민속놀이의 문화정책과 변모양상』, 단국대학교출판부, 2011.

김현숙, 「대한제국기 운동회의 기능과 표상」, 『동아시아 문화연구』 제48집, 한양대학교 동아시아문화연구소, 2010.

단국대학교 동양학연구소 편, 『구한국 관보 복식 관련 자료집』, 민속원, 2011.

단국대학교 동양학연구소 편, 『일제강점기 울산 방어진 사람들의 삶과 문화』, 채륜, 2011.

배영동, 「경제현상으로서 근대 이행기의 의생활」, 『비교민속학』 제27호, 비교민속학회, 2004.

서종원, 「근대시기 서구식 완구에 대한 단상」, 『의식주와 민속놀이를 통해 바라본 조선의 근대』, 채륜, 2012.

윤광봉, 「근대시기 놀이의 변화 양상」, 『개화기에서 일제강점기까지 한국 문화전통의 지속과 변용 VI』, 단국대학교 동양학연구소, 2011.

이규진 · 조미숙, 「음식 관련기사를 통해서 본 일제강점기 식생활 연구」, 『한국식생활문화학회지』 23, 한국식생활문화학회, 2008.

이승수, 「광복 이전 전래 무예의 지속과 변용」, 『한국사회체육학회지』 제42호, 한국사회체육학회, 2010.

이영수, 「일제강점기 일본인과 조선인의 온돌관」, 『실천민속학연구』 제18호, 실천민속학회, 2011.

이영수 · 최인학, 「구한국 관보 복식관련 자료의 유형별 분석」, 『의식주와 민속놀이를 통해 바라본 조선의 근대』, 채륜, 2012.

주영하, 「조선요리옥의 탄생: 안순환과 명월관」, 『동양학』 제50집, 단국대학교 동양학연구원, 2011.

최인학, 「일제강점기의 식문화 지속과 변용」, 『남도민속연구』 제20집, 남도민속학회, 2010.

히구치 아츠시, 「개화기에서 식민지시대까지 한국 주거 문화의 지속과 변용」, 『개화기에서 일제강점기까지 한국 문화전통의 지속과 변용 VI』, 단국대학교 동양학연구소, 2011.

『한국민족문화대백과사전』, 한국정신문화연구원, 1995.

의식주와 민속놀이를 통해 바라본 조선의 근대

의식주 편

경제현상으로서 근대 이행기의 의생활

배영동_안동대학교 민속학과 교수

이 글은 『비교민속학』 제27집(비교민속학회, 2004. 08.)에 게재되었던 것을
재수록하는 것임을 밝혀둔다.

1. 머리말

사람들의 삶의 방식은 다양한 요소나 부분으로 구성되어 있는 복합체이다. 그러므로 어떻게 조망하느냐에 따라서 그 모습은 다르게 보인다. 동일한 실체라고 하더라도 보는 측면에 따라서 부각되고 주목되는 점이 달라지는 법이기 때문이다. 이 글은 전근대사회에서 근대사회로 이행하는 시기에 한민족의 의생활이 어떻게 실천되었는가에 대하여 경제현상으로서 이해하려는 것이다.

경제란 자연자원을 인간생활에 유용하게 변형하여 생산하고, 분배 또는 교역하고, 소비하는 과정의 인간활동을 말한다. 즉, 경제는 주어진 자연환경 조건 속에서 삶을 영위하기 위하여 생활에 필요한 물자를 만들어서 공급하고 사용하는 방식의 체계이다. 그런 의미에서 경제는 기술을 전제로 한 것이므로, 어떤 학자는 기술경제technoeconomics란 개념을 주창하기도 한다. 기술경제는 자연환경과 경제의 관계를 중시하는 개념이다. 또한 경제는 넓은 의미의 사회와도 불가분의 관계를 맺고 있어서, 이런 현상은 사회경제 체계로 개념화되기도 한다.

경제에 대한 접근방법은 두 가지로 나누어진다. 첫째는 사람들이 한정된 자원을 이용하려면, 모든 사회에 공통적으로 적용되는 합리적 결정에 따라 생산·분배·소비한다는 견해이다. 둘째는 사람들이 살아가기 위해서 물질적 재료를 생산·분배·소비하는 활동은 사회문화 체계의 일부로서 이루어진다는 견해이다. 전자는 이른바 형식론formalism으로서 경제학자들이 중심이 되어 경제발전의 과정이나 모델을 설명하는 데 적용된 것이다. 후자는 이른바 실재론substantivism으로서 삶의 방식의 총체인 문화를 연구하는 데 유용한 개념이다.[1] 형식론은 전체 사회문화 체계에서 경제영역을 따로 분리시켜 다룰 수 있다는 관점인 반면, 실재론은 경제활동이 사회문화 체계 속에서 다른 영역들과 제도적으로 밀접하게 얽힌 관계를 강조하는 관점이다. 따라서 실재론은 사람들이 사용할 물자를 생산·분배·소비하는 방식이 문화마다, 사회마다 차이가 있다고 보는 것이다. 이 글에서 말하는 경제는 후자를 가리킨다.

삶의 방식을 구성하는 경제, 또는 문화의 일부인 경제는 자연환경이나 생산기술에 의해서만 결정되는 것이 아니며, 사회구조나 지배이념에 의해서만 결정되는 것도 아니다. 다시 말해서 경제현상은 자연환경·생산기술·사회구조·지배이념 등이 함께 작용하는 가운데 영위되는 사람들의 삶의 모습으로서, 결국 문화의 적응적 측면adaptive aspects이라고 할 수 있다. 그러므로 의생활을 경제현상으로서 이해하려면, 자연환경·생산기술·사회구조·지배이념이 상호 복합적으로 얽혀서 작용하는 가운데 의료와 의류가 어떻게 생산·분배·소비되는가 하는 문제를 해명해야 한다. 그리하여 섬유재·직물·의류를 자원으로 간주하고, 그러한 자원의 생산·소비의 핵심적인 주체와 객체가 누구인지를 주목하고, 또한 어느 시기에 어떤 상황에서 그런 자원이 집중적으로 생산·소비되는지를 파악함으로써 의생활을 경제현상으

---

1 실재론과 형식론의 구분은 막스 베버(Weber)가 「사회경제조직의 이론」에서 합리성을 다루면서, "규범체계의 도덕적인 요구에 따라 인간집단에게 물자와 용역을 절절하게 공급하는 것"을 실재적 합리성(substantive rationality)이라 하고, "경제행위의 방향을 정하는 데 적절한 합리적 양의 계산과 그러한 계산의 결과에 따른 인간활동"을 형식적 합리성(formal rationality)이라고 규정한 데서부터 시작되었다. 이러한 베버의 합리성에 대한 구분을 칼 폴라니(Karl Polanyi)가 공업화 이전의 경제를 해석하는 데 적용함으로써 1960년대에 실재론과 형식론의 논쟁을 불러일으켰다(한상복·이문웅·김광억, 『문화인류학개론』, 서울대 출판부, 1992, p.203 참조).

로 이해하고자 한다.

다만, 이 글에서는 의료와 의류의 자급자족 체계가 대체로 유지되면서도, 개항과 식민통치 등에 의하여 전통적 의생활이 부분적으로 변모하던 시기, 즉 19세기 말엽부터 20세기 중반기까지 농촌사회의 의생활이 경제현상으로서 어떤 모습을 띠었을까 하는 측면을 조명해 보려고 한다. 연구의도를 제대로 관철하려면 풍부한 기록과 경험담을 수집하는 등 의생활의 실상에 대한 광범한 조사가 이루어져야 한다. 하지만 이 글에서는 경북 예천의 함양박씨가에 소장된 일기, 전남 구례 운조루에 소장된 일기, 일본인의 한국 기행 자료, 그리고 경북 안동·의성·문경·영주 등지에서 수집된 현지조사 자료에 기초하여 개략적으로 살펴보는 데 그칠 수밖에 없는 실정이다.

2. 섬유재와 직물의 생산과 조달

1) 자연환경과 소비를 고려한 직물 생산

직물의 생산은 자연환경, 생산기술, 사회구조가 동시에 작용하는 가운데 이루어졌다. 즉, 직물의 생산이 생산기술만으로써 성립되는 것이 아니었다.

자연환경조건은 생산 가능한 직물의 종류를 결정하는 데 영향을 미친다. 하지만 여기서는 환경결정론의 관점에서 설명하려는 것이 아니라, 환경가능론environmental possibilism의 관점에서 설명하려는 것이다.

한국인이 생산한 직물은 크게 보아 삼베, 모시, 무명, 명주를 들 수 있다. 이 가운데 삼베는 전 세계적으로 가장 오랜 기간 동안, 가장 폭넓게 생산된 직물이기 때문에, 한반도 어디를 가나 널리 생산되었다.

그 중에서도 대마의 성숙기에 온도가 지나치게 높지도 않고, 너무 낮지도 않은 곳, 물 빠짐이 잘 되는 땅, 바람이 거세지 않은 지역에서 양질의 대마가 생산되었다. 그런 의미에서 볼 때, 과거에 삼베의 주요 생산지는 그런 조건을 일반적으로 갖춘 곳이라고 할 수 있다. 반면 목화는 원래 열대식물이므로 온난한 곳에서 잘 자라고 추운 곳에서는 잘 재배되지 못했다.[2] 그러므로 함경도와 같은 곳에서는 목화재배가 제대로 되지 않아 생산고가 낮았다. 이 때문에 함경도에서는 삼베를 이용하여 겨울철에 입을 옷을 만들었으며, 동절기에도 입을 수 있는 옷감이 되도록 질기고 부드러운 '익냉이 삼베'[熟布]를 직조하였다. 그 결과 함경도에서는 다양한 수준의 삼베가 생산되었고, 그 가운데서 20세기 전반기까지 널리 알려진 北布는 특별히 고운 익냉이 삼베였다. 뽕나무 또한 아열대에서 생육하는 식물이고, 누에도 온난한 기후에서 잘 자란다.[3] 그러므로, 명주 또한 온난한 지역에서 널리 생산될 수 있었다.

예천 朴得寧가의 19세기 후반부터 20세기 초반의 자료『日用』과 『일기』에 의하면, 음력 4~5월에 누에고치를 수확하고, 대마 재배를 시작하며, 6월에는 대마를 수확하고, 7~8월에는 면화를 수확하는 것으로 되어 있다.[4] 비록 추잠이 보이지 않지만, 섬유재의 생산활동은 봄부터 가을까지였다. 이것은 기후 조건에 순응한 섬유재 생산활동 시기라고 하겠다.

---

2 『농업대사전』, 학원사, 1973, p.589.

3 위의 책, p.1220.

4 안병직·이영훈 편, 『맛질의 농민들』, 일조각, 2001, p.40.

상방과 사랑방에 사람 누워 잘 만치 놔두고 누에를 다 먹였지 뭐. 닷(다섯) 장씩 엿(여섯) 장씩 먹이니까. 그러려면 뽕나무 밭도 닷 마지기, 엿 마지기 있어야 돼. 봄, 가을로. 명주는 잠실에 갔다 팔기 때문에, 집에서 할만치만(할만큼만) 2필, 3필 짰어. 잠실은 순흥면 소재지에 있었어. 그것을 시집와서 한 20년 정도 했어. 그래도 돈은 안 되고.[5]

20세기 전반기에도 농민들은 사람이 잠잘 공간 이외에는 양잠을 하여 자가에서 소비할 누에고치를 제외하고는 전량 잠실에 판매하기도 하였다. 여기서 말하는 잠실은 저렴한 가격으로 누에를 수매하는 곳이었다. 그럼에도 농민들이 잠실을 배척하지 않은 것은, 현금 수입의 중요한 통로였기 때문이다.

전남 구례의 문화 류씨 파종가로서 수십 칸이나 되는 雲鳥樓에 소장된 1922년 자료에는 "外作 棉田 2마지기에서 목화 60근, 들깨 2되를 거두었다. 집 앞뒤에 있는 庄圃에 뽕나무 수백 그루를 심어 봄가을로 양잠을 하였다."고 하였다.[6] 또한 1924년도 자료에는 "瓦坪 면화밭 1마지기의 세는 목화 30근이고, 또 참깨 1되이다……. 집의 사면에 있는 농장과 채전, 뽕나무 밭은 數카인데 다만 봄 가을 양잠을 했다."고 적고 있다.[7] 1925년 자료에는 "소작을 주어 지은 논 21마지기는 土稅米가 147말이다. 함께 소작을 주어 지은 棉田 4마지기는 목화가 120근이고, 또 참깨가 4되이다. 집 뒤 텃밭의 뽕나무 밭 두어마지기는 봄 가을 양잠을 했다. 加郞里 棉田의 세로 받은 목면이 30근이다. 또 참

5 영주시 순흥면 석교1리 이일순, 여, 83세, 2003. 9. 조사.
6 한국농촌경제연구원, 『구례 류씨가의 생활일기』, 하, 1991, p.597.
7 위의 책, p.618.

깨가 한 되이다."라고 하였다.[8] 운조루에서 이루어진 뽕과 목면의 재
배량은 전체 수요와 관련되어 있을 것이나, 구체적인 내용을 알 수 없
다. 다만, 집 주변에 뽕나무를 심어 봄가을 양잠을 하고, 목화는 소작
에 의존하여 확보되었음을 확인할 수 있다.

농민들의 경우 대체로 소비를 고려하여 직물을 생산하였다. 여기
에는 가족원의 수, 그 가운데서도 어른의 수가 중요했다. 하지만 어떤
경우에라도 생산량은 소비량보다 많아야 안심이었다. 농민경제가 본
질적으로 1년을 주기로 하는 것이므로, 적기를 놓쳐버렸을 때는 설령
좋은 섬유재가 있더라도 직물생산이 어려움에 처하게 된다.

명주를 일 년에 4, 5필하고, 삼베는 일 년에 1, 2필 하구. 삼베는 여름
옷감이고. 주로 7새를 짰지. 무명은 2~3필 해야지. 무명은 팔기 위해
서 하는 게 아니고, 옷 해 입기 위해서 짜. 무명 아니면 옷이 없어. 명
주는 좀 팔아서 쓰고, 누에는 일부 바쳐서 돈으로 받고. 모시는 너무
고와서 안 했어.[9]

해방 되가지고는 그케(그렇게) 무명을 덜 했지. 그라다 보이(그러다 보
니) 없어져붓고(없어져 버렸고). 지금은 목(목면)이 있어 봐야 쓰나요? 안
쓰는데. 전부 나이론(나일론) 옷이고 이런데. 우리 며느리 보는 데 베
를 보냈는데. 사무(계속해서) 베를 보냈는데. 며느리 볼 때 예물로 함에
다가 넣어 갖고 네 필인가 그래 줬어. 그걸로 이불 호칭(호창) 해 가지고
왔어. 지금도 해 가지고 왔는 거 있는데. 요새는 아무 필요 없고, 홑깝

---

8 위의 책, p.646.

9 영주시 순흥면 석교리 이일순, 여, 83세, 2003. 9. 조사.

데기(홑겹) 그냥 돌아 댕기는데. 밤으로 덮기만 하고.[10]

직물의 소비량은 해마다 같을 수는 없어서, 생산량 또한 달라지기
도 한다. 특별히 우리의 주목을 끄는 것은 딸을 시집보낸다던가, 며느
리를 본다든가, 부모의 수의를 준비해야 한다던가 하는 의례용 직물
의 예상 수요치이다. 평년에는 경작면적, 식구수, 노동능력을 동시에
고려하여 직물을 생산하였다. 또한 일제강점기에는 목화를 공출하였
기에, 일제의 감시를 피해서 무명을 생산하였지만, 상당량을 공출이
라는 이름으로 빼앗길 수밖에 없었다.

> 시집와서 네 식구 다섯 식구 살 때, 옷같이 입었나 뭐. 밭에 삼을 갈아
> 서 1년에 무삼 2필 정도 하였다. 품질이 좋으면 7새로 직조하였다. 무
> 명은 공출이 많아서, 명을 뒤배로(뒤지러) 다니므로 명씨 앗아서 명을
> 감추고 하였다. 명을 단지(항아리)에 넣어서 숨기고, 마루 밑에 단지를
> 파묻기도 하고, 말도 못한다. 우리 입을 것이라도 남겨놔야 되는데, 보
> 는 쪽쪽 다 빼어갔지 뭐. ○마을에 사는 ○○가 ○면에서 면面서기질
> 할 때, 그클(그렇게) 지독하게 명을 뒤배기로(뒤지는 것으로) 유명했지.
> 그러다가 해방되고 나서 맞아죽을 뻔했잖아.[11]

일제가 군수물자를 확보하기 위해 목화를 닥치는 대로 빼앗아 갔
다는 사실을 위의 이야기로도 잘 알 수 있다. 농민들은 자신들의 1년
간 목화 예상 소비량에다가 강제 공출할 물량을 합하여 목화를 경작

---

10 의성군 안계면 교촌리 강조자, 여, 77세, 2002. 9. 25. 조사.
11 안동시 임하면 신덕2리 송도희, 여, 71세, 2003. 11. 조사.

하였던 셈이다. 그러면서도 운이 좋으면 덜 빼앗기고, 운이 나쁘면 거의 다 빼앗기고, 자신들은 헐벗고 사는 신세를 면치 못하게 되었다. 이처럼 식민지배를 위한 착취는, 농민들의 섬유작물 재배 계획에도 적지 않은 영향을 미쳤다.

2) 남녀 가족노동에 의한 직물 생산

직물 생산의 전 과정을 보면 생산의 주체가 여성에게만 한정되어 있지 않다. 적어도 製絲 과정부터 여성노동이 중심이 되고, 그 이전 단계까지는 남성노동이 오히려 더 큰 비중을 차지하였다. 결국 생산 과정에서 요구되는 노동력은 대부분 가족노동으로 충당되었다.

직물 생산은 원재료를 생산하는 과정부터 시작된다. 대마, 모시, 목화처럼 섬유작물을 재배하여 원사를 만드는 형태가 있는가 하면, 누에처럼 생물을 길러서 고치를 짓게 하여 원사를 추출하는 형태도 있다. 그러나 어느 것 하나, 여성노동에만 전적으로 의존하지 않는다. 섬유작물을 재배하는 것은 농업이며, 누에를 기르는 것은 양잠업이다. 농업이든 양잠업이든, 건장한 노동력을 필요로 하기도 하고 일정하게 야외 노동을 해야 하기 때문에, 남성노동을 적지 않게 요구하였다. 목화·대마·모시 등을 파종할 때 밭을 가는 일은 남성이, 씨앗을 뿌리는 일은 남녀가 함께 하였다. 그리고 누에를 치기 위하여 잠실을 설치하는 일, 뽕잎을 따오는 일 같은 것은 일반적으로 남성이 담당하였다.

製絲를 위한 준비과정에서부터 제사과정은 남녀 혼성노동으로 이루어졌다. 대마나 모시를 베는 일, 목화송이를 따는 일, 섬유작물을 증기로 찌는 일, 섬유작물의 껍질을 벗기는 일, 씨아를 돌려서 목화의 씨를 빼내는 일 등은 남녀 가릴 것 없이 했던 일이다. 이 과정에서는 힘을 쓸 수 있는 남성노동력이 오히려 더 요구되었다고 하겠다.

본격적인 제사 활동은 거의 전적으로 여성들에 의해서 이루어졌다. 삼을 가늘게 째고 삼는 일, 물레를 돌려 무명실을 뽑는 일, 누에고치를 끓는 물에 넣어 실을 뽑는 일은 섬세한 작업으로서 여성들에 의해서 주도되었다. 간간이 가장과 같은 남성들이 옆에서 거들기도 하였다. 활로 솜을 타는 일, 솜 고치를 만드는 일, 씨실을 꾸리로 감는(일명 '꾸리비기') 일이 바로 그런 것이었다.

여기서 한 단계 더 나아가면 전적으로 여성이 담당한다. '베날기'라 하여 생산한 실로 얼마나 고운 베를 짤 수 있으며, 얼마나 많은 양을 짤 수 있을지를 결정하여 바디에 꿰는 일, '베매기'라고 하여 날실에 풀칠을 하여 도투마리에 감는 일은 모두 여성이 전담한다. 물론 그 다음 단계인 베짜기도 오로지 여성이 담당한다. 다만, 베를 짤 방에 베틀을 설치하는 정도의 일은 남성이 하기도 한다.

이렇게 보면, 직물의 생산과정은 초기의 남녀 혼성노동으로부터 시작하여 여성노동으로 종결되는 형태를 보인다. 이때 남성이란 구체적으로 가장이나 그 아우, 힘든 일을 도울 수 있을 정도로 자란 아들이다. 여성은 기본적으로 주부와 시어머니, 10여 세를 넘은 딸이나, 미혼 상태의 시누이다. 이들은 모두 기본적으로는 직계가족stem family이며, 간혹 확대가족extended family이나 핵가족nuclear family의 구성원이다. 다시 말해서 직물생산에 참여한 사람들은 가족이며, 결국 가족이 생산의 주체였음을 의미한다. 단, 베날기와 베매기와 같은 전문적인 일은 가족원이 아닌 마을내 전문가에 의해서 이루어지는 예가 많았다.

기술수준이 낮은 사람은 단순작업을 하는 데 치중한다. 직물생산의 공정을 제사-날기-매기-짜기로 설정한다면, 이 가운데서 날기와 매기는 기술수준이 낮은 사람은 하지 못한다. 대개의 경우, 길쌈을 한다고 하더라도 제사와 짜기 정도의 일을 하는 데 그친다. 그 이외의 일은 마을내의 솜씨 있는 전문가에 의해서 이루어진다. 베날기·베매기·재단은 마을에서도 몇 명만이 할 수 있는 일이므로, 할 수 없는 보통 사람들은 그를 초빙하거나 그에게 작업을 의뢰한다. 그 사람에게는 일정한 품삯이 지불된다. 전문가는 베를 날 때 무게를 달아서 길이를 정하고, 맬 때는 고루 풀칠을 하여 잘 말린다. 의뢰받은 전문가가 일을 할 때에도 대개 주인이 도와준다. 전문가와 보통 사람들 사이에서 기술수준에 따른 분업이 이루어진 것이다.

3) 서민가의 섬유재와 직물 판매

서민들이 생산한 물건을 시장에 판매하는 것은 적어도 정기시장의 활성화와 대동법의 시행으로 일반화된 것이다. 그래서 서유구는 『임원경제지』예규지에서 八域場市條를 작성할 수 있었다. 근대 이행기 우리 의생활의 변화는 시장을 제외하고 이해할 수 없을 것이다. 개항 직후 1887년 음력 10월에 경상도를 여행한 일본인 松田行藏(당시 부산에 거류하는 일본인들 조직인 釜山商法會議所 근무)의 여행기록[12]을 검토한 결과에 따르면, 다음과 같은 내용이 확인된다.

(1) 울산의 어민이 어류를 慶山·慈仁에서 판매하고 면화를 가지고 돌아가는 모습을 기록하고 있다. 이 면화는 自家에서 綿織物을 짜는 재료로 하고 있다고 한다. 다음 날에도 자인·경산·淸道·三浪·大邱의 면화를 어류·짚신 등과 판매·교환해서 蔚山·彦陽으로 가지고 가는 일행과 마주치고 있다. 짚신의 재료는 볏짚이기 때문에 어업을 하면서

12 松田行藏, 『朝鮮國慶尙忠淸江原道旅行記事』, 釜山商法會議所, 1887.

약간의 농업도 하고 있던 사람들인 듯하다.[13]

(2) 慈仁의 북쪽, 日彦, 堂谷에서는 "梁山, 蔚山의 老女 등 젓갈·鹽魚 등을 지고 와서 면화와 교환하려는 자의 수를 알 수 없고, 이미 돌아간 사람도 있고 지금 돌아가는 사람도 있고…… 이들 가운데 10중 6~7은 돈을 가지고 돌아가지만 나머지는 다 면화로 교환한다"는 것이다.[14]

(3) 의성에 관한 조사표에서는 비고란에 "染粉類의 수요는 淺黃, 靑竹이 가장 많고 그 외의 색은 드물게 판로는 있지만 적은 액수의 소매이기 때문에 특히 활발한 거래는 없다"라고 적고 있어 수입된 染色紛 중에서도 그린 계통이 인기가 있어서 팔리고 있는 것을 알 수 있다. 이 염색분은 慈仁·河陽·安東의 조사표에서도 시장에 모이는 화물로서 寒冷沙·唐木·甲斐絹(일본산 명주) 등의 수입품과 함께 열거되고 있다.[15]

(4) 경북 의성에서 안동 관내로 들어간 「狄里村」에서는 또 50戶 정도가 전부 양잠에 종사하며, 누에고치를 그대로 판매한 후 남은 것으로 명주를 짜고 있다고 한다. 양잠에 관해서 松田은 경상도 도처에서 見聞하고 있는데, 안동 주변에서 특히 활발하며 짜여진 명주는 90%가 타 지역으로 이출되고 있다고 한다.[16]

위의 자료 (1)~(4)에서, 한국의 어민이 어물을 팔아서 면화를 구입하는 광경, 수입 염색분의 거래 실태, 양잠을 하여 누에고치를 판매

13 안병직·이영훈 편, 앞의 책, p.34.

14 위의 책, p.35.

15 위의 책, p.36.

16 위의 책, p.37.

하는 모습이 일본인의 눈에 잡히고 있다. 특히 수입 염색분은 놀라운 일이다. "시장에서 옷 사 입기 전에는 광목 그거 붉은 물들여 가지고, 그런 걸로(것으로) 저고리 해 입고 이랬잖나. 검정 물 들여 가지고 치마도 해 입고."[17]라는 설명에서 나오는 염료는 바로 수입품이었던 것으로 이해된다.

시장에 직물이나 옷가지를 내다 파는 것은 한국인만의 경제행위는 아니었다. 개항 이후 한일합방 이전에도 일본인들이 한국에 진출하여, 다양한 업종에 종사하였다. 일본측 자료를 분석한 결과에 따르면, 부산거류지에는 1895년에 5천명이 살았으며, 그들 상인들의 여러 업종 가운데 옷(9호), 헌옷(4호), 양복점(3호), 신발(5호), 염색(3호), 솜틀집(5호: 打綿所로 보임)가 포함되어 있었다.[18] 이미 19세기말에 우리의 의생활이 시장경제체계로 진입하고 있었음을 이러한 통계가 보여주고 있다.

그리고 일제는 부업장려책의 일환으로 1907년부터 1915년까지 전국에 19개의 機業傳習所를 설립하였다. 이들 전습소는 모두 일제 행정당국이 직영한 것은 아니었고, 대개 臨時恩賜金 授産事業에 의한 것은 행정당국이 운영을 담당하고 있었으며, 사설 전습소는 지방비의 보조로 운영되었다.[19] 이러한 기업전습소는 전국 주요 직물 생산지역에 기술지도를 목적으로 설립된 것으로서 직물 組合과 밀접한 관

---

17 의성군 안계면 교촌리 강조자, 여, 77세, 2002. 9. 25. 조사.

18 박현수, 「식민지 도시에 있어서 일본인사회의 형성」, 『인류학연구』, 제5집, 영남대 문화인류학연구회, 1990, p.12.

19 권태억, 『한국근대 면업사연구』, 일조각, 1989, p.191. 그리고 그의 연구에 따르면, 기업전습소는 1907년에 大邱·潭陽·光州에 세워져서 전국 3개소, 1910년에는 尙州·東萊에 추가되어 전국 5개소가 되었고, 1911년에는 전국에 33개소에, 1912년에는 44개소에(경북에는 18개소) 설치되었고, 1915년에는 15개소로 정리되었다고 한다.

계를 맺고 있었다. 이와 같은 과정을 거쳐서 직물의 시장 교역이 더욱 더 활성화될 수 있었다.

(1) 나는 일 년에 무명을 수도 없이 했지. 나는 조선 베틀로 짰고, 기계로 안 짰고. 오늘 장에 오면 이틀 장 봐 가지고 오면, (솜고치를) 말아 가지고 저녁에 다져 가지고서는 새벽으로 (물레에 걸어서 실을) 뽑아 가지고, 다시 매 가지고서는 그래 짜면, 또 훗장(다음장) 돼야 되고. 닷새만에 한 필씩 했는데, 벌어 놓은 것은 없고, 늙어빠지기나 하고. 그래가지고 시동생들 공부시키고 뭐, 그래다 보니깐 내 자식 공부시키고 뭐. 그러다 보이 몇 해 가버리고 또 이거(무명 짜는 것을 가리킴) 없어지고. 예전에 그래 했지.[20]

(2) 결혼은 일제시대 때 하였으며, 근친을 다녀오고 나서 열여덟 살이 되던 해에 해방이 되었다. 열일곱 살 나던 해에 이 마을에 들어왔으며, 그 이듬해 신행을 가서 근친을 다녀왔다. 길쌈은 어릴 적 친정에서부터 해왔었다. 친정에서는 손으로 북을 넣었다 뺐다 하면서 베를 짰으나, 시집와서는 기계베틀을 이용하여 한쪽을 발로 밟고 해서 베를 짰다. 이러한 기계베틀은 함창(상주시 함창읍)에 가면 아직도 볼 수 있다. 그렇게 10년이 조금 못되어도 5년은 넘게 하다가 6·25 난리가 일어났다. 그 이후 점촌 방면에 있는, 명주가 많이 나는 방곡(마을 이름)에 가서 기계베틀을 구입해 가지고 왔으며, 거기서 날아 가지고 와서 서른 필, 스무 필을 짰다. 한 필은 40자인데, 1년에 가장 많이 짤 때는 서른 필을 날아와서 짜고 얼마 안 남겼다.[21]

---

20 의성군 안계면 교촌리 강조자, 여, 77세, 2002. 9. 25. 조사.
21 문경시 산양면 현리 이옥련, 여, 75세, 2002. 8. 조사.

자료 (1)은 목화를 시장에서 구입해서 한 장 동안에 즉 5일에 무명을 한 필씩 짜서 시장에 내다 팔았다는 내용이다. 자료 (2)는 해방후부터 1950년대에 명주를 연간 20~30필씩 짜서 팔았다는 것이다. 이 진술에는 없는 내용이지만, 공장에서 명주실을 날아와서 집에서는 매고 짜는 공정만 해서 그렇게 많은 양의 명주를 짰다고 한다. 이 두 사례에서 보면 이 시기에 기계베틀이 사용되었다는 사실과, 나는 공정은 공장에서 이루어졌다는 사실을 알 수 있다.

그런데 안동지역의 종가를 위시하여 지체가 높은 집에서는 직물 생산을 서민들처럼 적극적으로 하지 않았다. 물론 가족노동으로 직물을 생산하는 정도도 미미했다. 섬유작물을 재배하여 이웃집이나 소작농민들에게 나눠주고 직물로 돌려받았다. 물론 그에 상응한다고 여겨지는 보상을, 곡물이나 소작권으로 대체하였다. 서민들이 자급자족적 직물생산 체계를 가동한다면, 양반사족들은 지배권을 발동하여 필요한 만큼의 직물을 확보하였다. 즉, 양반사족들의 지배권 내지 경제력이 서민들의 노동력이나 직물과 교환되었던 것이다. 이러한 교환의 과정은 두 가지 호혜성의 원칙에 따른다고 할 수 있다. 이웃집에 의뢰하여 곡물이나 현금을 주고 직물을 생산하는 것은 쌍방이 等價交換의 형태를 취하므로, 균형적 互惠性balanced reciprocity에 근거한 교환이라고 하겠다. 그러나 소작농민에게 섬유작물을 나누어주고 소작권을 부여하는 형태는 양반사족들이 이득을 보고 서민들이 손해를 보기 쉬운 형태이므로, 부정적 호혜性negative reciprocity에 근거한 교환으로 이해된다. 적어도 부정적 호혜성에 기초한 교환은 전근대 사회의 신분제적 유제가 근대 이행기에도 여전히 지속된 결과이다.

신분제가 폐지된 이후에도 양반사족들이 자가소비용 직물을 제한적으로 생산함으로써, 일반 서민들보다 일찍부터 시장에서 직물이나

의식주와 민속놀이를 통해 바라본 조선의 근대

의류를 구입할 수밖에 없었다. 그러한 양상은 예천 함양박씨가의 문서에서 직물과 의복류 구입비가 가장 큰 비중을 차지했다는 사실로도 입증된다.

이것을 보면 섬유재인 누에도 일본인들이 일본에서 개량 종자를 들여온 사실이 확인된다. 구례 운조루 소장 일기에 다음과 같은 내용이 기록되어 있다.[22] 1926년 5월 11일에는 "장인 懼庵 어른의 소상 입제일이다. 6원을 부의했다. 봄 누에고치 16말을 구례군내에 판매한 대금 40원 3전이 수입으로 들어왔는데 이 종자는 일본누에 종자로서 조선 재래의 누에는 엄중히 취체하여 금하였으니 이는 앞으로 하찮은 물품까지도 장차 개혁시킬 뜻인 것이다." 그리고 동년 5월 16일에는 "여름누에 종자 1매 대금으로 1원 60전을 濟玉편에 면사무소에 들여보냈다."고 하였다. 적어도 섬유재 생산의 과정에서도 제국주의적 침탈도 있었지만, 일본식 체계로 부분적으로 이행하였음을 알 수 있다. 시장에서 거래되는 섬유재의 내용물이 달라지고 있었던 것이다.

3. 사회구조와 이념에 지배된 의류 생산

1) 부덕의 실천으로서 길쌈과 바느질

전통적으로 여성이 10세 남짓 되면, 여성이 담당해야 할 가사활동을 익히기 시작하였다. 밥을 짓고, 빨래를 하고, 바느질, 길쌈 등이 중요한 내용이었으며, 이런 일을 잘 하는 여성은 모범적인 신붓감으로 인식되었다. 조선시대의 『內訓』이나 『戒女書』 등에서도 여성으로서

---

22 한국농촌경제연구원, 앞의 책, p.568.

갖추어야 할 덕목 속에 길쌈이나 바느질 솜씨가 중요한 삶의 덕목으로 여겨졌다. 그래서 혼담이 오고 갈 때는 매파가 물건을 파는 장수나 다른 일로 찾아오듯이 위장한 사람을 보내서 신부감의 인물과 됨됨이를 살폈다. 이 때 신부 될 사람의 바느질 솜씨를 눈여겨보는 것도 중요하게 포함되었다.

足立丈次郎이 편집한 『朝鮮副業指針』을 보면, 일제는 한국의 노인, 어린이 혹은 부녀자 등의 아주 미미한 노동력마저 착취하기 위해 물질적·정신적 이익을 거론하면서 부업의 장려에 진력하였다.[23] 그 지침은, 원래 한국인은 오랫동안 부업적 수공업을 해왔으며 특히 부녀자의 세밀한 작업, 예를 들면 재봉 같은 일에는 아주 뛰어나다는 칭찬과 함께 삼베 생산도 그 중의 하나임을 강조하였다.[24] 이렇듯이 일제강점기에 일본인들은 우리 여인들의 직물생산과 관련한 전통을 수탈의 수단으로 이용하기도 하였다.

(1) 시집오기 전에 명주 길쌈을 배웠어. 15살 때부터 배워서, 한 삼 년 정도 배우니까 얼추 할 수 있겠더라고. 시집와서 조금 더 배우고 하다 보니 요령도 늘고.[25]

(2) 길쌈하는 것은, 나는 시집와서 배웠지. 만드는 거를 어예(어떻게) 시집오기 전에 배우노(배우느냐?). 시집와서 배우지. 시어른들이 그거 하니깐은 보고 배웠지. 그래도 어른들한테 혼나고 그런 건 없었고. 다리이(다른 이)가 하는 거 보고했지. 그거 아니면 농촌에서 할 게 없는 데

23 조승현, 「전남 삼베수공업의 존립형태와 지역구조의 변천」, 『호남문화연구』, 21집, 전남대 호남문화연구소, 1992, p.166 재인용.
24 위의 글, p.166.
25 영주시 순흥면 석교리 이일순, 여, 83세, 2003. 9. 조사.

밀.[26]

(3) 한복 만드는 일은 배우려고 배운 것이 아니다. 그 당시 동네에 틀 (재봉틀)을 가지고 있는 집이 몇 집 없었는데도, 우리 집에는 일제 재봉틀이 있었다. 그래서 동네 사람들이 옷감을 가지고 와서 옷을 만들어 달라고 자주 부탁했으며, 그러한 연유로 바느질을 배우게 되었다. 여름철에는 삼베를 가져오기도 하였다. 이렇게 동네 사람들의 옷을 한 벌 만들어 주면, 그 집 남자 혹은 소가 일을 하루 해주곤 했다. 그렇게 가만히 앉아서 바느질을 하다 보니 그 일이 손에 배서 이제는 '바늘이 한'이 되어 버렸다. 초등학교를 열세 살에 졸업하고 가사 일을 좀 돕다가 열여섯 살이 되면서부터 4년 동안 바느질을 계속했다. 그리고 스무 살에 시집왔다. 4년 동안 계속한 바느질은 시집와서 더 능숙해졌다. 그렇게 바느질 솜씨가 좋다는 소문이 돌기 시작하면서 동네 사람들이 추석이나 설날 바느질이 힘든 조끼나 적삼 같은 것을 부탁해오곤 했다. 원래 한산 이씨이던 친정어머니가 바느질 솜씨가 좋았기 때문에 어렸을 적부터 어머니에게 바느질을 배우게 된 것이다. 그래서 시집오기 전까지 밥하는 일은 잘 몰랐으나, 방에서 하는 일은 훤했으며, 빨래를 풀어 가지고 놓으면 전부 두드려 가지고 풀먹이는 일은 곧잘 하곤 했다.[27]

자료 (1)을 보면, 시집오기 전부터 명주길쌈을 익혀서, 시집에서 시어머니한테 다시 배웠음을 알 수 있다. 그런데 자료 (2)를 보면 모든 사람들이 다 시집오기 전에 길쌈하는 것을 배우지는 않았다. 대개의 여

---

26 의성군 안계면 교촌리 강조자, 여, 77세, 2002. 9. 25. 조사.

27 문경시 산양면 현리 이걸이, 여, 65세, 2002. 8. 조사(배영동, 「여성들이 살아온 삶의 틈새」, 안동대 민속학연구소 편, 『반속과 민속이 함께 가는 현리마을』, 한국학술정보, 2003, p.373).

성들은 시집가기 전에 길쌈의 전 공정 가운데 쉬운 공정을 익혔던 것으로 이해된다. 자료 (3)은 2명의 머슴을 데리고 100마지기 이상 규모의 농사를 지은 부잣집에서 태어난 여성의 이야기인데, 그녀는 앞의 두 사람보다 후대의 인물임에도, 바느질 솜씨가 좋은 어머니 밑에서 많은 것을 배웠다. 이로 볼 때 바느질 솜씨를 중요하게 여긴 것은 재력 있고, 지체가 높은 집에서 강조된 현상이라 여겨진다. 그것은 유교적 형식주의가 여인의 바느질 솜씨를 부덕의 실천으로 간주한 측면이 강하다는 의미이기도 하다.

여성들이 비록 시집오기 전부터 바느질하는 법을 익혀서 왔을지라도 현실적으로는 바느질을 하는 솜씨가 문제가 되어 옷을 지어 입지 못한 것은 아니었다. 옷을 만들어 입을 시간적 여유가 거의 없었던 것이다. "우리가 젊을 적에는 방아 찧고, 밥해먹고, 빨래하고, 농사일 거들고, 아이 키우고 하다 보니 옷 해 입을 시간이 없었다."는[28] 이야기는 과장처럼 느껴질 것 같지만, 그렇지 않다. 부녀자들의 농번기 하루 일과를 보면, 새벽에 일어나서 밥 짓기, 설거지, 참 준비, 방 청소, 아이 보기, 빨래하기, 방아 찧기, 바느질 같은 일을 하느라 그야말로 눈코 뜰 새가 없다.

두 번째 닭울음소리를 듣고 난 후 날이 붐 하기도 전인 새벽 4~5시경에 잠자리에서 일어나 부엌 대문을 연다. 세수를 하고, 우물가에 가서 물을 몇 동이 이고 온다. 이어서 곡식을 일고 씻은 다음 밥을 짓기 시작한다. 식구가 6~9명 정도는 보통이었으므로, 지을 밥의 양도 많다. 밥은 모두 땔감을 이용하여 짓고 국과 반찬도 마련해야 하기 때문에

---

28 안동시 임하면 신덕2리 송도희, 여, 71세, 2003. 10. 조사.

최소한 1시간은 걸린다. 행여 보리쌀을 익혀야 할 경우라면 여기서 다시 30분은 더 잡아야 한다. 보리밥을 지어 두었다가, 이것을 밥솥의 맨밑바닥에 앉혀야 하기 때문이다. 밥이 다 되면, 시아버지, 시어머니, 가장, 시숙의 밥상을 따로 따로 차려 드리고 그 나머지는 자신과 아이들이 밥상 없이 밥을 먹는다. 학교에 가는 아이라도 있으면, 도시락도 싸야 한다. 아침밥을 먹고 나면 밥상을 올린 역순으로 내어오고 다시 숭늉을 올린다. 이어서 설거지를 한다. (중략)

이렇게 하고 나면 다시 오후 참을 준비한다. 참은 주로 국수와 술이다. 들판까지 가져다주고 되돌아오면 1시간은 기본이다. 이후의 시간은 비교적 자유로울 수 있다. 나물을 캐거나 반찬거리를 준비하고 아이들을 돌본다. 마당을 쓸고 텃밭을 매만지기도 한다. 소여물이 있는지도 확인하고 외양간에 풀을 넣는 것은 남정네의 일이지만, 관심을 가지고 간혹 직접 담당하기도 한다. 부엌에 쓸 땔감을 충분히 쌓아두기도 한다. 이어서 다시 저녁밥을 짓는다. 밥을 짓고 상차림을 하는 일은 아침때와 같다. 저녁밥을 다 먹은 후에는 설거지, 간단한 방 청소를 하고 다른 식구들의 취침을 위한 준비를 한다. 시아버지의 방에는 이부자리도 펴드리고 방이 따뜻한지 확인한다.

이제 자신은 아이들을 돌보면서 바느질이나 길쌈을 하거나, 반찬거리를 장만한다. 바느질은 낮에 하다가 못다 한 옷 꾸미기, 버선 '볼 받기', 헤어진 옷 깁기, 자투리 천으로 유용한 것 만들기 등 여러 가지다. 길쌈은 무명, 삼베 등을 짜기 위한 작업이 주를 이룬다. 행여 마을의 부인들이 찾아오기라도 하면 함께 이런 저런 이야기를 하면서 일한다. 바쁜 농사철이면 낮에도 부지런히 집안일을 했기 때문에, 온몸이 피곤하다. 그래서 길쌈을 하든지, 바느질을 하든지, 찬거리를 준비하든지 간에 밤 10시가 넘으면 밀려오는 졸음과 씨름을 하면서 일하는 게

보통이다. 이렇게 일해도 '한밤중'(11~12시)이 되어서야 잠자리에 들어 간다.[29]

이처럼 근대 이행기에 농촌 부녀자들의 하루 일과는 항상 크고 작은 일의 연속이었다. 그 때문에 부녀자들이 한가롭게 쉰다는 것은 거의 상상하기 어려웠다. 다음 이야기도 그런 점에서는 마찬가지다.

높은 산, 저도(저기에도) 나무하고, 나무 짊어지고 다니고. 예전에는 겨울에 산에 가면, 산에 떡을 구불려도(굴려도) 티가 안 묻는 거래. 하도 끌어가고 해가지고. 봄 되면 산에 나물하러 가고. 예전에. 우리는 4시에 일어나지. 일어나서 제일 먼저 밥하지 뭐. 밥을 얼른 해 먹어야 들에 가지. 밥을 첫째 해. 해뜨기 전에 밥을 먹어야지. 그래야 들에 가. 식전 일하면 들에 밥 가져가야 돼. 밤에는 길쌈 일하고, 무명옷을 입다보이 (입다보니) 떨어진 거 꿰매고, 버선 박고, 기워 신고. 시간으로 말하자면 열두 시 전에 자야 되지. 자는 거야 몇 시간 잘 수 있나. 아휴, 몸서리나. 우리 살 때가 제일 고비래. 젤 고비. 가마니 짜면 가마니 짜야지, 길쌈해야지, 빨래 씻어 입어야지. 예전 빨래는 무명 빨래기 때문에, 그땐 시동생도 있고, 검은 빨래 바지저고리 있거든. 검은 빨래 한 '버지기' (버치). 흰 빨래 한 버지기, 하루 남의 집 꺼 흰 빨래. 그럼 하루 세 번 씩 세 버지기를 하지. 그치만 요새는 전부 안에서(실내에서) 빨래 다 할 수 있고⋯⋯.[30]

29 배영동, 「부녀자들의 삼베길쌈 전통의 재창조」, 안동대 민속학연구소 편, 『까치구멍집 많고 도둑 없는 목현마을』, 한국학술정보, 2002, pp.345~346.

30 의성군 안계면 교촌리 강조자, 여, 77세, 2002. 9. 25 조사.

이토록 산업사회가 도래하기 전까지 농가의 부녀자들은 실로 무척 바빴다. 밀려오는 잠과 씨름하면서 옷을 지어 입는다는 것은 쉬운 일이 아니었다. 하지만, 이것이 당시 여성들에게 부과된 사회적 의무였던 만큼, 방치하지는 못했다. 그래서 옷을 짓는 일은 농번기를 피해서 했고, 농번기에는 야간 이외에는 시간이 없었다. 헤어진 옷을 꿰매는 등과 같은 간단한 일이라면 이따금씩 딸들에게 시킬 수 있었다.

여성에게 부여된 옷 짓기의 중압감을 덜어줄 수 있는 신문물이 바로 재봉틀이었다. 이 시기 재봉틀은 그야말로 부잣집에서만 구입할 수 있었던 것이지만, 그래도 다수 사람들에게 적지 않은 기여를 하였다. 재봉틀의 등장은 전문 한복집의 출현을 의미했고, 그 결과 도시인들 가운데 상당수는 한복집에 주문하여 만든 옷을 입을 수 있게 되었다. 하지만 농촌 사람들에게 재봉틀의 효용은 20세기 전반기까지도 거의 느껴질 수 없었다. 재봉틀이 제법 일반화되면서 바느질 솜씨는 재봉틀을 얼마나 잘 다루는가 하는 사항까지 포함되었다.

2) 서열과 의례를 중시하는 옷 짓기

가정에서는 옷감이 늘 부족한 실정이었기에, 직물의 용도를 결정할 때 가족제적 서열을 기준으로 삼았다고 할 수 있다. 옷감이 확보되어 있다면, 옷 짓는 순서는 일반적으로 시어른(시아버지)과 가장→시어머니→주부와 아이들 순이었다. 아이들 옷은 학교에 다니지 않는 한 크게 신경 쓰지 못했다. 다 같은 사람인데 옷을 지어 입는데도 서열이 있었던 것이다. 이러한 현상은, 경제적으로 여유가 있어서 옷물림의 관습이 잘 지켜진 상류층에서 더 분명하게 나타난다. 옷물림을 한다는 전제에서 보면, 아들과 딸도 각기 출생순서에 따라 옷을 지급받는 서열이 형성될 여지는 충분하다. 반면 서민가에서는, 아이들의 옷을 마련할 때 아들과 딸의 구분이 있었을 뿐, 그들 간의 서열은 크게 중요시되지 않았다.

옷을 해 입을 때는 없는 쪽쪽 옷 한 가지씩 해 입었다. 바깥어른도 '설 아래'(가을부터 설 쇨 때까지) 무명옷 한 벌 해 입으면 잘 입었다고 했다. 맏아들(1953년생)도 다섯 살 때까지는 겨울이 아니면, 벗고 살았다. 그저 위에만 하나 걸쳤다. 아이들 '두대기'(포대기)는 떨어진(닳은) 옷이나 가지고 하지, 새 옷감으로는 엄두도 내지 못했다.[31]

서민가에서는 가족제적 서열이라는 일반적 기준 속에서, 옷이 없어서 문제가 심각한 순서대로 옷을 지어 입혔던 것이다. 이것이 바로 "없는 쪽쪽 한 가지씩 해 입는다"는 말이다. 그런데 가장조차도 가을부터 설 쇨 때까지 무명옷 한 벌 얻어 입으면 만족했다는 것은 그 이외의 가족구성원은 그런 수준에 이르기가 어려웠음을 뜻한다.

그리고 매양 입는 일상복보다는 이따금씩 다가오는 의례시에 사용할 옷을 짓는 것이 훨씬 더 중요했다. 일상적 상황보다는 비일상적 상황에 더 큰 가치를 두고 있었다는 뜻이다. 혼례를 소중하게 생각하여, 딸을 시집보낼 때 다년간 꾸준히 직물을 모아왔다. "딸이 시집갈 나이가 가까워오면 그저 되는 대로 무명도 한 자 한 자 모으고 명주도 한 필 한 필 모았다가 그것 가지고 분수대로 조촐하게 해서 보냈다."[32]는 이야기는 직물의 가내 수요를 예상하여 준비한 것이다. 또한 집안 어른들을 위한 의례복은 특별히 중요하게 여겨져 주부는 그것을 준

의식주와 민속놀이를 통해 바라본 조선의 근대

---

31 안동시 임하면 신덕2리 송도희, 여, 71세, 2003. 10. 조사.
32 박필술 구술, 『명가의 내훈』, 현암사, 1985, p.146.

비하는 것이 의무였다.

수의는 평소에 마련하는 게 옳지. 옛날에는 한 60이 이래 되만 그 상복을 다 해놔도 그 수의를 다해 놔. 나도 우리 안어른이 계시는데, 지금 서울 계시는데 내가 요새 여 와있거든. 어머니가 혼자 계셨는데 혼자 계실 수가 없잖아. 서울 이제 모셔 놓고 내가 와있고. 그래 어른은 가 계신데 그 수의를 꼭 60나기 전에 환갑 전에 다 해놨다꼬. 그 어른이 지금 한 100살 가까이 돼. 하마 40년인가 50년인가 돼. 한창 그 때 이래 손으로 짜던 명주 가지고 옛날에는 다 그래했지…….[33]

수의는 집안 어른을 위한 것일 뿐만 아니라, 갑작스레 닥칠 수 있는 상황에 대비하는 것이므로 환갑 정도의 연령이 되면 미리 만들어 두어야 하는 옷이었다. 앞에서 보았듯이, 수의를 만드는 데 소요되는 직물은 이미 계획된 경제활동의 범주에서 생산되었다. 그 이외의 의례복은 빌리거나 그 때 그 때 제작될 수 있는 것이었다. 매년 신경이 쓰이는 것은 설빔을 만드는 것이었다.

예전에는 다 만들어 입었지. 직접 옷감을 끊어서 한복 만들지. 식구들이 한 집에 보통 10명이 넘어, 내가 시집을 오니까 11명이라 그랬는데. 옷 만드는 데 걸리는 시간은 식구수에 따라 달라. 섣달 그믐날에(그믐날까지: 필자)에 옷을 다 하자면 고생이 여간 아니야. 호롱불 켜고 그 밑에서 바느질하고 그랬지.[34]

---

33 안동시 풍산읍 소산1리 안동김씨 종가 양소당 김태년, 남, 77세, 1999년 조사.
34 영주시 순흥면 태장1리 상태장마을 송연옥, 여, 63세(2003. 9. 안동대 국학부 손대원 조사).

섣달 그믐날이 되면 옷을 만들어야지. 옛날에는 (옷 만들려면) 다듬어서 두드려야지, 아이고 지긋지긋하다. (고생한 것을) 요새 내면 책으로 낸다. 명절에 잘 해 입히려고 밤을 새우지. 옷 만드는 데 2~3일은 걸리지. 돈이 있어야 새옷을 사주는데, 그렇지도 못하고, 헌옷은 깨끗하게 해야 하지.[35]

이토록 아이들 설빔을 만드는 것도 연중 뺄 수 없는 일이었고, 굉장히 힘든 일이었다. 이것은 바꾸어 말해서 설을 제외한 기간에는 그만큼 옷을 제대로 만들어 입지 못했다는 뜻이다. 연중 최대 명절 설을 앞두고서라도 옷을 지어 입히지 않으면 1년 내내 변변한 옷 한 벌 입기 어려웠기 때문에, 설빔을 준비하는 것은 주부에게 큰일이었다. 그런 의미에서 설빔이야말로 서민들에게 중요했던 의례복이면서, 동시에 설빔을 준비하는 것은 가족원의 연간 최소한의 의생활을 보장하기 위한 의복 분배의 활동이었다. 조금 경제적 여유가 있는 집에서는 설빔에다가 추석빔을 추가함으로써 수준 높은 의생활을 영위하게 하였다.

그런데 명절을 앞두고 하는 옷 짓기와 옷 분배의 과정에도 가족제적 서열이 작용하였다. "명절 때 옷을 한 벌씩 지어주면 좋은데, 옷감이 부족해서 모든 아이들 다 못 해 입히고. 새옷 없는 아이는 명절 때도 '퇴물' 입지. 옷감이 부족해서 여의치 않으면, 맏아들 것은 먼저 지어주고 나이 순서대로 내려가지."[36]라는 이야기는 서열이 경제활동에 어떻게 작용했는지를 입증하고 있다.

---

35 영주시 순흥면 태장1리 중태장마을 김순낙, 여, 63세(2003. 9. 안동대 국학부 손대원 조사).
36 영주시 순흥면 석교1리 이일순, 여, 83세, 2003. 9. 조사.

의식주와 민속놀이를 통해 바라본 조선의 근대

옷을 지을 때 가족이 평소에 입을 옷이나 설빔 정도는 주부가 직접 준비하였다. 그러나 초상이 난 집이나, 혼례를 앞둔 신부댁에서는 일가친척이 모여서 며칠간 준비하였다. 혼례 때에는 신부댁에서 하는 일 가운데 상당량이 옷이나 이불을 준비하는 것이었다. 옷도 어머니가 직접 하기 어려우면 집안 부녀자들 가운데서 잘 하는 사람이 와서 거들어 주었다. 이불은 몇 채를 꾸며 가지고 가기 때문에, 솜을 준비해두었다가 몇 명의 부녀자들이 날을 잡아서 이불을 꾸몄다. 이들은 집안의 큰일이라고 해서 상부상조하는 형태였지, 품삯을 받는 것은 아니었다. 초상시에는 상여계원의 부인들도 합세하여 상복과 두건 등을 준비하기도 한다. 그러나 역시 상복은 누구나 지을 수 있는 옷이 아니었다. 따라서 상복을 잘 짓는 사람이 문중에 없으면 마을에서 초빙하여 오기도 하였다. 서민가에서는 입던 상복을 잘 보관하였다가 다음 초상 때 다시 입는 것이 일반적이었다.

4. 의류 소비의 양상과 방식

1) 개인의 위상에 따른 옷 입기

옷은 신체를 보호하는 것이기도 하지만, 착용자의 사회적 지위나 취향 등을 나타내는 수단이기도 하다. 신체를 보호한다는 측면에서 볼 때, 기온변화를 수반하는 계절에 따라서 실제 어떤 옷감으로 만든 옷을 입었는지가 궁금하다.

1920. 1. 4. 고용할 머슴이 아주 귀하다. 상일꾼은 논 3~4마지기와 3계절 의복, 수 십 냥을 주어야 하고 비록 이렇게 한다고 해도 구하기가

어렵다. 나와 같은 경우는 이렇게 되면 어찌하겠는가? 비록 그러하나 자연의 변화와 인물의 성쇠, 귀천의 변화 또한 때가 있으니 이는 하늘의 도리요 이치의 마땅함이라고 하겠다.[37]

이 일기에서 '상일꾼'(상머슴)은 3계절의 의복을 지급해야 하는 것으로 되어 있다. 여기서 말하는 3계절 의복이란 두말할 나위 없이 동복, 하복, 춘추복 셋을 가리킨다. 그러나 이것은 어디까지나 이상형에 가까웠던 현상으로 이해된다. 구례 운조루와 같이 체통과 위신을 지키며 살아온 양반들은 그들의 입장에서 변화되는 시대를 맞아서 상일꾼을 고용하기 위하여 비교적 좋은 계약조건으로 연간 3계절 옷을 지급해야 했던 것이다.

하지만, "겨울옷은 무명솜옷으로, 여름옷은 무삼옷으로, 봄·가을 옷은 무명옷(무명홑옷)으로 입었다. 없는(가난한) 사람은 여름옷과 봄· 가을옷 구별이 없다."[38]는 설명은 근대 이행기의 현실을 적절하게 지적한 것이다. 옷은 계절별로 어느 정도의 구분이 있었을 뿐이며, 연간 3계절복을 모두 제 때에 입을 수는 없었다. 기본적으로는 환경적응적 방식으로 옷을 입지만, 신분과 재력에 따라서 이를 충족시켜 주지 못하는 경우도 많았다. 근대 이행기에 신분과 재력을 변수로 삼아 계절복 소비의 양상은 <그림 1>과 같이 도해할 수 있다.

---

37 한국농촌경제연구원, 앞의 책, p.521.
38 안동시 임하면 신덕2리 송도희, 여, 71세, 2003. 10. 조사.

의식주와 민속놀이를 통해 바라본 조선의 근대

고 ↑ 신분 ↓ 저	동복, 하복, 춘추복	동복, 하복, 춘추복
	동복, 하복	동복, 하복, 춘추복

약 ← 재력 → 강

다음으로 평범한 농민들은 될 수 있는 한, 질기고 때가 타지 않는 옷을 만들어 입고자 하였다. 옷이 더러워지는 것을 피하기 위해 밤나무 껍질을 삶은 물로 무명천에 물을 들어 옷을 지었다.[39] 지금은 산에서 찾아보기 힘들지만, 예전에는 흔했던 신나무 잎을 따서 삶아 그 물을 들이기도 했다.[40] 농사일을 하는 데 입은 옷은 간편하고 옷감이 절약되도록 했다. 이를테면 옷을 지을 때, "뭐, 옷을 길게 해 입을 수 없다. 베 많이 든다고 '마촘 마촘하게'(작은 치수로) 해 입는다."[41]는 것이다. 이것은 베를 아끼는 것이기도 하지만, 농사일을 하는 데 실제로 옷이 크면 불편한 점이 있었기에 작게 만들어 입은 것이기도 하다. 그러한 양상은 베잠방이나 등거리 같은 옷의 형태로도 입증된다.

한편, 일제강점기가 끝날 무렵 몸뻬가 들어왔다. 몸뻬는 식민국가의 여성노동력을 징발하기 위한 의도에서 도입된 제국주의적 산물이었다. 몸뻬가 들어오면서 여성들은 차츰 치마를 입고 일하던 시대에서 바지를 입고 일할 수 있는 시대로 접어들 수 있었다. 당시 남성들의 시각에서 볼 때 몸뻬는 볼썽사나운 옷의 하나였지만, 여성도 겉에 치

---

39 영주시 순흥면 지동2리 남진선, 여, 70세(2003. 9. 안동대 국학부 3학년 이정화 조사).
40 영주시 순흥면 지동2리 김옥희, 여, 72세(2003. 9. 안동대 국학부 3학년 이정화 조사).
41 안동시 임하면 신덕2리 송도희, 여, 71세, 2003. 10. 조사.

마 대신 바지를 입을 수 있다는 사실을 보여주었다는 점에서 몸뻬는 이 시기 의생활의 큰 변화였다. 그러나 몸뻬를 입을 때도 위에는 여전히 무명이나 삼베로 지은 적삼을 입었다. 그 모습은 제국주의적 근대와 한국의 전통이 서로 만나는 형태였다.

2) 어른과 남성 본위의 의류 소비

누가 어떤 옷을 가지고 있다는 것과, 그런 옷을 어떻게 입었다는 것은 다른 문제이다. 주부가 누구의 옷을 챙기고 잘 관리해야 하는가, 또 어떤 옷에 비중을 두어야 하는가는 사회적으로 결정된 것이다. 그러므로 의류소비는 사회구조를 거슬리지 않고, 당대의 문화적 취향에 맞추어서 이루어진다.

(1) 바깥어른이 내가 내일 어디 간다 그러면은, 옷을 개서 농에 넣어둔 것이면 미리 꺼내서 다려줘야지. 요새 다리미야 물 부어 그냥 이래(이렇게) 대면 끝이지만, 예전에는 옷을 빨랫줄에 널어서 이슬에 녹여 가지고 불 피워 가지고 둘이서 마주 붙들고 미리 다려 놔야 돼. 다림질하는 데 둘이 있어야 돼.[42]

(2) 시어머니 옷만 해도 속곳, 속바지, 바지, 치마, 저고리, 헐띠를 벗어 놓으면 그것만 해도 (빨래할 때) 한 짐이다. …… 맏아들은 5살 때까지 제대로 입지도 못하고 아랫도리 벗고 살았다.[43]

(3) 1911. 9. 30. 외조부님의 함자는 相夏, 자는 云瑞, 나이는 지금 68세로 김씨와 해로하고 있다. 김씨는 늙어서 눈이 어두운 지가 오래이다.

---

42 의성군 안계면 교촌리 강조자, 여, 77세, 2002. 9. 25. 조사.
43 안동시 임하면 신덕2리 송도희, 여, 71세, 2003. 10. 조사.

늘어서는 고기를 먹고 비단옷을 입음이 고금의 상식이다. 또 그것은 고사하고 늙은이가 먹고 입는 데도 한가하지 아니하고 어린 자식 역시 빈한한 중에 곤궁한 모양이 스스로 먹을 수조차 없으니 그 괴로움이 어떠하겠는가.[44]

자료 (1)에서는 한 집을 대표하여 외출하는 가장의 옷은 특별히 다른 사람의 옷보다 소중하게 여겨지고 있다. 자료 (2)는 어린 아들은 제대로 입지 못해도, 시어머니는 옷을 제대로 갖추어 입었음을 보여준다. 자료 (3)에서는 노인들은 비단옷과 같은 좋은 옷을 잘 갖추어 입는 것이 바람직하다고 여겨지고 있다. 가장의 옷은 그 집의 품격이나 재력을 드러내는 것이기도 하며, 주부의 근면성과 내조의 정도를 총체적으로 표현하는 매체이기도 하다. 그러므로 가장의 옷은 중요했다. 고급이면 좋겠지만, 최소한 정성은 깃들어 있어야 한다는 것이다. 옷이 흔하지 않던 시절, 실제로 가장들은 자신이 외출할 때 옷이 준비되어 있지 않으면 굉장히 야단을 쳤다. 시어머니도 가장처럼 잦은 외출을 한다고 볼 수는 없어도, 집안을 다스리는 어른으로서 예우해야 할 대상이었기에, 가장과 마찬가지로 옷을 입는 데 상당한 신경을 썼다.

그에 반해서 아이들의 경우에는 제대로 된 옷도 없었다. 아이가 태어나서 제대로 된 옷을 입을 수 있었던 것은, '일안저고리'(배냇저고리)와 돌옷뿐이었다.[45] 일안저고리는 보통 임신 중에 만들어 두었다가 아기가 태어나면 입혔다. 그것도 살림이 넉넉한 집에서는 천을 구하여 정성껏 만들었지만, 그렇지 못한 집에서는 남는 천을 가지고 적당히

---

44 한국농촌경제연구원, 『구례 류씨가의 생활일기』, 상, 1991, p.333.
45 영주시 순흥면 지동2리 김옥희, 여, 72세(2003. 9. 안동대 국학부 3학년 이정화 조사).

만든 것이다. 일안저고리는 백일 혹은 돌 전까지 입힐 수 있었다. 가난한 집에서는 아이들이 태어날 때마다 일안저고리를 만들 수 없어 대물림하여 입히기가 다반사였다. 백일이나 돌에도 살림이 넉넉한 집에서는 남아에게는 풍차바지를, 여아에게는 까치저고리라고 하는 돌복을 지어 입히거나 시장에서 사서 입히기도 했다.[46] 가난한 집에서는 무명으로 그저 평범한 옷을 지어서 입혔다. 돌 이후로도 아기가 금방 자라기 때문에 제때 제때 옷을 만들어 입힐 수가 없었고, 어른들이 입다가 헤어져서 못 입는 옷을 가지고 대충 꿰매서 입히기 일쑤였다. 그러다가 예 일곱 살이 되어 서당(학교)에라도 가게 되면 그 때는 바지·저고리 또는 치마·저고리를 만들어서 입혔다.

본질적으로 옷은 개인 인격의 연장물이지만, 근대 이행기에도 옷이 귀했기 때문에 누구의 옷이든지 헤어지지 않은 것이면 재활용되었다. 이른바 '옷물림'이란 풍습은 이렇게 형성된 재활용의 전통이다.

⑴ 돌아가신 분의 옷은, 전에는 뭐 없어 놓으니, 좋은 건 더러 물려 입고. 요샌 암만 좋아도 물려 입는 건, 친부모 거라도(것이라도) 안 해. 옛날엔 옷을 일 년에 한 두 가지 정도 얻어 입을 정도였지. 명절 되면 옷 한 벌 얻어 입을려나 기다리기도 하고, 요새는 그런 게 많이 없어 졌어.[47]

⑵ 아이들에게도 명절 때는 물을 들여서 새 쪼가리로 (옷을) 해 입히지. 아들이 네 명이고, 딸이 한 명인데, 바깥어른 옷을 (뜯어) 가지고 아들 옷을 지어줘도 되고, 딸 옷을 지어줘도 되는데. 내 옷으로는 아

---

46 영주시 순흥면 지동2리 김옥희, 여, 72세(2003. 9. 안동대 국학부 3학년 이정화 조사).

47 의성군 안계면 교촌리 강조자, 여, 77세, 2002. 9. 25. 조사.

이들 옷을 안 지어 주지.[48]

(3) 아이들 옷을 내려 입힐 때, 아들이 너이면(넷이면) 아들끼리는 내려 입어. 그런데 여자 옷은 누구에게도 내려 입히지 않아. 옛날에는 나락가리(볏가리)를 타작하면, 곡식이 준다고 여자들이 타작마당에 안 들어갔어. 시아버지의 옷도 결국 손자나 손녀들한테 옷 지어 줄 수 있는 것도 시어머니의 옷은 지어 줄 수 없고, 여자 옷이라고 떨어진 곳이 있으면 기울 때나 쓰고. 오남매 중에서 넷째가 딸이래, 다섯째가 아들이고. 넷째가 입던 옷이 다섯째 아들한테 못 내려 입혀. 시어른들이 돌아가시게 되면 그 중에 입을 만 한 옷은 내려 입고, 태울 것은 태우고.[49]

(4) 옛날에는 옷을 '맞드배기'(맞교환)로 입으니 계절별로 2벌밖에 없었다. 그러니 누구든 옷이 다 떨어져서 지차에게 물려 입힐 수가 없다.[50]

자료 (1)~(3)까지는 가족제적 서열에 따라서 옷물림이 행해졌음을 보여준다. 특히 자료 (1)은 망자의 옷을 물려입는 관습을 설명하고 있다. 망자가 친부모가 아닌 경우 즉, 비가족원 간에도 옷물림이 있었던 것이다. 자료 (2)는 어른의 헌옷을 활용하여 아이들의 옷을 지어주는 방식을 말하고 있다. 아버지의 헌옷으로는 아들과 딸의 옷을 지어주지만, 어머니의 헌옷으로는 아이들 옷을 지어주지 않았다. 어머니의 사회적 지위가 아이들의 지위보다 낮다는 뜻일 수 있다. 자료 (3)은 또한 딸아이의 헌옷을 남동생에게 물려 입힐 수 없다는 점을 강조한다. (2)와 (3)의 내용이야말로 남존여비적 서열 경제의 한 단면이다. 그런

---

48 영주시 순흥면 석교1리 이일순, 여, 83세, 2003. 9. 조사.
49 영주시 순흥면 석교1리 이일순, 여, 83세, 2003. 9. 조사.
50 안동시 임하면 신덕2리 송도희, 여, 77세, 2003. 10. 조사.

가하면, 자료 (4)는 누구든지 계절별로 옷이 2벌씩밖에 없어서 다 헤어질 정도로 입기 때문에 물림이 성립되기 어려웠다는 것이다. 이는 서민가 의생활의 실상에 대한 사실적 증언이다. 이점에서 볼 때 옷물림은 일반적으로 경제적 여유가 있는 집안에서 실현 가능성이 컸던 것이라 하겠다.

따라서 직물과 의류의 주요 생산자와 주요 소비자는 <그림 2>와 같이 도해한 가족구성원의 서열과 위상, 역할에 따라서 결정된 것이다. 즉, 섬유재의 생산에는 영역 2와 영역 1의 사람들이, 직물과 의류의 생산에는 영역 2의 사람들이 주체적 역할을 했지만, 직물·의류의 소비과정에서는 영역 1의 사람들이 가장 나은 대우를 받았다. 특히 가장의 경우에는 훨씬 더 좋은 예우를 받았다. 가장 지위가 낮았던 영역 4의 사람은 직물과 의류의 소비자로서도 역시 가장 미미했다.

<그림 2> 가족원의 지위와 직물·의류의 소비 집중도

3) 의례와 격식 본위의 의류 소비

의례는 사상과 이념으로 응결된 내용적 규범과 그것의 외적인 표현인 형식적 규범으로 구성된다. 그러므로 의례시에는 그 성격에 합당한 옷을 갖추어 입었을 때 의례의 정당성이 확보될 수 있다. 의례복은 의례의 목적을 더욱 더 분명하게 전달하고, 그 의미를 공개적으로 확인하게 하는 기능을 갖는다. 그런데 의례복은 일상복에 비해서 장식적·상징적 기능이 강하여 가격이 비싸기 마련이었다. 그래서 의례복은 개개인이 갖추어 입지 않는 경우도 많았으며, 여기서 貸衣의 풍속이 싹틀 수 있었다.

이규경의 『오주연문장전산고』에 따르면, 이때의 세속이 야박하여 가난한 사람들이 혼인과 상례에 필요한 물건을 모두 세를 내어 빚을 지게 되는 풍속을 한탄하고 있다. …… 이 기록에 따르면, 우리나라에서 혼인이나 회갑 잔치를 치를 때 쓰이는 병풍, 휘장과 상, 겨자리, 홑자리며 향촉은 관부에서 빌고, 기타 골동품 따위는 가게에서 세내었다고 하였다. 그리고 조선 말기의 실학자 박규수의 『거가잡복고』에도 또한 혼례 때 큰 다래를 빌어쓰는 풍속의 망령됨을 한탄한 기록이 있다.[51]

이처럼 복식과 관련한 대여의 풍속은 혼·상례 등과 같은 의례에 집중되어 있다. 『신증동국여지승람』에 따르면, 혼례나 상례에 쓰이는 여러 가지 물건을 빌려주는 貰物廛과 가마를 빌려주는 金轎貰家가 있었음을 알 수 있다[52] 하니, 의례용 옷이나 기물을 빌려주는 것은 조선전기에도 있었던 오랜 풍속이다.

의례 상황에서는 옷이 중요했고, 서민들은 그러한 옷을 평생 몇 번 입지 않으므로, 마을단위로 의례복을 준비하는 것이 경제적이었다. 20세기 중반까지 지속된 전통혼례를 위한 복식은 대체로 마을의 공

---

51 조효순, 『한국복식풍속사』, 일지사, 1988, pp.353~354.

52 위의 책, p.353.

유물로 구비·관리되고 있었다. 필요한 사람들은 공동의 것을 빌어입으니, 의례복 공동관리는 마을사회의 결속을 강화하는 데도 기여하였다. 옷을 빌려 입는 것은 서민들만의 문제는 아니었다. 내로라하는 양반들도 의례복을 빌려서 입는 예가 있었다. 구례 운조루에 소장된 생활일기는 1900년 3월 8일부터 3월 14일까지에 걸쳐 친인척의 혼례를 전후하여 원삼과 관복을 빌린 사실을 적고 있다.[53] 그 내용을 보면 원삼과 관복을 빌려와서 사돈집에서 치를 혼례와 같은 길사에 사용하도록 전해주었던 것이다.

제사나 차례는 역시 엄숙하게 치러지는 것이므로, 그에 걸맞은 복식을 갖추어 입는 것이 조상에 대한 예의로 여겨졌다. 구례 운조루에서는 신년을 맞이하여 사당에서 차례를 지냈다.

(1) 1920. 1. 1. 아침에 사당에 차례를 올렸다. 조부님을 모시고 집안의 여러 종족들이 신년의 하례와 다복을 빌었다. 어른과 아이들이 모두 옛 복식을 하였으니 역시 다행이다.[54]

(2) 1923. 1. 1. 아침에 사당에 차례를 올렸으나 나는 제사에 참석하지 못했다. 상중이고 보니 한 해를 보내고 맞이하는 요즈음 슬픔이 더욱 깊게 사무친다. 집안 노소분들이 베옷을 입고 신년 인사를 올렸다.[55]

자료 (1)에서는 설날 사당에 차례를 올리면서, 옛 복식을 차려 입은 것을 다행이라 여긴다. 1920년 설이면 독립운동이 일어난 이듬해이므

---

53 한국농촌경제연구원, 『구례 류씨가의 생활일기』, 상, 1991, pp.173~174.

54 한국농촌경제연구원, 『구례 류씨가의 생활일기』, 하, 1991, p.521.

55 위의 책, p.565.

로, 일제의 간섭과 통제가 심했다는 사정을 감안하더라도, 옛 방식대로 복식을 갖추는 것은 조상에 대한 중요한 예의였다. 그것은 민족정신을 말하는 것일 수도 있고, 조상 대대로 입어온 복식을 갖추어 입는다는 점에서 가문의 기맥이 살아있음을 뜻하는 것일 수도 있다. 자료 (2)에서는 같은 설날 차례임에도, 상중에 있던 상주는 차례를 올리지 않았고, 집안사람들은 베옷 즉, 상복을 입고 신년하례를 올리고 있다. 상중에 있을 때는, 길사에 해당하는 차례 혹은 신년하례를 하면서 흉사를 뜻하는 옷을 입고 있다. 길사보다는 흉사가 더 우선이라는 예론이 복식의 소비방식을 결정한 것이다.

서민들도 제사를 지낼 때는 일상복과 같은 구성을 할지언정 입는 옷은 그 상태를 달리하였다. "제사 지낸다 하면 헌옷이라도 깨끗하게 빨아 가지고 입고"라는 말은 제사는 정결한 상태에서 경건하게 모신다는 의미를 함축하고 있다. "초상이 나면 상주는 뭐 누런 거 두건 쓰고 뭐. 여자들도 맹(마찬가지로) 우에 (수질) 쓰고, 허리엔 그거(요질) 있잖아. 우에는 허연(흰) 광목으로 된 거 입고, 밑에는 누런 삼베 치마 입고."[56] 라는 설명은 상례에서도 그에 합당한 옷이 정해져 있었을 뿐만 아니라, 그런 옷을 잘 갖추어 입어야만 상례가 정상적으로 수행된 것으로 평가되었다. 일상적으로는 도포를 입지 않음에도, 남성 망자에게는 도포를 수의로 입혀 성장을 갖추었다. 비싼 명주도포나 삼베도포가 겉옷으로 입혀졌다. 서민들은 자가에서 손수 짠 직물로 수의를 만들었다.

옷 입기 방식의 또 다른 특징은 격식을 중요하게 여기는 것이다. 의례시에는 말할 것도 없고, 일상적으로도 옷이 신체의 외형을 장식하는 것인 만큼 격식을 중요하게 생각했다. 서민들의 옷 입기 방식을 보

---

56 의성군 안계면 교촌리 강조자, 여, 77세, 2002. 9. 25. 조사.

면, 속옷이 부실하고 겉옷에만 신경을 쓴다는 것에서도 그러한 경향이 확연히 드러난다.

이전에는 여자들도 속옷 빤스(팬티)가 없어, 바지 하나뿐이래. 밑이 터진 고쟁이 하나뿐이래. 그래가 치마 입고 그랬지. 위에는 적삼뿐이지. 가슴에는 '헐띠'를 했지. 없는 사람은 '팔떼기'(소매)도 없는 다 떨어진 거 입고 다녔어. 예전엔 왜 그렇게 어렵게 살았던 동. 남자들도 뭐 바지만 입었지, 다른 속옷이 없었어. 남자는 적삼을 쪼매(조금) 길거러(길게) 해 입고, 속옷 없이 그래 입었지. 겹겹이 입지 않았어.[57]

양반들의 경우에는 상대적으로 건사한 풍모를 드러내도록 옷을 입었다. 구례 운조루의 주인이 할아버지의 초상화를 그리도록 화가에게 설명하는, 다음 내용은 바로 근대 이행기 남성이 평상시 격식에 위배되지 않도록 어떻게 옷을 입었던가를 보여준다.

1923. 3. 17. 육리 석지옹의 精舍에 머물렀다. 할아버님 초상화를 모사하는 데 혹시 자세하지 않은 곳이 있어 조금이라도 생전의 모습과 달라지지 않을까 걱정되어 마치 눈에 보듯이 자세하게 설명해 주었다. …… 갖춘 의관과 앉아 계신 뒤로 둘려져 있는 병풍이 평소에 한가히 앉아 계신 그 모습이라. 망건을 벗고 탕건을 쓰시고, 두루마기를 입으시고, 「주자어류」를 들고, 황색빛 옷을 입으시고 芒席에 정좌하시고 그 오른쪽으로는 늙은 매화 한 가지가 반쯤 피어 서로 응대하고 있으

57 의성군 안계면 교촌리, 강조자, 여, 77세, 2002. 9. 25. 조사.

니 평소의 바로 그 모습이라.[58]

탕건을 쓰고 두루마기를 입고, 황색빛 옷을 입는 것이 운조루 주인의 할아버지의 평소 모습이라고 하였다. 여기서 탕건 착용은 단발령 이후 망건이 불필요해져서 일반화된 것이다. 두루마기를 입는 것이 평소 모습이라고 했지만, 아마도 초상화를 그리기 위하여 적절하게 재구성된 현상이라 여겨진다. 왜냐하면, 초상화에는 일상적인 평상복보다는 공식적인 외출복 차림이 일반적이었기 때문이다. 두루마기가 외출복이었다면, 그것은 1884년 甲申衣第개혁 이후 관리들에게조차 평소 도포의 착용이 금지된 이후 나타난 모습이다. 두루마기 차림의 초상화를 그린다는 것은 근대 이행기에 두루마기가 일반인들의 외출용 겉옷으로 정착된 결과일 것이다. 아무튼 운조루의 주인이 할아버지의 초상화를 그리게 하면서 복식을 통하여 일정한 격식을 차린 노인으로 묘사하고 있음은, "의관의 정재가 곧 예의의 요건"이라는 가치관의 표현이다.

5. 맺음말

근대 이행기에 섬유재·직물·의류라는 자원이 어떻게 생산·분배·소비되었는지에 대하여 자연환경·시장경제·식민지 상황·가족제도의 관계 속에서 살펴본 결과 다음과 같은 사실을 알 수 있었다.

근대 이행기에 섬유재와 직물은 기본적으로 자가에서 생산되었으

---

58 한국농촌경제연구원, 『구례 류씨가의 생활일기』, 하, 1991, p.573.

나, 그 조달에서 시장 의존도가 점차 높아졌다. 목화·대마·모시·명주 등의 섬유재는 자연환경 조건에 맞추어서 재배되었다. 섬유재와 직물의 생산은 일반적으로 가족노동으로 진행되었으며, 고난도의 공정은 마을내 전문가의 참여로 이루어졌다. 하지만 일제에 의하여 한국의 주권이 침탈되는 상황에서, 염료나 광목 등이 수입·전래되어 직물의 시장교역이 확대되고, 재봉틀이 도입되어 전문적인 옷집이 출현하였다. 농가단위의 섬유재와 직물의 연간 생산량은 소비규모를 고려하여 예측되었는데, 그 속에는 일상적 소비량·의례적 소비량·판매량·공출물량이 포함되었다.

섬유재와 직물의 생산과정에는 한국의 사회구조, 좁게는 가부장적 가족제도가 작용하였다. 섬유재 생산의 주체는 남·녀 어른들이었다. 직물생산의 주체는 여자 어른이 중심이었지만, 남자 어른과 여자 아이들도 보조적인 역할을 했다. 결국 섬유재와 직물생산의 핵심적 주체는 여자 어른들이었다. 이것은 전통적으로 男耕女織의 방식으로 남자는 농사를 짓고, 여자는 직조와 바느질을 담당했던 결과였다. 즉, 섬유재 생산과정은 농사의 연장선상에 있었기에 남자도 참여했으나, 직물의 생산과정에서는 남자의 참여가 미미했다. 특히 남자 아이는 직물 생산과정에서 전적으로 배제되어 있었다.

<그림 3> 의생활을 위한 생산과 소비의 주체와 상황

	주체				상황	
	남자		여자		일상	의례
	어른	아이	어른	아이		
섬유재 생산	●		●		-	-
직물 생산	○		●	○	-	-
직물·의류 소비	●	◎	◎	○	◎	●

●뚜렷함 ◎보통 ○흐릿함

직물과 의류의 소비는 전통적인 유교윤리와 가부장적 가족제도의 틀을 벗어나지 않았다. 직물과 의류의 소비과정에서는 남자, 그 중에서도 지위가 가장 높았던 남자 어른들이 가장 좋은 대우를 받았다. 반면 지위가 가장 낮았던 여자 아이들은 직물과 의류의 소비과정에서 가장 열악한 대우를 받았다. 그리고 일상적 상황보다는 의례적 상황에 직물과 의류의 소비가 집중되었다. 마찬가지로 속옷보다는 겉옷에 대한 가치가 강조되었다. 이런 양상은 지위표현이나 사회적 상황 전달이라는 의복의 기본적인 기능으로부터 기인된 것이지만, 체면·격식과 같은 유교적 형식주의가 작용한 결과이기도 하다. 그리고 일제가 도입한 몸뻬는 전통적 가치관에 충격을 준 옷이었지만, 여자들의 농작업 참여도가 높아지면서 차츰 확산되었다.

이처럼 직물과 의류라는 자원을 생산할 때는 여자가 주체였지만, 소비할 때는 여자보다는 남자, 아이보다는 어른이 더 우선되는 주체였다. 남자와 여자, 어른과 아이라는 사회적 지위와 역할에 따라서 섬유재·직물·의류의 생산과 소비가 결정되었던 것이다. 가부장적 가족제도 속에서 지위가 높은 사람이 직물과 의류의 핵심적 소비자였다. 한편 경제력과 지위의 정도는 개인별 계절복의 종류까지 결정하였다.

요컨대, 근대 이행기의 의생활은 외래문물의 도입과 시장경제의 변화라는 사회적 상황에 따르면서, 자연환경 조건과 기술수준에 맞추어 서열적 사회구조와 유교적 이념과 가치를 실천하는 가족경제였다.

참고문헌

권태억, 『한국근대 면업사연구』, 일조각, 1989.

김점호 구술, 『베도 숱한 베 짜고 밭도 숱한 밭 매고』, 뿌리깊은 나무, 1985.

김택규, 「조선후기 사회 농민의 일과 여가」, 『민속연구』, 제1집, 안동대 민속학연구소, 1991.

마릴린 혼·루이스 구렐(이화연 외 역), 『제2의 피부』, 까치, 1988.

박필술 구술, 『명가의 내훈』, 현암사, 1985.

박현수, 「식민지 도시에 있어서 일본인사회의 형성」, 『인류학연구』, 제5집, 영남대문화인류학연구회, 1990.

배영동, 「안동양반의 의식주생활」, 『안동양반의 생활문화』, 안동대 민속학연구소, 2000.

배영동, 「부녀자들의 삼베길쌈 전통의 재창조」, 『까치구멍집 많고 도둑 없는 목현마을』, 한국학술정보, 2002.

배영동, 「안동포 생산과 소비의 전통과 현대적 의미」, 『한국민속학』, 제37집, 한국민속학회, 2003.

배영동, 「여성들이 살아온 삶의 틈새」, 『반속과 민속이 함께 가는 현리마을』, 한국학술정보, 2003.

안병직·이영훈 편저, 『맛질의 농민들』, 일조각, 2001.

유희경, 『한국복식문화사』, 교문사, 1981.

이덕무(김종권 역주), 『사소절』, 명문당, 1985.

조승현, 「전남 삼베 수공업의 존립형태와 지역구조의 변천」, 『호남문화연구』, 제21집, 전남대 호남문화연구소, 1992.

조효순, 『한국복식풍속사 연구』, 일지사, 1988.

최봉영, 「의관의 성격과 한국인의 문화 의식」, 『한국인의 사회적 성격』(2), 느티나무, 1994.

피에르 부르디외(김용숙 외 역), 『남성지배』, 동문선, 2000.

한국농촌경제연구원, 『구례 류씨가의 생활일기』(상, 하), 1991.

한상복·이문웅 외, 『문화인류학개론』, 서울대 출판부.

허덕기, 「시집살이의 가사노동을 통해본 여성간의 권력 표출 양상」, 안동대 민속학과 학사학위 논문, 1998.

Stuart Plattner(ed), Economic Anthropology, Stanford Univ. Press, 1989.

의식주와 민속놀이를 통해 바라본 조선의 근대

구한국 관보 복식관련 자료의 유형별 분석

- 『구한국 관보 복식 관련 자료집』을 중심으로 -

제1저자: 이영수_단국대학교 동양학연구원 연구교수

교신저자: 최인학_인하대학교 명예교수

1. 서론

정부는 공무원과 일반국민들에게 널리 알릴 사항이 있으면 이를 관보에 게재한다. 우리나라 정부에서 간행하는 공식적인 공고 기관지로서의 『관보』가 처음 창간된 것은 1894년의 일이다. 첫 『관보』는 정리자整理字를 사용하여 1면이 10행, 1행이 22자 1단조段組로 편집되었다. 처음에는 기사를 순한문으로 작성했으나 1895년 1월 15일부터 국한문혼용으로 바뀐다. 그러다가 1895년 7월 20일부터는 신식 납활자를 사용하고, 1면을 2단으로 조판하여 이전의 관보보다 훨씬 더 많은 내용의 기사가 실리게 된다.[1] 이러한 『관보』는 1894년 6월 21일부터 1910년 8월 29일까지 16년 2개월 동안 총 4768호까지 발행하다가 중단된다. 이 시기의 『관보』를 '구한국 관보舊韓國官報'라고 부르는데, 이것은 현재의 한국에 대한 과거개념으로 사용한 것이다. '구한국'은 대체로 조선말부터 일제에 의해 국권이 모두 상실되는 때까지를 말한다.[2]

당시 '구한국 관보'는 칙령과 각 기관의 부령, 관리의 서임 및 사령, 그리고 정부의 예산 편성과 집행 등 관청의 동정 위주로 수록하였다. 이러한 관보는 공무원이 업무를 수행하는데 있어 기본도구로 활용되고 일반국민에게는 정부의 정책방향과 활동상황을 알 수 있는 1차적 자료가 된다.[3] 결국 관보는 정부의 법령을 공포하는 장이자 국가의 시책을 홍보하는 매체 역할을 담당하였던 것이다.

단국대학교 부설 동양학연구원은 2005년 12월부터 한국학술진

---

1 『한국민족문화대백과사전』 3, 성남: 한국정신문화연구원, 1988, p.70.
2 崔貞泰, 『한국의 관보-조선조에서 대한민국 정부수립 이전까지-』, 아세아문화사, 1992, p.45.
3 위의 책, p.5.

홍재단의 지원 아래 중점연구소 지원과제 사업인 〈개화기에서 일제강점기까지 한국 문화전통의 지속과 변용〉을 수행하고 있다. 이 지원과제 사업의 일환으로 2011년 8월에 '구한국 관보'에 수록된 복식 자료들을 총망라하여『구한국 관보 복식 관련 자료집』[4]을 발간하였다. 이 자료집은 관보 원문이 세로쓰기로 되어 있어 요즘 세대가 읽기 어렵다는 점을 고려하여 워드작업을 통해 가로쓰기로 작성한 것이다. 그리고 연월일의 순서에 맞춰 원문을 일일이 대조하면서 관련 자료를 입력하였다는 점에서는 그 나름의 의미를 갖는다. 하지만 관보의 원문이 수록되지 않아 복식 관련 자료들의 생생한 모습을 엿볼 수 없다는 점에 있어서는 한계를 지닌다. 이 점은 추후의 작업을 통해 보완할 것이다.

이 글은 자료집에 수록된 복식 관련 자료들을 유형별로 분류하고, 이를 분석하면서 당시의 정치적·사회적 변화에 따른 복식의 변모양상을 살펴보고자 한다. 전체적으로는『구한국 관보 복식 관련 자료집』을 개관하는 성격을 지니게 될 것이다.

2. '구한국 관보' 소재 복식 자료의 유형별 분류

'구한국 관보'에서 복식 관련 자료들은 칙령, 부령, 내부고시, 궁정녹사 등을 통해서 확인할 수 있다.『구한국 관보 복식 관련 자료집』은 16년간의 관보 기록을 일일이 뒤져서 복식과 직간접적으로 관련된 자료들을 총망라한 것이다. 그 결과 1894년에서부터 1909년까지

---

4 단국대학교 부설 동양학연구소,『구한국 관보 복식 관련 자료집』, 민속원, 2011.

발행된 호외와 부록 등을 포함한 72호의 관보에서 모두 91개의 복식 관련 자료를 수집하였다. '구한국 관보'에서 동일 호에 실린 여러 개의 복식 자료는 칙령과 훈령 등에 있어 차이가 있으면 별개의 자료로 선정하였다. 그리고 복식과 직접적으로 관련된 칙령이나 부령 이외에도 〈제1306호, 광무 3년 7월 6일(목요)〉에 발표된 '원수부관제'와 같이 칙령과 궁정녹사 등에서 복식과 관련된 내용이 있으면, 이들 내용을 부분적으로 발췌하여 수록하였다.[5]

이 자료집에 수록된 자료들은 크게 1) 조신 및 관원 관련 복식 2) 군 관련 복식 3) 경찰 관련 복식 4) 사법 관련 복식 5) 훈·포장 관련 자료 6) 단발 관련 자료 등으로 나눌 수 있다.

1) 조신 및 관원 관련 복식

개항이후 외국에 나아가 서양문물을 접한 개화파는 여러 가지 개혁안을 내놓는데 그 중의 하나가 바로 복식에 관한 것이었다. 1884년에 고종은 개화파와 사대당의 의견을 종합하여 중용적인 의제개혁을 단행하는 되는데 이것이 갑신의제개혁이다.

1884년 윤 5월 24일의 전교에 의하면, "관복으로 오직 흑단령黑團領만을 쓰는 것은 바로 옛날의 제도로서, 일이 아주 간편한데, 당상이 때때로 홍단령紅團領을 입는 문제에 대해서는 『대전통편大典通編』 원전原典의 예에 따라 착용하지 못하게 하라. 지금부터 무릇 조적朝籍에 이름이 올라 있는 사람은 늘 흑단령을 착용하고, 매양 크고 작은 조의朝儀의 진현進見과 대궐 안팎의 공고公故 때에는 흉배를 더 착용하여 문관文官과 무관武官의 품계를 구별하도록 하고, 단령의 제도에서 반령착

---

5 위의 책, p.vii.

수盤領窄袖도 한결같이 국초의 제양第樣을 따르도록 하라."⁶고 한다. 그리고 다음 날인 25일에 전교하기를, "의복 제도는 변통할 수 있는 것이 있고 변통할 수 없는 것이 있는데 예를 들면 조례朝禮와 제례祭禮 및 상례喪禮 때 입는 옷은 모두 선성先聖의 유제遺第이니 이것은 변통할 수 없는 것이다. 때에 따라 알맞게 만들어 입는 사복私服은 힘써 그 편한 대로 따르는 것이니 이것은 변통할 수 있는 것이다. 우리나라의 사복 도포, 직령直領, 창의氅衣, 중의中衣 같은 옷의 겹겹의 넓은 소매는 주선하는 데 불편하고 옛것에서 찾아보아도 너무 차이가 있다. 지금부터는 좀 변통하여 단지 착수의窄袖衣와 전복戰服과 사대絲帶를 착용하여 간편한 대로 따르는 것을 정식으로 삼도록 할 것이니, 해조該曹에서 절목을 갖추어 들이게 하라."⁷고 한다. 이에 6월 3일 예조에서 사복변제절목을 입계한다. 사복변제절목 중에 제일 처음에 등장하는 것이 "사복의 경우 소매가 좁은 옷은 귀천을 막론하고 늘 입을 수 있으며, 도포道袍, 직령直領, 창의氅衣, 중의中衣 같은 것은 이제부터 마땅히 모두 없앤다."고 하는 것이다.

갑신의제개혁의 주안점은 관복은 흑단령으로 통합하고, 시복인 홍단령을 폐지하는 것과 도포, 창의, 광수포廣袖袍가 착수窄袖 형태의 주의周衣로 간소화되고 이것을 신분의 귀천에 상관없이 입으며 검정색으로 통일한다는 것이다.

이러한 갑신의제개혁은 인습과 전통을 고집하던 이유원을 비롯한 관리와 유생의 맹렬한 반대에 부딪치게 된다. 봉조하奉朝賀 이유원李裕元은 "각기 신분에 맞게 예전대로 입고 고치지 않는 것만 못하며, 이

---

6 고종 21년(1884) 윤5월 24일(정묘)
7 고종 21년(1884) 윤5월 25일(무진)

것이 대성인의 원대하고 큰 덕에도 맞을 것입니다."[8]라고 하였으며, 성균관成均館 유생儒生인 진사進士 심노정沈魯正 등이 올린 상소에는 "홍단령과 직령은 영묘께서 성명成命하신 것이어서 갑자기 폐지할 수 없"[9]다고 한다. 이들 상소는 기존 봉건사회에서 특권을 누리던 계층의 위기의식을 보여준다. 복식의 차이가 곧 계급의 차이를 나타냈던 조선사회에서 계급과 상관없이 동일한 복식을 착용한다는 것은 지배층에 있어서 계급 간의 위계질서를 일시에 무너트리는 것으로 인식되었던 것이다. 따라서 복식 제도의 개혁은 받아들일 수 없었던 것이다. 이에 고종은 "현재의 제도를 정비하는 것이며 번거로운 것을 없애어 간편하게 하려는 데서 나온 것이다. 그러니 다시는 번거롭게 하지 말고 물러가"[10]라고 하면서 단호하게 개혁의지를 피력한다. 하지만 고종의 단호한 의지에도 불구하고 갑신의제개혁은 제대로 시행되지 못한다.

갑신의제개혁의 실패에도 불구하고 흑단령 착용과 광수 폐지를 고집했던 고종은 1894년 12월과 1895년 3월에 칙령을 발표하고 의제개혁을 단행하게 된다.

○ 勅令朝臣大禮服用黑團領進宮通常禮服周衣搭護用黑色土産紬布及紗帽靴子自來歲正朝施行 總理大臣 各衙門大臣 奉勅(『官報』, 開國五〇三年 十二月 十六日)

○ 勅令自今公私禮服中搭護를除ᄒ고進宮時쁜帽靴絲帶를用ᄒ

---

8 고종 21년(1884) 6월 3일(을해)

9 고종 21년(1884) 6월 4일(병자)

10 고종 21년(1884) 6월 4일(병자)

고周衣는官民이一體로黑色類를從ᄒᆞ라(『官報』, 開國 五○四年 三月 二十九日)

　1894년 12월에 "조정 대신들은 대례복大禮服으로 흑단령黑團領을 착용하고, 대궐에 나올 때의 평상시 예복은 검은색의 토산土産 주포紬布로 만든 주의周衣와 답호搭護 및 사모紗帽와 가죽신을 착용"하라고 한다. 이에 비해 1895년 3월에 오면 "오늘 이후로는 정부와 민간의 예복 중에서 답호搭護를 없애고, 대궐에 나올 때에는 사모紗帽와 가죽신과 사대絲帶를 착용하며, 주의周衣는 관민官民 모두 검은 색으로 통일하라."고 하여 앞서의 칙령보다 복식을 좀 더 간소화하고 있다.

　이어 고종은 1895년 8월에 조신이하 복장식을 재가하여 반포한다. 조복朝服과 제복祭服은 예전 그대로 사용하고 대례복은 흑단령, 사모, 관대 화자, 차림으로 동가動駕 때와 경절慶節과 문안과 예절로 접견할 때 착용한다. 소례복은 흑단령착수포黑盤領窄袖袍에 사모, 관대, 속대, 화자를 사용하되 대례복으로도 간혹 사용할 수 있으며 수시로 진현 때도 사용하도록 하였다. 그리고 통상복색은 편리한 대로 주의, 답호, 사대 차림을 하되 내외관의 관리가 출근할 때에는 구애 없이 입으며 진현할 때에는 입지 않는다. 사서士庶의 복색도 편리한 대로 하되 넓은 소매는 없애고 예복 외에는 검약하도록 힘쓰라고 한다.[11] 1894년과 1895년에 공포된 칙령의 내용을 정리하면, 갑신의제개혁을 통해 시행하고자 했던 의복의 간소화와 함께 복식을 통해 유지되었던 신분제의 폐지라고 하겠다.

---

11 고종 32년(1895) 8월 10일(무인)
　『官報』 號外, 開國 504年 8月 11日

고종은 1900년 4월 19일에 호외로 칙령勅令 제14호 〈문관복장규칙文官服裝規則〉과 제15호 〈문관대례복제식文官大禮服製式〉을 재가裁可하여 반포한다. 제14호 〈문관 복장 규칙〉에 의하면, 무관과 경무관을 제외한 문관복장은 대례복, 소례복, 상복의 3종으로 정하고 대례복은 칙임관과 주임관이 착용하고 소례복과 상복은 칙임관, 주임관, 판임관이 공통으로 착용한다. 대례복의 경우, 임금께 문안하거나 임금과 황태자의 거동과 임금을 공적으로 알현할 때, 궁중 연회에 참가할 때에 착용한다. 소례복은 궁궐 안에서 임금을 진현하거나 공식 연회에 참가할 때, 상관에게 인사를 하거나 사적으로 서로 축하하고 위로할 때에 착용한다. 상복은 출근할 때나 한가로이 있을 때, 집무할 때에 착용한다. 대례복은 대례모大禮帽와 대례의大禮衣, 하의下衣, 대례고大禮袴, 인釼, 인대釼帶, 백포하금白布下襟, 백색수투白色手套로 되어 있고, 소례복은 진사眞絲의 고모高帽와 연미복燕尾服, 하의下衣, 고袴로 되어 있다. 상복은 통상의 모자와 옷, 하의, 바지로 되어 있다. 궁내부와 외각부원은 물론하고 대소 관인이 모두 이 규칙에 따라 착용하라고 한다.[12] 그런데 대례복과 소례복, 상복은 "모두 구라파 복제服第를 병용한"[13] 것이다. 이에 앞서 1898년에 칙령 제20호 〈出使各國外交官領事官以下官員服章式〉를 재가하여 반포하는데, 이것은 각국에 나가 있는 외교관과 영사관 이하 관원의 대례복과 소례복, 그리고 통상복에 관한 규정이다. 그런데 1899년 8월에 "조신朝臣들의 복장을 변통하는 일로 지난번에 조칙詔勅을 내렸으나 미처 거행하지 못하는 것이 있다. 타국에 가는 사

---

12 『官報』號外, 光武 4年 4月 19日
13 고종 37년(1900) 4월 17일(양력)

신들의 복식은 우선 외국의 규례를 참작하여 개정하라."[14]고 한 것으로 보아, 이미 외교관의 복장은 1900년 〈문관복장규칙〉의 반포 이전에 양복화하였음을 알 수 있다.

1900년 칙령 제15호 중 〈문관대례복도식文官大禮服圖式〉의 대례복은 영국 궁중예복을 모방한 일본의 대례복을 참작하여 만든 것이다. 소례복은 1900년 반포 당시에는 유럽식 연미복의 한 종류였으나 1905년 1월 16일에 일부 조항을 개정하여 연미복과 후록코드의 두 가지 형태로 구분한다. 두 종류의 연미복으로 개정하면서 연미복은 각국 사신의 폐하 알현이나 궁중 연회 참석 및 내외국 관원의 만찬에 참가할 때 입었으며, 후록코트는 궁궐 안에서 임금을 진현하거나 각국의 경절 가례 및 예를 갖춘 사적인 방문 등에 입도록 하였다.[15] 일상복은 통상의 유럽식 모자와 상의, 하의, 바지로 구성되는데, 이것은 서구의 서민들이 일상복으로 입었던 신사복이었던 것이다. 양복이 보급됨에 따라서 소례복인 연미복은 혼례 때 신랑이 입는 옷이 되었다. 그리고 1910년경에 이르면 상류층에서는 프록코트와 같은 양복착용이 일반화된다. 조신이하 관원의 관복과 관련된 규정을 제정한 칙령의 반포를 통해 조선시대의 전 기간에 걸쳐 시행되어온 단령제도는 제도상으로 막을 내리게 되고 한복과 양복이 혼용되는 시대가 도래하게 되었던 것이다.

『구한국 관보 복식 관련 자료집』에 수록된 조신 및 관원 복식 관련 자료들을 정리하면 다음과 같다.

---

14 고종 36년(1899) 8월 3일(양력)

15 崔圭順, 「대한제국기 궁내부 대례복 연구」, 『정신문화연구』 제31권 제2호, 한국학중앙연구원, 2008. 6.

관보(호수)	칙령(호수)	내용
〈개국 503년 12월 16일〉	칙령	조신의 대례복과 통상 예복에 관한 것.
〈개국 504년 3월 29일〉	칙령	정부와 민간의 예복 중에서 답호(搭護)를 없애고, 대궐에 나올 때에는 사모(紗帽)와 가죽신과 사대(絲帶)를 착용하며, 주의(周衣)는 관민(官民) 모두 검은 색으로 통일하라.
〈제6호 개국 504년 4월 7일(수요)〉	내부고시	정부와 민간의 예복 중에서 답호(搭護)를 없애고, 대궐에 나올 때에는 사모(紗帽)와 가죽신과 사대(絲帶)를 착용하며, 주의(周衣)는 관민(官民) 모두 검은 색으로 통일하라는 칙령에 대한 내부고시.
〈제26호, 개국 504년 4월 29일(목요)〉	궁정녹사	대원군을 삼가 받들어 모시는 예절 조목은 오늘 23일에 임금의 재가를 받들어 다음과 같이 정했다는 내용.
〈호외, 개국 504년 8월 11일〉	칙령 제1호	조신이하 복장식에 관한 것. 조복(朝服), 제복(祭服), 대례복과 소례복 착용에 관한 것과 통상복의 색상과 착용에 관한 건.
〈호외, 건양 원년 8월 31일〉	국정녹사	궁정녹사복제의주 개정건: 황태자와 황태자비 궁중상례에 관한 건.
〈제981호, 광무 2년 6월 21일(화요)〉	칙령 제20호	출사각국외교관열사관이하관원복장식에 관한 건.
〈호외, 광무 4년 4월 19일〉	칙령 제14호	무관과 경무관을 제외한 문관의 복장에 관한 내용(대례복, 소례복, 상복)의 착용에 관한 건.
〈호외, 광무 4년 4월 19일〉	칙령 제15호	문관대례복장식에 관한 내용. 상의, 하의, 바지, 모자, 칼에 관한 내용.
〈호외, 광무 4년 10월 16일〉	궁정녹사	황제와 황태자, 황태자비, 종친 문무백관 변복에 관한 내용.
〈부록, 광무 5년 9월 3일〉	칙령	칙령 제15호 중 문관대례복 도식에 관한 내용.
〈제3326호, 광무 9년 12월 18일(월요)〉	칙령 제53호	농상공도량형임검원복식에 관한 건. 상의와 모자, 바지와 칼 등에 관하여 그림으로 제시.
〈호외, 광무 10년 2월 28일〉	궁정녹사	궁내부본부와 예식원 예복 규칙에 관한 건. 관원의 복장은 대례복과 소례복이며, 대례복과 소례복을 착용하는 경우와 이때 착용하는 물품에 관한 내용.
〈호외, 광무 10년 2월 28일〉	궁정녹사	궁내부본부와 예식원 대례복과 소례복제식에 관하여 상의의 지질과 표장, 유장, 영장에 관한 내용과 하의, 바지, 모자, 칼, 등에 관한 내용.
〈제3599호, 광무 10년 11월 1일(목요)〉	칙령 제66호	세관복장규칙에 관한 건. 관세관의 복장을 별표로 정리하고 있음, 관세관의 복장은 예복과 톡상복의 2종임.

관보(호수)	칙령(호수)	내 용
〈부록, 광무 10년 11월 8일〉	칙령	관세관 복장 도식에 관한 건.
〈제3637호, 광무 10년 12월 15일(토요)〉	칙령 제74호	문무관 바지에 관한 건. 별도의 표로 정리함.
〈제3646호, 광무 10년 12월 26일(수요)〉	칙령 제75호	문관대례복제식 개정건. 상의, 동의, 고, 모, 검, 등에 관한 내용과 문관대례복제식도본(圖本)을 제시함.
〈제4052호, 융희 2년 4월 20일(월요)〉	포달 제173호	동궁직원 복장과 제등 규칙에 관한 건. 도표로 정리함.
〈제4054호, 융희 2년 4월 22일(수요)〉	포달 제173호(속)	복장과 관련된 그림 삽입.
〈제4072호, 융희 2년 5월 13일(수요)〉	포달 제176호	장례원악사장이하 복제를 도표로 정리함.
〈제4073호, 융희 2년 5월 14일(목요)〉	포달 제176호(속)	악사장과 악사의 의복을 그림으로 정리함.

2) 군 관련 복식

상고시대부터 조선시대에 이르기까지 무기체계와 전술의 형태에 따라 전투복이 변천하게 되었다. 그런데 구한말에 이르면 조선군의 복식은 무기나 전술보다는 국가의 정치적·군사적 노선에 따른 군사제도에 따라 변화를 겪게 된다. 조선군은 서구 열강으로부터 침략을 당하기 전까지는 경첩한 구군복具軍服을 입었다. 구군복은 전립, 이엄, 동다리, 전복, 목화로 구성되어 있고 전대를 매고 병부를 차고 환도, 동채, 등채를 갖추고 있었다. 이러한 구군복은 갑오경장 전까지 유지된 것으로 보인다.

조선군의 복식은 1894년 갑오개혁 이후 아관파천이 일어난 1896년까지는 일본군 군제, 1896년부터 대한제국을 선포하고 자주적 개혁을 단행하던 시기인 1899년까지는 러시아군 군제, 1899년부터 한일의정서가 체결된 1904년까지는 일본군과 러시아군에 우리나라의 전통적인 요소를 가미한 군제, 그리고 1904년 이후에는 모두 일본군 군제의 영향을 받는다.[16] 군제의 개편에 따라 군인의 복장도 변화하게 되는데, 궁극적으로 조선군은 우리의 전통적인 군복인 구군복을 벗어던지고 양복형태의 서구식 군복을 착용하게 된다.

1895년에 새로운 군제에 의한 신식군대의 편성과 함께 동년 4월 11일에 칙령 제78호 〈육군복장규칙〉[17]을 재가하여 반포한다. 육군복장규칙에 따르면 육군의 복장 차림은 단일 군복인 예의禮衣로 하고, 그 꾸밈에 있어 크게 정장正裝·군장軍裝·예장禮裝·상장常裝의 4종류로 분류하고, 예장은 장교에 한하여 착용하고 나머지는 장교와 하사졸이 공통으로 착용하도록 하였다. 그리고 각 복장, 도검刀劍, 단고短袴, 수투手套 등의 착용시기와 요령, 색상과 재질 등에 관하여 규정하고 있다. 시제始第 당시에는 훈련대 보병과 장교에게만 적용되었으며, 훈련대 회계관과 의관의 복장은 추후에 규정한다고 하였다. 이때의 군복제식은 일본군의 복식을 그대로 모방한 것으로, 당시 일본군의 복식은 프랑스군과 독일군의 군복을 본떠 만든 것이었다.[18]

1895년 윤5월 26일에 반포한 칙령 제123호를 통해 "陸軍服裝을侍衛隊에도適用케"하고 "開國五百四年九月一日로붓터施行"하도록 한다.[19] 그리고 동년 8월 8일 칙령 제152호에 "陸軍服裝規則을軍部內武官及相當官에도適用케"하고 "開國五百四年九月十五日붓터施行호덕 正尉及正尉相當官以下는不得己흔事情이有ㅎ거든平服을着用홈을

16 『한국의 군복식발달사』 I, 국방군사연구소, 1997, pp.367~369.
17 『官報』 第10號, 開國 504年 4月 11日(日曜)
18 『한국의 군복식발달사』 I, p.372.
19 『官報』 第74號, 開國 504年 閏5月 26日(木曜)

得홈"²⁰이라고 하여 정위와 정위 상당관 이하는 부득이할 사정이 있을 때에는 평복을 착용하는 것을 허용한다. 동년 8월 19일에는 칙령 제156호를 반포하여 "陸軍服裝規則을外國留學軍人에게도適用"²¹하고, 반포일로부터 바로 시행하도록 하였다. 동년 9월 8일에는 칙령 제165호를 통해 "陸軍服裝規則을一般陸軍軍人에適用"하게 하여 비로소 일반 군인들도 서구식 형태의 군복을 착용하게 된다.

그 후 1897년 5월에 시제 당시의 미비점을 보완하여 새로운 〈육군복장규칙〉을 제정한다.²² 이것은 1895년에 반포된 〈육군복장규칙〉과는 많은 점에서 차이를 보인다. 1895년 시제 당시에는 예복과 상복常服의 구별이 없었으나, 1897년에는 단일제복을 예의禮衣와 상의常衣로 구분하여 제정하고, 이를 꾸밈에 따라 예의로 정장과 예장차림을, 상의로 군장과 상장차림으로 착용하도록 조처한다. 1895년 당시에는 하사졸도 정장을 착용할 수 있었으나, 1897년에는 "軍裝과常裝은將領尉官과下士卒이通共着用ᄒ고 正裝과禮裝은將領尉官쑌着用ᄒ事"라 하여 하사졸의 정장 착용을 금지하고 군장과 상장만을 착용하는 것으로 바뀌게 된다. 그리고 〈육군장졸복장제식陸軍將卒服裝製式〉을 통해 장교와 하사졸이 착용하는 복장을 구분하였다.

1898년에 원수부元帥府관제가 제정되면서 원수부에 속한 무관의 복장을 규제한다. 이때 곤룡포를 입었던 황제의 복장도 〈육군복장규칙〉에 준해 양복형태의 군복을 착용하게 되었다. 이 제복은 원수부가 폐지된 1904년 9월 24일까지 입는다. 그리고 일반 장병의 복식

---

20 『官報』第132號, 開國 504年 8月 8日(木曜)

21 『官報』第141號, 開國 504年 8月 19日(月曜)

22 『官報』第639號, 建陽 2年 5月 18日(火曜)

도 1900년 7월 2일 "개국開國 506년 5월 15일에 특별히 내려 보낸 육군 복장 규칙陸軍服裝規則 중 대례의大禮衣와 상의常衣, 광무光武 3년 1월 15일에 개정한 육군 대례견장제식陸軍大禮肩章製式을 개정하라."[23]고 하여 서양식 제복으로 변경하게 된다. 이 조령은 7월 12일자 『관보』 제1624호 궁정녹사에 게재되었다.

1904년 10월에는 1900년 7월 2일에 공포한 〈육군장졸복장제식陸軍將卒服裝製式〉 중 일부를 개정하고, 1906년 5월에 칙령 제24호 〈육군복장규칙〉을 재가하여 반포함으로써 다시 한번 개정하게 된다.[24] 기존의 4종류의 복장차림을 대례장大禮裝, 군장軍裝, 예장禮裝, 반례장半禮裝, 상장常裝의 5종류로 구분하고, 꾸밈에 따라 예의禮衣로 대례장과 예장 차림을, 상의로 군장과 반례장, 그리고 상장 차림을 착용하도록 하였다. 부칙에 기존의 "特下陸軍服裝規則을本令施行日노붓터廢止"하고 개정된 〈육군복장규칙〉을 동월 28일부터 시행하도록 하였다.

한편, 1907년 10월에 칙령 제26호 〈육군복장제식〉이 반포되어 육군복장에 대한 전반적인 정비가 이루어졌으며, 1908년 2월에 칙령 제31호 〈근위기병대하사이하예복제식近衛騎兵隊下士以下禮服製式〉[25]에 관한 건이 반포된다. 그리고 1909년 3월에는 군부령 제2호인 〈헌병보조원복제〉[26]를 재가하여 반포한다. 헌병보조원의 복제는 당시 일본군 하사 병졸의 보제와 같았으며, 다만 표장(모표)와 단추모양이 이화梨花형이고, 우측 어깨에 붉은 색 이화휘장을 부착한 것이 다를 뿐이라고

---

23 고종 37년(1900) 7월 2일(양력)

24 『官報』第3462號, 光武 10年 5月 25日(金曜)

25 『官報』第3999號, 隆熙 2年 2月 17日(月曜)

26 『官報』第4315號, 隆熙 3年 3月 3日(水曜)

한다.[27] 1907년 10월 이후에 반포된 칙령이나 부령은 1907년 8월 1일의 군대해산으로 말미암아 군의 명맥이 끊어진 상태에서 실시된 것임으로 별다른 의미를 부여할 수 없다.

『구한국 관보 복식 관련 자료집』에 수록된 군 복식 관련 자료들을 정리하면 다음과 같다.

관보(호수)	칙령(호수)	내용
〈제10호, 개국 504년 4월 11(일요)〉	칙령 제78호	육군 군인의 복장에 관한 규정으로 1)정장, 2)군장, 3)예장, 4)상장에 관한 것.
〈제74호, 개국 504년 윤5월 26일(목요)〉	칙령 제123호	육군 복장을 시위대에도 적용하는 건.
〈제127호, 개국 504년 8월 2일(금요)〉	부령 제2호	구각영에 속했던 마보장졸 해방된 자의 군장군기 등 수납 건.
〈제132호, 개국 504년 8월 8일(목요)〉	칙령	육군복장규칙을 군부내무관급 상당관에도 적용하는 건.
〈제141호, 개국 504년 8월 19일(월요)〉	칙령 제156호	육군복장규칙을 외국유학군인에게도 적용하는 건.
〈제156호, 개국 504년 9월 8일(금요)〉	칙령 제165호	육군복장규칙을 일반육군군인에게도 적용하는 건.
〈호외, 개국 504년 10월 21일〉	칙령 제178호	무관 표상식에 관한 건. 표상식(表喪式)을 군대와 군인이 상장(喪章)을 부홈. 상(喪)에 관한 내용.-국상과 궁중상, 군대에 있어서 장교와 상당관의 상에 관한 규정.
〈제632호, 건양 2년 5월 10일(월요)〉	궁정녹사	군제.
〈제639호, 건양 2년 5월 18일(화요)〉	궁정녹사	군부복장반포.
〈제639호, 건양 2년 5월 18일(화요)〉	궁정녹사	육군복장규칙, 육군장졸복장제식에 관한 내용.
〈제1147호, 꽝무 3년 1월 2일(월요)〉	궁정녹사	육군복장규칙 중 견장식 개정에 관한 내용. 대례견장, 소례견장의 형식과 재질에 관한 내용.

---

27 『한국의 군복식발달사』 I, p.379.

관보(호수)	칙령(호수)	내용
〈제1306호, 광무 3년 7월 6일(목요)〉	궁정녹사	황제가 대원수가 되어 육해군을 통솔하기 위해 원수부를 설치한다는 내용 중 무관의 복장에 관한 내용만 일부 발췌함.
〈제1624호, 광무 4년 7월 12일(목요)〉	궁정녹사	육군복장규칙 중 대례상, 상의, 대례견장에 관한 개정 건.
〈제2958호, 광무 8년 10월 15일(토요)〉	궁정녹사	육군장졸복장제식에 관한 개정 건.
〈부록, 광무 10년 1월 18일〉	군부령 제1호	군대경리규정 중에서 제4장 피복사무와 피복품수지부 등 복식과 관련된 내용 일부만 발췌함.
〈제3462호, 광무 10년 5월 25일(금요)〉	칙령 제24호	육군복장규칙에 관한 건. 육군군인의 복장(대례장, 군장, 예장, 반례장, 상장)을 착용할 때와 훈장 기장을 패용하는 경우, 그리고 장교의 복장, 하사졸의 복장을 구분해서 기술하고 있음.
〈제3637호, 광무 10년 12월 15일(토요)〉	칙령 제76호	육군복장제식 중 개정 건.
〈제3754호, 광무 11년 5월 1일(수요)〉	칙령 제29호	육군 장령위관과 준사관이하 제등 규칙에 관한 건.
〈제3889호, 융희 원년 10월 5일(토요)〉	칙령 제26호	육군복장제식에 관한 건. 예모와 상모, 예의와 상의, 예고와 상고, 예견장, 검, 도서, 하의고, 외투, 그리고 준사관에 예장 상장에 관한 내용임.
〈제3916호, 융희 원년 11월 6일(수요)〉	칙령 제31호	육군복장제식 중 첨입건. 글자 7자를 첨가함.
〈제3999호, 융희 2년 2월 17일(월요)〉	칙령 제9호	근위기병대하사이하 제복 제식에 관한 건.
〈제4315호, 융희 3년 3월 3일(수요)〉	군부령 제2호	헌병보조원 복제에 관하여 도표와 그림으로 정리함.

3) 경찰 관련 복식

1894년 7월 〈경무청 관제警務廳官第와 직무職務〉 및 〈행정 경찰 장정行政警察章程〉에 의거하여 "좌포청左捕廳과 우포청右捕廳을 합하여 경무청警務廳을 설치하고 내무아문內務衙門에 소속시키는데 한성부漢城府 오부五部

관내 일체의 경찰 사무를 맡"[28]게 하고, 다음 해인 1895년 4월 29일에 칙령 제85호 〈경무청 관제警務廳官第〉를 재가하여 반포한다. 이렇게 하여 우리나라에 근대적 개념의 경찰제도가 도입하게 된다.

〈경무청 관제〉의 반포에 앞서 1895년 4월 19일에 칙령 제81호인 〈警務使以下의服第는左表갓티定홈〉을 반포함으로써 경무청 관리들의 복장규정을 먼저 제정한다.[29] 이때 반포된 경무관 이하 복제는 도표로 간략하게 정리되어 있다. 이러한 경무청 복제가 동년 6월 3일 칙령 제130호에 의거하여 "第八十一號警務廳服第의件을各府警務官警務官補及總巡巡檢에도適用홈"에 있어 반포일로부터 시행한다고 하였다.[30]

이전의 칙령이 경무청 소속 관리의 복장 형태와 재질 등에 관한 것이라면 1897년 1월에 반포된 칙령 제7호인 "開國五百四年度第八十一號勅令中警務使以下服第를左가치改正添入事"는 경찰 복장을 착용하는 시기에 관한 것이며, 1899년 3월에 반포된 칙령 제6호인 "警務使以下本廳及各港口警務官의禮帽及禮裝을頒布ᄒᆞᆫ事"[31]는 복장의 착용요령에 관한 것이다. 예모와 예복을 착용하는 경우는 성절聖節에 진하陳賀할 때와 문안할 때, 각궁各宮의 탄신 진하와 문안할 때, 명절에 진하와 문안할 때, 원구단圜丘壇과 종묘宗廟, 사직社稷, 전殿과 궁宮으로 행차할 때, 능陵과 원園으로 행차할 때, 일체『대전大典』에 있는 예식과 폐하가 직접 예식에 참가한 후 문안할 때, 궁내에서 공무로 진현[進見]할 때, 예절로 상관을 대할 때, 각종 공식 연회와 일체 축하하는 예

---

28 고종 31년(1894) 7월 14일(무자)

29 『官報』第19號, 開國 504年 4月 21日(水曜)

30 『官報』第81號, 開國 504年 6月 5日(金曜)

31 『官報』第6號, 光武 3年 3月 28日(火曜)

식을 진행할 때이다. 이 본령은 반포일로부터 시행한다고 되어 있다. 그리고 같은 날에 반포된 칙령 제9호 〈開國五百四年度第八十一號勅令中警務使警務官總巡의服製를左갓치改定事〉를 통해 6항구 경무관과 총순, 13도 총순의 복장에도 적용하도록 하였다.

　이상의 칙령 내용을 정리하면, 경찰 관리의 복장은 서구식의 양복이다. 경무사이하 총순에 이르기까지 동복冬服은 진한 보라색의 융으로, 하의는 백색이며 상의에 흉장胸章과 수장袖章을 달았다. 모자는 진한 연보라색 융으로 꼭대기가 삐쭉하고 꼭대기에 은색이화장을 달고 밑으로 여러 겹의 흰색 융을 둘렀다. 경무사는 원지의 진한 보라색이 3선이 보이게 하고 경무관총무국장은 두 줄, 경무관은 한 줄이 나타나게 두른다. 총순은 그저 널찍한 흰 띠만을 보이게 한다. 단, 근위경무관과 근위총순은 백색 대신에 황색으로 한다. 순검은 흰 띠가 없다. 앞 전장에는 경무사이하 총순까지는 금색이화장을, 순검은 백동이화장을 달았다.

　『구한국 관보 복식 관련 자료집』에 수록된 경찰 복식 관련 자료들을 정리하면 다음과 같다.

관보(호수)	칙령(호수)	내용
〈제19호, 개국 504년 4월 21일(수요)〉	칙령 제81호	경무사 이하 복제에 관한 건.
〈제81호, 개국 504년 6월 5일(금요)〉	칙령 제130호	각부 경무관 이하 복제에 관한 건.
〈호외, 개국 504년 10월 21일〉	칙령 제179호	경관표상식, 경무사와 경무관총순의 상장(喪章)에 관한 건.
〈제535호, 건양 2년 1월 16일(토요)〉	칙령 제7호	칙령81호 칙령중 경무사이하복제의 개정첨입에 관한 건.

관보(호수)	칙령(호수)	내용
〈제850호, 광무 2년 1월 19일(수요)〉	칙령 제3호	감옥규칙 중에서 복식관련 내용만 일부 발췌.
〈제1220호, 광무 3년 3월 28일(화요)〉	칙령 제6호	경무사이하본청급각항구경무관의 예모와 예장에 관한 건.
〈제1220호, 광무 3년 3월 28일(화요)〉	칙령 제9호	칙령81호 중 경무사경무관총순의 복제의 개정에 관한 건.
〈제1704호, 광무 4년 10월 30일(토요)〉	칙령 제39호	경부대신이하 본부와 각항구 경무관 총순과 각 관찰부 총순의 예모와 예장을 표로 정리하고 그리고 그 착용하는 것에 관한 내용.
〈제1704호, 광무 4년 10월 30일(토요)〉	칙령 제38호	경부대신이하 본부와 각항구 경무관 총순과 각 관찰부 총순의 상모와 상장(常裝), 상고(常袴)를 표로 정리함.
〈제1845호, 광무 5년 3월 27일(수요)〉	정오(正誤)	경부 예모 예장 규칙에 대한 정오.
〈제2271호, 광무 6년 8월 6일(수요)〉	칙령 제11호	경무사이하 각 관찰부 총순 예모와 예장 중 칙령37호 경부 복장을 상호ᄒ야 변통(變通)하는 건. 예모와 예장을 표로 정리하고 그 착용에 관한 내용을 정리함.
〈제2271호, 광무 6년 8월 6일(수요)〉	칙령 제12호	경무사이하 각 관찰부 총순 상모와 상장 중 칙령38호 경부 복장을 상호ᄒ야 변통(變通)하는 건.
〈제3202호, 광무 9년 7월 27일(목요)〉	칙령 제39호	경무사이하 총순 예모와 예장 제식 개정건. 예모와 예장을 표로 정리하고, 예모와 예장을 착용하는 경우에 관하여 정리함.
〈제3202호, 광무 9년 7월 27일(목요)〉	칙령 제40호	경무사이하 총순 상모와 상장과 하복 제식에 관한 개정건. 상모, 상장, 하의와 하고에 대하여 표로 정리함.
〈제3624호, 광무 10년 11월 30일(금요)〉	부령 제15호	권임순검의 급여품과 대여품 지급 규정에 관한 건. 대용물품을 지급품과 대여품의 2종으로 구분하고 그 종류와 목록을 열거하고, 기 물품의 사용연한에 관하여 기술하고 분실이나 훼손하였을 때는 변상하도록 한다는 내용임.
〈제3663호, 광무 11년 1월 15일(화요)〉	칙령 제82호	경무관리와 감옥관리 제등 규칙에 관한 건.
〈제3719호, 광무 11년 3월 21일(목요)〉	칙령 제10호	경무사이하 예모와 예장 제식 중 개정건.
〈제3719호, 광무 11년 3월 21일(목요)〉	칙령 제11호	경무사이하 간수장 상모 상장과 하복 제식 중 개정건.
〈제3811호, 광무 11년 7월 6일(토요)〉	포달	궁내부주전원경위국장이하 복제와 제등규칙에 관한 건.

관보(호수)	칙령(호수)	내용
〈제3900호, 융희 원년 10월 18일(금요)〉	칙령 제28호	경무총감과 경시부감 예모 예장에 관한 건. 예모 예장을 도표로 정리.
〈제3964호, 융희 2년 1월 7일(화요)〉	내부령 제7호	순사 급여품과 대여품 규칙에 관한 건.
〈제4106호, 융희 2년 6월 22일(월요)〉	칙령 제33호	감옥관 복제와 제등 미장(微章) 제정 건을 도표로 정리함.
〈제4107호, 융희 2년 6월 23일(화요)〉	칙령	칙령 제33호(속) 감옥관 복제와 제등 미장(微章) 등을 그림으로 표시함.
〈제4109호, 융희 2년 6월 25일(목요)〉	법부훈령 제2호	감옥용인급여품과 대여품 규정에 관한 건. 급여할 품목과 수량 그리고 공용기한을 도표로 정리함.
〈제4109호, 융희 2년 6월 25일(목요)〉	법부령 제8호	감옥관복장 규칙에 관한 건.
〈제4109호, 융희 2년 6월 25일(목요)〉	법부령 제9호	간수여감취 제급여품과 대여품규칙에 관한 건, 간수와 여감취제를 구분하여 지급할 품목과 기한 등을 표로 정리함.
〈제4109호, 융희 2년 6월 25일(목요)〉	훈령	법부훈령 제2호(속)을 그림으로 표시함.
〈제4135호, 융희 2년 7월 25일(토요)〉	법부훈령 제5호	간수 이하 급여품 지급 규정에 관한 건.

4) 사법 관련 복식

갑오개혁 이전의 사법권은 기본적으로 제도로서의 객관적 구조를 갖지 못하고 행정권의 일부에 지나지 않았다. 일반 행정기관이 재판권을 관장하면서 봉건적 신분관계, 인간관계, 파벌 등에 의해 자의적으로 운영하는 경우가 있어 재판의 독립성이 약했던 것이다. 1895년 3월 25일 법률 제1호 〈재판소 구성법裁判所構成法〉과 함께 칙령勅令 제45호 〈법부 관제法部官第〉를 재가하여 반포함으로써 행정권으로부터 사법권을 분리하게 된다. 〈재판소 구성법〉에 따르면, 재판소에는 1. 지방 재판소地方裁判所, 2. 한성漢城과 인천仁川, 기타 개항장開港場 재판소, 3.

순회 재판소巡廻裁判所, 4. 고등 재판소高等裁判所, 5. 특별 법원特別法院의 5
종류로 나누고, 각 재판소에는 판사判事, 검사檢事, 서기書記와 정리廷吏
를 둔다고 하였다. 정리는 재판소에서 발급하는 문서의 송달과 재판
의 집행 및 상관의 명령을 받아 기타 모든 사무를 수행하는 자를 말
한다. 이런 정리의 복장에 관한 규정이 1895년 9월 7일에 칙령 제168
호 "裁判所廷吏服裝에關ᄒᄂ것을裁可ᄒ야頒布케"한다. 이 칙령은
이틀 후인 9월 9일 『관보』에 게재되었다. 이때 반포된 정리의 복장식
은 간략하게 모자, 상의, 하의의 재질과 형태에 관한 것을 도표로 작
성하였다. 재판소의 판사와 검사에 관한 복장식은 1906년에 이르러
서야 공식적으로 제정된다. 3월에 칙령 제14호 "平理院以下各裁判所
司法官及主事裁判正服規則"[32]에 따르면 판사와 검사 주사는 검정 두
루마기에 대帶, 검정 모자, 검정 신발을 착용하게 하였다. 그리고 판사
는 자색, 검사는 주황색, 주사는 녹색으로 깃과 속대로 색깔을 달리
함으로써 서로의 직분을 구별하였다. 그리고 검사시보는 검사의 정복
과 동일한 것을 착용한다.

〈재판소 구성법裁判所構成法〉과 법부령法部令 제2호인 〈검사 직제檢事職
制〉 등을 통해 재판소와 판검사의 관직이 생겼지만, 당시에는 변호사
에 대한 직책은 없었다. 우리나라 사법제도에서 변호사가 등장하는
것은 1905년 11월의 일로, 법률 제5호인 〈변호사법辯護士法〉에 의해서
이다. 하지만 실질적으로 변호사 등록이 시작된 것은 1906년의 일이
다. 1906년 3월에 칙령 제15호 "辯護士正服規則"[33]를 반포하는데, "藍
色盤領黑色窄袖袖袍黑笠藍色束帶銀製方紐黑鞋"로 규정하여 변호

---

32 『官報』第3409號, 光武 10年 3月 24日(土曜)
33 『官報』第3409號, 光武 10年 3月 24日(土曜)

사의 정복에는 남색 계통이 사용된다. 이 〈변호사정복규칙〉은 칙령이 반포되는 날부터 시행하도록 규정하였다.

『구한국 관보 복식 관련 자료집』에 수록된 사법 관련 복식 자료들을 정리하면 다음과 같다.

관보(호수)	칙령(호수)	내용
〈제157호, 개국 504년 9월 9일(토요)〉	칙령 제168호	재판소 정리 복장에 관한 건.
〈제3409호, 광무 10년 3월 24일(토요)〉	칙령 제14호	평리원이하 각 재판소 사법관과 주사재판 정복 규칙에 관한 건.
〈제3409호, 광무 10년 3월 24일(토요)〉	칙령 제15호	변호사정복규칙.
〈제3409호, 광무 10년 3월 24일(토요)〉	칙령 제16호	재판소 정리 복장 규칙 개정건.

5) 훈장 관련 자료

훈장은 국가나 사회에 공로가 뚜렷한 사람이나 외교관계에 있는 외국인에게 내리는 일종의 기념물이다. 이것을 패용함으로써 그 사람의 지위와 함께 훈장을 수여한 쪽의 국체가 드러나게 된다.

대한제국이 훈장제도를 실시하게 된 것은 '제국'을 칭함으로써 독립국으로서의 지위를 강조하면서 한편으로는 다른 나라들과 어깨를 나란히 하고자 하는 일련의 조치들 가운데 하나였다. 당시 서구를 중심으로 하여 수교를 맺는 나라들은 자국에 신임장을 갖고 온 외교관을 비롯하여 수교를 맺은 상대방 국가 원수에게 훈장을 수여하는 일이 많았다. 따라서 다른 나라와 동등한 입장에서 외교관계를 맺고, 이를 지속하기 위해서는 훈장이 필요했던 것이다.

우리나라의 훈장제도는 1899년 7월 4일 칙령勅令 제30호인 〈표훈원

관제表勳院官第〉에 의해 표훈원이 설치되고, 이듬해인 1900년 4월 17일 칙령 제13호 〈훈장 조례勳章條例〉가 제정, 공포되면서 실시된다. 표훈원은 1) 훈위勳位·훈등勳等·연금年金에 관한 사항과 2) 훈장勳章·기장記章·포장襃章 및 기타 상을 주는 데 관한 사항, 그리고 3) 외국 훈장, 기장의 수령 및 패용에 관한 사항을 관장하였다.

칙령 제13호 〈훈장 조례勳章條例〉에 의하면, 훈등은 대훈위大勳位와 훈勳 및 공功의 3종으로 정하고, 훈과 공은 각기 8등으로 나누었다. 훈장은 금척대훈장金尺大勳章, 이화대훈장李花大勳章, 태극장太極章, 자응장紫鷹章의 4종으로 하며, 금척대훈장은 황실만이 패용하고, 황실 친척 및 문무관 중에서 이화대훈장을 패용한 자가 특별한 공훈이 있을 때에는 특지特旨로 서사敍賜할 수 있다고 한다. 이밖에 훈장조례에는 훈장패용勳章佩用, 훈장에 따른 연금, 외국 훈장 패용外國勳章佩用에 관한 사항, 훈장을 받은 자가 명예롭지 못한 행위를 했을 때의 훈장과 연금 몰수 사항, 표장제식表章第式에 관하여 세세하게 기술되어 있다.

1901년 4월 16일 칙령勅令 제10호인 〈훈장조례개정건〉을 반포하여 태극장太極章 아래에 팔괘장八卦章을 1등에서 8등까지 나누어 추가하였다. 『관보』에는 추가된 팔괘장에 대한 내용이 도표로 작성되어 있다.[34] 이어서 1902년 8월에 금척훈장金尺勳章과 이화훈장李花勳章 사이에 서성대훈장瑞星大勳章을 추가하여 훈장 명목을 모두 6종으로 나누게 된다.[35]

1904년 3월 30일에 "우리나라의 훈장 제도가 갖춰지지 않은 것은 아니지만 여자들에게 훈장을 주는 규정을 아직 정하지 못한 것은 큰

---

34 『官報』第1864號, 光武 5年 4月 18日(木曜)

35 고종 39년(1902) 8월 12일(양력)
　　　『官報』第2285號, 光武 6年 8月 22日(金曜)

허물이다. 이번에 서봉장瑞鳳章 한 가지를 더 만든 것은 대궐의 여관女官들을 위한 것이다. 여섯 등급으로 나누어가지고, 범절이 높고 공로가 뛰어나서 표창해야 할 사람들에게 수여할 것이니 잘 알고서 힘쓰도록 하라.”[36]는 조령을 내리고, 이어 1905년 9월 19일에도 비슷한 취지의 조령을 내린다.[37] 여자들에 대한 훈장조례는 바로 시행되지 못하고, 2년 뒤인 1907년 3월 30일에 칙령 제20호 〈훈장조례중개정건勳章條例中改正件〉이 반포되면서 실시하게 된다.

〈훈장조례중개정건〉에 따르면, 서봉장瑞鳳章을 1등에서부터 6등까지 첨가하여 내명부內命婦, 외명부外命婦 가운데서 현숙한 덕행과 특별한 공로가 있는 사람에게 황후의 휘지徽旨를 거쳐 수여하고, 별도로 조칙반포는 하지 않는다고 하였다.[38] 이렇게 하여 훈장의 종류는 제도가 제정된 초기에는 금척대훈장金尺大勳章 · 이화대훈장李花大勳章 · 태극장太極章 · 자응장紫鷹章 등 4종류였으나, 이후 훈장조례 개정을 통해 팔괘장八卦章 · 서성대훈장瑞星大勳章 · 서봉장瑞鳳章이 추가되어 모두 7가지 종류가 된다.

훈장의 형식적 구성은 대체로 일본의 훈장 도안을 바탕으로 성립된 것이나 훈장에 있어 도상의 근원은 조선의 역사적 사실에 토대를 두고 있다.

1900년 4월 17일에 조서를 내려 각 훈장의 이름과 뜻을 밝힌 바에 의하면,[39] 금척대훈장은 이태조가 잠저에 있을 때 꿈에서 금척金尺을

---

[36] 고종 41년(1904) 3월 30일(양력)

[37] 고종 42년(1905) 9월 19일(양력)

[38] 고종 44년(1907) 3월 30일(양력)
『官報』第3730號, 光武 11年 4月 3日(水曜)

[39] 고종 37년(1900) 4월 17일(양력)

얻고 조선을 건국하여 왕통을 전하게 된 까닭에 가장 높은 훈장의 이름을 '금척'이라 한 것이다. 이화대훈장은 '나라 문장[國文]'에서 취한 것으로, 이것은 왕실의 성씨인 '오얏 리李'자와 관련된 것이다. 문관에게 수여하는 태극장은 '나라 표식[國標]' 즉, 국기인 태극에서 취한 것이다. 그리고 무관 중에서 공이 뛰어난 자에게 수여하는 자응장은 이태조의 빛나는 무훈武勳에 관한 고사에서 취한 것이다. 이처럼 훈장의 주요 상징인 금척이나 매를 태조의 고사에서 추출한 것은 외세의 침략에서 독립국으로서의 위상을 갖추고자 했던 고종의 의지를 반영한 것으로 볼 수 있다.

『구한국 관보 복식 관련 자료집』에 수록된 훈장 관련 자료들을 정리하면 다음과 같다.

관보(호수)	칙령(호수)	내용
〈호외, 광무 4년 4월 19일〉	칙령 제13호	훈장조례에 관한 내용. 훈장의 종류(금척대훈장, 이화대훈장, 태극장, 자응장)와 훈장을 수여하는 대상과 그 착용 방법, 그리고 훈장연금, 외국 훈장을 패용할 때의 요령과 주의사항, 훈장연금의 몰수와 정지에 관한 내용에 관한 내용.
〈제1846호, 광무 5년 4월 18일(목요)〉	칙령 제10호	훈장조례개정건.
〈제2285호, 광무 6년 8월 22일(금요)〉	정오(正誤)	훈장조례에 관한 정오.
〈제3730호, 광무 11년 4월 3일(수요)〉	칙령 제20호	훈장조례 중 개정 건.
〈제4140호, 융희 2년 7월 31일(금요)〉	학부고시 제5호	교육 공적자에 대한 포상 규정.
〈제4392호, 융희 3년 6월 2일(수요)〉	칙령 제63호	남서순행기념장제정에 관한 건. 남서순행기념에 공이 있는 황족과 판임관이하 각 관리들에게 기념장을 수여한다는 내용. 기념장 모양 제시함.

6) 단발 관련 자료

단발령은 일본과 내부대신인 유길준을 비롯한 개화파에 의해 강제적으로 실시된다. 고종은 1895년 11월 15일에 백성들의 반대에도 불구하고, "짐朕이 머리를 깎아 신하와 백성들에게 우선하니 너희들 대중은 짐의 뜻을 잘 새겨서 만국萬國과 대등하게 서는 대업을 이룩하게 하라."[40]는 조칙을 내리고 태자와 함께 당일로 단발을 한다. 내부대신이었던 유길준은 고종의 단발에 관해 내부고시를 통해 "이제 단발斷髮은 양생養生에 유익하고 일하는 데에 편리하기 때문에 우리 성상폐하聖上陛下가 정치 개혁과 민국民國의 부강을 도모하며 솔선궁행奉先躬行하여 표준을 보인 것이다."[41]라고 한다. 유길준은 단발령을 내리게 된 이유가 위생에 이롭고 작업에 편리함과 대한제국의 부강을 도모하는 것이라는 그럴듯한 이유를 댄다. 결국 단발령은 국왕이 먼저 모범을 보이게 함으로써 단발로 인한 백성들의 반발을 무마하기 위한 술책이었던 것이다.

1895년 11월 17일에 전국민을 대상으로 단발을 실시하게 되는데, 사회적으로 큰 혼란이 야기되면서 을미사변과 더불어 반일 감정을 격화시킨 결정적 기폭제가 된다. 이러한 사정은 1896년 2월 11일에 발행된 『관보』 호외를 통해 확인할 수 있다. "이번에 춘천春川 등지에서 백성들이 소란을 피운 것은 단발斷髮 때문이 아니라 대체로 8월 20일 사변 때 쌓인 울분이 가슴에 가득 차서 그것을 계기로 폭발한 것"[42]

---

40 고종 32년(1895) 11월 15일(신해)
   『官報』 號外 開國 500年 11月 15日(504년이나 4년이 누락됨: 편집자 주)

41 고종 32년(1895) 11월 15일(신해)
   『官報』 第214號, 建陽 元年 1月 4日(土曜)

42 고종 33년(1896) 9월 23일(양력)
   『官報』 號外, 建陽 元年 2月 11日

이라고 하면서, 이번 사태가 단발과는 무관한 것이라고 한다.

단발령은 양복 수용과 함께 전통적인 의생활 전반에 걸쳐 커다란 변화를 가져오는 계기가 된다. 하지만 당시의 국민적 정서를 고려하지 않고 졸속적으로 추진됨으로써 백성들의 저항을 불러일으키게 했으며, 결국 대중적 지지기반을 상실한 김홍집 내각의 붕괴로 이어지게 된다.

『구한국 관보 복식 관련 자료집』에 수록된 단발 관련 자료들을 정리하면 다음과 같다.

관보(호수)	칙령(호수)	내용
〈호외, 개국 500년 11월 15일〉(504년이나 4년이 누락됨-편집자 주)	조칙	단발령을 시행한다는 내용.
〈제214호, 건양 원년 1월 4일(토요)〉	내부고시	단발령과 의복제도를 개선한다는 내용.
〈제214호, 건양 원년 1월 4일(토요)〉	내부고시	백성들은 임금의 명을 따라야 한다는 내용.
〈제217호, 건양 원년 1월 9일(목요)〉	내부고시	임금의 명령을 헤아려 부자지간, 형제지간, 친우지간에 단발에 힘쓰라는 내용.
〈호외, 건양 원년 2월 11일〉	조칙	금번 춘천(春川) 등지에서 백성들이 소란을 피운 것은 단발(斷髮) 때문이 아니라는 내용.

3. 결론

1876년 강화도조약을 맺으면서 문호를 개방하게 된 조선은 선진 외국의 문화를 받아들이면서 정치, 경제, 사회, 문화 전반에 걸쳐 일

대 개혁을 단행하게 되었다. 복식도 예외는 아니어서 1884년 갑신의
제개혁, 1894년 갑오의제개혁, 1895년 을미의제개혁을 통해 변화를
겪게 된다. 이 글은 이러한 복식의 변화양상을 『구한국 관보 복식 관
련 자료집』에 수록된 자료들을 통해 살펴보았다. 즉 자료집에 수록된
관보의 성격에 따라 크게 1) 조신 및 관원 관련 복식 2) 군 관련 복식
3) 경찰 관련 복식 4) 사법 관련 복식 5) 훈·포장 관련 자료 6) 단발
관련 자료 등의 6개 유형으로 구분하고 당시의 시대적 상황에 따른
복식의 변화양상을 살펴보았다.

1) 조신 및 관원 복식 관련 자료는 1894년 12월 16일 『관보』에 조
신의 대례복과 통상 예복에 관한 칙령에서부터 1908년 5월 14일 『관
보』에 제례원 악사장과 악사의 의복을 그림으로 정리한 포달 제176호
(속)까지 모두 22편이었다. 초기에는 기존의 관복을 간소화하는데 초
점이 맞춰졌는데, 이것이 1899년을 기점으로 유럽의 복제를 병용하게
되면서 조선의 관복은 서구식 양복으로 대체하게 되었다.

2) 군 관련 복식 자료는 1895년 4월 11일 『관보』에 칙령 제78호 〈육
군복장규칙〉에서부터 1909년 3월 3일 『관보』에 군부령 제2호 〈헌병
보조원복제〉에 이르기까지 모두 22편이었다. 조선의 군복은 자주적
의지에 따라 채용된 것이 아니라 정치적·군사적 노선에 따라 양복형
태의 러시아식과 일본식 군복을 착용하게 되었다. 자주권을 확보하
지 못한 국가의 위상을 군복의 변동을 통해서 확인할 수 있다.

3) 경찰 관련 복식 자료는 1895년 4월 21일 『관보』에 칙령 제81호
〈경무사이하의 복제ᄂ 좌표갓티 정홈〉에서부터 1908년 7월 25일 『관
보』에 법부훈령 제5호 간수이하 급여품 지급규정에 관한 건에 이르
기까지 모두 28편이었다. 〈경무청관제와직무〉 및 〈행정경찰장정〉에
의거하여 좌우포도청이 경무청으로 신설되면서 경찰 복식은 군복에

준한 서구식 복장을 채택하게 되었다.

4) 사법 복식 관련 자료는 1895년 9월 9일『관보』에 칙령 제168호 〈재판소정리의복장을좌표갓티정홈〉에서부터 1906년 3월 24일『관보』에 칙령 제16호 〈재판소정리복장규칙개정건〉에 이르기까지 모두 4편이었다. 재판소라는 폐쇄적 공간에서 착용하는 복식이기에 변화의 폭이 적었던 것으로 생각된다.

5) 훈장 관련 자료는 1899년 4월 19일『관보』에 칙령 제13호인 〈훈장조례〉에서부터 1909년 6월 2일『관보』에 칙령 63호로 남서순행기념장을 제정하는 것까지 모두 6편이었다. 훈장의 주요 상징을 조선의 개국조인 이성계의 고사를 활용한 것은 독립국으로서의 위상을 높이고자 했던 의도가 내포되어 있었다.

6) 단발 관련 자료는 1895년 11월 15일『관보』호외에 단발령을 시행한다는 조칙을 발표한 이래 1896년 2월 11일『관보』호외로 춘천에서 발생한 민란을 다룬 내용에 이르기까지 모두 5편이었다. 단발령의 시행은 국민적 저항을 불러오게 되었으며, 종국에는 이를 강제 집행한 세력의 몰락을 초래하게 되었다.

이상의 '구한국 관보'에 수록된 복식 자료를 통해 당시 서구 열강의 침략에 대응하면서 근대화라는 새로운 환경에 적응하고자 했던 노력과 신분제 폐지와 같은 조선의 내부적 문제를 혁파하고자 했던 정황을 엿볼 수 있다.

의사주와 민속놀이를 통해 바라본 조선의 근대

참고문헌

『高宗實錄』

『한국경찰사』, 내무부치안국, 1972.

『한국민족문화대백과사전』, 성남: 한국정신문화연구원, 1988.

『한국사』 42, 국사편찬위원회, 1999.

『한국사』 44, 국사편찬위원회, 2000.

『韓國의 軍服飾發達史』 1, 국방군사연구소, 1977.

『한국의 복식문화사』, 단국대학교 석주선기념박물관, 2006.

고부자, 『우리 생활 100년-옷-』, 현암사, 2003.

국립고궁박물관 엮음, 『대한제국-잊혀진 100년 전의 황제국-』, 민속원, 2011.

김시덕, 박경하, 송화섭, 장장식 외, 『한국전통문화론』, 북코리아, 2006.

김영숙 편, 『한국복식문화사전』, 미술문화, 2004.

김은정·임린, 『역사속의 우리옷 변천사』, 전남대학교출판부, 2009.

김정자, 『한국군복의 변천사 연구』, 민속원, 1998.

김호연, 「일제하 경성법학전문학교의 교육과 학생」, 한양대학교 대학원 석사학위논문, 2011.

단국대학교 부설 동양학연구소 편, 『구한국 관보 복식 관련 자료집』, 민속원, 2011.

도재숙, 『조선말기 외세 침투와 지배층의 대응』, 한국학술정보, 2007.

朴貞植, 「警察服飾 小考-美軍政時代中心-」, 『배화논총』 5, 배화여자대학, 1985.

서인한, 『대한제국의 군사제도』, 혜안, 2000.

안명숙, 『한국복식문화사 우리옷이야기』, 예학사, 2007.

유희경, 『한국복식사연구』, 이화여자대학교 출판부, 2002.

조효순, 『한국인의 옷』, 밀알, 1995.

조희진, 「근대적 복식 유행의 출현과 사회적 수용-식민지시기 언론 매체 기사를 중심으로-」, 고려대학교 대학원 박사학위논문, 2008. 12.

崔圭順, 「대한제국기 궁내부 대례복 연구」, 『정신문화연구』 제31권 제2호, 한국학중앙연구원, 2008. 6.

崔圭順, 「藏書閣 소장 『官服章圖案』 연구」, 『장서각』 제19집, 한국학중앙연구원, 2008. 6.

崔貞泰, 『한국의 관보-조선조에서 대한민국 정부수립 이전까지-』, 아세아문화사, 1992.

blog.joinsmsn.com/cbssuk/11606905

조선요리옥의 탄생: 안순환과 명월관

주영하_한국학중앙연구원 한국학대학원 교수

이 글은 『동양학』 제50집(단국대학교 동양학연구소, 2011. 8)에 게재되었던 것을 재수록하는 것임을 밝혀둔다.

1. 들어가는 글

오늘날 한국인이 소비하는 음식에는 매우 복잡한 다국적多國籍 요소가 존재한다. 나는 이러한 결과가 식민지시기로부터 출발했다고 본다. 일본 제국의 식민지라는 정치·경제적 상황에 처해 있었던 한반도·타이완臺灣·만주국滿洲國, 그리고 반식민지였던 중국대륙에서 전개된 근대적 식품산업과 음식점의 유행은 그 전에 볼 수 없었던 다양한 문화적 현상을 만들어냈다. 그 중 대표적인 사례가 바로 1890년대 이후 서울에 등장한 일본요리옥·조선요리옥·청요리옥 등의 요리옥이었다. 처음에 '일본요리옥'이란 공간은 재조일본인의 음식소비와 유흥을 위해서 마련되었다. 적어도 식민통치가 진행된 1945년까지 서울의 일본요리옥은 조선인 중 일부가 출입할 수 있는 곳이었다.

이런 의미에서 식민지시기 '명월관明月館'으로 대표되는 '조선요리옥'은 조선인을 주된 고객으로 하는 근대적 식당이었다. 사민평등四民平等이라는 근대적 논리는 식민지시기 누구나 돈만 있으면 조선요리옥에서 '임금이 잡수셨다고 여겨지는 음식'을 먹고 기생의 연주와 노래를 들을 수 있었다. 더욱이 화려한 실내 장식과 외국으로부터 들여온 음식과 술은 조선요리옥을 근대적 장소로 만들었다. 심지어 조선요리옥은 근대적 집회가 열리는 공간이기도 했다. 가령 조선공산당 창립집회를 비롯하여, 정치인과 종교인의 집회도 조선요리옥에서 열렸다.

식민지시기의 경성은 식민지라는 정치경제적 조건 아래에서도 근대화와 도시화, 그리고 산업화가 진행된 장소였다.[1] 비록 농촌은 식민지적 피폐가 극단에 이르렀지만, 경성은 반드시 그렇지 않았다는 점

---

1 신명직, 『모던뽀이 경성을 거닐다』, 서울: 현실문화연구, 2003.

에 주목할 필요가 있다. 모던보이와 모던걸이 중심이 된 음식 소비는 새로운 양상이었다. 따라서 조선요리옥은 식민지 조선에서 조선음식의 근대성을 드러내는 상징체가 되었다. 식민지시기 조선에서 살면서 각종 풍속에 대한 글을 썼던 일본인 이마무라 도모에今村鞆(1870~1943)는 조선요리옥의 전사를 다음과 같이 정리했다. "옛날에 조선인 사이에는 요리옥이라고 부르는 것은 없었다. 양반의 연회는 자기 집에서 하든지, 아니면 관청 소유 건물인 누정樓亭에서 기생을 명령으로 불러서 오게 하여 술을 따르게 하였다. 거기에서는 돈을 낼 필요가 없었기 때문에 요리옥의 필요가 없었다. 아울러 돈을 가지고 있든지 젊은이들이 뻔질나게 다니는 곳으로는 기생의 집이 있으며, 여기에서 노는 경우도 있었다."[2]

같은 글에서 이마무라 도모에는 조선요리옥이 일본요리옥의 조선 진출과 관련이 있다고 보았다.[3] 그에 의하면, 서울의 일본요리옥에 게이샤藝者가 등장한 때는 1888년이었다. 요리옥 화월의 주인인 마츠이松井가 손님들의 불평을 해결하기 위해서 고심 끝에 오사카大阪로부터 후쿠스케福助라는 게이샤를 데리고 왔다. 청일전쟁(1894~1895)이 시작되면서 요리옥도 10여 집으로 증가하였다. 그러나 전쟁 중에는 일본인의 집은 모두 병사들의 숙소로 징발되었고, 요리옥도 모두 군용으로 차출되었다. 요리옥에서는 밤낮을 가리지 않고 도시락을 만들었다. 그 이전까지 게이샤는 합법적인 허가를 얻지 못했지만, 1895년 이후 일본 영사관으로부터 허가를 받았다. 이를 계기로 하여 일본의 진짜 게이샤 3~4명이 서울로 들어왔다.

---

2 今村鞆, 「京城花柳界の變遷」, 『朝鮮及滿洲』第354號, 1937年 5月, pp.125~127.

3 今村鞆, 앞의 글.

일본의 조선 침탈이 본격화되면서 서울의 일본요리옥은 더욱 번창하였다. 서울에 들어온 일본인의 숫자가 늘어났고, 그들을 접대하는 요리옥이 여기저기 생길 수밖에 없었다. 이 발전과정을 이마무라 도모에는 청일전쟁 전후를 1기, 러일전쟁(1904~1905) 이후를 2기, 조선통감부 설치(1906) 이후를 3기로 잡았다.[4] 특히 1906년경 서울에 있던 일본요리옥에 대해서도 다음과 같이 급수를 나누어 분류하였다. 즉 일류로는 화월루花月樓·국취루菊翠樓·청화정淸華亭 등이 있었고, 이류로는 송엽松葉·명월明月·광승光昇 등 4~5집이 있었다. 이 중에서 화월루에는 30여 명의 게이샤가 있을 정도로 그 규모가 컸다. 특히 이마무라 도모에는 이토 히로부미伊藤博文(1841~1909)를 '풍류통감風流統監'이라고 불렀다.[5] 그만큼 이토 히로부미가 조선통감부의 통감이었던 시절에 그 자신이 요리옥을 즐겨 찾았고, 이로 인해서 통감부 시기 서울에서는 일본요리옥이 더욱 번창했다.

본 연구는 20세기 전반부에 경성을 중심으로 전개된 조선요리옥에 주목한다. 하지만 결코 식민지시기에 존재했던 이른바 조선음식의 미식美食 경향을 밝히는 데 목적을 두고 마련되지는 않는다. 그 보다는 근대적 도시가 만들어지면서 새롭게 재편되기 시작한 한반도에서 이루어진 음식의 문화적 생산과 소비 장소로서 조선요리옥의 각종 현상에 주목한다. 특히 1920~1930년대는 식민지의 정치경제적 시스템은 더욱 탄탄해졌고, 조선의 모던보이와 모던걸 중 다수는 근대적 생활방식에 젖어들기 시작했던 시기였다. 이러한 과정에서 각종 도시적 모습의 음식소비가 서울을 비롯한 각 도시에서 진행되었다. 본 연

---

4 今村鞆, 앞의 글.

5 今村鞆, 「二十年前の京城の花柳界, 仲居－藝妓－娼妓－妓生－其他」, 『朝鮮及滿洲』第233號, 1927年 4月, p.139.

구의 주제인 조선요리옥에 대한 통시적 접근은 식민지의 근대적 양상과 함께 식민지의 주변부적 상황을 더욱 극명하게 보여준다.

이런 의미에서도 식민지시기 조선요리옥의 탄생에 대한 논의는 매우 중요한 연구사적 의의를 지닌다고 본다. 더욱이 안순환安淳煥(1871~1942)은 최초의 조선요리옥인 명월관을 설립한 사람으로 알려져 있다. 하지만 그의 명월관 설립에 대한 논의에 대해 깊이 있는 연구가 진행되지 않았다. 따라서 이 글에서는 먼저 조선요리옥 명월관의 탄생 과정에 대해 살핀다. 특히 명월관의 설립 시기와 설립자 안순환에 대해서 보다 상세한 자료로 논증을 할 생각이다. 이를 바탕으로 식민지시기 조선요리옥에서 행해진 각종 활동을 당시의 신문·잡지 자료를 통해서 살피려 한다. 조선요리옥의 실체는 손님에게 제공된 메뉴를 통해서 더욱 분명해진다. 하지만 완벽한 메뉴 자료를 아직 찾지 못했다. 다만 신문·잡지 자료와 사진 자료를 통해서 그 대강을 소개하려 한다.

최근 식민지시기의 음식생활에 대한 논저와 자료집이 다수 출판되었다.[6] 다만 식민지시기를 어떻게 볼 것인가에 대한 인문학적 시각에서 음식생활을 다룬 연구가 별로 많지 않다는 점은 이 분야의 연구가 앞으로 극복해야 할 과제이다. 특히 식민지시기라는 시간이 막연히 조선후기부터 지속적으로 이어져온 '전통'을 단절시킨 때라고 보거나,

---

6 식민지시기 음식과 관련된 논저로는 다음과 같은 것이 있다. 鄭惠京,「韓國의 社會·經濟的 變動에 따른 食生活 變遷: 朝鮮末期부터 1980年代까지」, 이화여자대학교박사학위청구논문, 1988; 한복진,『우리생활100년·음식』, 서울: 현암사, 2001; 정근식,「맛의 제국, 광고, 식민지적 유산」,『사회와 역사』66집, 2004; 주영하,「'內鮮融化'와 조선인의 식사풍속-『日常生活上より見たる內鮮融化の要諦』(1928년)를 대상으로」,『日本思想』제9호, 전주: 일본사상사학회, 2005; 김상보,『조선시대의 음식문화』, 서울: 가람기획, 2006; 단국대학교부설동양학연구원,『음식 문화 관련 자료집』, 서울: 민속원, 2010; 주영하,『음식인문학』, 서울: 휴머니스트, 2011.

제국일본의 침탈과 착취만이 그 시대를 살았던 사람들의 생활을 조망하는 거울이라고 보는 시각은 한국음식의 역사를 살필 때 극복해야만 하는 점이다.

2. 안순환의 명월관의 설립

이마무라 도모에는 "근대에 들어와서 화류계도 점차 사회의 요구에 따라서 현대화하여 먼저 명월관이 현재의 동아일보사 장소에 세워진 조선 최초의 요리옥으로 개업하였다. 당시 한국의 대신이나 일본의 차관次官들, 혹은 통감인 이토 히로부미까지도 출입을 하였다."[7]고 했다. 이와 같이 명월관은 조선 최초의 요리옥이었다. 비록 일본 요리옥의 영향을 받아 생겨난 전문점이었지만, 개업 초기에는 주로 조선음식이 주된 메뉴였고, 게이샤 대신에 조선기생이 접대를 했다. 사실 이 '명월관'이란 요리옥은 최초의 조선요리옥이란 명성보다는 1919년 2월 28일 민족대표 33인이 기미독립선언문을 낭독한 태화관의 본점이었기 때문에 요사이 한국인들도 익숙하게 알고 있는 이름이다.

이재곤李在崑이 집필자인 『한국민족문화대백과사전』의 명월관 항목에 대한 설명은 다음과 같다. "명월관明月館: 한말의 유흥음식점. 1909년경 현재의 서울특별시 종로구 세종로 139번지(동아일보 광화문 사옥 일민문화관 자리)에서, 한말 궁내부宮內府 주임관奏任官 및 전선사장典膳司長으로 있으면서 궁중 요리를 하던 안순환이 개점하였다. 1909년

---

7 今村鞆,「京城花柳界の變遷」,『朝鮮及滿洲』第354號, 1937年 5月, p.125.

관기제도官妓第度가 폐지되자 당시 어전御前에서 가무를 하던 궁중 기녀들이 이곳에 모여들어 영업이 점차 번창하기 시작하였다. 건물은 2층 양옥으로 1층은 일반석, 2층은 귀빈석이었으며, 매실이라는 특실도 마련하였다. 주로 고관이나 친일계 인물들이 자주 드나들었으며, 문인과 언론인들도 출입하였다."

그런데 이 글은 사실 여부에서 상당히 많은 문제점을 안고 있다. 그 중에서 가장 먼저 제기되는 의문점은 명월관이 과연 1909년에 문을 열었는가 하는 것이다. 아마도 앞선 글의 필자인 이재곤이나 그가 참고한 이향란李蘭香의 『남기고 싶은 이야기들』[8]이란 책에서 명월관의 개업시기를 1909년으로 잡은 이유는, 관기제도의 폐지시기에 명월관이 생겼다는 추론을 했기 때문이다. 즉 조선왕실의 기생과 궁중 요리사가 단합하여 명월관을 개업했다는 가설을 설정한 결과, 이와 같은 연대 추정이 나왔다고 보인다. 그러나 명월관은 당시 서울에 문을 열고 성업을 하던 일본요리옥을 흉내 내서 생긴 신종 사업이었다.

나는 1908년 9월 18일자 『대한매일신보大韓每日申報』에서 명월관의 개업연도를 밝힐 수 있는 귀중한 기사를 찾았다. "명월관기념: 명월관에서는 작일昨日은 해관該館 설시設始하던 제5 기념일인 고로 국기國旗를 고양高揚하고 기념식을 설행設行하였다더라." 즉 명월관에서 5주년을 맞이하여 기념식을 했다는 기사이다. 그렇다면 조선 최초의 요리옥 명월관은 1903년 9월 17일에 문을 열었다는 사실이 비로소 확인되었다. 원래 서예가 강무[9]와 이용식[10]의 글에서도 나온다. 다만 그 출처

---

8 李蘭香, 「明月館」, 『남기고 싶은 이야기들』, 서울: 중앙일보사, 1973.

9 강무, 「한글+한자문화 칼럼: 명월관(6)」, 『한글한자문화』 Vol.93, 서울: 전국한자교육추진총연합회, 2007. p.55.

10 이용식, 『조선의 큰부자(II)』, 서울: 하늘출판사, 1997, p.154.

를 밝히지 않아서 확증을 할 수 없었을 뿐이다. 이에 비해 『대한매일신보大韓每日申報』의 기록은 그 날짜까지도 정확하게 밝히고 있다.

최초의 조선요리옥 명월관은 1919년 5월 23일 오전 6시경에 불이 나서 소실되었다. 『대한매일신보』 1919년 5월 24일자 기사에서 이 사실을 확인할 수 있다. 「명월관 소실됨」이라는 제목의 기사에서는 다음과 같은 사실을 제공해준다. 명월관은 1906년 10월 2층 양옥으로 확장한 후, 다시 1912년에 아예 다시 지어졌다. 아울러 안순환이 광화문 황토현에 세운 명월관의 원래 이름은 '명월루'였다. 개인 집을 빌려서 시작한 명월루는 1906년에 2층 양옥으로 확장을 하였고, 다시 1912년에 3층 양옥으로 새로 지었다. 그러나 안순환은 3·1운동이 일어나기 전에 광화문 명월관의 규모가 작다고 판단하여 인사동 194번지에 명월관 지점으로 태화관을 세웠다. 원래 태화관은 이완용의 개인 집인 순화궁順和宮으로 안순환이 1918년에 이 집을 사들여 조선요리옥으로 바꾸었다. 그래서 사람들은 명월관 지점을 태화관이라 불렀다.

명월관의 실제 주인은 안순환이었지만, 민봉호에게 팔기 전까지만 해도 경영 사장은 매번 따로 있었다. 1906년에는 김인식이 주인이라고 했다. 1915년 4월 27일 『매일신보』의 기사에는 진경석陳慶錫이 점주로 나온다. 명월관에서 기자단을 초대했는데, 그 점주인 진경호가 매우 극진하게 대접을 했다는 것이 그 기사의 내용이다. 그러나 적어도 1919년 3·1운동 이후 얼마 지나지 않은 1919년 가을에 안순환은 민봉호에게 명월관 광화문 본점과 인사동 지점 태화관을 약 5만원을 받고 팔았다.[11] 민봉호라는 인물이 누구인지에 대해서는 아직 밝혀

11 『대한매일신보』 1919년 5월 24일자 기사, 「명월관 소실됨」.

진 것이 없다. 다만 흥업주식회사를 운영하던 사장이었다는 점은 앞의 『삼천리』 기사를 통해서 확인한다. 동시에 그 기사에는 이종구가 1920년에 민봉호에게 3만 원을 주고 명월관의 기구와 상호만 사서 새로운 장소에 명월관을 운영하였다. 명월관 화재와 관련된 기사에서 기자는 민봉호가 다시 양옥으로 지을 재산이 있다고 했지만, 민봉호는 그것을 김성수에게 팔았고, 그래서 광화문 명월관 본점에 동아일보가 들어서게 되었다. 지금도 그 자리에 동아일보가 있으니, 1919년 5월 23일 새벽의 화재는 명월관의 1세대를 마감하게 만든 큰 사건이었다.

3. 안순환과 그의 명월관 경영

안순환에 대한 연구는 2004년 황영례의 박사논문인 「안순환의 유교 종교화 운동과 녹동서원」,[12] 2006년 서예가인 강무姜無의 「명월관」[13]이란 글, 그리고 이 대표적이다. 황영례의 글에는 비교적 정리된 안순환의 생애가 소개되었다. 이에 비해 강무의 글에는 안순환을 둘러싼 다양한 이야기가 적혔다. 사실 1997년에 출판된 『조선의 큰부자(Ⅱ)』에도 안순환에 대한 내용이 나온다.[14] 그러나 이 책의 자료 역시

---

12 황영례, 「安淳煥의 儒敎 宗敎化 運動과 鹿洞書院」, 영남대학교 박사학위청구논문, 2004, pp.35~47. 황영례는 안순환이 집필한 『家庭整理錄』, 『鹿洞書院誌』 등의 문헌자료를 참고하였다. 아래에 나오는 내용은 황영례의 글을 정리한 것이다.

13 강무는 아래의 글을 출발로 하여 6회에 걸쳐 명월관 관련 연재를 하고 있다. 그러나 일부 자료는 사실 여부를 확인하기가 어렵다. 강무, 「한글+한자문화 칼럼: 명월관(1)」, 『한글한자문화』 Vol.87, 서울: 전국한자교육추진총연합회, 2006.

14 이용식, 앞의 책, pp.143~159.

일부 내용을 제외하면 대부분 구체적인 사실과는 거리가 멀다.

아래에서 황영례가 정리한 안순환의 생애를 소개한다. 안순환은 참봉을 지낸 아버지 안순식安舜植과 청주 한씨韓氏 사이에서 1871년 음력 2월 8일 4형제 중 막내로 태어났다. 그러나 2살 때 친모가 갑자기 세상을 떴고, 안순환은 이웃마을에 전씨全氏 부인의 수양아들로 갔지만, 그녀 역시 9세 때 별세를 하여 다시 본가로 돌아왔다. 부친은 이미 노쇠하여 심각한 생활고를 겪으면서도 16세 때 서당에 들어갔다. 17세가 되는 해에 아버지가 돌아가시자 1890년에 혼인을 하고 1891년에 자립을 하기 위해 서화상書畵商이 되었다. 이것이 계기가 되어 후대에 '서화가'라는 칭호가 안순환에게 붙었다.

1895년에 관립영어학교에 입학하고 이어서 무관학교에 들어갔으나 생활의 어려움으로 사퇴하였다. 하지만 안순환의 실력과 성실함을 알고 있던 주변 사람들이 천거를 하여 1898년에 탁지부度支部 전환국典圜局의 건축 감독이 되었다. 그 후 판임관判任官 육등六等, 전환국 기수를 거쳐서 1909년 1월 21일에서 1911년 2월 1일 사이에 전선사 장선을 맡았다. 그런데 기왕의 글과 마찬가지로 황영례의 글에서도 1909년에 명월관이 개업되었다고 전제하여, 1907년 이후 안순환의 이력에 대해서는 추측을 하여 서술하고 있다. 즉 1907년 조선통감부에서 궁내부를 없애자 대궐을 나온 안순환이 그를 따랐던 궁중의 남자 조리사인 대령숙수들과 함께 명월관을 차렸다고 하였다.[15] 하지만 이미 확인했듯이 이것은 사실과 다르다.

1912년에 출판된 『조선신사보감朝鮮紳士寶鑑』에는 안순환에 대한 기록이 다음과 같이 나온다. "안순환: 경성 서부 여경방餘慶坊 송교동松橋

---

15 황영례, 앞의 글, pp.38~40.

<사진 1> 鹿洞書院(編), 『曲阜聖廟慰安事實記』, 1931, p.147에
실린 안순환의 사진이다. 녹동서원의 도감으로서 조선시대 관복
을 입고 있다.

洞 43에 거주한다. 당년 42세(1871년생), 영어학교 출신, 선원전璿源殿 참
봉參奉, 전환국典圜局 기수技手, 궁내부 전선사 장선掌膳, 일진회 평의원 역
임, 현직 이왕직李王職 사무관事務官, 적십자사 정사원正社員"[16] 이로 미루
어 보아 적어도 1911년 이전에 안순환은 이왕직 사무관이면서 적십자
사 정회원이었다.

　『조선왕조실록』에서도 안순환과 관련된 기록이 상당히 많이 나
온다.[17] 이 자료로 미루어 보아, 안순환은 적어도 1909년 1월 21일에

---

16 田中鴻城(編), 『朝鮮紳士寶鑑』, 京城: 朝出版會, 1912.

17 ○ 순종 3권, 2년(1909 기유 / 대한 융희(隆熙) 3년) 1월 21일 양력 1번째 기사: 서쪽 지방을 순
행할 때 수원과 호위관들을 임명하다. 전선사 장선(典膳司掌膳) 안순환(安淳煥) (중략)을 임
명하였다. ○ 순종 3권, 2년(1909 기유 / 대한 융희(隆熙) 3년) 2월 8일 양력 5번째 기사: 김동
완, 다다 칸, 고희성 등을 일본 사절 송병준의 수원에 임명하다. 전선사 장선(典膳司掌膳) 안
순환(安淳煥)을 내부 대신 송병준(宋秉畯)이 일본국에 갈 때의 수원에 임명하였다. ○ 순종 3
권, 2년(1909 기유 / 대한 융희(隆熙) 3년) 5월 25일 양력 1번째 기사: 황후가 권업 모범장 순행
시 호위할 수원을 임명하다. 전선사 장선(典膳司掌膳) 안순환(安淳煥), 궁내부 대신 관방 사
무 촉탁(宮內府大臣官房事務囑託) 사에키 다쓰[佐伯達]를 황후가 수원 권업모범장(水原勸業
模範場)으로 행행(幸行)할 때 호종(扈從)하라고 명하였다. ○ 순종 4권, 3년(1910 경술 / 대한 융
희(隆熙) 4년) 8월 19일 양력 2번째 기사: 박제빈, 민상호, 윤우선 등에게 가자하도록 하다. 전

서 1910년 8월 29일 사이에 전선사 장선을 맡았고, 1911년 2월 1일부터 1911년 6월 8일 사이에 이왕직 사무관을 역임했다. 1910년 8월 29일은 대한제국이 일본에 완전히 병합된 날이니, 그 이후 안순환은 단지 이왕직 사무관으로서 그 이전의 업무를 명목상 유지했을 가능성이 많다. 1905년 3월 4일에 있었던 궁내부 관제 개정 때, 전선사典膳司는 "임금의 음식상과 연회를 맡아본다. 제조, 부제조, 장이 각각 1인인데 칙임관이고, 장선掌膳이 1인인데 주임관이며, 주사가 4인인데 판임관이다."고 했다.

전선사 장선이란 직책은 어떤 일을 하는 자리였는가? 전선사에 속하여 왕가王家의 연회에 관한 일을 맡아보던 우두머리 벼슬이었다. 이 자리에서 종3품까지 했으니, 그는 전선사의 책임자였다. 안순환은 1933년에 나온 『조선유교회선언서급헌장朝鮮儒教會宣言書及憲章』이란 책의 제9장에서 "탁지부 전환국 기수와 궁내부 전선사 장선과 주선과 장 겸무라는 실직을 가지고 황실을 근시近侍하여 여러 해 있었더니 홀연히 궁내부가 변한 뒤에 사무관이 되매 수개월 후 퇴직하고"[18]라고 밝혔다.

그런데 1900년부터 1909년까지 작성된 4000명이 넘는 전현직 관

선사 장선(典膳司掌膳) 안순환(安淳煥), 시종원 시종 이성묵(李聖默), 수학원 교관 윤돈구(尹敦求), 장례원 예식관 고희동(高羲東), 장례원 전사(掌禮院典祀) 유해종(劉海鍾), 육군 부윤(陸軍副尹) 전영헌(全永憲), 시종 무관(侍從武官) 강필우(康弼祐), 시종 무관 이병규(李秉規), 육군 참령(陸軍參領) 박두영(朴斗榮)을 정3품으로 승품(陞品)하라고 명하였다. ○ 순부 2권, 4년(1911 신해 / 일 명치(明治) 44년) 2월 1일 양력 1번째 기사: 민병석, 고희경, 이겸제 등에게 관직을 제수하다. 안순환(安淳煥)·이용문(李容汶) 등을 모두 이왕직 사무관(李王職事務官)에 임용하였으며, 고희경(高羲敬)부터 쓰가루 히데마로(津輕英麿)까지는 고등관 3등에, (중략) 서임하였다. ○ 순부 2권, 4년(1911 신해 / 일 명치(明治) 44년) 6월 8일 양력 1번째 기사: 전 사무관 안순환에게 단, 초 각 1필을 하사하다. 전 사무관(前事務官) 안순환(安淳煥)에게 단(緞), 초(綃) 각 1필(疋)을 특별히 내렸다. 관직에 있을 때 근로(勤勞)하였기 때문이다.

18 朝鮮儒教會總部, 앞의 책, p.136.

원들의 이력서인 『대한제국관원리력서大韓帝國官員履歷書』에서 장선을 검색한 결과 전선사 장선을 맡았던 인물들은 안순환 외에도 여러 명이 나온다.[19] 이 자료에 의하면, 안순환은 적어도 1909년 1월 21일 이전에는 전선사 장선을 맡지 않았다. 전선사 장선의 직책을 맡았던 사람들은 수시로 그 직을 바꾸는 명령을 받는다. 그만큼 이 직책이 전문성을 담보하는 업무가 아님도 확인한다. 안순환 역시 장선을 맡기 전에 전환국의 기수技手를 맡았다. 안순환 이외에 장선 직책을 맡았던 사람들도 경리원이나 전기사무와 관련된 일을 했다.

앞에서도 밝혔듯이 명월관은 1903년 9월 17일에 문을 열었다. 앞에서 소개한 강무와 이용식은 황영례와 달리 이러한 사실을 이미 밝혔다. 특히 강무와 이용식은 정확한 서지 내용을 밝히지는 않았지만, 1912년의 자료라고 하는 글을 인용하면서 안순환이 명월관의 개업자임이 틀림없다고 했다. 즉 "현금現今은 경성에 유수한 실업가로 굴지屈指함에 지至하얏으니 안씨를 위謂하야 가히 성공하얏다 할지라. 안씨의 창립한 조선요리점 명월관은 구한국 광무 7년(1903)경에 창설한 것인데 경성 요리점의 효시요 대왕이며 괘관掛冠:벼슬을 내어 놓고 물러남 후는 동부 낙산駱山 신대상新代上의 자저自邸에 한와閑臥하여 한운송풍寒雲松風으로 건려件侶를 작作하고".[20]

19 ○ 강경희(姜敬熙) 1858년생, 1907년 2월 27일 任典膳司掌膳 奏任四等, 3월 10일 依免 ○ 박용규(朴容圭) 1883년생, 1905년 11월 11일 典膳司掌膳 奏任三等, 1906년 2월 8일 經理院技師 奏任三等, ○ 윤용식(尹龍植) 1868년생, 1905년 3월 23일 任典膳司掌膳六等, 10월 24일 轉任主殿院電務課技師, 1907년 1월 31일 依願免本官, 동일 任典膳司掌膳, 2월 1일 給乙號八級俸, 현재 從二品宮內府典膳司掌膳 ○ 이의덕(李義悳) 1860년생, 1907년 3월 10일 典膳司掌膳 敍奏任四等, 동11일 陞從二品 冠禮時酌禮官 ○ 정용환(鄭龍瑍) 1843년생, 1905년 1월 19일 陞奏任官五等, 3월 23일 任典膳司掌膳. 8월 陞從二品 樂器還成時別單, 3월 12일 轉任典膳司掌膳, 동일 給乙號八級俸, 현재 從二品宮內府典膳司掌膳勳四等.

20 이용식, 앞의 책, p.154.

『조선유교회선언서급헌장』의 제9장에서 안순환은 그가 요리옥을 경영한 이유를 다음과 같이 밝혔다. "삼사십여년 과거지사나 그때에 우리 조선은 그윽히 적막하야 인정人定을 진후면 사람의 왕래가 끊어지고 국도國都에 내외국인간內外國人間 여인교제與人交際할 자리가 없었으니 이천만 민중지국民衆之國으로서 이러한즉 한심한 생각을 하고 보니 어느 나라를 물론하고 외국인이 다녀갈 적엔 그 나라 정도定度를 알고자 할진대 요리점과 병원과 공원을 한 두 번식 본 후라야 그 나라 진중함이 어느 정도에 이른 것을 알지니 이러함에 이르러서는 그 수치羞恥를 면코자 우리나라에서 남의 나라 사람에게 자랑꺼리 될 만한 조선요리를 발명하야 관민상하官民上下 없이 혼례피로婚禮披露와 각항各項 연회며 내외국인 교제하는 데와 모든 사업 기초상 의논하는 자리를 만들고 우리나라도 이런 것이 있다는 표시가 되게 타인을 사용使用하야 영업기관을 설비한 바 매삭每朔 수백호주數百戶主가 고용雇傭함에 생활자료가 근어삼십년간近於三十間이나 되얏는지라."[21]

이 글은 1933년에 안순환이 직접 쓴 것이다. 자신이 요리점을 운영한 지 30년이 되었다고 하니, 스스로도 1903년에 명월관을 처음 시작했음을 밝혔다고 하겠다. 특히 요리옥 운영을 직접 한 것이 아니라, 다른 사람에게 맡겼다고 했다. 안순환이 직접 쓴 다른 글에서 그의 대리인으로 김동식金東植과 정원인鄭元益, 그리고 정춘근鄭春根이라는 사람이 거론되었다.[22] 여기에서 1903년 당시 대한제국 왕실에서 겸직이 가능했으며, 그것을 표면적으로 해결하기 위해서 대리인을 내세웠다는 추측이 가능하다. 기록에 의하면 안순환은 근대적 극장인 원각사圓覺社

---

21 朝鮮儒教會總部, 『朝鮮儒教會宣言書及憲章』, 京城: 朝鮮儒教會總部, 1933, p.135.

22 安淳煥, 『家庭整理錄』, 石版本, 1936, p.16(이 책은 동국대학교 도서관에서 소장하고 있으나 열람이 되지 않아 황영례의 앞의 논문 p.40에 재인용하였다).

의 사장도 1908년 7월에 맡았다.[23] "본사장 안순환 씨는 사퇴하고 최영목崔榮穆 씨가 해사무該事務를 임시 대변함"(『대한매일신보』, 1908년 12월 19일)이라는 기사에 의하면 안순환은 같은 해 12월에 원각사 사장을 그만 두었다. 『황성신문』 1909년 4월 14일에는 다음과 같은 기사도 실렸다. "전내대前內大 송병준宋秉畯 씨가 도일할 시에 김시현金時鉉 씨에게 위탁하기를 원각사를 영구유지케 하라 함으로 경비 900여환을 담당지급擔當支給하였다는데, 안순환 씨가 김씨를 청요請邀하여 왈曰 여余(내)가 금번 귀국시에 송병준 씨가 부탁하되 원각사를 담임擔任유지케 하라 하였슨즉 차후此後로는 물위상관勿爲相關하라 하메 김씨가 반대하여 왈曰 송씨가 전하처후前何處後 하심으로 차후부탁此後付託이 유有하겠느냐 하고 안순환 씨의 친근한 인人으로 해사임원該社任員을 피被한 자는 일체 개차改差함으로 안씨는 현금 협감挾感이 된 모양이라더라."[24]

이 기사는 안순환과 김시현이 서로 송병준이 자신에게 원각사 경영을 맡겼다고 주장했지만, 결국 김시현이 안순환의 주장을 듣지 않고 그와 관련된 원각사의 직원들을 해임하였고, 이로 인해서 안순환이 아주 어려운 지경에 이르렀다는 사실을 밝힌다. 『대한매일신보』 1910년 11월 8일자의 기사에 의하면, 이에 격분한 안순환은 "안씨극장계획安氏劇場計劃, 전궁내부전선과장前宮內府典膳科長 안순환 씨는 불소不少한 자금을 구취鳩聚하여 종로등지에 일대一大 연극장演劇場을 설치하기로 현금 계획하는 중이더라."고 했다. 이와 같은 기사를 통해서도 당시 안순환이 대단한 사업가였음을 확인한다.

---

23 강무, 「한글+한자문화 칼럼: 명월관(5)」, 『한글한자문화』 Vol.91, 서울: 전국한자교육추진총연합회, 2006, p.46.

24 원각사와 안순환의 관계에 대해서는 백현미, 「원각사의 설립과정과 연극사적 성격」, 『판소리연구』 6권, 서울: 판소리학회, 1995를 참조할 것.

위사주와 민속놀이를 통해 바라본 조선의 근대

특히 명월관의 운영을 통해서 궁내부의 관료가 되었고, 그것이 명월관의 영업에도 이익이 되었다. 관료들과 외교관들이 명월관을 이용하도록 했고, 궁중연회에 반드시 참석하는 기생들을 보다 효과적으로 명월관에 모이게 하였다. 이로 인해서 근대적 극장인 원각사의 사장도 함께 맡았다. 안순환은 그야말로 1900년대 초반 경성의 유흥업계를 장악하려는 시도를 꾀했다. 1909년 2월에는 내부대신 송병준이 일본에 갈 때 수행을 하여 원각사 운영도 맡는 수완을 발휘하였다. 비록 "어렸을 때에 극히 궁곤하여 세상에 고생이라는 것은 아니 겪은 것이 없이 별별 일을 많이 실험한 바 농사·장사·공장 각 방면 천집사千執事를 다 투철히 안다할 수는 없으나 대개는 양해諒解하게는 되었으니"[25] 안순환이야 말로 갖은 고생을 하여 나이 40에 이르러 서울의 부호가 되었다.

따라서 안순환은 조선요리옥의 시초인 명월관을 개업한 이후, 그 인연으로 인해서 대한제국의 연회와 음식을 주관하는 부서의 최고 책임자 자리도 맡았다. 하지만 그는 결코 조리사 출신이 아니었다. 비록 갖은 고생을 다 했지만, 영어학교에서 근대 문물을 익히고 그것을 계기로 대한제국의 관료가 되어 종3품에 이르는 고위직까지 이른 인물이었다. 그는 적어도 1929년까지 조선요리옥 사업을 운영하면서 동시에 개인적으로 서화를 즐겼다. 그러나 선친의 성리학에 대한 가르침을 놓치지 않고 있다가, 1930년 봄에 녹동서원鹿洞書院을 지금의 시흥시에 건립하고, 명교학원明敎學院을 설립하여 유학 교육에도 참여하였다. 1935년 4월 28일에는 도쿄에서 개최된 동양유도대회東洋儒道大會에 다른 유림대표들과 함께 조선대표로 참석하는 등 공자교 운동에

---

25 朝鮮儒敎會總部, 앞의 책, p.135.

투신했다.[26] 그리고 안순환은 1942년 8월 20일 72세로 사망하였다.

4. 조선요리옥-근대적 식사와 연회, 그리고 집회의 장소

1917년 2월에 발간된 『신문계新文界』[27] 5호에는 「경성유람기」라는 글이 실렸다. 함경남도 금성金城에 사는 이승지가 기차를 타고 경성으로 가면서 문명개화의 현실을 감탄하는 내용으로 구성되었다. 이승지는 기차 안에서 안변에서 경성으로 가는 학생 어성룡과 함흥의 금융조합 지배인 김종성과 같은 자리에 앉는다. 문명 도래의 신기함을 기차 안에서 논하던 이들은 서울에 도착한 이튿날 조선요리옥을 찾는다. 그 내용을 요사이 말로 옮겨보자.

"때는 열한시 반이라, 사진관이 파하여, 모든 관람객은 각자 귀가를 하였는데, 이때 인력거 두 차가 황토현을 향해 몰아가니, 이는 김종성이 이승지를 연회 대접을 하려고 명월관 요리점으로 가는 것이라, 명월관은 조선요리의 원조로 화려한 누대와 성대한 설비가 진선진미함을 다시 말할 필요가 없거니와 이승지는 아무 까닭 모르고 인력거에 내려 김종성을 따라 들어가는데, 조란화동彫欄畫棟과 분벽사창粉壁紗窓이 황황한 전기 광선에 비치여 영롱찬란한 광경이 그릇, 수정궁궐에 들어감을 깨닫지 못할지라 이승지 심중에 하도 이상하야 '여보게 이 집이 누구집인가', '이 집은 요리점올시다. 시장하실 듯하기에 술이라

의식주와 민속놀이를 통해 바라본 조선의 근대

---

26 이에 대해서는 황영례의 앞의 논문을 참조하기 바란다.

27 『신문계』란 잡지는 1913년 4월에 창간되었다. 조선총독부의 정책을 선전하는 의도를 지닌 글들이 주류를 이룬다. 자세한 내용은 권보드래 해설, 「경성유람기(京城遊覽記)」, 『민족문학사연구』 Vol.16, 2000을 참조할 것.

도 한 잔이라도 권하고자 하나이다' '요리점, 협중 늙은이가 너무 과하지 아니한가' 두 사람은 보이의 안내를 따라 3층루 한편 처소에 좌정하였는데, 이승지는 소소견이다소괴少所見而多所怪로, 보이는 것마다 괴이하고 괴이하게 여김을 따라 묻는 것이 많다."

이승지는 전기등에 대해서도 물어보고, 수돗물에 대해서도 논한다. 술을 몇 잔씩 마시다보니, 문이 열리면서 "종용히 들어와 날아가는 듯이 앉으며 '안녕하세요' 하고, 두 사람을 향하여 인사하는 여자는 곧 광고 조합에 유명한 기생 춘외춘春外春과 매홍梅紅이니, 이는 김종성이 이승지를 접대하기 위하여 청한 것"이었다. 손님과 기생이 서로 간단한 이야기를 나누고, 매홍은 거문고, 춘외춘은 양금洋琴을 연주하였다. 결국 이들은 기생의 소리를 들으면서 유쾌한 대화를 나누었다.

광화문 명월관의 시설이 3층에 20호가 넘는 방이 있었다고 하니, 앞의 글을 통해서도 당시의 휘황찬란한 실내 모습을 짐작하고 남는다. 더욱이 기생들이 조합을 만들어 요리옥과 유곽 등을 전전할 때이니 명월관에서 이런 호사를 누리는 일 자체가 이제 더 이상 양반 관료에게만 한정되지 않았다. 돈만 있으면 명월관에서 호화로운 조선요리에 기생의 노래와 악기 연주까지 경험할 수 있었다. 사실 명월관은 비록 조선식이었지만, 그 음식의 구성은 결코 조선왕실 음식을 흉내 낸 것에 지나지 않았다. 하지만 조선식을 기본으로 하여 당시의 일본과 서구의 음식들이 망라되어 제공되었다. 20세기 한국음식이 겪은 정치적 휘둘림이 명월관에서 시작되었다고 해도 과언이 아니다.

1930년 5월에 출간된 『조선의 도시: 경성-인천』[28]이란 책에는 당시

---

28 萩森茂編著, 『朝鮮の都市: 京城…仁川』, 京城: 大陸情報社, 1930, pp.191~192.

경성에서 이름난 요정料亭을 일본요리와 조선요리로 나누어 소개했다. 일본요리로 유명한 요정은 34곳이 나오는데, 요리조합에 가입한 곳을 중심으로 적었다. 조선요리로 유명한 요정으로는 7곳의 조선요리옥이 나온다. 그리고 중국요리[支那料理]로 유명한 요정은 3곳이 소개되었다. 이 중에서 조선요리옥은 다음과 같다.

<표 1> 『조선의 도시: 경성-인천』에 실린 경성의 조선요리옥

상호	위치	전화번호
식도원(食道園)	삼각정(三角町) 78	광화문 1517, 441
명월관(明月館)	돈의동(敦義洞) 145	광화문 64, 862
명월지점(明月支店)	서린동(瑞麟洞) 137	광화문 725, 1778
국일관(國一館)	관수동(觀水洞) 21	광화문 365, 668
장춘원(長春園)	황금정(黃金町) 1-146	본국 1100, 2058
고려관(高麗館)	황금정(黃金町) 2-18	본국 4331
태서관(太西館)	공평동(公平洞) 78	광화문 134, 2056

<표 1>의 순서는 다분히 그 매출이나 유명세와 관련하여 잡힌 듯하다. 앞에서 소개했던 1932년 4월 1일자 잡지 『삼천리』 제4권 제4호에는 당시 경성에서 가장 최고의 수준에 있었던 조선요리옥으로 식도원과 명월관을 꼽았다. 두 곳의 조선요리옥이 1930년대 경성에서 가장 쟁패를 다루는 음식점이라고도 했다. 이 내용을 정리하면 다음과 같다. 1932년 당시 명월관明月館의 위치는 지금의 창덕궁 남쪽 종로 3가 돈의동敦義洞에 있었다. 자본금이 30만원이고 1년 매출이 20만원이었다. 본점은 대지가 600평이고, 건평이 1,200여 평에 이르는 양옥 2층 집이다. 손님방에는 비단방석과 자수병풍과 장구·가야금·거문고·단소·피리 등 악기를 갖추고 있었다. 영업 실적은 때에 따라 다르

지만, 본점과 지점을 합하여 하루에 평균 5백 원 정도의 매출을 올린다. 본점과 지점에서 일하는 종업원은 120여명을 헤아린다. 이 120명에는 손님을 안내하는 젊은이와 음식을 만드는 조리사, 그리고 손님과 기생을 이동시키는 인력거의 차부까지 모두 포함하였다.

이에 비해 식도원食道園은 지금의 서울 남대문로 3가 한국은행 소공별관의 길 건너편에 있었다. 자본금은 20만원이다. 식도원도 투자 자본이 수십만 원을 넘고, 일 년 매출도 명월관에 버금간다고 했지만 정확한 금액을 밝히지 않았다. 현재의 건물은 백여 칸의 큰집이요 그 토지도 수백 평이라고 했지만, 구체적인 내용을 알지 못한다. 식도원에 근무하는 종업원은 약 50명으로 명월관보다는 규모가 작다. 식도원의 자랑은 건물이 조선식이라는 점과 음식도 조선식을 위주로 한다는 데 있다. 그래서 외국에서 온 손님들이 '조선정조朝鮮情調'를 맛보려고 식도원을 찾는다고 했다. 특히 방에는 주단으로 만든 방석이 깔려 있고, 매란국죽梅蘭菊竹을 그린 병풍이 둘러쳤다. 여기에서 장구와 춤을 추는 기생이 있는 모습이 특색이라고 했다.

그러면서 명월관과 식도원 중에서 어느 쪽이 이길까 하는 질문을 던지고 기사는 마무리된다. 두 조선요리옥의 주인이 지닌 경영수완과 음식의 맛, 그리고 손님에게 제공하는 서비스로 판단될 것이라고 했다. 1927년 12월 20일자 잡지 『별건곤』 제10호에 식도원 주인 안순환의 이름으로 「요리집에서 본 돈 시세, 금년 일 년 조선사람의 생활은 어떠하였나, 여러 방면으로 모아 본 작년과 금년의 비교」라는 제목으로 다음과 같은 내용이 실렸다.

큰 바람이 불면 어느 나무든지 다 흔들리는 격으로 일반의 경제가 공황하게 된 이때에 요리업계인들 어찌 그 영향을 받지 아니 하겠습니까. 우리 식도원食道園은 원래에 고객이 대부분은 은행 회사 등 실업가와 관리계급의 사람이 많은 까닭에 다른 요리집보다는 그다지 큰 영향은 받지 않습니다. 그러나 내빈이 작년에 비하야 약 삼 활은 감소되고 따라서 수입도 삼 활은 감한 것 같습니다. 내빈으로 말씀하면 전부가 서울사람이요 시골사람이 별로 없고 또 연전 모양으로 유흥하기 위하야 오는 부랑청년이 없고 모두 일을 위하야 모이는 사람이 많습니다. 그리고 내빈 중에는 외국인이 해마다 늘어가는 모양인데 내빈 전체의 비례로 따지면 외국인이 약 십분지삼(3/10)을 점령하고 그 십분지삼 중에는 일본인이 십분지이(2/10)를 점령하였습니다. 그것은 물론 교통이 점점 편리하고 외국인이 조선에 많이 오는 동시에 조선 사람의 경제력은 해마다 줄어가고 외국인의 경제력은 해마다 늘어가는 까닭이겠습니다.

특히 이 기사에서 주목해야 하는 점은 조선요리옥을 찾는 외국인이 날로 증가했다는 사실이다. 1936년에 출간된 『신판대경성안내新版大京城案內』[29]라는 책에서는 "경성을 구경하면서 하룻밤은 조선요리에 빠져서 기생의 장구에 흘러나오는 애수어린 '수심가愁心歌'를 듣는 것이다."[30]고 적었다. 특히 조선요리옥에서 조선요리와 기생을 만날 수 있다는 점이 매우 특이한 경험임을 분명히 밝혔다. 그러면서 명월관明月館 · 천향원天香園 · 국일관國一館 · 조선관朝鮮館 · 태서관太西館 · 송죽관松竹館 등이 당시 경성에서 이름이 난 조선요리옥이라고 소개했다. "그 중에서도 명월관 · 식도원 · 천향원은 내지인의 연회도 가능하다."고 적

외식주와 민속놀이를 통해 바라본 조선의 근대

---

29 矢野干城 · 森川淸人, 『新版大京城案內』, 京城: 京城都市文化研究所, 1936, p.473.

30 矢野干城 · 森川淸人, 앞의 책, p.433.

었다.

하지만 주의할 점도 밝혀두었다. 조선요리옥에서 조선요리를 먹고 나면 몸에서 마늘 냄새가 난다는 것이다. 즉 "마늘을 먹고 여관에 돌아오면 다음 날까지 방 안에 냄새가 자욱하기 때문에 함께 방을 사용하는 동료의 머리 아프게 하는 일이 생긴다."[31]고 하면서 주의를 하라고 적었다. 이 모든 정보가 경성에 온 일본인 관광객을 위한 배려에서 나온 것이다. 1934년 경성관광협회에서 나온 『조선요리연회안내서』라는 작은 책에는, 조선요리 한 상에 6인분을 기준으로 6엔·9엔·12엔이 있다고 적혀 있다. 하루 택시를 빌려 다섯 군데를 돌 경우 4엔이었던 당시 물가와 비교하면, 그 값이 얼마나 비쌌는지를 짐작하고 남는다. 여기에 기생의 화대까지 보탤 양이면 조선요리옥에서 써야 하는 비용은 대단한 금액이었다.

따라서 일본인에게는 조선요리옥이 신선로를 대표적인 음식으로 하여 조선요리와 기생으로 상징되는 관광 상품으로 소비되었다. 이렇게 일본인들에게 조선요리옥이 인기를 끌자 아예 도쿄에도 '명월관'이란 이름의 조선요리옥이 등장했다.[32] 여기에 서울의 부자들도 조선요리옥에서 온갖 모임과 유흥을 즐겼다. 이런 면에서 당시의 조선요리옥은 서울의 명소였다. 그래서 제1차 세계대전 이후 불어 닥친 세계적인 대공황에도 조선요리옥은 흔들림도 없이 그 영업이 더욱 잘 되었다. 이미 1920년대 서울은 식민지 조선의 자본이 집중된 중심지였다. 이 점이 조선요리옥의 전성시대를 가져온 결정적인 이유였다. 조선요리옥뿐만 아니라, 일본요리옥과 중국요리옥도 번창일로에 있었

---

31 矢野干城·森川淸人, 앞의 책, p.436.

32 이에 대해서는 外村大, 「戰前日本における朝鮮料理業の展開」, (財)味の素食の文化センタ 研究造成金報告書, 2003을 참고하기 바란다.

다. 보수적이든지 진보적이든지 상관없이, 혹은 모던보이든지 전통적인 면모를 갖춘 사람이든지 상관없이, 조선요리옥을 비롯한 여러 요리옥은 근대적 유흥의 중심지로 그 불빛을 휘황찬란하게 밝히고 있었다.

조선요리옥은 근대적 공적 영역으로도 이용되었다. 주지하는 바와 같이 1919년 3월 1일 민족대표 33인이 모여서 독립선언을 한 곳은 명월관 지점이라고도 전해지는 태화관이다. 1918년 12월 28일, 손병희를 비롯한 각 종교의 지도자들은 마침 고종 황제의 국장國葬이 있기로 한 다음해 3월 1일 오후 2시에 탑골공원에 모여서 독립선언 발표를 감행하기로 결정한 바 있었다. 그런데 3월 1일 바로 전날 밤 서울 재동에 있던 손병희의 집에 모인 중심인물들은 일본총독부의 감시가 그 어느 때보다 삼엄한 사정을 감안하여 독립선언의 장소를 인사동의 태화관으로 옮기기로 결정을 했다.

미처 그 사정을 몰랐던 학생대표들이 당일 2시가 가까이 되어도 어른들이 나타나지 않자, 그들이 변절한 줄로만 알고 태화관으로 쳐들어 왔다. 그런데 태화관에서 행해진 독립선언은 비록 비장하기는 했지만, 진수성찬의 요리를 먹으면서 축배를 들며 이루어졌다. 즉 민족대표 33인은 4시간이 넘게 태화관에서 주연酒宴을 벌리고 있었다.[33]

---

33 "3월 1일은 유달리 청명한 날씨였다. 33인은 단정히 옷을 갈아입고 속속 뒤이어 명월관 지점(현 종로보안서)으로 모여 들었다. 그 전날 손병희 선생의 지시로 김종규 씨가 특별히 진수성찬을 준비할 것을 명월관 주인한테 주문하여 두었다. 33인은 차례차례로 자리에 앉았다. 중앙식탁에는 흰 보에 싼 독립선언서를 올려놓았다. (중략) 이윽고 정각 12시가 되자 만해 한용운 선생이 우리 조선도 민족자결에 의하여 여기에 독립을 선언한다고 선창하고 저 유명한 독립선언서를 힘 있게 낭독한 후 일동이 같이 조선독립만세를 삼창하고 축배를 들었다. (중략) 무장한 헌병과 경관들이 오기는 그 후 한 시간만이었다. 문 복도 할 것 없이 앞뒤를 이중삼중으로 겹겹이 경관과 헌병 기마병이 물샐틈없이 둘러쌌다. 그때까지 옆방에서 흥탕거리며 질탕이 놀든 노름꾼과 명월관주 안씨 등은 어느 센가 모두 어디로 도망을 치어 벌 둥지를 건들인 것처럼 소란스럽든 노름장소는 갑자기 심산유곡처럼 삼엄한 고요로 뒤 쌓여지고 말

그 탓에 그들을 잡으려 왔던 조선인 경찰마저도 주연이 곧 끝나 가는지를 물었을 정도였다. 지금의 상식으로 생각하면, 이 모습은 상당히 혼란스럽다. 고급 음식과 술을 차려놓고 기생도 나올 수 있는 요리옥에서 33인의 독립선언이 행해졌다니, 도대체 이해가 되지 않는다고 생각할지도 모르겠다.

인터넷 홈페이지인 '한국역사정보통합시스템'의 '국사편찬위원회' 사이트에서 명월관과 식도원을 키워드로 쳐 보면, 식민지시기에 얼마나 다양한 모임이 조선요리옥에서 개최되었는지를 알 수 있다. 주로 『동아일보』에 실린 이와 관련된 기사들에는 결혼식을 비롯하여 각종 정치조직의 모임, 출판기념회, 외국의 유명인사 환영회와 환송회, 그리고 교회의 모임도 조선요리옥에서 개최되었다. 이러한 관례는 이미 1903년 9월 17일에 최초의 조선요리옥인 명월관에서부터 행해졌다. 가령 1908년 2월 8일 토요일에 당시 유명인사였던 김윤식과 윤치호 등이 강구회講舊會의 결성한 장소도 명월관이었다.

조선요리옥에서의 모임은 그 규모도 다양했다. 가령 100명이 넘는 인사들이 모이는 대규모 집회도 1920년대 이후의 명월관이나 식도원에서 열릴 수 있었다. 1934년 7월 3일에는 장로교 기념 축하연이 명월관에서 열렸다. 긴 식탁에 흰 종이를 깔고 각종 음식을 올린 모습은 영락없이 1980년대에도 행해졌던 연회장과 닮았다. 일본식 여닫이문을 설치해 두었기 때문에 평소에는 별도의 방이었다가, 손님이 많으면 이렇게 문을 없애고 대형 연회를 개최하였다. 아울러 모임의 중심이 되는 좌석 뒤에는 매란국죽의 그림이 그려진 병풍이 쳐졌다. 1933년 10월 16일에 명월관에서 열린 백남운의 『조선경제사』 출판기념회를

앉았다." 全洪俊, 「己未運動과 明月館事件」, 『開闢』 통권74호, 1946.

<사진2> 명월관에서 개최된 장로교 기념축하 만찬회 장면(『동아일보』 1934년 7월 4일자)

소개한 그 다음날의 『동아일보』에는 모임이 열리는 모습이 사진에 담겼다. 간단한 인사를 하는 백남운의 모습과 출판기념회에 참석한 사람들이 앉은 식탁, 그리고 음식을 나르는 종업원이 모습이 나온다.

심지어 일본인들과 조선인의 모임도 조선요리옥에서 열렸다. 현재 국립민속박물관의 손진태 사진 아카이브에 소장된 사진 중에서도 조선요리옥에서의 모임 모습이 나온다. 특히 이 사진의 오른쪽 아래에는 모임에 대한 기록을 남겨 두었다. 즉 1938년戊寅 3월 5일(토요일) 당시 서울인 경성의 조선요리옥 태서관太西館에서 아카마쓰 지조赤松智城(1886~1960), 아키바 다카시秋葉隆(1888~1954), 이마무라 도모에今村鞆(1870~1943), 무라야마 지준村山智順(1891~1968) 등 여러 명이 모여서 출판기념회 및 민속담화회民俗談話會를 기념하여 찍은 사진이다.

사진에는 이들 이외에 조선인 지식인 손진태孫晉泰(1900~1950(?)), 송석하宋錫夏(1904~1948), 정인섭鄭寅燮(1905~1983)이 보인다. 이들은 1932년 4월에 결성된 조선민속학회의 주요 멤버이기도 했다. 관련 자료를 참고해 보면, 당시 경성제국대학 교수로 있던 아카마츠와 아키바가 공동으로 출판한 『조선무속의 연구朝鮮巫俗の硏究』 출판을 기념하여 모인

<사진 3> 국립민속박물관의 손진태 사진 아카이브에 소장된 사진이다. 1938년 3월 5일 경성의 조선요리옥 태서관(太西館)에서 당시 경성제국대학 교수로 있던 아카마츠 지조와 아키바 다카시가 공동으로 출판한『조선무속의 연구』출판을 기념 연회자리이다.

자리로 여겨진다. 이 책의 상上은 1937년 6월 20일에 오사카大阪, 屋號書店에서 출판되었고, 하下는 1938년 10월 30일에 같은 출판사에서 발행되었다.

가장 연장자인 이마무라가 병풍을 등진 상석에 자리를 잡았다. 이마무라의 위치에서 오른쪽에는 아카마츠, 무라야마, 송석하가 앉았고, 그 왼쪽에는 아키바, 손진태, 정인섭이 앉았다. 모임의 주인공인 아카마츠와 아키바가 상석을 차지한 이마무라의 좌우에 자리를 잡은 배치는 결코 조선적인 좌석 배치는 아니다. 조선시대 연회에서 북벽이 상석이고, 그로부터 동벽과 서벽이 차례대로 차석이 되었던 것과 이 모임의 좌석배치는 다르다. 아울러 상에 올라간 음식들 역시 반드시 조선적이라고 보기는 어렵다.

식민지시기 명월관이나 식도원과 같은 조선요리옥은 이용하는 사람에 따라서 상당히 다른 모습으로 비추어졌다. 아예 방 한 칸을 전세내고, 매일같이 기생을 불러서 유흥을 즐기는 한량도 있었다. 이런 면에서는 오늘날의 룸살롱과 닮았다. 손님을 접대하기 위해서 조선요리옥이 이용되기도 했다. 보통의 음식점이다. 혼례식과 그 피로연도 조선요리옥에서 열렸다. 지금의 전문적인 피로연장의 역할을 조선요리옥이 했다. 아울러 각종 모임도 조선요리옥에서 열렸다. 지금의 개념으로 따지면 호텔 연회장이나 서울 프레스센터의 레스토랑이 하는 역할을 조선요리옥이 한 셈이다.

5. 명월관의 메뉴와 조선음식의 근대적 개량

『만세보萬歲報』1906년 7월 14일자에는 명월관 광고가 다음과 같이 실렸다. "국내외의 각종 술과 엄선한 국내외 각종 요리를 새롭게 준비하고 주야로 손님을 맞으려 합니다. 각 단체의 회식이나 시내외市內外 관광, 회갑연과 관혼례연 등에 필요한 음식을 마련해 두고 있습니다. 심지어 사람을 보내어 음식을 배달하기도 하는데, 진찬합眞饌盒과 건찬합乾饌盒, 그리고 교자음식校子飮食을 화려하고 정교하게 마련해 두었습니다. 필요한 분량을 요청하면 가깝고 먼 곳을 가리지 않고 특별히 싼 가격으로 모시겠습니다. 군자의 후의를 표하오니 여러분께서는 많이 이용해 주시기를 바라마지 않습니다. 주요 음식물 종류는 다음과 같습니다. 새롭게 개량하여 만든 각종 교자음식, 각국의 맥주, 각종 서양 술, 각종 일본 술, 각종 대한大韓 술, 각종 차와 음료, 각종 양과자洋菓子, 각종 담배, 각종 시가, 각국 과일, 각종 소라, 전복, 모과" 비록 조선음식이 주된 메뉴였지만, 그렇다고 오롯이 조선음식만을 내놓지는 않았다. 외국음식과 술, 심지어 담배도 명월관에서 다루었던 메뉴 중의 하나였다.

1908년 1월 10일자 『황성신문』에는 「명월관확장광고」라는 것이 실렸다. 여기에서 명월관은 바로 1903년 9월 17일에 지금의 광화문 사거리에 문을 연 조선 최초의 조선요리옥을 가리킨다. 새로 확장을 하여 수천 명이라도 의식을 치를 수 있도록 준비가 되었다는 광고문에는 명월관에서 판매하는 요리로 한요리특별개량교자韓料理特別改良交子, 동보통교자소普通交子, 얼교자, 주효상酒肴床, 식교자食交子 대소大小, 각종서양요리 등이 적혀 있다. 다음으로 명월관에서 판매하는 술 종류가 나온다. 약주藥酒·소주燒酒·구俱화주和酒, 국정종주菊正宗酒, 각종맥주, 삼편주三鞭酒, 후이식기주酒, 뿌란디주酒, 포도주 등이다. 또한 각국경편식물各國輕便食物 용숙甬熟, 진찬합건찬합眞饌盒乾饌盒, 권연여송연애급연卷烟呂松烟埃及烟, 그리고 기타 미색美色·가동歌童·창부唱夫·장고長鼓·대고大鼓에 대해서는 청구하면 즉시 응공應供 한다고도 적었다.

여기에서 '한요리특별개량교자'는 한국요리를 새롭게 개량한 교자상을 가리킨다. '동보통교자'는 한국요리의 보통교자이다. 얼교자는 밥이 되는 교자와 마른 반찬 교자를 한데 섞어서 차려 놓은 교자상이다. 주효상은 술안주상을 말한다. 약주와 소주는 전래의 조선술이고 그 다음 문구는 일본술인 화주를 갖추고 있다는 표현이다. 그 중에서도 일본 청주인 키쿠마사무네菊正宗를 제공한다는 뜻이다. 삼편주는 삼페인, 후이식기주는 위스키, 뿌란디주는 브랜디를 가리킨다. 여기에서 각국의 간단한 식사와 함께 찬합과 담배와 여송담배, 그리고 이집트 담배 등도 제공한다고 적었다. 특히 기생과 노래 부르는 아이, 그리고 창부와 장고·대고와 같은 악기도 요청만 하면 바로 제공한다고 했다. 이것이 바로 1908년의 조선요리옥 명월관에서 제공받을 수 있었던 서비스였다.

시조시인 김상용金尙鎔(1902~1951)은 1935년 2월 23일자 『동아일보』에 실린 수필에서 다음과 같이 밝혔다. "마침 명월관 앞을 지나면, 이때 임비麻痺, 마비돼가는 뇌신경腦神經이 현기眩氣, 어지러움에 가까운 상상의 반역을 진압할 수가 있겠는가? 없을 걸세. 두어 고팽이 복도를 지나, 으슥한 뒷방으로 들어서거든, 썩 들어서자, 첫눈에 뜨인 것이 신선로神仙爐. 신선로에서 김이 무엇무엇 나는데 신선로를 둘러 접시·쟁반·탕기 등 대소기명大小器皿이 각기 진미珍味를 받들고 옹위擁衛해 선 것이 아니라, 앉았단 말일세. 차此 소위 교자시라. 애헴 '안석'을 지고 '방침'을 괴고, 무엇을 먹을고 위선爲先 총검열을 하것다. 다 그럴듯한데, 욕속수완欲速須緩, 성급하게 서둘지 않고이라, 서서히 차려보자. '닭알저냐'를 하나 초고초장에 찍어먹고, 댐으로 어회魚膾, 또 댐으로 김치, 이러다보니, '게장'과 '어리굴젓'이 빠졌구나. 이런 몰상식한 놈을 봤나. '여봐 뽀이 게장과 어리굴젓 가져오구. 인력거 보내서 광충교 밑 사시는 서생원 좀 뫼서와."

앞에서 소개했던 1938년 3월 5일 경성의 태서관에서 있었던 연회의 사진을 보면 당시의 조선요리옥 메뉴를 짐작할 수 있다. 상의 한가운데는 신선로가 놓였고 그 옆으로 각종 과일이 고임음식으로 놓여서 축하연의 상징을 하고 있다. 하지만 술은 오늘날 '니혼슈日本酒'라고 불리는 청주를 담은 도쿠리이다. 하얀 접시에 담긴 음식들이 과연 어떤 종류인지는 분명히 알 수 없지만, 대체로 조선음식과 일본음식 등이 섞여 있을 가능성이 많다. 이미 1921년 4월 4일자의 『동아일보』에서 조동원은 "한갓 이익에만 눈을 뜨고 영원히 조선요리의 맛깔 좋은 지위를 지속할 생각을 못한 결과 서양 그릇에 아무렇게나 담고, 신선로 그릇에 얼토당토않은 일본 요리 재료가 오르는 등 가석한 지경에 이르렀다."는 비판을 했다. 조선요리옥의 음식들은 더 이상 조선적이지 않았을 가능성이 많다. 다만 신선로만이 조선요리옥의 상징으로

부각되었을 뿐이다.[34]

6. 나가는 글

식민지시기 조선요리옥은 단순한 음식점이 아니었다. 음식점이면
서 각종 정치적이고 문화적인 모임이 열렸던 곳이었다. 여기에 근대적
으로 바뀐 기생들이 드나들면서 접대를 하기도 했기 때문에 천 가지
의 얼굴을 가진 연회의 장소였다고 해야 옳다. 사실 조선시대에는 왕
실이나 관청에서 행하는 공식적인 연회를 제외하면, 사적공간에서
대부분의 연회가 이루어졌다. 이에 비해서 식민지시기 조선요리옥은
사적공간에서 행해지던 연회를 공적영역으로 옮겨놓았다. 이 공적영
역에서는 공적인 모임뿐만 아니라, 사적인 식욕과 성욕까지도 공적으
로 해결할 수 있었다.

'포스트 식민주의post-colonialism'를 주장한 호미 바바Homi K. Bhabha는 서
유럽의 근대성이 지닌 장점이라고 말해지는 '보편적인 이성'도 알고
보면 허구라고 주장했다.[35] 그는 프랑스대혁명 시기의 파리와 프랑스
의 식민지였던 샌 도밍고를 비교하면서 억압받은 식민지에서는 발전
에 대해서 들을 수 있었을 뿐 볼 수는 없었다는 역사적 사실을 밝혔
다. 그렇다면 식민지시기 경성에서의 조선요리옥의 유행은 과연 '식민

---

34 이에 대한 상세한 내용은 주영하, 『음식인문학』, pp.254~260을 참조할 것.

35 호미 바바(나병철옮김), 『문화의 위치』, 서울: 소명출판, 2002.

지 수탈론'[36]과 '식민지 근대화론'[37]의 어느 선상 위에 놓여 있던 것이었을까? 나는 식민지시기의 정치·경제적 조건에 대한 앞의 두 가지 이항대립적 논의가 간과하고 있는 점이 이 문제에 놓여 있다고 본다. 곧 경성의 조선요리옥은 식민지 상황에서 경성의 도시인들이 한반도의 '근대'라는 시스템 내에서 소비한 결과물이라는 것이다. 조선요리옥의 식탁 위에서는 오래된 것도 존재했지만, 다른 한편에서는 새로운 것과 근대적 개량이 가해진 것도 존재했다. 이것을 소비했던 일부 조선인과 일본인은 조선요리옥에서 조선적인 음식을 즐기면서 동시에 근대가 만들어낸 자본주의적 유흥을 즐겼다.

이러한 조선요리옥이 대표적인 경영자 안순환은 결코 조선음식의 지키려는 선각자로 볼 수 없다. 그는 근대적 시설이 조선요리옥을 통해서 새로운 자본을 축적해간 사업가였다. 비록 그가 1920년대 이후 조선음식의 전문가로 대접받았지만, 그것은 단순히 경영의 경험에서 나온 것에 지나지 않는다.[38] 그래서 안순환은 조선음식을 개량의 대상으로 보았다. 이런 의미에서 안순환은 결코 대한제국의 궁중음식을 유지시킨 인물은 아니었다. 그 보다는 대한제국이 궁중음식을 근대적 상업공간인 조선요리옥에서 메뉴로 변모시킨 인물이라고 보아야 옳다.

'근대'라는 시각에서 보면, 경성의 조선요리옥에서 소비되었던 조선음식과 그 연회는 사적이면서도 동시에 공공적이라는 성격을 전근

---

36 이에 대한 국내의 대표적인 연구자로는 경제사학자 이영훈이 있다. 이영훈, 『수량경제사로 다시 본 조선후기』, 서울: 서울대학교출판부, 2004를 볼 것.

37 이에 대한 구미학계의 논의로는 신기욱·마이클로빈슨(편저, 도면회 역), 『한국의 식민지 근대성-내재적 발전론과 식민지 근대화론을 넘어서-』, 서울: 삼인, 2006이 있다.

38 주영하, 앞의 책, 2011, pp.283~287.

대시기와 달리 확보한 것이었다. 그래서 사람들은 일정한 서비스료를 지급하고, 공개적으로 자신들의 사적 모임을 조선요리옥에서 펼칠 수 있었다. 그러면서 조선음식이 지닌 사적인 이미지도 공적영역으로 옮겨갔다. 이와 같이 근대적인 조선요리옥의 등장은 '조선음식'이라는 표준화된 이미지를 공적으로 소비하도록 만들기도 했다. 이로부터 사람들은 자신의 집에서 소비하던 음식과 다른 차원의 조선요리옥 음식을 조선음식의 대표로 여기게 되었다. 이것이 식민지시기 조선요리옥에서 판매했던 조선음식이 지금까지도 '한정식'이란 이름으로 그 대표성을 유지되고 있는 이유이다.

참고문헌

『대한매일신보』 1919년 5월 24일자 기사, 「명월관 소실됨」.

『三千里』 제4권 제4호, 1932년 4월 1일자, p.51~53: 「萬目注視하는 三大爭覇戰, 東一銀行과 海東銀行의 金融戰, 朝鮮劇場과 團成社의 興行戰, 明月館과 食道園의 料理戰」.

강무, 「한글+한자문화 칼럼: 명월관(1)」, 『한글한자문화』 Vol.87, 서울: 전국한자교육추진총연합회, 2006.

강무, 「한글+한자문화 칼럼: 명월관(5)」, 『한글한자문화』 Vol.91, 서울: 전국한자교육추진총연합회, 2006.

강무, 「한글+한자문화 칼럼: 명월관(6)」, 『한글한자문화』 Vol.93, 서울: 전국한자교육추진총연합회, 2007.

권보드래해설, 「경성유람기(京城遊覽記)」, 『민족문학사연구』 Vol.16, 2000.

김상보, 『조선시대의 음식문화』, 서울: 가람기획, 2006.

단국대학교부설동양학연구소, 『음식 문화 관련 자료집』, 서울: 민속원, 2010.

李蘭香, 「明月館」, 『남기고 싶은 이야기들』, 서울: 중앙일보사, 1973.

백현미, 「원각사의 설립과정과 연극사적 성격」, 『판소리연구』 6권, 서울: 판소리학회, 1995.

신기욱·마이클로빈슨(편저, 도면회 역), 『한국의 식민지 근대성-내재적 발전론과 식민지 근대화론을 넘어서-』, 서울: 삼인, 2006.

신명직, 『모던뽀이 경성을 거닐다』, 서울: 현실문화연구, 2003.

安淳煥, 『家庭整理錄』, 石版本, 1936.

이영훈, 『수량경제사로 다시 본 조선후기』, 서울: 서울대학교출판부, 2004.

이용식, 『조선의 큰부자(II)』, 서울: 하늘출판사, 1997.

全洪俊, 「己未運動과 明月館事件」, 『開闢』 통권74호, 1946.

정근식, 「맛의 제국, 광고, 식민지적 유산」, 『사회와 역사』 66집, 2004.

鄭惠京, 「韓國의 社會·經濟的 變動에 따른 食生活 變遷: 朝鮮末期부터 1980年代까지」, 이화여자대학교박사학위청구논문, 1988.

朝鮮儒敎會總部, 『朝鮮儒敎會宣言書及憲章』, 京城: 朝鮮儒敎會總部, 1933.

주영하, 「'內鮮融化'와 조선인의 식사풍속-『日常生活上より見 たる內鮮融化の要諦』(1928년)를 대상으로」, 『日本思想』 제9호, 전주: 일본사상사학회, 2005.

주영하, 『음식인문학』, 서울: 휴머니스트, 2011.

한복진, 『우리생활100년·음식』, 서울: 현암사, 2001.

호미 바바(나병철옮김), 『문화의 위치』, 서울: 소명출판, 2002.

황영례, 「安淳煥의 儒敎 宗敎化 運動과 鹿洞書院」, 영남대학교 박사학위청구논문, 2004.

今村鞆, 「二十年前の京城の花柳界, 仲居-藝妓-娼妓-妓生-其他」, 『朝鮮及滿洲』 第233號, 1927年4月.

今村鞆, 「京城花柳界の變遷」, 『朝鮮及滿洲』 第354號, 1937年5月.

矢野干城·森川淸人, 『新版大京城案內』, 京城: 京城都市文化研究所, 1936.

外村大, 「戰前日本における朝鮮料理業の展開」, (財)味の素食の文化センタ研究造成金報告書, 2003.

萩森茂編著, 『朝鮮の都市: 京城…仁川』, 京城: 大陸情報社, 1930.

의식주와 민속놀이를 통해 바라본 조선의 근대

일제강점기의 식문화 지속과 변용

최인학_인하대학교 명예교수

이 글은 『남도민속연구』 제20집(남도민속학회, 2010. 6.)에 게재되었던 것을
재수록하는 것임을 밝혀둔다.

1. 머리말

대장금이 한류를 타고 번진 한국식문화의 보급은 이루 말할 수 없다. 예로부터 한국은 주부들이 부엌이란 공간에서 조미료의 연구, 기능, 다양성에 대해서 꾸준히 노력해 왔다. 그 결과로 오늘날 한류의 김치가 만들어졌고, 다양한 나물무침의 맛이 생겨났으며 불고기의 특수한 맛이 생겨난 것이다. 일본의 음식이 보는 것으로 승부를 건다면 한국은 맛으로 승부를 건다. 다시 말하면 일본의 음식이 단순하고 담백하다면 한국음식은 다양하고 감미로운 것이 특징이다.

한일 양국의 식문화는 고대로부터 유착되어 문화변용을 일으켜 오늘에 이르렀다. 어떤 것은 동화되었고 어떤 것은 융합되었다. 고대문화가 그러했듯이 한류는 역시 한국에서 일본으로 간 것이 많았다. 식문화도 예외는 아니다. 그러나 오늘날에는 오히려 역수입을 하는 경우도 없지 않다. 이러한 양국의 관계를 개화기로부터 일제강점기라는 시간대에 맞춰 우리나라의 경우 어떤 변화를 가져왔는지 그리고 지속가능한 원동력은 무엇인지 파악하는 것은 식문화가 여러 가지 문화요소 중에 중요한 위상임을 입증하려는 작업이기 때문이다.

윤서석은 식문화사적인 입장에서 고대에서 조선시대까지 시대적 특징을 들어 개관하고 있으나[1] 일제강점기는 누락되었다. 그리고 그밖에 이효지의 『한국의 음식문화』와 『한국의 전통 민속주』, 한복진의 『우리 음식의 맛을 만나다』, 정혜경의 『천년한식견문록』[2] 등에는 단편

---

1 윤서석, 『한국식생활문화』, 신광출판사, 2008.

2 이효지, 『한국의 음식문화』, 신광출판사, 1998.
  이효지, 『한국의 전통 민속주』, 한양대학원 출판원, 1996.
  한복진, 『우리 음식의 맛을 만나다』, 서울대학교출판문화원, 2009.

적으로 일제강점기가 언급되어 있으나 이 시대를 재단하여 연구한 것은 아니다. 그럼에도 불구하고 이들 문장을 통해서 얻은 지식을 기반으로 하여 나름대로 이 시대를 규찰해 보고자 한다.

다만 필자는 음식문화의 전공자가 아니고 민속학을 전공한 자로서 민속학의 입장에서 일제강점기에 있어서 우리 식문화가 어떻게 변용되었는지 단편적이나마 보고, 듣고, 읽은 것을 정리하고자 한 것이다. 그러므로 이 작업을 시행함에 있어서 우선 양국과 관계가 있는 먹을거리에 대하여 살펴보는 것이 다음 항목에 접하기 쉽다는 생각이 들어 몇 가지 먹을거리의 원류를 살펴보았다.

2. 몇 가지 먹거리의 원류

일본에서 활약중인 정대성鄭大聲 교수가 『食文化の中の日本と朝鮮』[3]이란 문고판을 냈는데 이 가운데 주방도구의 근원이란 글이 있어 이것을 잠시 제목만을 지적하자면 다음과 같다.

가마솥과 가마(かま)
굴뚝과 「くど」와 「かまど」
냄비와 나베(ナベ 鍋)
숟가락과 사지(さじ 匙)
밥그릇 사발과 사바리(サバリ 佐波里)

의식주와 민속놀이를 통해 바라본 조선의 근대

정혜경, 『천년한식견문록』, 생각의 나무, 2009.
3 鄭大聲, 『食文化の中の日本と朝鮮』, 講談社現代新書, 1992, pp.17~39.

정대성은 가마솥, 굴뚝, 냄비, 숟가락 밥그릇 사발 등 주방도구들이 고대 한국에서 건너가 그대로 사용하고 있음을 여러 학설을 인용하여 입증하고 있다. 일본의 주방도구의 명칭이 이러하건대 고대로 갈수록 식문화의 일본수용의 가능성을 짐작할 수 있다.

1) 밥과 단무지와 된장

『김광언의 민속지』의 「12. 일본에 건너간 한국 음식 문화」에는 다음과 같은 소제목이 있었다.[4] 이를테면 '밥이라는 어휘에서 본 문화전파', '누룩으로 빚은 것이 좋은 술', '오이지와 단무지의 어원변천', '된장도 우유도 백제에서 건너가', '메밀국수와 두부 만드는 법도 가르쳐' 등 항목을 볼 수 있다. 백제의 문화수출과 더불어 조선통신사를 통해서 한국 음식문화의 수출이 이루어졌음을 엿볼 수 있는 대목이다.

다시 내용을 살펴보면, 밥의 어휘의 기원은 일본의 오오노스스무大野晉 교수의 『일본어의 기원』을 인용하여 "밥을 가리키는 일본 고어 '이삐飯'는 조선어인 '밥'의 변음"이라고 한 데서 한국 고유의 '이밥'이라는 데서 유래를 찾았다. 술에 있었어도 일본 『古事記』를 인용하여 백제에서 온 수수허리須須許理가 술을 빚어 바쳤더니 왕이 "수수허리가 만든 술에 내가 취했네. 마음을 달래주는 술, 웃음을 주는 술에 내가 취했네."라고 부른 노래가 실려있음을 지적하여 술 빚는 누룩이 한반도에서 건너갔음을 말해준다. 수수허리는 일본 사람에게 술뿐만 아니라 김치를 담그는 법도 가르쳐주었다. 수수허리지須須許理漬가 청채靑菜무, 만근蔓根에 소금, 쌀과 콩가루를 섞어 발효시킨 것이다.

그리고 우리가 흔히 다쿠앙이라 부르는 다꾸앙쓰캐澤庵漬는 쌀과

---

4 김광언, 『김광언의 민속지』, 조선일보사, 1994, pp.93~98.

콩가루를 쌀겨로 바꾼 것에 지나지 않는다. 말하자면 수수허리지는 다쿠앙의 전신인 것이다. 다쿠앙은 무를 말려 담그는 것인데 에도시대 초기 조선에서 건너간 승려 택암(1573~1645)이 처음으로 만드는 방법을 가르쳐주었다. 다쿠앙이라는 단무지의 명칭은 택암스님의 이름을 일본어로 표현한 것이다. 택암 스님은 임진왜란 직후에 일본에 건너가서 교토 지역의 다이도쿠지大德寺 주지가 된 고승이다.

그리고 우리 된장이 일본에 건너간 것은 8세기 초 이전이다. 10세기 초의 『화명초和名抄』에서도 '고(구)려장'을 '미소'로 적었다. 이에 대해 아라이하쿠세키新井白石(1657~1725)는 그의 『동아東雅』에서 "고려의 장인 말장末醬이 일본에 들어와 그 나라 사투리대로 미소로 불렸다."고 하였다. 이처럼 된장을 가리키는 일본말 '미소'조차도 우리에게서 건너간 것이다.[5]

2) '우동'의 기원

지금의 우동은 에도시대에 교토京都의 노점상인에 의해 대중들에게 나오게 된 음식이다. 그러나 우동 자체가 일본에 들어온 시대는 오래 되었다. 나라시대奈良時代에는 귀족들 사이에 운동餛飩이라 불려졌다. 그러나 운동은 귀족들 사이에서는 인기가 없었고 그러던 중에 가마구라시대鎌倉時代에 이르러 일본에 선종禪宗이 번지는 중에 운동이 재차 선요리禪料理의 하나로 보급되었다. 이 무렵 운동이 보급되는 가운데 우동이라 부르게 되었다고 한다.[6]

조풍연 씨는 우동의 유래에 대해서 약간 다른 해석을 한다. 즉 우

의식주와 민속놀이를 통해 바라본 조선의 근대

---

5 위의 책, pp.97~98.

6 武光誠, 『食の進化』, 河出書房新社, 2009, p.74.

동은 일본말임에는 틀림 없으나 중국의 '완땅'에서 온 말이다. 이것을 일본 사람이 한문말로 만들어 '온돈溫飩'이라 하였고, 그것을 '饂飩'이라는 없는 글자를 만들어 취음한 것이 '운동'이 됐다가 '우동'으로 정착했다고 한다(三井銀行『말의 小辭典』, 杉村務『現代語』).[7] 그러나 조풍연 씨는 일본인이 쓴 사전류를 인용하여 말의 유래에 언급했을 뿐 우동의 연유에 대해서는 아무런 말도 없었다.

이에 요리 전문가 신태우 씨가 인터넷에 올린 일본으로 건너간 한국 식문화를 여기 간략하게 소개하고자 한다.[8] 일본에서 우동을 처음으로 만든 것은 우리나라에서 건너간 원진元珍스님이었다. 원진스님은 메밀가루에다 밀가루를 섞어 반죽한 것은 길게 늘여서 편 것을 칼로 썰어 국수를 만들었다. 이때부터(에도시대, 1607~1867) 국수의 이름을 '우동'이라고 부르기 시작했다. 그 이전에는 수제비만을 만들어 먹었는데 수제비는 '콘통混飩'으로 불렀다. 당시의 '운동'이 '우동'이 되었다는 것이다. 원진스님은 조선통신사의 일원으로 일본에 갔었다.

한편 이성우 교수는 일본의 국수를 우동이라 하는데 우리나라의 『도문대작屠門大嚼』(1611)에서는 '사면絲麪은 오동吳同이라는 사람이 잘 만들어 지금까지 칭찬을 한다.'고 쓰여 있다. 오동은 중국음으로 우동이다. 오동이 어느 시대의 사람인지 모르지만 이로써 일본에 있어서의 우동의 어원이 오히려 이런 데에 있다고 하면 일본인들 스스로의 궁금증이 풀릴 것이 아닌가 하고 외래 식문화임을 은근히 비췄다.[9]

이와 같이 우동은 한국, 중국, 일본자생설까지 기원설이 다양하지

7 조풍연, 『서울잡학사전-개화기의 서울 풍속도-』, 정동출판사, 1989, p.432.

8 http://cafe.daum.net/shintw110/LeA1/94

9 이성우, 『한국요리문화사』, 교문사, 1985, p.150.

만 이름만 원용한 것인지 우동 자체가 외래 것인지 분명치 않다. 다만 원진 스님이 조선통신사의 일원으로 우동을 발전시키는데 일조한 것은 아닌지 좀 더 규명할 필요가 있다.

3) 생선묵과 가마보고可麻甫串

『수문사설誚聞事說』에는 가마보곳可麻甫串에 관한 것이 설명되어 있다. 우리나라의 통신사가 일본에 가면 그들은 연도의 서관使館에서 일행을 대접하기 위하여 호화롭게 음식을 내놓았다. 본밥상과 제2의 밥상에는 5색, 제3의 밥상에는 3색의 요리가 나오는데 본밥상에는 가마보고가 등장한다. 이로써 가마보고는 통신사를 통하여 우리나라에 알려지게 된 것이다. 우리나라에는 생선육을 으깨는 요리법은 전혀 없었다.[10]

4) 일본의 스끼야끼

일본인이 쇠고기를 대중적으로 먹게 된 것은 개항후 요꼬하마橫浜와 고오베神戶에 설치된 조계租界에서 소비하는 쇠고기를 공급하기 시작하면서부터이다. 그간 본래 소가 귀하던 터에 농사에 귀한 가축이라 해서 식용을 금하기 때문이었다. 그러나 명치유신明治維新이 지난 후 천황이 쇠고기를 좋아한다는 소문이 퍼지면서 양육洋肉이라고 하여 쇠고기를 먹는 것이 문화인이라는 자부심으로 번지기 시작했다. 이무렵 도교와 오오사까에는 정육점과 우시나베야牛鍋屋: 쇠고기를 된장으로 끓인 음식가 생기기 시작했다. 모든 간판에는 '보신용 우육御養生牛肉'이라고 써 있었다. 그 후 된장으로 끓이는 대신 간장으로 지지는 조리방식

---

10 위의 책, pp.326~327.

이 개발되어 스끼야끼의 원형이 탄생했다. 따라서 우시나베도 간장 국물로 변했다. 당시 쇠고기를 굽거나 고는 방식은 몰랐고 스테이크는 아직 생소했으므로 스끼야끼만이 보급되면서 조리방법도 발전하게 된 것이다.

의사였던 신태범 교수는 대학생 시절을 회상하면서 다음과 같이 언급했다. "1930년대 초반 대학생활을 보내는 동안에 스끼야끼 집에 자주 출입하게 되었다. 당시 서울의 일본촌 충무로, 회현동, 초동에 넓은 방을 가진 스끼야끼집이 여러 군데 있었는데, 1인당 1원 50전에 스끼야끼와 술 한 병에 밥까지 주어 학생들의 주머니 형편에 알맞았다."고 한다.[11]

스끼야끼에 대해서 이성우 교수는 우리의 전골이 일본에서 온 것이라며 『경도잡지京都雜誌』,『옹희잡지饔餼雜誌』의 구이전골은 본디의 일본의 스끼야끼가 통신사를 통하여 전래되었을 것이나, 그 후 일본의 관동지방에서 구이전골이 남비전골로 바뀌어 스끼야끼란 명칭으로 개화기 이후에 그대로 우리나라에도 보급된 것이라는 해석이다.[12]

문일평文一平 씨에 의하면 『사가시집四家詩集』을 보니 이덕무 (1741~1793)의 시에 남국과홍南國鍋紅, 전골이 나오고 남국과홍에 대하여 이덕무 스스로 주석하되 '남비의 모양이 입자笠子와 같다. 이것으로 고기를 구워 난로회煖爐會를 갖는다. 이 풍속은 일본에서 온 것이다.'고 하였다. 남국과홍을 난로회라 하고 이것을 일본 것이라 한 것은 이해되지 않는다. 난로회의 역사는 훨씬 더 거슬러 올라가야 한다고 했다. 문일평 씨는 이어 '구이전골南國鍋紅이 일본의 스끼야끼와 매우 근사하

---

11 신태범,『먹는 재미 사는 재미』, 서당, 1989, pp.261~262.

12 이성우, 앞의 책, p.138.

니 이것이 조선통신사를 통하여 일찍 수입된 것으로 볼 수 있겠으나 당시 일본은 고기를 안 먹었으니 아마 상류층의 것을 통신사들이 가져온 것이 아닐까'하고 결론짓고 있다.[13]

5) 오뎅

1927년 무렵, 길바닥 '곤냐꾸' 장수가 그 국물에 말아 파는 것에서 시작됐다. '곤냐꾸' 장사란 영화 상설관 앞에 큰 남비를 걸어놓고 말하자면 '오뎅'을 파는데 꼬챙이에 '뎀뿌라'와 고깃점 그리고 '곤냐꾸蒟蒻' 등 3가지에 한해서 꼬챙이에 꿰어 파는 것이었다. '뎀뿌라' '곤냐꾸'는 1전이고 고기는 2전인데, 극장구경 하고 나와서 그놈 한 두어 개 먹는 것이 그럴 듯했다. 우미관 앞에 '곤냐꾸' 장수는 그것으로 돈을 벌어 바로 맞은 편 일본인의 청수 운동구점 자리를 얻어 2층집 우동집을 냈다. 이것이 오늘날 '분식 센터'의 비조鼻祖이니 1927년께 일이다.[14]

6) 「고려」와 「뎀뿌라」

중국의 찬품단자饌品單子를 보면 '고려高麗'라는 말이 나온다. 고려육高麗肉, 고려하인高麗蝦仁, 고려유령高麗乳鴒, 고려화가高麗華果, 고려향초高麗香蕉 등이 그것이다. 최남선은 『朝鮮常識問答』에서 "이들은 전유어육煎油魚肉(뎀뿌라)의 무리를 통틀어 가리키는 것으로 대개 고려, 즉 우리나라로부터 전한 요리법임에 틀림없다고 말했다."고 하였다. 그러면 '고려'는 전煎의 일종인가. 하기야 우리나라에서는 튀기는 것을 전煎이라 표현한 적도 있으나 전유어煎油魚는 옷을 입혀지지는 것이지 튀기는 것

13 위의 책, p.136.
14 조풍연, 앞의 책, pp.412~413.

의식주와 민속놀이를 통해 바라본 조선의 근대

이 결코 아니다. 이른바 '뎀뿌라'란 것은 아니다. 전煎은 송대宋代의 『산가청공山家淸供』에도 나온다. 오늘날 중국에서는 옷 입힌 재료를 끓는 기름 속에 넣고 튀기는 것을 작채炸菜라 한다. '고려高麗'는 '작채炸菜'의 일종이다.

그런데 일본에서는 이 작채炸菜, 즉 '고려高麗'를 가리켜 '뎀뿌라'라 하면서 이것이 남만인南蠻人, 유럽사람들이 가져온 것이라 하였다. 실제로 일본에서 뎀뿌라란 말은 1669년의 『식도기食道記』에 처음으로 나타나지만, 이것은 옷을 입히지 않고 튀긴 것으로, 옷을 입혀 튀긴 것은 1784년의 『요리가선의 조계料理歌仙의 組系』란 책에 비로소 나타난다. 그 후에 산동경전山東京傳이란 사람이 이것을 뎀뿌라天麩羅라고 명명하였다.

'뎀뿌라'란 말은 포르투갈어의 '재료에 밀가루로써 옷입혀 튀긴 것'이라 해서 이것이 서양에서 온 것이라고 착각한 것이다. 서양의 튀김은 이것과는 다르다. 뎀뿌라는 역시 중국에서 온 것이다. 다만 일본에 온 스페인 사람들이 굴튀김이란 요리를 만드는데 밀가루즙汁에다 굴을 넣고 휘저은 후 튀기는 것을 보고 '휘젓는다'는 뜻의 영어인 temper에 따라 tempora라 하였다는 것인데, 이 말을 일본인이 수입한 것이다.[15]

7) 라면

일본말 '라멘'에서 온 말이다. 말하자면 '인스탄트 라멘'이 우리나라에 들어온 것은 1940년경이다. 처음에 서울에 들어온 것은 명동의 명치좌明治座(전 국립극장) 앞에 텐트를 친 노점상이었다. 번화가인데다가 극장 앞이라 밤늦도록 영업이 잘 되었다.

---

15 이성우, 앞의 책, pp.198~199.

3. 일제강점기의 식문화 지속과 변용

1) 조선 중기 확립된 독(외)상차림은 일제강점기부터 점차 사라져서 1920년대부터 가족이 한데 두리반(원반)에 둘러앉아 먹는 것이 일반적으로 퍼졌다.[16] 또한 1885년을 전후로 기독교의 만민 평등사상이 확산되면서 이전까지 반상의 구별이나 남녀, 장유의 구별에 의해 따로 먹던 식사방식에서 남녀노소 구별 없이 한상에서 먹는 것으로 변하게 되었다.

일제강점기에도 반상기는 집집마다 갖추고 있었는데 제2차 대전 막판에 공출로 가정에 있던 놋 반상기와 제기를 걷어 가서 점차 자취를 감추었다. 이로써 전통적인 반상차림은 많이 사라졌고, 서양식기인 접시에 찬물饌物을 담고 김치나 찌개 등도 한 그릇에 담아서 여러 사람이 공동으로 먹는 일이 보통처럼 되어버렸다.[17] 이 무렵에는 경제적으로 매우 궁핍하여 어느 집에나 넉넉지 못한 살림이었다. 주부들은 고기 찬을 자주 상위에 올려다 놓지 못해 철마다 나는 푸성귀로 나물과 국을 끓이고, 흔한 채소나 어물로 김치, 젓갈, 장아찌 등 저장발효 음식을 미리 만들어서 밑반찬으로 삼았다.[18]

이 무렵 한국 농촌의 여름 농가의 저녁상을 살펴보면 구수한 보리밥, 풋고추를 넣고 끓인 된장찌개, 알맞게 익은 열무김치, 새우젓과 기름으로 볶은 호박나물, 밭에서 금방 뜯어온 상추와 쌈장 정도이고 겨울 농가의 저녁상은 된장으로 끓인 배추속댓국, 무를 섞어 지진 두부

---

16 한복진, 『우리생활 100년 음식』, 현암사, 2001, p.16.

17 윤덕인, 2009. 8. 27. ~ 28. 단국대에서 「개화기에서 일제강점기까지 한국 문화전통의 지속과 변용IV」의 세미나에서 토론한 토론문에서 인용.

18 한복진, 『우리음식의 맛을 만나다』, 서울대학교출판문화원, 2009, p.230.

조림, 배추김치, 청초한 감을 주는 동치미가 전부라 해도 과언이 아니다. 보통 농가에서 자급자족 되는 식품이다. 외식의 영향을 받은 것은 전무하다고 해도 좋을 것이다.

조선조 말기의 주점은 일제시대에 이르러 경제가 어려워지고 살림이 피폐해지면서 늘어나, 종로와 을지로, 그리고 청계천에 온갖 상점과 식당들이 자리를 잡게 된다. 특히 음식점과 선술집이 가장 많이 늘어났다. 1930년대가 되면 성행했던 주점은 밥집으로 변모한다. 이러한 변화의 중심에는 선술집에서 술과 함께 팔던 '술국'이 있었다. 술이 거나해지면 속을 풀어야했기 때문에 손님들은 국물이 있는 탕을 찾았고, 서울 광화문의 '용금옥', 안암동의 '곰보집', 신설동의 '형제추어탕', 이문동의 '이문설렁탕', 청진동의 '청진옥' 등이 모두 주점을 주로 하면서 술국을 팔았던 것이다.[19]

식당의 차림에 대해서는 이 무렵 일반 서민들을 위한 식당이라고는 시장 한 쪽에 천막을 치고 술과 곁들이는 안주도 파는 주막이 있을 뿐이다. 둥근 나무 의자에 앉아 요깃거리가 되는 식사를 하기도 했다. 1910년대의 서울의 술집골목으로는 청진동을 꼽을 수가 있다. 이곳에서는 술과 함께 요기도 했는데 술국(해장국)이 유명하다. 술국은 쇠뼈다귀만을 흠씬 고아서 된장을 섞고 배추 우거지, 콩나물, 호박 어떤 때는 감자를 넣어 만드는 것이다. 거기에다가 선지를 넣거나 양을 넣어 끓인다면 해장국이 될 것이다. 설렁탕도 서민들이 즐기는 식단이다. 원래 선농탕先農湯이었는데 서울의 명물이 되었다. 가장 값싼 서민의 국밥인 셈이다. 당시 서민이 즐기는 음식 중에 육개장과 개장국이 있었다. 최남선은 『조선상식 풍속편』에서 복날에는 개를 고아 자

19 정혜경, 『천년 한식 견문록』, 생각의 나무, 2009, pp.167~304.

극성 있는 조미료를 얹은 이른바 개장이란 것을 시식으로 하여 향촌 여름철에 즐거운 일로 삼았다. 개고기가 식성에 적합하지 않은 자는 쇠고기로 대신하고 이를 육개장이라 하여 시식을 빠뜨리지 않았다고 한다.

'요릿집'이란 원래 우리말엔 없었다. 현대의 요릿집처럼 제법 격식에 맞추어 주안상酒案床을 차려서 영업하는 집이 없었던 때문이다. 주막집, 객줏집, 목로술집, 상밥집, 국밥집 등 요깃거리를 내어 영업하는 집이 있었다. 우리는 일본식 '요리'의 해석을 받아들여서 '요릿집'이라는 말을 쓰게 되었다. 명확한 연대는 알 수 없으나 일본인이 들어와 당초에 남대문로와 태평로에 일본인 예藝, 창기娼妓를 둔 집에서 '어御요리'라는 간판을 달고 술과 더불어 매춘행위를 하는 곳이 생겼다.[20]

훌륭한 음식의 즐거움과 사교적 교제를 아우르는 장소가 생긴 것은 1900년 이후의 일이다. 조선왕조가 몰락하면서 궁에서 음식관리를 담당하던 궁인들에 의해 전문 요정들이 생겨나게 된 것이 그 효시라고 볼 수 있다. 1909년경 궁중에서 음식 관계 책임자로 있던 안순환이 세종로 동아일보사 자리에 명월관이란 고급 요정을 차렸다. 부자나 지위 높은 사람들이 다양하게 차려진 음식을 즐기며 기생들의 접대를 받아가며 교제를 했던 곳이다.[21] 그 무렵 일본 요릿집은 갑신정변이 일어 난 후인 1895년 일본 거류민 300여 명이 살던 진 고개에 처음 생겼다.[22] 일본인이 왕래하면서 일본 고유의 음식과 식품으로 우동, 단팥죽, 화과자, 다꾸앙, 어묵, 청주, 초밥 등이 들어왔다. 일본식

20 조풍연, 『서울잡학사전』, 정동출판사, 1989, pp.454~455.
21 Andrei Lankov, House of Moonlight, The Korea Times, 2009. 8. 14.
22 17번과 동

고급요정으로는 1885년 '화월'이 생겼고 그후 화신, 에비수, 백수 등이 생겼으며 친일파인 송병준은 청화정을 열었다. 기생도 있었던 일본 요정들은 친일파들의 집회장소가 되었다. 서울 진고개에 일본 과자를 파는 집이 생겼고 그후에 많이 늘어났다. 조선 아이들에게 비오리사탕이 인기를 끌자 '꿀보다 더 단 것은 진고개 사탕이라네'라는 동요까지 생겨났다.[23]

1929년에 잡지『별건곤』제24호에 의하면[24] 천하명식팔도명식물예찬天下名食八道名食物禮讚에 四時名物 평양냉면平壤冷(김소달金昭), 사랑의 떡 연백延白의 인절미長壽山人, 天下珍味 開城의 편수(진학포秦學圃), 괄세 못할 京城 설렁탕牛耳生, 충청도 名物 진천 메물묵(박찬희朴贊熙), 진주 명물 진주비빔밥飛鳳山人, 전주명물 탁백이국多佳亭人, 珍品中 진품 신선로神仙爐牛步生 등 각 지역을 대표하는 단품음식單品飮食을 소개하고 있다.

이와 함께 일본의 영향을 받아서 형성된 이른바 요리옥料理屋도 서울을 비롯하여 지방의 행정중심지에 들어섰다.[25] 요리옥에 차려진 음식들은 주로 일제시대 이왕가李王家의 연회음식을 모델로 삼았다. 진찬합眞饌盒과 건찬합乾饌盒, 그리고 교자음식校子飮食 등이 차려지고, 기생이 손님을 접대하는 방식을 택했다. 이곳에서는 각종 모임과 함께 혼례식 피로연이 열리기도 했다. 단품음식 위주의 외식업체에서는 설렁탕·비빔밥·냉면·콩나물국밥과 같이 밥을 위주로 하였으나, 요리옥에서는 화려한 반찬을 중심으로 술안주 중심으로 음식이 차려졌다. 이러한 경향은 최근에까지 이어져 가정의 일상식은 물론이고 외

---

23 한복진, 앞의 책, pp.241~242.

24 『별건곤』 24호, 개벽사, 1924. 12. 1.

25 주영하,『한국음식문화의 역사문화적 맥락, 우리음식』, 광주시립민속박물관, 2009, pp.18~20.

식업체에서 제공하는 음식도 우리 식문화의 특징으로 알려진 한상 가득 차리는 공간전개형[상(공간)을 중심으로 하여 배열]되는 특색을 지니게 되었다.

일제 강점기 경성의 4개 백화점에 대식당이 마련되었는데 비교적 위생시설이 좋고 음식 값이 싸서 고객들이 많았다고 한다. 화신에서는 경양식과 일본 요리로 덮밥 그리고 한정식을 팔았다. 한정식은 흰 반상기에 금으로 수복壽福자를 쓴 찬기에 깍두기와 나물을 조금씩 담아 뚜껑을 덮어서 얌전한 차림새로 냈다. 미쓰코시三越에서는 1원 50전짜리 양정식과 각종 원두커피가 유명했고, 조지야丁子屋는 메밀국수, 미나가이三中井는 자리가 아늑해 데이트 장소로 이용됐다고 한다. 일본식 오뎅집과 우동집은 1927년경에 우미관 앞에 처음 생겼고, 라면집은 1940여 년 명동의 국립극장 자리 앞의 노점상이 처음이었다.

2) 일제 강점기에는 일반적으로 식생활은 풍요롭지 못했지만 각 가정과 지방마다 전해오는 향토음식이나 통과의례에 따른 식생활 풍속은 잘 지속되었다. 신식 여성 교육기관에서 한국 음식의 전수와 외국 음식 조리법을 가르쳤다. 1930년대에 나온 요리책에 실린 식단과 상차림을 보면 전통적인 식습관이 당시에는 잘 유지되고 있었음을 알 수 있다.[26] 일본의 영향으로 부분적으로 변화는 있었지만 전통적인 식생활이 뿌리까지 흔들리지 않고 나름대로 명맥은 유지되었던 시기라고 하겠다. 1930년에는 미국북장로교 선교사 군예빈E.W. Koons 목사 부인을 중심으로 한 경성서양부인회의 명의로 『서양요리법』이란 책

---

26 이용기, 『신식요리제법』, 궁중음식연구원, 2001(이 책은 『조선무쌍신식요리제법』을 번역한 것인데, 1924년에 초판, 1930년에 재판을 냈다. 또한 이 책에는 손님대접, 상 차리는 법, 밥 짓는 법, 장 담그는 법, 술 만드는 법 들 다양한 요리법을 설명하고 있다).

의식주와 민속놀이를 통해 바라본 조선의 근대

이 한글로 간행되어[27] 중류이상의 가정에 보급이 되었다고는 생각되나 아직은 일반화 되지 않았다.

일제강점기라는 특수 사정임에도 불구하고 외식이 밥상에 오르기에는 국민들의 감정적 정서가 거기까지 가지 못했던 것 같다.

임명순의 "시월식탁채단표 十月食卓菜單表"[28]

	朝	晝	夕
월	힌밥, 파국, 김치	힌밥, 장조림, 깍두기	풋콩밥, 고춧잎장아찌, 알찌게, 김치
화	팥밥, 토장국, 박나물	팥밥, 호박오가리지짐, 김치	힌밥, 잡채, 튀각, 깍두기
수	고구마밥, 콩나물국, 김치	힌밥, 암치지짐이, 깍두기	하야시라이스, 무장앗지
목	힌밥, 미역국, 김치	밀국수, 김치	팥밥, 토란국, 생선조림, 시금치나물
금	힌밥, 배추국, 깍두기	힌밥, 가지장앗지, 김치, 장조림	풋콩밥, 도라지나물, 욱어지찌게, 마늘 장앗지
토	고구마밥, 명태국, 김치	팥밥, 콩나물, 우엉복금, 김치	힌밥, 버섯국, 콩조림, 깍두기
일	실과, 토스트(뻐터), 햄과 계란, 코코아	힌밥, 북어구이, 맑은 장국, 김치	힌밥, 룽피리우, 동침이

물론 이 표는 중류의 비교적 부유계층의 식단이라고 해도 무방하지만 이 표로 봐서 외식의 영향을 받지 않았음을 알 수 있다. 다만 하야시라이스만이 외식으로 일주일에 한 번 있을 뿐이다. 이처럼 일제강점기에도 우리 전통음식을 계승하려는 의지가 강했음을 알 수 있다. 『여성』[29]에 소개된 외국음식의 조리법은 26종이 소개되어 있다.

---

27 이규진·조미숙, 「음식 관련기사를 통해서 본 일제강점기 식생활연구」, 『한국식생활문화학회지』 23(3), 2008, p.337.

28 임명순, 「시월식탁」, 『여성』, 1938. 10(상기 25). 논문에서 원문을 표로 정리한 것을 재인용한 것임, p.339.

29 1936년 4월에서 40년 12월에(통권49권) 폐간된 일제시대 대표적 여성잡지로서 2003년에 영인본을 역락(亦樂)출판사에서 냈다.

이중 서양음식이 18종, 중국식이 6종, 일식이 2종이다. 일본음식은 '오리마끼스시'와 '하야시라이스' 두 종류만 소개되어[30] 있다. 일제강점기의 일본 영향을 받지 않았음을 알 수 있다.

3) 식민지시대 일본은 일본의 식문화를 동화시키려고 노력해왔다. 그 일환으로 먼저 착수한 것이 주세령에 의한 전통주의 단속이었다. 조선총독부는 1907년 7월에 조선총독부령에 의한 주세령 공포로 제일 먼저 주세를 세금원의 대상으로 삼았고, 같은 해 8월에는 주세령 세칙 공포가 있었고, 같은 해 9월에는 주세령의 강제 집행이 시작되는 동시에 전래주는 잠적되기 시작하였다. 그래도 밀주가 성행되자 1916년 1월에는 주류단속이 강화되는 가운데 전래 주류는 약주, 탁주(막걸리), 소주로 획일화되었다. 이로 인하여 전래의 고급주는 몰살당하고 드디어 1917년부터는 주류제조업의 정비가 시작되면서 자가양조는 전면적으로 금지되고 주류 제조업자를 새로 선정 배정하기에 이른다.[31] 1876년 강화도 조약 체결 이후 일본인과 함께 들어온 일본 청주의 상품명인 정종이 청주의 통칭명이 되었고 일본 맥주도 1900년대 초에 소개되었다. 1930년대에는 집에서 술 담그기는 완전히 사라지고 주조업이 산업의 한 분야로 시작되었다. 즉 양조장 제조로 바뀌었다. 이에 따라 각 가정에서의 비법도 사라지고 일본 청주의 법람으로 탁주나 양주는 전혀 개량되지 못하고 우리나라 주류문화는 침몰하는 비운의 주조사를 기록하게 되었다.[32]

의식주와 민속놀이를 통해 바라본 조선의 근대

---

30 이규진·조미숙, 앞의 논문, p.346.
31 이효지, 『한국의 전통민속주』, 한양대학교 출판원, 1996, p.47.
32 이효지, 『한국의 음식문화』, 신광출판사, 2004, 4쇄, p.25.

식품업계에도 그 일환으로 일본 가공업체가 많이 등장하였다. 그러면서 식품 가공법과 우리 고유한 맛이 변질되었다. 한국 거주 일본인이 증가하면서 일본식 간장, 된장 공장이 서울, 부산, 대전, 인천, 평양 등지에 많이 생겼다. 우리나라 사람들도 일본 음식 맛에 익숙해지면서 일본식 된장과 간장을 사서 먹게 되었다. 일본 간장은 재래간장과 구별하여 왜간장이라 불렀는데 공장은 대전과 강경에 많이 세웠고, 1924년에는 일본에 2,400여 석을 수출할 정도로 생산량이 많아졌다. 1945년 해방 이후 그 공장을 인수한 우리는 일본식으로 간장, 된장을 가공하여 오다가 현재는 재래 전통 방법을 병행하게 되었다. 1910년 이후 가공 식품이 도입되고 식품 제조업체가 많이 생겼는데 1922년 일본인이 경영하는 식품 제조업체로 도정업 208개소, 제분업 8개소, 과자 제조업 44개소, 한천 제조업 3개소, 제염업 21개소, 양조업 172개소, 청량음료 제조업 6개소, 제빙업 2개소, 통조림업 19개소 등 도합 492개소가 있었다.[33]

이처럼 우후죽순으로 일본식 기호 식품공장이 증가하는 것은 한국에 거주하는 일본인을 위한 것만은 아니라 한국인의 미성味性을 고쳐놓으려는 의도가 역력했다. 따라서 일부 부유층 한국인들 중에 많은 한국인이 벌써 일본식의 음식에 물들어 있었다. 그러나 일반 서민들까지는 파급되지 않았다. 조선간장 조선된장에 익숙한 한국인이 그리 쉽게 동화되지는 않았다. 농촌 식단에는 김치, 된장찌개가 기본이었고, 시정市井의 노동자들은 국밥이나 설렁탕 등 탕 종류가 일반화되었다. 일제강점기에 있어서 한국인의 식문화는 일대 혼란기에 들었으나 한편 제자리를 굳건히 지키고 있었다고도 할 수 있다.

---

33 조선총독부조사국, 『생활실태조사』 4권, 1922, p.145.

4) 일본의 식문화 연구가인 이시게나오미찌石毛直道 교수는 다음과 같이 피력했다. "맛은 국경이 없다, 그러나 국가 간의 세력다툼 속에 … 타민족의 먹을 것을 솔직하게 받아들여지지 않는 것이 사실이다. 그 예가 지난날의 일본인이 조선반도의 먹을 것에 대해 과소평가한 것을 들 수 있다. 35년간에 걸친 일본의 조선식민지시대에, 일본어로 출판된 조선반도의 요리에 관한 책은 현지 여학교의 요리실습을 위한 교과서를 포함한 10여 종에 불과하다. 놀라울 만큼의 무관심인 것이다. 당시의 일본에는 한국요리를 파는 식당은 없었다. 그것에는 지배하에 있는 민족의 요리는 먹을 가치가 없다는 가치관이 작용하기 때문이다. 일본인이 출입하는 조선반도의 요리를 먹을 수 있는 식당의 개업이 시작 된 것은 제2차 대전 종료와 더불어 시작되었다."[34]

아사꾸라도시오朝倉敏夫 교수는 한걸음 더 나아가 주방도구의 유래에 대해 언급하면서 다음과 같은 말을 했다. "사실 그 이전 일본은 주방도구 뿐만 아니라 식생활의 기본이 되는 음식, 식습관, 식문화의 대부분이 한반도로부터의 영향을 받았다. 근대 이후 1887년에 출판된 飯塚榮太郎편 『料理獨案內』에, 타이틀에 부기하여 '서양·조선·중국·일본'이라는 4개의 요리법을 거론했다. 그 중에서 『朝鮮料理獨案內』부분을 보면 '떡', '약식', '김치' 등 16종류의 요리법 설명이 있다. 그러나 한국 요리가 일본에 보급되기 시작한 것은 제2차 세계대전 이후가 되고 나서이다. 그때까지 수용되지 않았던 것은 일본의 식민지 체제에서 정당한 평가를 받기 어려운 민족요리였기 때문이다."[35] 여기에서 강조하고 싶은 것은 일본인의 한국 식문화에 대한 인식이 그만

---

34 石毛直道, 『食の文化地理』 朝日選書 519, 朝日新聞社, 1998(초판은 1885), p.21.

35 朝倉敏夫, 「일본에서 만나는 중국·한국음식」, 『BESETO』 vol.83, 2002, pp.35~36.

치 후진성을 말하고 있다.

4. 맺음말

독일의 노르베르트 베버 신부가 1920년대에 한국선교를 하며 농촌을 다닐 때 농촌에서 밥상을 받고 밥과 반찬에 대한 찬사를 아끼지 않았다.[36] 그가 찬사를 아끼지 않았던 것은 구수한 된장 맛과 김치와 밥과 반찬과의 어울림이었던 것이다.

한국음식의 맛의 특징은 된장과 간장과 젓갈류에 있다고 해도 과언이 아니다. 솜씨 좋은 주부의 정성어린 가정요리는 그 비법이 가계로 전승된다. 식민지시대에 일본은 우리 식문화에 대해 연구하려들지 않았다. 지배 권력의 우월성 때문에 일본의 식문화를 동화시키려고 노력해 왔다. 한국의 식문화가 제대로 알려지기는 그들도 인정하고 있듯이 광복 후의 일이다. 불고기를 비롯하여 쇠고기 내장의 요리, 탕요리와 비빔밥 등 메뉴도 다양해졌다. 일본인이 경영하는 한국식당도 늘어나고 있다.

결론으로, 일본 강점기시대에 식문화는 일반 농민 서민들에 의해 전통을 유지해 왔다고 할 수 있다. 일본의 왜식문화가 우리 식문화에 영향을 끼쳤다 하더라도 그것은 일부 계층에만 한정할 수 있으며 식문화란 오랜 역사를 통해 그 민족에 적응하는 것이지 일제강점기란 짧은 기간에 전통음식이 변용되었다고는 생각지 않는다.

최근에는 한번 먹어본 일본인은 계속해서 한국요리에 심취되고 만

---

36 노르베르트 베버 신부, 〈고요한 아침의 나라〉(기록영화) KBS스페셜 2010. 2. 21. 방영.

다. 맛을 내게 하는 기본 조미료는 문자 그대로 양념藥念이고 보신과 건강요리를 만드는데 일조한다. 그러나 한국의 식문화가 장점만 있는 것은 아니다. 요즘과 같이 바쁜 시대에 조리하는데 있어서 시간이 너무 낭비된다. 또는 건강에 나쁜 맵거나 짠 음식은 개선되어야 할 점이다. 그리고 남은 음식의 처리는 경제적으로도 큰 손실이다. 이러한 것은 개선되어야 할 점이다.

참고문헌

김광언, 『김광언의 민속지』, 조선일보사, 1994.

노르베르트 베버 신부, 〈고요한 아침의 나라〉(기록영화) KBS스페셜 2010. 2. 21. 방영.

다께미쯔마꼬도(武光誠), 『食の進化』, 河出書房新社, 2009.

『별건곤』 24호, 개벽사, 1924. 12. 1.

신태범, 『먹는 재미 사는 재미』, 서당, 1989.

아사가와다꾸미(淺川巧), 『朝鮮陶磁名考』, 八潮書店, 1931.

아사꾸라도시오(朝倉敏夫), 「일본에서 만나는 중국·한국음식」, 『BESETO』 vol.83, 2002.

에꾸안겐지(榮久庵憲司), 『台所道具の歷史』, 柴田書店, 1976.

오오노스스무(大野晋), 「日本語と朝鮮語」, 『日本語の起源』, 岩波新書, 1957.

오오죠지시(王町寺史編輯委員會), 『王寺町史』 1969(鄭大聲, 『食文化の中の日本と朝鮮』,).

윤덕인, 2009. 8. 27. ~ 28. 단국대에서 「개화기에서 일제강점기까지 한국 문화전통의 지속
과 변용IV」의 세미나에서 토론한 토론문에서 인용.

이성우, 『한국요리문화사』, 교문사, 1985.

이시게나오미찌(石毛直道), 『食の文化地理』, 朝日選書 519, 朝日新聞社, 1998(초판은 1885).

이용기, 『신식요리제법』, 궁중음식연구원, 2001.

이효지, 『한국의 음식문화』, 신광출판사, 1998.

이효지, 『한국의 전통민속주』, 한양대학교 출판원, 1996.

鄭大聲, 『食文化の中の日本と朝鮮』, 講談社現代新書, 1992.

정혜경, 『천년한식견문록』, 생각의 나무, 2009.

조선총독부조사국, 『생활실태조사』 4권, 1922.

조풍연, 『서울잡학사전-개화기의 서울 풍속도-』, 정동출판사, 1989.

주영하, 『한국음식문화의 역사문화적 맥락, 우리음식』, 광주시립민속박물관, 2009.

한복진, 『우리생활 100년 음식』, 현암사, 2001.

한복진, 『우리 음식의 맛을 만나다』, 서울대학교출판문화원, 2009.

황혜성, 『한국요리백과사전』, 삼중당, 1976.

Andrei Lankov, House of Moonlight, The Korea Times, 2009. 8. 14.

http://cafe.daum.net/shintw110/LeA1/94

음식 관련기사를 통해서 본 일제강점기 식생활 연구

-『女性』잡지를 중심으로 (1936. 4. ~ 1940. 12.) -

제1저자: 이규진_배화여자대학교 강사

교신저자: 조미숙_이화여자대학교 교수

이 글은 『한국식생활문화학회지』 23(3)집(한국식생활문화학회, 2008.)에 게재되었던 것을
재수록하는 것임을 밝혀둔다.

23-3 URL

http://ocean.kisti.re.kr/is/mv/showPDF_ocean.jsp?method=download&pYear=2008&koi=KIST
I1.1003%2FJNL.JAKO200824650603446&sp=336&CN1=JAKO200824650603446&poid=ksfc&k
ojic=SSMHB4&sVnc=v23n3&sFree

1. 서론

우리나라 식문화 연구에 있어서 개화기나 일제강점기에 대한 연구는 매우 부족한 실정이다. 식문화 역사에 대한 관심 부족과 자료의 부족 및 당시 자료에 대한 제한된 접근성 때문일 것이다. 하지만 전통적인 식문화가 근대적인 식문화로 변화하는 과정을 이해하기 위해서는 반드시 이 시기를 연구할 필요가 있다. 특히 일제강점기는 식민지 현실 속에서도 근대적인 식문화가 뿌리내리는 중요한 시기였다는 점에서 체계적인 연구가 필요하다.

1910년 한일합방에서부터 1945년 해방까지는 서구문명의 유입에 의한 서양음식의 부분적 소개와 인식이 태동하는 시기이며, 또 한편으로는 일본의 수탈과 대동아 전쟁에 동원된 물자공출로 인하여 온 나라가 극심한 식량난으로 점차 빠져 들어가는 기간이기도 하다. 이 시대는 서구식 영양이론이 소개되고 빵, 과자 문화가 이 나라에 유입된 기간이라는 점에서 우리나라 식생활변화에 중요한 의미를 가지게 된다.[1]

일제시기 식문화를 연구하기 위한 방법 중의 하나로 당시의 신문이나 잡지를 이용할 수 있다. 신문이나 잡지에 나타난 식품·영양 관련 기사들을 통해 당시의 식생활과 식문화를 어느 정도 파악할 수 있기 때문이다. 특히 여성들에게 유용한 식품·영양 정보를 제공하는 여성잡지의 기사를 분석하는 것은 당시의 식생활과 식문화를 알 수 있는 방법중 하나이다.

---

1 Lee CH, Joo YJ, Ahn KO, Ryu SS, "The Changes in the Dietary Pattern and Health and Nutritional status of Korean During the last one Century", Korean J. Dietary Culture, 3(4), 1988, pp.397~406.

우리나라의 여성잡지는 1906년의 『가뎡잡지』, 1908년의 『여자지남』으로 출발하였다. 그리고 1917년에는 본격적인 여성지의 출발점이라 할 수 있는 『여자계』가 발간되었고 1920년에는 『신여자』가 발간되었다. 1920년대에 이르러서는 일본이 새로운 문화정책의 일환으로 검열을 완화하면서 다양한 여성잡지들이 창간되었다. 식민지 시대 발행된 여성잡지의 종류는 30여 개에 이르지만 대부분 창간호만 내거나 몇 호를 넘기지 못한 경우가 대부분이고, 연속성을 가지고 간행된 잡지로는 1920년대에 창간된 『신여성』과 1930년대에 등장한 『신가정』, 『여성』을 들 수 있다.²

그 중에서 『여성』은 조선일보사에서 발간한 월간지로서 1936년 4월호부터 1940년 12월호까지 발행되었다. 『여성』은 동아일보사가 발행한 『신가정』과 함께 해방 전 여성지의 쌍벽을 이룬 잡지였으며, 통권 57호로서 해방 전 여성잡지로는 최장수였다. 편집진에는 윤석중, 노천명 등이 참여하고 있었으며, 파격적인 원고료 대우로 인해 당시 문단의 쟁쟁한 문사는 모두 집필에 참여하였다. 대표적인 인물로는 이효석, 김영인, 김기림, 김남천, 장정심, 이희승, 이선희, 김우남, 송수원 등이 있었다.³

『여성』지가 발행되었던 1936년 4월부터 1940년 12월 사이의 우리나라는 일제 식민지라는 특수한 시대적 상황에 처해있었다. 특히 1937년에 중일전쟁이 발발되면서 물자가 귀해지고 물가가 불안정한

2 Kim MS, "Buy Cosmetics and You Shall Be Modern: 'New style' Cosmetics Discourse and Construction of the New Woman in Colonial Korea", Women's Studies Review, 22(2), 2005. pp.145~182.

3 Lee SY, A Study of Women's Magazine in the Japanese Colonial Period in Korea. Master Thesis. Ewha Womans University, 2002.

전시상황 체제 하에 처하게 된다. 그러나 한편으로 이러한 정세변화 속에서도 우리나라 식생활의 근대화가 이루어진 때이기도 했다. 위생 관념과 영양학적 개념이 도입되었고, 여러 가지 서양음식과 재료가 소개되는 등 근대적 삶의 징표라고 볼 수 있는 많은 요소들이 도입되는 과정에서 '식민지적 근대성'이 나타난 시기였다. 일제시대는 우리의 전통적인 식사 패턴이 전체적으로는 그대로 유지되면서 부분적으로는 커다란 변화를 경험하는 시기이며 제분, 제면, 과자제조, 청량음료, 통조림 등이 소규모이긴 하나 일부층에서 항상 먹을 수 있는 양이 생산되기 시작한 시기이다. 이 시대는 우리의 전통적인 보양섭생 개념에서 서구식 영양이론이 도입되어 조화를 이룬 시기로 볼 수 있다.[4] 1930년에는 미국북장로교 선교사 군예빈E.W. Koons 목사 부인을 중심으로 한 경성서양부인회의 명의로『서양요리법』이란 책이 한글로 간행되기도 하였다.

근대화 시기와 일제강점기라는 우리나라 시대 특성을 반영하고 있는 이 시기의 식생활 연구를 위해 그 당시 잡지 분석 연구는 의의가 있다고 생각된다. 그러나 여성잡지 분석을 통해 일제시기의 식생활을 접근한 연구는 지화연의『신여성』의 가정 관련 기사 분석 외에는 거의 찾아보기가 어렵다. 계몽적인 성격이 강했던『신여성』에 비해『여성』은 그 이전시기 여성 잡지에서 볼 수 있었던 자유연애, 신정조론, 신여성론 등과 같은 논쟁들을 쟁점화하는 논쟁적 성격보다는 의식주를 비롯해 지금 우리가 흔히 볼 수 있는 종합교양지로서의 성격을

---

4 Lee CH, Joo YJ, Ahn KO, Ryu SS, "The Changes in the Dietary Pattern and Health and Nutritional status of Korean During the last one Century", Korean J. Dietary Culture, 3(4), 1988. pp.397~406.

띠고 요즈음 여성잡지의 전범을 보인다.[5] 따라서 본 연구에서는『여성』을 통해서 당시의 식생활을 좀 더 다양하고 깊이 있게 접근할 수 있으리라 생각되어 분석 텍스트로 정하였다.

『여성』이라는 잡지를 보았던 주 독자층은 중등 이상의 교육을 받고 근대화에 적극적이었던 신여성들이었을 것이다. 1930년대 초 사무직과 서비스직 여성의 임금은 대개 20~40원이었고 교원이나 기자 및 간호부 같은 전문직 임금은 30~50원 정도[6]였는데,『여성』의 정가는 월 10전, 1년 10원으로 판매하다가 1936년 12월부터 20전으로 인상하였다.[7] 이러한 구독료는 당시의 물가로서는 적지 않은 액수였기 때문에 독자층에는 한계가 있었다. 따라서 기사에 나타난 조리법이나 식문화는 당시 일부 상류층에 향유되었던 것이고 대중적으로 보편화되었다고 볼 수는 없으나 이 역시 우리나라 근대 식문화의 한 단면으로의 의의를 지닌다고 생각된다.

본 연구의 목적은 일제시기 잡지인『여성』의 음식 관련 기사 분석을 통해 일제 강점기 상류층 신여성들의 식생활의 단면을 조사하는 것이다. 또한 기사에 나타난 근대적 식생활의 요소들을 알아봄으로써 전통 식생활의 서구화 과정에서 나타나는 변화를 조사하고 근대 식생활 연구를 위한 기초자료를 제공하고자 한다.

5 Kim YS. 2000. The Colonial Discourse and the Construction of Female Subject, Feminism and Korean Literature, 3:261~287.

6 Kim SJ, Excess of the modern: Three archetypes of the New Woman and Colonial Identity in Korea, 1920s to 1930s. Ph.D. Dissertation, Seoul National University, 2005.

7 Choi DK, Korean Magazine One Hundred Years, Seoul. Hyunamsa, 2004.

2. 연구 내용 및 방법

1) 자료 분석 방법

『여성』은 가정란이 따로 없으므로 전체기사 중에서 식품영양관련 기사를 모두 수집, 분석하였으며 기사내용에 따라 1)조리법 관련기사 2)영양 관련기사 3)생활단신 관련기사 4)기타 기사로 나누었다. 각 항목은 내용분석방법을 통해 분석하였다.

2) 분석텍스트

이 연구의 분석 텍스트는 조선일보가 간행한 여성지 『여성』이며 1936년 4월에 창간되어서 1940년 12월에 폐간되었다. 본 연구에서는 역락亦樂출판사에서 2003년 발행된 영인본 49권을 분석하였는데 1936년 11월호, 1937년 3월호, 12월호, 1938년 4월호, 6월호, 1939년 7월호, 8월호, 1940년 3월호 이상 8권은 결호 상태였다. 결호를 제외한 총 49권이 분석에 이용되었으며 식품영양과 관련된 분석기사는 총 67건이었다.

3. 연구 결과 및 고찰

『여성』의 식품영양 관련기사 67건을 주제별로 살펴보면 조리법 관련 기사가 16건(23.8%), 생활단신 28건(41.8%), 영양관련 기사 6건(9.0%), 기타 17건(25.4%)으로 나타났다. 『여성』의 식품영양 관련기사에서 조리법과 영양, 생활단신과 다이어트 기사, 미식학 문헌에 이르기까지 다양한 주제로 많은 기사에서 근대성을 찾아볼 수 있었다.

1) 음식 관련기사의 내용 및 분석

『여성』에 소개된 조리법 관련기사 16건에 소개된 음식의 종류는 총 103종 이었으며, 이 가운데 한국음식이 77종(74.8%), 서양음식이 18종(17.5%), 중국음식이 6종(5.8%), 일본음식이 2종(1.9%)으로 나타났다. 전체 조리법 관련 기사 중 외국음식의 조리법이 26개로 25.2%를 차지하였다. 저자와 기사제목, 내용은 <표 1>과 같았다.

<표 1> 조리법 관련기사

저자	제목[8]	출처 권-호(년.월)	내용[9]	비고
_[10]	쉽게 만들 수 있는 식후의 과자오종	1-3(1936.6), pp.38~39	머멀레드 푸딩, 찐져 푸딩, 오렌지 게위 만드는 법	목차에서 누락
김선혜	노들이에 적당한 점심 맨드는 법	1-3(1936.6), pp.38~39	도야지고기밥, 자반고기와 과실 산드윗취 만드는 법	"
김영애	우리집 식탁에 한가지 자랑-편수	1-7(1936.10), p.43	편수 만드는 법	"
이각경	정월명절 음식은 이러케	2-1(1937.1), pp.86~87	떡국, 떡복기, 수정과, 식혜, 율란, 조란, 누름적 만드는 법	목차제목은 "정월명절요리"
김혜옥	한여름철에 즐기는 야채요리 수종	2-6(1937.6), pp.90~91	별미의 가지요리, 가지복금, 큐-칸버- 살레이드, 토마토·오므렛, 캬베즈와 되지고기요리, 야채가-레쏘스 만드는법	

---

8 원문표기 그대로 옮김.

9 음식명칭은 원문 표기 그대로 옮김.

10 방신영의 기사 "주부와 요리" 뒤페이지에 바로 연결되었는데, 따로 필자가 밝혀지지는 않았지만 그렇다고 필자가 방신영이라고 단정하기는 어려워서 미상으로 처리하였음.

11 소개된 조리법은 다음과 같다. 콩나물, 시금치나물, 장산적, 계란전, 장조림, 알쌈, 오이 뱃두리, 비빔밥, 오이나물, 약고추장, 솎음배추장앗지, 북어뭇침, 팽란, 고기구이, 산나물, 북어구이, 노리마끼스시, 팽란 산드위치, 연어 산드위치, 호도 샌드위치, 햄 샌드위치 이상 21종류 ('산드위치'와 '샌드위치'라는 용어가 혼용됨).

저자	제목		출처 권-호(년.월)	내용	비고
민혜식	여름철요리 몇가지		2-7(1937.7), pp.88~89	보리수, 복근자 화채, 백수단, 원수병, 우어회, 준치국, 준치만두, 도미국수, 영계찜,조기찜, 조개회, 낙지회 만드는 법	
정순원	요새철에 맞는 중국요리 몇가지		2-11(1937.11), pp.46~47	싼태샤, 빤싼선, 빤쟈지편, 당면양쓰, 량빤지쓰 만드는 법	목차제목 "중국요리제법 수종"
유복덕	음녁정초의 색다른 요리		3-2(1938.2), pp.90~91	만두국, 식혜, 평양노티 만드는 법	
유복덕	초하가정 洋料理제법		3-5(1938.5), pp.92~93	오이쌜넽, 생치쌜넽, 닭고기쌜넽, 당근쌜넽, 파인애풀떼쌜트, 계란푸딩 만드는 법	
조자호	구월식탁		3-9(1938.9), pp.88~89	싸리버섯국, 가진육회, 장포, 양선, 잡채, 대추편포 만드는 법	
임명순	시월식탁		3-10(1938.10), pp.78~79	시월식탁 차림표(일주일분) 소개과 그 중 잡채, 하야시라이스, 가지장앗지, 룽피라우 만드는 법	
방신영	김장교과서		4-11(1939.11), pp.50~54	배채김치, 젓국지, 석박지, 짠지, 동침이, 깍둑이, 채김치, 쌈김치 만드는 법	
방신영	한끼에 십전으로 되는 반찬		5-2(1940.1), pp.22~23	십전으로 만들 수 있는 반찬으로 조기구이, 조기조림, 명태조림, 무조림, 감자조림, 콩비지, 두부조림 추천	
방신영	하이킹벤또 일곱가지		5-6(1940.6), pp.66~68	일곱 종류의 도시락을 제시하고 조리법 소개[11]	
홍선표	가을 미각의 왕자인 송이		5-10(1940.10), pp.52~53	송이버섯에 대한 소개와 술안주감 송이요리로 송이찜, 송이뎀뿌라, 송이구이 조리법 소개	
김혜원	삼도대표 김장소개판	전라도에서는	5-11(1940.11), pp.30~35	배추김치, 배추동침, 갓지, 고추잎지, 고추젓, 잔깍둑이, 두쪽깍둑이, 통깍둑이, 무동침, 토아젓 채깍둑이	
이순복		평안도에서는		무 배추 섞어하는 평안도 김치	
조자호		서울솜씨로는		배추통김치	
합계				16건 103종	

(1)『여성』지에 나타난 일제시대 한국음식의 조리법

『여성』지에서는 77종의 한국음식이 79회에 걸쳐 소개되어 있었다. 이것을 조리법 중심으로 분류하면 밥류 2종, 만두·떡국류 4종, 찌개류 1종, 면류 1종, 김치·장아찌류 18종, 저냐류 1종, 국·탕류 2종, 구이류 4종, 찜류 4종, 나물류 6종, 조림류 7종, 무침 1종, 회 4종, 볶음·튀김 5종, 적 2종, 음료 7종, 과정류 2종, 떡류 1종, 포류 2종, 장아찌 2종, 장류 1종으로 나타나서 거의 모든 한식 종류가 고루 소개되고 있었다. 이것은 일제 강점기 하에서도 우리의 음식을 계승하려는 의지와 노력으로 볼 수 있다. 총 77종의 조리법 중에서 가장 많이 소개된 것은 김치·장아지류로 18종[12]이 20회나 소개되었다. 그 종류는 배채김치, 젓국지, 석박지, 짠지, 동침이, 깍둑이, 채김치, 쌈김치, 배추김치, 배추동침, 갓지, 고추잎지, 고추젓[13], 잔깍둑이, 두쪽깍둑이, 통깍둑이, 무동침, 토아젓 채깍둑이, 무 배추 섞어하는 평안도 김치, 배추통김치로 매우 다양해서 당시 식생활에서 김치·장아지류가 매우 중요한 위치를 차지하고 있었음을 짐작할 수 있다.

또한 수정과, 식혜를 비롯한 전통 음료 조리법 소개가 7회에 이르고 있어 시판 음료가 흔하지 않았던 당시 집에서 손수 음료를 만들어서 즐겼다고 생각된다.

(2)『여성』지에 나타난 일제시대 외국음식의 조리법

1930년에 경성서양부인회에서 『서양요리법』이란 조리서가 한글로 간행되어 지식층에 보급되었을 정도로 『여성』지가 발간된 1936년

---

12 배채김치, 배추김치, 배추통김치는 한 가지 종류로 세었음.

13 고추 장아찌.

부터 1940년 사이는 이미 신여성들이 서구 선진 식문화에 대한 관심이 매우 컸던 시기이다. 따라서 『여성』지에 소개된 외국음식 조리법도 매우 다양하여 총 26종의 외국음식이 소개되었다. 이 중 서양음식이 18종(69%), 중식이 6종(23%)이 있었으며 일식은 2종(8%) 만이 소개되었다. 서양음식 18종은 후식류가 5종, 샌드위치 5종, 샐러드 5종, 기타 3종이다. 주요리가 될 수 있는 음식보다는 후식, 샐러드, 샌드위치 조리법이 대부분이라는 특징을 가지고 있다. 「쉽게 만들 수 있는 식후의 과자 오종(1936. 6.)」에서는 푸딩과 케익 만드는 법을 소개하면서 "밥찌는 그릇으로 될 수 있는 간단한 과자"라고 하여 서양음식이라고 해서 어렵거나 특별한 도구가 필요한 것이 아니고 간편하게 만들 수 있다는 것을 강조했다. 식후에 즐기는 과자 조리법을 소개한 것으로 보아 당시 서양 후식류를 적극 수용했음을 알 수 있다.

김선혜는 1936년 기사에서 '자반고기와 과실 산드위치'의 조리법을 소개하였는데 "자반을 아주 엷게 잘게 썰어"넣는다고 했고 "자반이 싫으면 함[14]이나 쏘-세-지, 삶은 계란도 좋다"고 하여 서양의 샌드위치 속 재료를 우리의 전통 자반을 응용한 조리법을 소개함으로써 서양음식에 한국음식 재료를 적용하려고 노력한 흔적이 보이며 또한 퓨전요리의 선두 역할을 한 것으로 보인다. 서양 음식이름에 있어서 샌드위치는 '산드윗취', '산드위치', '샌드위치'로, 또한 샐러드는 '살레이드', '쌜넽'으로 용어가 혼용되어있는 것으로 보아 음식명칭이 통일되지 않았다.

「요새철에 맞는 중국요리(1937. 11.)」에서는 "가정에서 손쉽게 만드실 수 있는 청요리 몇가지를 소개해 드리니 이용하시기 바랍니다"라

---

14 '햄'으로 사료됨.

고 독자가 가정에서 직접 이용할 수 있는 방법임을 강조하였다. 음식의 종류와 주재료를 살펴보면 '쌴태샤'는 대하, 송이, 돼지고기, 계란 등을, '빤쌴선'은 해삼, 점북(전복), 죽순, 오이 등을 이용한 요리이다. '빤쟈지편'은 "닭고기에 일년감을 너서 끄리는 것"이라고 소개하고 닭고기, 토마토, 푸른콩 등을 사용하였다. "당면 복금"인 '당면양쓰'는 당면, 돼지고기, 죽순, 표고를 이용했으며 '량빤지쓰'는 "닭고기 무침"으로, 고급스러운 재료를 이용한 다양한 음식을 소개하였던 것을 알 수 있다.

그러나 일본음식의 경우 일제 강점기였음에도 불구하고 일본음식에 대한 기사가 '노리마끼스시'와 '하야시라이스'[15] 단 두 가지 종류에 대한 내용만이 소개되어서 비록 식민지 시대였으나 한국 신여성들이 일본의 음식문화 수용에 소극적이었음을 알 수 있다.

(3) 『여성』에 나타난 식단표와 음식의 표준분량: 식생활의 과학화를 위한 노력

『여성』에 게재된 식단표는 1930년대 말에 권고되었던 권장식단으로 생각할 수 있는데 임명순의 「시월 식탁(1938. 10.)」에서 나타나 있었다. 여기서는 일주일분의 "시월식탁채단표十月食卓菜單表"를 제시하였는데 원문을 표로 정리하면 다음 <표 2>와 같다.

의식주와 민속놀이를 통해 바라본 조선의 근대

---

15 서양음식인 Hashed Beef with Rice가 일본화된 음식으로 생각되어 일본 음식으로 분류하였음.

<표 2> 임명순 "시월식탁채단표 十月食卓菜單表"

	朝	晝	夕
월	힌밥, 파국, 김치	힌밥, 장조림, 깍두기	풋콩밥, 고춧잎장아찌, 알찌게, 김치
화	팟밥, 토장국, 박나물	팟밥, 호박오가리지짐, 김치	힌밥, 잡채, 튀각, 깍두기
수	고구마밥, 콩나물국, 김치	힌밥, 암치지짐이, 깍두기	하야시라이스, 무장앗지
목	힌밥, 미역국, 김치	밀국수, 김치	팟밥, 토란국, 생선조림, 시금치나물
금	힌밥, 배추국, 깍두기	힌밥, 가지장앗지, 김치, 장조림	풋콩밥, 도라지나물, 욱어지찌게, 마늘 장앗지
토	고구마밥, 명태국, 김치	팟밥, 콩나물, 우엉복금, 김치	힌밥, 버섯국, 콩조림, 깍두기
일	실과, 토스트(뻐터), 햄과 계란, 코코아	힌밥, 북어구이, 맑은 장국, 김치	힌밥, 룽피리우, 동침이

일주일 식단인 스물한 끼 중에서 주식은 국수 1회, 빵 1회를 제외하고 19회가 모두 밥이었다. 식사양식은 일식 1회, 중국식 1회, 서양식 1회를 제외한 18회가 한식으로 나타났다. 그리고 거의 매끼마다 김치, 깍두기, 동치미등 김치류가 포함되었고, 제외된 것은 서양식 식사를 포함해 5회에 그쳤다. 그 중 2회는 무장앗지와 마늘 장앗지 등 장아찌류가 있어서 김치와 장아찌가 부식의 중요한 위치를 차지하고 있음을 알 수 있다. 부식의 재료를 살피면 거의가 채식위주의 식단으로, 생선류가 5회 이용되었고 고기류는 장조림, 하야시라이스에 들어가는 쇠고기, 룽피리우에 들어가는 돼지고기로 3회 이용되었다. 이것으로 보아 1930년대의 식생활은 한식위주의 식단으로 김치류를 비롯한 채소류가 중요한 부식재료였음을 알 수 있다. 이 중에서 잡채, 하야시라이스, 가지장앗지, 룽피리우 만드는 법을 소개하였는데, 잡채와 하야시라이스는 각각 오인분 분량이 제시되었으며 가지장앗지는 저장해두고 먹을 수 잇도록 가지 서른 개를 기준으로 하였고 룽피리우는

몇 인분인지 밝히지 않았다.

「한끼에 십전으로 되는 반찬(1940. 1.)」에서는 필자인 방신영이 직접 시장에 나가서 물가를 살피고 10전으로 만들 수 있는 재료들을 소개하였다. '생선조기 네 마리가 십전, 생명태 한마리가 오전, 무 한개 오전, 근대 한단이 오전, 쑥갓 한단에 3전, 감자가 여덟 개에 오전, 흰콩이 1슘에 8전, 굴이 한보시기에 10전'이라고 소개하고 이 재료로 만들 수 있는 조기구이, 조기조림, 명태조림, 무조림, 감자조림, 콩비지, 두부조림 조리법을 소개했다.

같은 기사 내에서도 음식에 따라 몇 인분인지 분량이 제시된 것과 제시되지 않은 것이 섞여 있었다. 분량이 제시된 경우는 주로 오인분, 육인분이 기준이 되었다. 방신영은 「김장교과서(1939. 11.)」에서 "다섯 식구 사는 집을 표준해서 이만큼 분량을 잡으면 될 줄 생각합니다."라고 밝혔다. 재료 분량 역시 밝힌 음식과 밝히지 않은 음식이 있었으며 '근斤', '되升', '속束' 등의 단위를 이용하였다.

(4) 『여성』지에 나타난 일제시대의 식생활 단면

1937년 1월에 이각경이 쓴 정월명절음식에 대한 기사는 정월명절 요리로 '떡국, 떡복기, 수정과, 식혜, 율란, 조란과 누름적'을 소개하고 있으며 각각의 만드는 법을 제시하였는데 이것으로 보아 이 시기 까지도 반가음식인 '율란'과 '조란'이 명절음식으로 빠지지 않았음을 보여주고 있다. 또한 '떡복기'의 경우 현재의 일상식으로 자리 잡고 있는 떡볶이와는 달리 세시음식으로 '떡복기'가 이용되었던 사례를 보여주고 있다. 기사에 소개된 '떡복기'의 재료는 '흰떡, 석이, 고기, 표고, 계란, 미나리, 실백' 등이고 만드는 법은 "고기를 냄비에 넣고 볶고 버섯을 넣고 고기가 익도록 볶은 후 물을 재료가 겨우 잠길만치 부어 끓인후 미나리와 떡을 넣어 끓여 합에 담고 계란 고명과 실백을 얹어 놓습니다"라고 하여 현재 보편화된 고추장 양념의 떡볶이와는 차이가 있다.

1938년 2월에 제시된 유복덕의 '음녁정초의 색다른 요리'에서는 평양식의 정초 음식으로 만두국과 식혜, 노티를 소개하고 있어서 노티가 정초음식으로 사용되었음을 알 수 있다.

『여성』지에 게재된 조리법은 계절에 따른 음식 소개가 뚜렷하였는데 특히 여름철 음식에 대한 민혜식의 기사(1937. 7.)에서는 "요리는 그때를 따라 씨-즌에 맞도록 할 것으로 지금은 여름철인만큼 우선 눈에 서늘하게 보여서 시각을 끌것이며 다음으로 시원하고 산뜻한 맛으로 여름의 미각을 이르킬것이라야 하겠습니다."라고 하였다. 이 기사에서는 '보리수, 복근자[16] 화채, 떡수단, 원수병, 우어회, 준치국, 준치만두, 도미국수, 영계찜, 조기찜, 조개회, 낙지회' 만드는 법에 대해 소개하였다. "보리수란 유월유두에 제철 보리로 만든" 음료이며, '복근자 화채'는 설탕물에 '어름'과 '설탕에 잰 복근자'를 넣어 만들었다. 또한 '떡수단'은 '흰떡'을, '원수병'은 '찹쌀가루'를 주재료로 사용하였다. 그리고 '우어, 준치, 도미, 조기, 대합, 낙지' 같은 어패류와 '영계' 같은 육류까지 다양한 재료를 이용한 여름음식을 소개하였다. 김혜옥과 유복덕의 기사에서는 여름철 음식으로 '큐-칸버- 살레이드, 오이쌜넫, 생치쌜넫, 닭고기쌜넫, 당근쌜넫, 파인애풀떼썰트' 등의 샐러드와 디저트 종류에 대한 소개가 많아서 식량난이 심각했던 일제시대였음에도 불구하고 신여성들에게 여름철의 신선한 재료를 이용한 각종 샐러드를 제시한 점이 이색적이었다.

---

16 만드는 법을 고려할 때 '복분자'로 사료됨.

2) 영양 관련기사

『여성』의 영양 관련기사는 6건이 있었고 자세한 내용은 <표 3>과 같다.

<표 3> 영양 관련기사

저자	제목	출처 권-호(년.월)	내용
오숙근	미용과 영양	3-3(1938.3), pp.90~91	食物의 영양소, 食物의종류, 全食과 生食, 미용과 食物 선택
이금전	유아인공영양법	3-5(1938.5), pp.94~95	모유, 우유, 두유의 성분 비교와 우유 조제법
-	설탕	3-8(1938.8), p.83	설탕의 영양분과 기능
김호식	영양가치의 음식물 이야기	4-1(1939.1), pp.76-80	인체와 영양소, 식물과 영양소, 식물의 소화흡수과정
大島靖	결핵의 치료에 필요한 각종비타민의 성능	5-9(1940.9), p.65	비타민 A, B1, B2, D 등에 대한 설명과 함유 식품 소개
-	메뚜기의 식용적 가치	5-10(1940.10), p.73	메뚜기의 영양성분을 밝히고 식용으로 가치가 높다고 평가
합계	6건		

(1) 영양성분과 건강

음식의 영양성분이 건강과 미용에 미치는 영향을 다룬 기사들이 많았다. 오숙근은 「미용과 영양(1938. 3.)」에서 사람 몸에 필요한 영양소를 "담백질, 지방, 함수탄소, 비타민A, B, C, D, E, 무기분, 활동성 유지체, 유효섬유, 물" 이상 여덟 가지로 소개하였다. 이런 영양소를 갖춘 것이 현미고 이에 비해 백미는 영양가치가 훨씬 빈약하고 "비타민 B가 없어서 각기증에 걸리기 쉽"다고 하였다. 반찬은 육식보다 채식을 먹을 것을 권고하고 있다. "채식은 될 수 있는대로 껍질, 입새, 줄기, 삶은 물까지" 생선도 "대가리, 뼈, 내장까지 통으로 먹는 것이 상책"이라고 하였다. 미용에 좋은 식품으로 "식물성의 것-무, 당근, 시금치, 이런 것들"이라고 하였다.

김호식은 「영양가치의 음식물 이야기(1939. 1.)」에서 "인체구성의 재료인 단백질, 지방, 함수탄소, 무기염류 등과 비타민류를 합하야 영양소"라고 하고 각각에 대해 설명하였다. 단백질에 대해서 "발육에 미치는 효과가 크므로 어린아히들이 단백질이 들어있는 고기나 계란을 바치는 것은 무리함이 아니요 자연으로 우러나오는 본능적 욕구"라고 하였다. 함수탄소는 "하루성인남자로 이천사백 캘로리의 대다수의 열량 즉 그 삼분의 이 이상은 함수탄소에서 供합이 된다"고 중요성을 강조했다. 또한 '흰쌀밥을 오래먹으면 비타민 B가 부족하여 각기가 생기는데, 비타민 B는 곡류의 배아나 종피에 있으므로 쌀을 너무 희게 찧지 말것'을 당부하였다. 무기염류의 일일 소요량은 성인남자 기준으로 "칼시움 1그램, 인분 0.7그램, 철분은 0.03그램 등"인데 "고기가시나 뼈를 통째로 먹는 습관을 가진다면 고가를 주고 칼시움 주사를 아니맞드래도 부족함이 없겠습니다"라고 하였다. 「결핵의 치료에 필요한 각종비타민의 성능(1940. 9.)」에서는 비타민이 "결핵균에 대한 저항력을 맨드는 영양소이므로" 많이 섭취할 것을 당부하였고 이 비타민류가 많이 들어있는 음식들을 소개하였다.

「메뚜기의 식용적 가치(1940. 10.)」에서는 메뚜기에 '다량의 담백질이 포함'되어있고 "비타민 에이가 많아서 세 마리쯤으로 서안염을 고칠 수있다"고 했다. 그 밖의 영양성분소개와 함께 "조려도 맛있고 템뿌라로도 적당할 뿐 아니라 술안주로서도 특수한 풍미가 있다"고 하였다.

(2) 모유 수유의 중요성
모유 수유의 중요성을 강조한 기사를 통해서 1930년대 말 당시에도 현재와 마찬가지로 인공수유보다 모유를 더 중요하게 여겼다는 것을 알 수 있었다.

이금전은 「유아인공영양법(1938. 5.)」에서 "천연영양은 젖멕이 어린 애가 행복스럽게도 모유를 먹고 성장하는 것을 말함이고 인공영양은 젖멕이 어린애가 불행이도 모유를 먹지 못하게 되는 경우…… 다른 영양품을 조제하여 모유다신 멕여서 양육하는 것을 말함입니다." 라고 모유수유의 중요성을 강조하였다. 또한 모유, 우유, 두유의 영양 성분을 비교하고 "유아의 체중을 검사하여 일일 소요 캘로리 대로 영양분을 섭취케 하는 것"이 최신수유방법이라고 하였다.

(3) 설탕의 영양

설탕의 영양과 장점을 강조한 내용은 가급적이면 설탕을 줄이려는 현재 영양 지식과 상반된 차이를 보였다. 「설탕(1938. 8.)」에서 '설탕은 영양분이 많고 썩는 것을 막는 힘을 가지고 있으며 설탕자체가 소화가 잘될 뿐만 아니라 다른 음식의 소화까지 돕는다. 설탕의 함수탄소는 피로를 회복시키고 체온을 보존한다.'고 설탕의 장점을 소개하였다. "여름날 오후 피곤할 때 시언한 설탕물을 타서 마시는 것은 피로를 속히 회복시켜 줌으로 좋은 일"이라고 하였다. "그러나 도에 지나치면 치아와 골격을 약하게 할 염려"가 있다고 지적하였다.

3) 생활단신 관련기사

『여성』에는 '가정메모', '알어둡시다', '주부수첩', '조각보 사제', '주부메모', '여성학교', '여성사롱', '縮刷가정난', '가정축쇄판' 같이 여러 제목으로 생활 단신이 소개되었으며 저자는 밝혀져 있지 않았다. 단신 중 식품·영양에 대한 내용은 다음 표와 같다. 제목이 있는 것은 제목을 그대로 실었고, 없는 것은 내용을 요약해서 밝혔다.

<표 4> 생활단신 기사

제목	출처 권-호(년.월)	내용	비고
가정메모	1-3(1936.6), p.39	생선 잘굽는 법	
알어둡시다	2-2(1937.6), pp.90~91	생선 타지안케 굿는법, 푸성귀 데치는 법	
알어둡시다	2-7(1937.7), p.89	애플주-스, 오렌지탄산 만드는 법	
주부수첩	3-7(1938.7), p.89	생선 굽는법, 질긴고기 연하게 하는 법, 고기 잘 써는 법, 국이나 밥 넘을때, 생선 비늘 손질법, 짠 자반 손질법, 팥 삶는 법, 푸성귀 데치는 법, 쓴 무수 손질법	
주부수첩	3-8(1938.8), p.81	탄밥 처리법, 토란 삶는법, 숯가루를 이용한 식료품 저장법, 죽순 삶는 법, 젖을 잘 나오게 하는 미꾸리, 일년감(도마도)의 영양, 파인애풀(모과수) 통 구분법	
조각보四題	3-8(1938.8), p.82	과일은 아침에 먹는 것이 몸에 좋다, 속게차를 마시자, 생선의 간은 보혈제다	
-	3-9(1938.9), p.89	생선 굽는법, 음식 빨리 끓이는 법, 조개 손질법, 푸성귀 삶는 법, 콩 빨리 익히는 법, 송이찌개 끓이는 법, 생선 배바닥과 푸성귀 껍질에 영양이 많다.	단신란의 제목 없음
주부메모	3-11(1938.11), p.62	식기의 비린내 없애는 법	
주부메모	3-12(1938.12), p.60	토란 손질하는 법	
주부메모	4-1(1939.1), p.66	생선을 지질때 살이 부스러지지 않게 하는법, 잔물고기의 뼈까지 조리는 법, 계란의 적정 섭취량	
주부메모	4-2(1939.2), p.14	파를 쓰는 요령, 계란 껍질 이용법, 비웃이나 생선을 구울때 요령	
여성학교	4-5(1939.5), p.29	닭알 장기보존법	
여성학교	4-5(1939.5), pp.88~89	젖을 많이 나오게 하는 식물	
여성학교	4-6(1939.6), p.34	삐루를 식히는 법, 삐루를 오래 두는 법	4권6호에 "여성학교" 중복개제
여성학교	4-6(1939.6), p.54	부종과 수박	
여성사롱	4-6(1939.6), p.45	딸기케잌 만드는 법	4권6호에 "여성사롱" 중복개제
여성사롱	4-6(1939.6), p.73	육식자와 채식자	

제목	출처 권-호(년.월)	내용	비고
-	4-6(1939.6), p.76	야채의 좋고 나쁜것(외, 가지, 호박)	제목 없음
여성사롱	4-9(1939.9), pp.62~63	차는 식품이었다, 차는 얼마나 오래 둘 수 있나	4권9호에"여성 사롱" 중복개제
여성사롱	4-9(1939.9), p.66	여름과 음료	
여성학교	4-9(1939.9), p.67	닭알 껍질의 이용	
여성사롱	4-11(1939.11), p.54	고래고기로 만드는 음식 소개	
여성학교	4-11(1939.11), p.78	국화요리	
여성학교	4-12(1939.12), p.62	유아각기	
여성학교	4-12(1939.12), p.73	임금(林檎)의 약효, 밤의 속껍질을 쉽게 벼끼려면	
가정메모	5-2(1940.2), p.70	죽순과 소화	
縮刷가정난	5-10(1940.10), pp.48~50	커피·홍차 마시는 법, 커피 너무 많이 마시면 주름살 잡혀, 집에서 할 수 있는 토마토 케차프, 수박당 만드는 법	
가정축쇄판	5-11(1940.11), P.57	우유의 좋고 나쁜 것, 쌀뜨물 이용하는 법, 사과껍질 이용하는 법	
합계	28건(64종류)		

기사 28건에 걸쳐 64종류의 생활단신이 소개되었다. 생활단신은 요리정보, 간단한 영양정보, 식품의 약효나 살림 요령에 이르기까지 다양한 성격을 띤다. 그 가운데서 생선요리에 관련된 단신이 13종류 (20.3%)로 많은 비중을 차지하고 있어서 생선이 당시 식생활에 많이 이용되었다고 보여진다. '애플주-스', '오렌지 탄산', '딸기케잌', '토마토 케차프' 만드는 법이 소개되어 단신에서도 서양음식을 적극적으로 수용했음을 찾아볼 수 있다. 또한 '삐루'(맥주), '일년감'(토마토), '모과 수'(파인애플) 같은 음식 명칭을 볼 수 있다.

4) 기타 기사

그 밖의 식생활관련 기사는 <표 5>와 같다.

<표 5> 기타 기사

저자	제목	출처 권-호(년.월)	내용	비고
방신영	주부와 요리	1-3(1936.6), pp.36~37	요리법은 큰 학문의 하나이며 계절재료와 조리방법에 대한 연구가 필요하다	목차에서 누락되었음
장문경	여름철의 가정위생은 이렇게	1-4(1936.7) pp.36~37	부패한 음식을 먹지 말고 과식, 과음을 금하자	
이각경	식욕과 요리	2-2(1937.2), pp.70~71	식욕에 영향을 주는 것은 취각, 시각, 미각, 정신상태, 심리상태, 개인의 경험, 건강상태, 기후 등이다	목차제목은 "요리와 식욕"
허영순	반찬을 어떻게 할까	3-7(1938.7), pp.88~92	영양이 풍부하고 경제적이며 합리적인 반찬 만들기 제안	
-	가정생활개선 좌담회	4-2(1939.2), pp.18~23	전시체제에 합당한 의식주 등 생활전반 개선방안 논의. 식생활에 관련해서는 잡곡밥, 두부, 생선, 야채, 과일 권장	*출연인사:이갑수,박길용,류각경,최선복,허영순, 김선,김금선, 강숙열 *본사측:이훈구, 노자영, 노천명,계용묵
-	양식 먹는 법 (빵 먹는 법)	4-5(1939.5), pp.30~32	빵을 먹을 때의 식사예절 등	
-	양식 먹는 법 (나이프, 폭크, 스픈 쓰는 법)	4-6(1939.6), pp.38~41	나이프, 포크, 스픈을 쓸 때 주의할 점과 식사예절 등	
-	조선음식에 대하야: 좌담회	4-9(1939.9), pp.20~26	밥, 장, 채소, 김치 등 조선 음식 전반에 대한 논의와 개선점 등	*출석인사:이극노(조선어학회),방신영(梨專가사과장), 홍승원(조선요리대가),홍선표(조선찬연구소) *본사측: 이훈구(주간)外
-	양식 먹는 법 (과실 먹는 법)	4-9(1939.9) pp.68~69	능금, 배, 복숭아, 감, 밀감, 瓜類, 빠나나 먹는 법	
-	설문:내가 제일 좋아하는 음식, 내가 제일 싫어하는 음식	4-10(1939.10), pp.22~28	열아홉 사람에게 한 설문조사 게제	
이건혁	쌀이 없다	4-11(1939.11), pp.62~63	우리나라의 쌀 수급 사정과 절미 운동	
-	新食餌美容法	4-11(1939.11), pp.72~73	살찌는 식이미용법, 파리하는 미용법 등 소개	

저자	제목	출처 권-호(년.월)	내용	비고
홍선표	겨울반찬	4-12(1939.12), pp.66~67	꿩고기, 瓜冬	
이건혁	쌀걱정은 없는가? -쌀과 보리를 섞어 판다-	5-4(1940.4), pp.58~59	1940년 3월 1일부터 서울은 싸 전에서 쌀 한말에 보리 석되를 섞어서 팜	
최명익	칠월의 서경 -매생이·어죽의 野趣	5-7(1940.7), pp.73~76	어죽의 재료와 맛에 대해 소개	이 글에서의 매생이는 식 용이 아니라 강에서 낚시 를 할 때 타는 노를 젓는 작은 배를 의미함
-	전시하의 가정과 식량의 해결방법	5-8(1940.8), pp.40~41	전시의 쌀 부족을 해결하기 위한 방법으로 혼식, 대용식, 죽식 등 을 권장	
신정언	괴이진기 먹고지	5-12(1940.12), pp.46~51	죽순요리, 달팽이국, 개고리 전 유어, 제비집 지지미 등 세계 여 러나라에서 먹는 진기한 음식 소개	문맥으로 보아 개고리는 개구리로 사료됨
합계	17건			

(1) '요리법'의 개념 정립과 식품의 영양적 측면 고려

기사내용을 살펴보면 '요리법'에 대한 개념 정립이 이루어졌으며
식품의 영양적 측면이 강조되는 것을 알 수 있다.

방신영은 「주부와 요리(1936. 6.)」에서 요리법은 "한낫 기술이나 솜
씨"에 그치는 것이 아니라 "큰 학문의 하나"라고 전제했다. 그리고
"남들은 요리에 대한 관심을 일즉이 가젓고 이것을 또한 큰 학문의
하나로 알기 때문에 큰 긔간들이 있어가지고 연구를 하며 다방면으
로 활약을 하고 있음으로 요리에 대하야 비상한 진보를 보이고 있다"
고 외국과 비교하였다. 또한 주부들이 "식물食物에 대한 지식, 영양에
대한 지식"을 가져야 하고 "계절재료와 각식품의 나는 때"를 알아야
하며 "조리방법에 능통"하고 "재료를 허비하지 말아야"한다고 하였
다.

의식주와 민속놀이를 통해 바라본 조선의 근대

허영순은 「반찬 어떻게 할까(1938. 7.)」에서 가계의 예산을 세울 때 다른 비용은 아끼더라도 "반찬값만은 최대한도를 넉넉히 예산을 세워"야 한다고 하였다. 신체의 영양을 중시하는 서양사람들에 비해 우리나라 사람들은 의복을 음식보다 더 중요하게 생각하는 경향이 있다면서 "병은 부채요, 건강은 저금"이라는 생각을 가져야 한다고 했다. 반찬값을 효과적으로 잘 쓰기 위한 방안 중 하나로 음식물의 영양가를 알아두자고 하였다. "영양연구소에서 발행하는 영양분석표 같은 것을 주방에 부처두고 참고로 하면 매우 편리"하다고 하였다. 또한 조리할 때 너무 오래 익히면 영양분의 손실이 생길 수 있다고 지적하였고 만든 즉시로 먹는 것이 좋다고 하였다. 메뉴 작성 시 가족 중에 "정신노동하는 이가 많으면 밥은 먹게 먹고 소화하기 쉬운 반찬을 맨들"것이며 "근육노동하는 이가 많으면 오래도록 위속에 남아있을 만한 것 즉 밥 같은 것을 많이 먹도록"하라고 하였다.

(2) 음식의 시각. 취각적 중요성

음식의 맛뿐 아니라 시각과 취각의 중요성을 언급한 기사도 있었다. 요리할 때 단순한 먹거리를 만드는 것이 아니라 시각과 취각까지 고려해서 식욕을 끌 수 있도록 하자는 관점이 부각되었다. 이각경은 「식욕과 요리(1937. 2.)」에서 식욕에 영향을 주는 것은 "취각, 시각, 미각"이며 "간접적으로 정신상태, 심리상태, 개인의 경험, 건강상태, 기후"의 영향을 받는다고 하였다. 시각을 위해서 우리음식에서는 "계란, 실고추, 고춧가루, 실백, 버섯" 등을 쓰고 "외국요리에서는 파슬리, 청두, 당근"을 쓴다고 하였다. "요리한다는 것은 우리의 식욕을 끌 수 있도록 봄視에나 냄새로나 맛으로 조화시키도록" 해야 한다고 주장하였다.

(3) 외국음식의 도입과 양식 먹는 법 소개

당시에 외국음식이 매우 적극적으로 도입되었음을 나타내는 기사들이 많이 나타나났는데 허영순은 「반찬 어떻게 할까(1938. 7.)」에서 식욕을 증진시키기 위해서 "너무 재래식 조선요리만 매일 맨들지 말고 양요리나 청요리 같은 것을 가끔 해놋는 것도 좋을 걸로 생각"한다고 하였다.

필자가 밝혀지지 않은 기사로 '양식 먹는 법'이 첫째 '빵을 먹는 법', 둘째 '나이프, 폭크, 스픈 쓰는 법', 셋째 '과실 먹는 법'으로 3회에 걸쳐 소개되었다. 「빵을 먹는 법(1939. 5.)」에서 빵은 반드시 양손으로 뜯는 것이며 한손으로 해서는 안 되고 나이프로 베어서도 안 된다고 하였다. "처음부터 크다란 빵일면에 빠다를 무처두고 그것을 손에다 들고서 베미러 먹는 것은 말할수 없는 무례입니다"라고 하였다.

「나이프, 폭크, 스픈 쓰는 법(1939. 6.)」에서는 '밖에 놓인 것부터 시작해서 안쪽에 놓인 순서대로 사용할 것이며 다 먹었을 때는 한쪽으로 겹쳐 놓아 의사표시를 하라'고 하였다. "처음부터 전부를 초고만콤식 잘게 베어놓고 그것을 포크로 하나하나 께어먹는 것은 어린애들에게 줄때에만 한한 일입니다."라고 하였으며 "나이프로 음식을 걸어서 입으로 가져가는 것은 만풍蠻風[17]으로들 아는 것이니 또 주의할 일입니다"라고 하였다.

「과실 먹는 법」에서는 능금. 배 같은 과일을 쪼개서 깎아 먹어야하며 "우리 조선식으로 통으로 껍데기를 벼겨가지고 이짜리가 우묵우묵나게 돌려깍어 먹는 것은 그것은 아주 비례입니다"라고 했다. 그 외에도 복숭아, 감, 밀감, 빠나나, 포도, 앵두, 딸기, 호두의 먹는 법을 정

---

17 야만스러운 일.

리하였다.

(4) 좌담회

「가정생활개선 좌담회」는 전시 상황에서 조선가정에서 개선해야 되는 점을 논의하는 자리로 마련되었다. 식생활에 관해서는 출연인사 중 이갑수가 주로 언급했는데, 몸에 좋은 음식으로 '잡곡밥, 야채, 김치깍두기, 두부, 백색고기'를 추천하였다. 특히 농촌에서 잡곡밥을 먹는데 비해 "중류계급이상은 백반만 먹는데 건강에 아주 나쁜 것"이라고 하였다. 또한 "동양에선 두부가 가장 영양 있는 담백질 식물일 것"이라고 적극 권장하였다.

「조선음식에 대하야: 좌담회」 조선 음식에 대해서 '눈 어림 손 어림으로 음식을 만들어 집집마다 맛이 다르다'고 지적했다. 또한 음식 만드는 법을 '내 집에서만 할 줄 알았고 전하지를 않아서 퇴보되었다'는 의견이 나왔다. 참석인사 중 홍선표는 조선음식의 영양가치를 묻는 물음에 대해서 "남에게 칭찬 받을 것이 많을 줄 압니다. 증편 같은 것은 누구에게나 칭찬 받으리라 압니다."라고 하였다. 이훈구는 "딱터 짬이라는 독일 사람이 조선김치를 맛을 보드니 한 사발을 다 먹는 것을 보았습니다"라고 하였다. 그러나 이훈구는 "조선사람은 먹는 것도 비과학적이죠"라며 칼로리를 따져서 먹는 서양에 비해서 "조선사람은 가령 밥이라든가 김치 같은 것을 먹는데 얼마나 먹어야 자기에게 적당할 것인지 이러한 계산도 없습니다."라고 지적하였다. 이극로는 "조선음식은 한 사람 앞에 그 분량의 3배가 나오고 술은 10배가 나옵니다, 그래서 그 음식을 다 먹지를 못하고 버리게 되는 것입니다"라고 지적하고 홍선표는 "손님이 하인을 데리고 다니는데 손님이 먹다 남기면 그것을 하인을 주는 습관이 내려와서 그렇게 되지 않았나 생각됩니다"라고 하였다. 홍승원은 "생활개선회에서 음식을 제정한 것이 있는데 일곱 가지 이상은 만들지 않도록 하고 손님을 초대하기로 되었습니다."라고 하였다.

(5) 절미운동

1937년에 중일전쟁이 발발되면서 물자가 귀해지고 물가가 불안정한 전시상황 체제 하에 처하게 되고 더구나 한재까지 겹쳐서 쌀이 부족한 현상에 처하게 되자 절미운동을 촉구하는 기사가 나타났다. 이건혁의 「쌀이 없다(1939. 11.)」에서는 "조선서 일년에 얼마나 쌀을 소비하느냐하면 평균처서 일년에 일천오백만석은 가져야 합니다"라고 하면서 남도지방의 한재로 쌀이 부족하니 쌀을 아끼고 잡곡을 먹자고 하였다. 또한 사재기하지 말 것을 당부했다. 또한 이건혁의 다른 기사 「쌀걱정은 없는가?-쌀과 보리를 섞어 판다-(1940. 4.)」에서도 "삼월 초하루(40년 3월 1일)부터 서울서는 싸전에서 쌀한말에 보리 석되씩을 섞거서 팔"게 되었음을 밝히고 "원래 조선은 쌀농사를 만히지어 내지에 내다 팔았지만 올해는 흉년이 너무 심해서 총독부에서 다른 데로 보내는 쌀을 줄였다"고 하였다. 필자가 밝혀지지 않은 「전시하의 가정과 식량의 해결방법(1940. 8.)」에서도 쌀 절약을 위해서 혼식을 장려하였고 빵, 우동, 만두 등 대용식을 권장하였다.

(6) 다이어트에 대한 기사

「신식이미용법」에서는 살찌는 식이미용법과 파리하는 미용법[18]으로 나누어 소개하였다. '살이 찌기 위해서는 체중 50kg일 때

---

18 살을 빼는 식이 미용법.

2000~2250kcal 이상을 먹어야 하며 함수탄소와 지방 섭취를 늘리라'고 하였다. 파리하는 미용법은 반대로 '함수탄소와 지방의 양을 줄이고 운동과 함께 요도를 많이 포함한 해산물을 많이 섭취하라'고 권고하였다.

(7) 미식학 문헌

『여성』 기사에서 미식학 문헌이라고 분류할 수 있는 기사도 발견되었다. Stephen Mennell은 '미식학 문헌gastronomic literature'에 대해 '음식과 영양에 대한 소개, 특정 식재료나 추억의 음식에 대한 소개, 음식과 얽힌 신화 소개 등의 요소가 결합한 것'이라고 하였다(1996). 『여성』에 나타난 홍선표, 최명익, 신정언의 글은 이런 요소들을 찾아볼 수 있어 미식학 문헌이라고 볼 수 있다. 홍선표는 「겨울반찬」에서 꿩고기와 과동瓜촛을 소개하였다. 꿩에 얽힌 신화를 소개하면서 꿩이 제일 좋아하는 '반하'라는 풀의 독을 제하는 데는 생강이 제일 안전하며 고명으로 맛을 돋운다고 하였다. 일부 음식점에서는 닭고기를 상하기 직전까지 두어 기름기를 빠지게 하고 생강고명을 하여 꿩고기로 속이는 일이 있다고 하였다. 과동에 대해 "동아는 일반 초과 중 가장 귀하다"고 하고 향기롭고 청신한 맛이 있어 국, 김치, 정과, 나물 이외 여러 가지 음식에 쓰인다고 하였다. 또한 '과학적 분석표를 본다면 담백질이 0.26, 지방질이 0.02 외에는 전부 수분이고 8가로리 밧게 안 된다'고 하였다. 서양요리에서도 많이 쓰이며 "옛날에는 궁중정과재료로 첫손까락을 꼽"았다고 하고 정과 만드는 법을 소개하였다.

최명익은 「칠월의 서경-매생이·어죽의 野趣」에서 대동강변에서 노를 젓는 작은 배인 매생이를 타고 놀면서 어죽을 강가에서 끓여먹는 풍경을 쓰고 있다. 어죽은 생선뿐만 아니라 닭과 정육을 삶은 국을 이용해서도 끓이는데 "강가 모래강변에 두다리를 뻗고 앉아서 딸딸한 소주 한잔에 영계 다리를 새큼한 초장에 찍어 뼈까지 아스라저라고 씹는 맛이란-. 그리고는 아직도 거품이 풀럭거리는 어죽 솥을 둘러앉아서 고추장과 익인 풋고추로 맛을 도처가며 훌훌 부러먹는 그 야취野趣란-."하고 대동강변의 풍류를 담은 어죽을 소개하고 있다.

신정언은 「괴이진기 먹고지」에서 "세계인류로서 먹는 음식물 중에 가장 기이하다구 생각할만한 음식의 몇 가지"를 소개하겠다며 "소고기와 소젖을 먹지 않고 오직 소피만을 먹는 마사이족" 이야기와 더불어 다른 나라의 죽순요리, 달팽이국, 개고리 전유어, 제비집 지지미에 대해 소개했다.

(8) 위생

장문경은 「여름철 가정 위생은 이렇게」에서 "부패한 음식을 먹지 말고" 부인들의 자궁냉증 등에 원인이 될 수 있으므로 "냉수, 빙수, 사이다, 아이스크림 등 모든 청량제를 될 수만 있으면 통먹지 않는 것이 상책"이라고 하였다.

(9) 설문조사

열아홉 사람에게 '내가 제일 좋아하는 음식, 내가 제일 싫어하는 음식'에 대해 설문조사를 한 결과가 소개되었다. 좋아하는 음식으로는 "어리굴젓, 조선김치, 술, 식혜, 냉면, 김치 깍두기, 화채, 돈육요리, 국수, 쑥갓 넣고 만든 쇠고기 전골, 막걸리, 따뜻한 공밥, 밥과 냉면, 김치, 평양냉면, 조치, 은행과자, 두견화채, 대구탕반, 고구마 으깬 것, 김치찌개, 포도, 약식"을 들었다. 또 싫어하는 음식으로는 "두부로 만든 요리, 물고기, 술, 조개젓, 가지국, 닭고기와 새고기, 호박국, 파리가

죽은 음식, 콩나물 대가리, 담배, 냉면, 겨울 통김치속에 드른 조기젓, 굴, 콩섞은 밥, 사시미, 죽, 콩나물채, 조기젓 들은 음식, 보리밥"을 들었다.

5) 『여성』의 주요필자

『여성』에 나타난 식품영양 관련기사의 주요필자는 그 당시의 대표적인 음식연구가로 볼 수 있는데 방신영(4건), 유복덕(2건), 홍선표(2건), 이각경(2건), 조자호(2건), 이건혁(2건) 등 6명으로 나타났다.

(1) 방신영

방신영(1890~1977)은 여성운동가, 교육자로서 서울에서 출생하였다. 기독교 신자인 아버지 한권씨와 어머니 최씨 사이에서 둘째딸로 태어났으며 1910년 경성 정신여고 졸업 후 광주 수피아 여학교, 모교인 경성 정신 여학교, 경성여자상업학교 등에서 교편을 잡았다. 그 사이 2년 동안 동경영양학교에 유학하기도 했다. 1929년 이화여자전문학교에 가사과가 창설됨에 따라 교수로 부임하여 1952년 정년퇴직 때까지 근무하였다.

『이화칠십년사』에서는 방신영을 다음과 같이 소개하고 있다. "가사과 교수로서 한국요리의 권위자이었다. 우리나라 요리하는 법을 글로 적어놓으신 아마 최초의 분이 아닌가 한다. 당시 조교 유복덕의 조력으로 만들어진 『조선요리제법』은 장안의 지가를 올려주었으며, 잘들리지 않을 정도의 나직나직한 음성 모양으로 성격도 고우셔서 천하의 법 없이도 살 분 같았다." 저서로는 1917년 『조선요리제법』을 비롯하여 『음식관리법』, 『다른나라 음식 만드는 법』, 『동서양과자 제조

법』, 『중등요리실습·고등요리실습』 등이 있다.[19] 『조선요리제법』은 당시에 매우 인기가 있었던 책으로 1958년 『우리나라 음식 만드는 법』까지 개정을 거듭하여 33판까지 나오게 되었다.[20]

(2) 이각경

1914년 출생한 봄뫼 이각경李珏卿은 서예가 갈물 이철경의 쌍둥이 자매이며, 동생 꽃뜰 이미경까지 세 자매가 모두 우리 글씨예술 발전에 기여한 특출한 한글서예가들이다. 국어교육자이자 민족주의자인 그들의 부친 이만규는 서울의대 전신인 대학의원 부속의학교를 졸업하고 외과의사가 되었으나 민족교육자로 변신, 3·1만세운동 참여와 조선어학회사건으로 옥고를 치른 민족주의자로 『가정독본』과 『조선교육사』 등의 저서를 남겼다.

이태영 박사의 회고에 따르면 신중하고 과묵한 성격의 이각경은 이화여전 가사과 시절 성적이 우수하고 품행이 단정하여 학비면제를 받는 특대생[21]이었다. 건국부녀동맹위원장을 지내다 월북했다.

(3) 홍선표

홍선표는 1938년 『醬蒜제조방법』, 1940년 『조선요리학』 등의 글을 남겼으며 '조선찬연구소'에서 활동하였다. 『조선요리학』의 식사지침에서는 '조금 적게 먹자', '생식을 많이 하자'라고 하여 우리 전통 식사습관을 개선하는 데 선도적인 역할을 했다. 또한 식염과 정제 설탕

의식주와 민속놀이를 통해 바라본 조선의 근대

---

19 http://people.ask.ac.kr

20 Jung HK, Korean Traditional Food, Viewed from the mixture of the culture and the science. Injae Food Science Forum. 4, 1999. pp.93~114.

21 Heo DS, Lee Tae-Young, The Mother of Korea, Seoul. Jayoujisungsa, 1999.

의 절제를 권장하는 중요한 식사지침을 하고 있다. 식민지하의 궁핍한 식생활 속에서 이러한 식사지침은 현대의 식문화발전에 밑받침이 되었다.[22]

(4) 유복덕

유복덕은 평양정의여고와 이화여전 출신으로 알려져 있다. 앞에서 밝힌 것처럼 방신영의 조교로서『조선요리제법』을 만드는 데 참여하였다.

(5) 조자호

조선 순종황후인 윤비와 이종 사촌간으로 알려진 조자호는 1938년『조선요리법』을 썼다. 체계적인 지식을 가지고 서술한 책이 아니기 때문에 오히려 서울 반가음식의 원형을 비교적 가깝게 보존하고 있다.[23] 1953년 종로 신신백화점에 국내 한과점 1호인 '한국다과점'을 냈고 1965년 이화여대 앞에 '호원당'을 시작해 3대를 내려오고 있다(동아일보 1996. 4. 3).

(6) 이건혁

이건혁은 1901년 서울에서 출생, 1923년 경성법학전문학교를 졸업하였고 조선일보 경제부 기자, 서울신문 편집국장을 지낸 언론인이다.

---

22 강인희,『한국식생활사』, 삼영사, p.417.

23 Jung HK, Korean Traditional Food, Viewed from the mixture of the culture and the science. Injae Food Science Forum. 4, 1999, pp.93~114.

당시에 활발한 활동으로 우리나라 식문화계를 이끌었던 인물들에 대한 자료와 연구가 부족하므로, 앞으로 이 분야에 대한 연구와 이 인물들이 남긴 업적을 발굴하고 재평가하는 작업이 이루어져야 할 것이다.

4. 결론 및 제언

1936년 4월에 창간되어서 1940년 12월에 폐간된 일제강점기 대표적 여성잡지인 『여성』 49권을 분석한 결과는 다음과 같다.

1. 『여성』의 식품영양 관련기사는 모두 67건으로, 주제별로 살펴보면 조리법 관련 기사 16건(23.8%), 생활단신 28건(41.8%), 영양관련 기사 6건(9.0%), 기타 17건(25.4%)이었다.

2. 『여성』에 소개된 조리법은 총 103종이며, 한국음식 77종(74.8%), 서양음식 18종(17.5%), 중식 6종(5.8%), 일식 2종(1.9%) 등 외국 조리법이 26개에 이른다. 한국음식 77종 가운데서 김치·장아찌류 18종이 20회나 소개되었고 그 종류가 매우 다양해서, 당시 식생활에서 김치와 장아찌류가 매우 중요한 위치를 차지하고 있었음을 짐작할 수 있다. 또한 전통 음료 조리법 소개가 7회에 이르고 있다.

3. 외국음식 조리법은 총 26종이 소개되었으며 서양음식 18종(69%), 중식 6종(23%), 일식 2종(8%)이다. 서양음식은 후식류가 5종, 샌드위치 5종, 샐러드 5종, 기타 3종이다. 일본음식은 '노리마끼 스시'와 '하야시라이스' 두 종류만 소개되어서 일제 강점기임에도 불구하고 일본음식 소개가 적극적이지 않았다는 것을 알 수 있었다.

4. 영양 관련 기사에서 사람 몸에 필요한 영양소를 갖춘 것이 현미

고 이에 비해 백미는 영양가치가 훨씬 빈약하고 "비타민 B가 없어서 각기증에 걸리기 쉽"다고 하였다. 반찬은 육식보다 채식을 먹을 것을 권고하고 있다. 또한 모유수유의 중요성을 강조하고 설탕의 영양에 대한 기사도 있었다.

5. 기사 28건에 걸쳐 64종류의 생활단신이 소개되었다. 생활단신은 요리정보, 간단한 영양정보, 식품의 약효나 살림 요령에 이르기까지 다양한 성격을 띤다. 그 가운데서 생선요리에 관련된 단신이 13종류(20.3%)로 많은 비중을 차지하고 있어서 생선이 당시 식생활에 많이 이용되었다고 보인다.

6. 기타 기사에 나타난 것은 ⑴ '요리법'에 대한 개념 정립이 이루어졌으며 식품의 영양적 측면이 강조되는 것을 알 수 있다. ⑵ 음식의 맛뿐 아니라 시각과 취각의 중요성을 언급한 기사도 있었다. ⑶ 외국음식이 매우 적극적으로 도입되었음을 나타내는 기사들이 나타났다. ⑷ 「가정생활개선 좌담회」와 「조선음식에 대하야: 좌담회」 등 좌담회 기사가 있었다. '잡곡밥, 야채, 김치깍두기, 두부, 백색고기'를 추천하였고, '증편'과 '김치'에 대해서는 자긍심을 나타냈지만 칼로리를 따져서 먹는 서양에 비해 조선사람이 먹는 것은 비과학적이라고 지적하였다. ⑸ 중일전쟁과 한재까지 겹쳐서 쌀이 부족한 현상에 처하게 되자 절미운동을 촉구하는 기사가 나타났다. ⑹ '살찌는 식이미용법과 파리하는 미용법' 등 다이어트에 대한 기사도 있었다. ⑺ 미식학 문헌으로 분류할 수 있는 기사도 발견되었다. ⑻ 여름철 위생과 설문조사에 대한 기사도 있었다.

7. 『여성』의 식품영양 관련기사의 주요필자는 방신영(4건), 유복덕(2건), 홍선표(2건), 이각경(2건), 조자호(2건), 이건혁(2건) 등으로 나타났다.

이상 『여성』의 식품영양 관련 기사에서 당시 소개되었던 과학적 조리법, 식품의 영양학적 분석, 식단짜기, 서양음식 도입 등 많은 근대적 식생활의 요소를 발견할 수 있다.

『여성』에 나타난 조리법은 한국음식이 높은 비중을 차지하고 있었고 일본 음식 소개는 매우 적은 데 비해, 여러 가지 서양음식 조리법과 재료가 소개되었고 나아가 서양식 식탁 예절 등이 적극적으로 기사화 되었다. 서양에서는 요리법을 '큰 학문'으로 여기고 있으며 칼로리를 계산하여 섭취량을 정하는 등 과학적인 음식섭취를 한다며 이를 도입하려는 노력을 하였음을 알 수 있다. 또한 가사노동의 효율을 위해 식단을 작성하고 영양표를 고려하였으며 위생관념이 도입되었다. 식품의 영양적 측면에 대해 높은 관심을 가지고 미용으로까지 연결시켰으며, 모유 수유의 중요성을 강조하고 '현미, 채소, 두부' 등을 건강음식으로 추천하는 것은 현재의 영양상식과 다르지 않다. 그리고 음식의 맛뿐 아니라 시각과 취각의 중요성을 언급한 기사와 미식학 문헌으로 분류할 수 있는 기사도 발견되었다.

『여성』을 통해 1936년 4월부터 1940년 12월 사이 '일제강점기'라는 특수한 상황에서, 영양을 고려하고 가사노동의 효율화 방안을 모색한 우리나라 식생활 발전단계와 근대화의 단면을 살펴보았다. 앞으로도 우리나라 식문화 연구를 위해서 과거의 여성잡지나 신문 등을 통한 연구가 지속되어야 하며 방신영, 이각경, 홍선표 등 주요 인물들에 대한 업적 발굴 등 후속 연구가 이루어져야 할 것이다.

참고문헌

『여성』, 조선일보사, 1936. 4. ~ 1940. 12(영인본, 역락, 2003).

『서양조리법』, 경성서양부인회 편. 1930.

Choi DK, Korean Magazine One Hundred Years, Seoul. Hyunamsa, 2004.

Heo DS, Lee Tae-Young, The Mother of Korea, Seoul. Jayoujisungsa, 1999.

Ji HY, Analysis of Home-related Articles in the 『Shinyeoseong』 Magazine in the 1920s~30s, Master Thesis. Dongguk University, 2005

Jung HK, Korean Traditional Food, Viewed from the mixture of the culture and the science. Injae Food Science Forum, 1999, 4:93~114.

Kang IH, The History of Daily Cuisine in Korea, Seoul. Samyongsa, 1978/2000.

Kim MS, Buy Cosmetics and You Shall Be Modern: 'New style' Cosmetics Discourse and Construction of the New Woman in Colonial Korea, Women's Studies Review, 2005, 22(2):145~182.

Kim SJ, Excess of the modern: Three archetypes of the New Woman and Colonial Identity in Korea, 1920s to 1930s. Ph.D. Dissertation, Seoul National University, 2005.

Kim YS, The Colonial Discourse and the Construction of Female Subject, Feminism and Korean Literature, 2000, 3:261~287.

Lee SY, A Study of Women's Magazine in the Japanese Colonial Period in Korea. Master Thesis. Ewha Womans University, 2002.

Lee CH, Joo YJ, Ahn KO, Ryu SS, The Changes in the Dietary Pattern and Health and Nutritional status of Korean During the last one Century, Korean J. Dietary Culture, 1988, 3(4):397~406.

Mennell, S, All Manners of Food, Chicago. University of Illinois Press, 1996.

No CM, 『Ewha's Seventy Years of History』, Seoul. Ewha Womans University Press, 1956.

開化期から
植民地時代に於ける
韓国住文化の持続と変容

樋口淳_日本 専修大学校 教授

1. はじめに

　私は、1980年代から民俗の聞き取り調査を行い、1980年代後半からは、崔仁鶴先生を初めとする比較民俗学会のみなさんとの交流を通じて韓国の民俗について少しずつ勉強してきました。

　私の専門は民話調査ですが、調査のために村に入ると民話の背景となることなら、なんでも記録します。村人の住まいや集落の構造、村の周囲に広がる海や山や川や、田畑のこと、聖なる場所や穢れた場所、人々の世界観の基礎となる空間や時間の構造の全てを記述しようと試みるわけです。

　私は、韓国学の専門家ではありませんし、とくに本日のテーマである＜開化期から植民地時代に於ける韓国住文化の持続と変容＞に関しては、多くの専門的な研究のあることも、よく理解しています。特に孫禎睦先生の『韓国開港期都市変化過程研究』『日帝強占期都市計画研究』などの一連の研究は、日本にも紹介され、よく知られています。したがって、この時期の都市の文化に関しては、私が申し上げるべきことは少ないと思われます。

　そこで、今日は、私が民俗学研究者として知りうる範囲で、まず韓国と日本の伝統的な住文化を比較し、それが近代化に伴ってどう変容したかを考察し、さらに現代に至って、いかなる変容をとげつつあるのかを述べてみたいと思います。

2. 近代以前の韓国と日本の住文化の構造

韓国も日本も、自然が豊かな国で、海・山・平野が広がり、生活のスタイルも地域によって大きく異なります。そこで簡単に＜近代以前の韓国の住生活とは何か＞、＜日本の住生活とは何か＞を語ることはできませんが、あえてステレオタイプ化してみると、韓国の＜男女有別＞と＜舎廊棟・内棟＞構造、日本の＜囲炉裏＞と＜土間・板の間・座敷＞構造を抽出できるかもしれません。

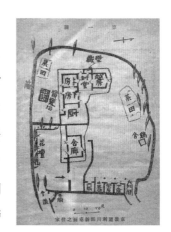

1) 韓国家屋の空間構造

韓国でも日本でも、住空間の民俗調査が始まったのは20世紀に入ってからで、それほど古い記録は残っていません。しかし、安東近郊の河回マウル等に各地に残された両班の屋敷は、近代化以前の住空間の構造を十分に残しているものと思われます。上に私が示した図は1922年4月朝鮮総督府刊の『朝鮮之地方住家』に掲載された京畿道利川の民家見取り図です。この家は河回マウルの両班家屋のような大きさはありませんが、大門の脇には下人の部屋もあり、一定の格式を保ち小規模ながら舎廊棟と内棟の構造を有しています。

これは、1980年に刊行された金光彦の『韓国の住居民俗誌』に掲載された全羅北道の民家とも共通します。

この家には、使用人もなく、家族だけが暮らす一般の農家のように

思われます。

　雨が少なく、日本の民家のように土間を必要としない韓

国民家の規模は、日本の民家に比較して、比較的小規模です。また

冬の厳しい韓国では民家は冬の暖房効率も勘案して、部屋の広さ

が狭いのも特徴です。

2）日本家屋の空間構造

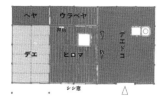

　日本の家屋は、囲炉裏(イロリ)>とく土間・板の間・座敷>構造を特徴とします。右の図は、ごく一般的な農家の母屋の構造です。<デエドコ(台所)>と書かれた灰色の部分が土間で、炊事用のカマドが設置されています。

　<ヒロマ(広間)><ウラベヤ(裏部屋)><ヘヤ(部屋)>と記されたオレンジ色の部分が板の間ですが、<ヘヤ(部屋)>は物置(納戸)で、穀物を収納する大切な場所で窓がありません。納戸は、寝室としても使われ、出産の時にも用いられ

る特別な空間です。

　ヒロマの一角には<囲炉裏>が設けられています。囲炉裏は、主として暖房用で、湯を沸かしたり、味噌汁などを温めたりしますが、米

を炊いたり、料理を作ることはしません。たいへん興味深いことですが、日本の家屋には＜囲炉裏＞と＜カマド＞という2つの火があり、食事の用意は土間のカマドで行い、イロリを用いないのが原則です。

囲炉裏の上には＜ヒダナ(火棚)＞があり、濡れたものを乾かしたり、燻製を作ったり、さまざまに用います。

家族は、この囲炉裏の周りに集まって日常生活を送ります。板の間には板が用いられていますが、板は高価な素材で、床材としては竹を用いたり、土間に藁を敷いて、その上にムシロ(莚)をかけることも珍しくはなかったと思われます。

＜デエ(出居)＞は、座敷で畳が敷かれていますが、これも来客を迎える特別な空間で、家族が日常生活に用いることはありません。

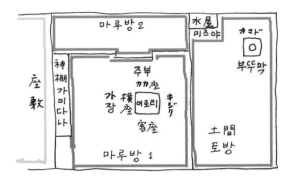

韓国の場合には、＜男女有別＞の思想が家屋の空間構成を支配していますが、日本の場合には、日常生活のあらゆる場面で、囲炉裏のどこに座るかが厳しく定められています。

わずか1メートル四方程度の狭い空間ですが、神棚を背景にした

<横座(ヨコザ)>が主人の席、その左隣の席が<カカ座>で主婦の席、右隣が客座で、客や男の子供たちの席で<客座>、土間に近い主人の正面が<キジリ>で嫁の席です。

　この周囲に家族が集まって食事をしたり、お茶を飲んだり、いわゆる<一家団欒>の一時を過ごすしますが、主人の席である<横座>に主人以外の男が座ることはありません。これは、韓国の舎廊房の主が主人であるのと同じく厳格なルールです。

　主婦と嫁の位置もしっかり決まっていて、韓国の伝統社会で主婦が内房を守り、支配したように、日本の主婦もイロリの場を守ってきたのです。

　日本の家屋を空間的に支配するもう一つのルールは、土間と板の間という日常空間と座敷という非日常空間の区別です。右は江戸時代後期に鈴木 牧之(すずき ぼ

くし)が残した優れた民俗記録『北越雪譜』(1837年)に付された豪雪地帯・新潟県魚沼の暮らしの一こまです。床には板ではなく竹が敷かれ、イロリの回りには寒さよけのムシロが敷かれ、人々が雑魚寝しています。これは<男女有別>の韓国では、とうてい許されないことだと思われます。

　こうした無秩序の一方で、座敷という非日常的な空間と土間・板

の間という日常的な空間の区別は、厳しく守られてきました。私が少年時代を過ごした家は、部屋の数は三つしかない小さな都市住宅でしたが、そこにも座敷があり、「子供は座敷に入ってはいけない」と厳しく言われて育ちました。

3. 韓国農村調査(慶尚北道·醴泉)にみる事例

つぎに1988年に慶尚北道醴泉郡佳谷一里(松潭)で行った調査について報告します。当時まだ学生であった金美栄先生(韓国学振興院)と南富鎮先生(静岡大学)ともに、調査は1988年10月から89年3月まで5回にわたり行われました。

1) 金喆炯氏宅

佳谷一里は、1984年4月現在で40戸の小さな村です。小さな谷の入口に位置し、村の北と西側に山をひかえ、南に川をおいた韓国の古い村の典型的な形をそなえています。

セマウル運動の影響で、外観はすっかり構造を変えていましたが、私たちは集落からすこし離れた山際に、私たちは一軒の美しい民家を見つけました。この家は、集落から孤立していたことに加え

て、1930 年頃に建てられた比較的新しい家であった為に、セマウル運動の際にも、母屋の藁屋根を瓦に葺き替えるだけで、建て替えを必要としなかったようです。この家は佳谷里の隣の柳川面龍岩洞62 番地にあり、主人は、金喆炯氏といいます。

屋敷の配置

家は、大きく①母屋、②舎廊房と牛小屋、③トイレと物置と灰小屋の３つの棟に分かれています。全体の見取り図は、このようになっています。

入り口から入ったところが、トイレと物置と灰小屋です。

灰小屋には、いろいろな民具が収められています。灰小屋の隣が、舎廊房で牛小屋と踏み臼が併設されています。

牛小屋には、秣(まぐさ)を煮る釜があり、これがオンドルの焚き口にもなっています。

辛子を干しているマダンをはさんで、母屋があります。

次のページの写真が、台所の入り口です。いろいろな道具が、整然と壁にかけられていますね。台所には、竈があって、オンドルの焚き口になっています。

　下の写真が、内房の入り口です。内房の中には、龍タンジと産神パガジが祀られています。マルの天井には、梁の見える空間があり、ここには成主が祀られているといいます。その他には、家の裏に基主を祀る甕が安置されています。

　金喆炯氏宅は、小さな家ですが、主人の舎廊房と主婦の内房に分かれ＜男女有別＞の構造が生きています。また内房には、主婦の祀る龍タンジと産神パガジが鎮座し、主人と家を守る成主と屋敷地を守る基主も祀られています。

2) セマウル運動と佳谷一里

　私たちは、セマウル運動によって何が変わったかについても聞き取りを行いました。儒教の深く浸透したこの地方には、村の入口にチャンスンはなく、山に山神を祀ることはなかったそうです。松潭の場合にも、村の入口にはチャンスンのかわりに村の共同井戸があり、

祭りに用いられる大切な香木が一本植えられていました。井戸の周りには、ほかにもいわゆる〈堂山木〉に似た大木が日陰を作っていました。この古い井戸が埋

められ、香木や堂山木が伐られたのは1972年のセマウル運動の時でした。

　セマウル運動の時には、まず道を造り、つぎに村の古い家をつくり変えます。藁屋根と土塀で造られたかつての家を土台から壊し、瓦やスレートで屋根を葺き替え、土のかわりにセメントやブロックを使い、ガラスの明るい窓をつけます。かつての家の構造は微妙に変わりましたが、地割りや棟割りは大方残され、〈男女有別〉の空間構造は残りました。

　さらに村の家々には、産神、龍タンジ、成主、基主が祀られ、厠神や業神への信仰が守られていました。

　しかし、村の祭りの様相は、セマウル運動を契機に大きく変わりました。朴正熙大統領時代の1973年に、祭りをすべて新暦で簡素に行うようにという「家庭儀礼準則法施行令」が施行され、祭りの華やかさが一挙に失われてしまったのです。この改革はきわめてラディカルで、たとえば、当時の公務員は旧暦の正月に休みをとることができず、うっかり旧暦で正月を祝うために帰郷したりすると、さっそく解雇されてしまいました。また、学校も休みにならず、教師はその日になると、特別に児童の欠席の調査をおこない、報告することを義務づけられたという話です。祭りの規模もできるだけ簡素にということ

で、新暦の祭りはまるで季節はずれで味気ないばかりか、心のともなわぬものになってしまいました。前年までは、正月になると大人も子どもも村をまわり、年寄りをたずねては挨拶をかわし、大人には酒がでて、子どもにはお年玉や菓子や甘酒がふるまわれ、みんなで御馳走をたのしんだのに、急に寂しくなってしまったのです。正月三ケ日は、村の小道は挨拶をかわす人たちであふれていたのに、この年からは周囲の目をおそれ、たがいに監視しあうようにすらなりました。

こうした極端な改革は、後に改められましたが、かつての祭りの賑わいはもう帰ってきませんでした。

こうした変化に拍車をかけたのが、新しい農業技術の導入です。新暦が定着し、農業の技術指導がゆきわたると、農事暦と生活のサイクルがすっかり変化しました。セマウル運動以降の技術革新によって、ビニールハウスが多用され、稲の品種が改良されて、田植えの時期が早まり、稲刈りはかつてより一ヶ月半も早められ、唐辛子やゴマの収穫も二か月くらい早くなりました。

こうなると、<暦(旧暦)>に種まきや、田植えの相談をする必要がなくなり、田畑の仕事にも、老人の知恵や経験が不要になります。さらに潅漑施設が充実すると、日照りや洪水や病虫害をおそれて、祖先や神の力をたのむこともなくなります。

こうした環境の変化によって、季節の祭りや伝承や信仰が意味を失い、時と所を失いつつあるのは、当然のこととなったのです。

3) 日帝時代に何が起こったか

こうした暦の改編や祭りの簡素化、新しい農業技術の導入は、日本でも各地で強第されたことで、韓国の村々でも同様の変化がも

たらされたことが容易に推測できます。松潭の古老たちの話では、稲の品種改良は日帝時代にもよく行われました。日帝時代以前の米は稲に麦のような毛がはえていて、苗代を作らず直蒔きし、味も麦とよく似ていたそうです。

かつて、畑の作物は、大麦、小麦、蕎麦、トウモロコシ、黍、ゴマ、コチュ、豆が中心でしたが、ことに豆は、大豆、小豆、インゲン、エンドウ等たくさんの種類がありました。野菜も、白菜、大根、人参、ごぼう、キュウリ、なす、かぼちゃ等、少しずつなんでも作りました。これは＜商品作物の単作＞が進んだ近代の農業とはかなり違います。

今ではすっかりなくなりましたが、稲作と畑作のほかに、ことに大切だったのは蚕です。蚕は一年に春と秋の二度、繭を作った。大概の家では、蚕は普通の部屋で作るので、蚕が始まると寝る場所がなく。部屋には老人一人が眠り、その他の者は屋外で眠りました。

桑の畑は、治水もかねて川のほとりの荒れ地に多く作られました。松潭固有の桑の木と日帝時代に移入された桑の木があり、葉の形が違いました。秋になって桑の実がなると、子供たちには、これを食べるのが楽しみでしたが、日帝時代に入った桑は、葉が多く、あまり実がならないので、子供たちの評判はよくありませんでした。

4) 開化期から植民地時代に於ける松潭の住文化の持続と変容

以上のように、1980年代までの慶尚北道の農村の＜住文化の持続と変容＞の過程を見ると、この村の生活に大きな変化が起こっているのがわかります。その最も大きな、目に見える変化はセマウル運動によるものですが、その先駆は日帝時代に見られます。灌漑用水の整備や道路の拡張、作物の品種改良や新しい農事暦の導入は、目

に見える村や住宅の空間構造を変えるだけなく、人々の伝統的な価値観や人間関係を容赦なく破壊します。目に見えない祖先や神々との関係も変えてしまいます。

しかし、私の調査した慶尚北道の農村の事例からでは、<開化期から植民地時代に於ける韓国住文化の持続と変容>の一面しか見えませんから、もう一つの調査の記録を参照することで、別の側面に光を当ててみたいと考えます。

4. 全羅南道の漁村・巨文島の事例

その調査とは、崔吉城先生や崔仁宅先生が1988年から1991年までの間に行ったもので、その成果はまず韓国で『日帝時代－漁村の文化変容』(1992年・亜細亜文化社刊)として公表されたので、韓国でもよく知られていると思われます。

1) 開花期の巨文島

巨文島は、九州から韓国、中国に向かう航路の要衝にあり、日本人には古くから知られていました。とくに中世になると倭寇をはじめ中国、韓国、日本の海民の活動が活性化し、漁民も漁場をもとめて遠海に乗り出し、1441年(世宗23年)には、朝鮮王朝と対馬の間で巨文島海域での無許可漁を禁止す

る「孤草島(巨文島)釣魚禁約」が結ばれるにいたるほどでした。

　しかし1942年に中国が阿片戦争に敗れたことをきっかけに東アジアの〈海禁政策〉に基づく海の秩序が破綻すると、東アジアの海に対する近代ヨーロッパの圧力が一挙に高まります。阿片戦争直後の1845年には、イギリス軍艦サマラン号が巨文島海域を調査し、島をポート・ハミルトンと命名します。つづいて1854年4月、ロシアのプチャーチンが3隻の艦隊を率いて巨文島を調査し、さらには1857年には島に貯炭所を設置することを申し出ます。このロシアの調査には作家のイワン・ゴンチャロフが同行し、興味深い記録を残しています。

　こうしたロシアの動きに脅威を感じたイギリスは、1885年4月に3隻の軍艦を派遣し巨文島を占拠し、清国と日本に占拠を通告するとともに、住民を動員して兵舎や防御施設を建て、また上海との間に電信線を敷設しました。イギリスは、巨文島を「第2の香港」とするべく着々と準備を重ねましたが、ロシアと中国の強い反対の前に、1887年2月27日に基地を破壊して立ち去ります。しかし、この後もイギリス艦隊は巨文島を訪れ、1890年には右のような写真を残しています。

2) 日本漁民の巨文島移住

　1853年のペリー来航をきっかけに、徐々に開国を迫られた日本は、1867年の明治維新以降は、欧米の近代化に対抗して積極的な

海洋政策を展開し、韓半島の沿海にも漁業利用を口実とした軍事拠点を求めました。

　しかし巨文島に対する日本漁民の進出は、一義的には漁場の獲得にあったといってよいでしょう。

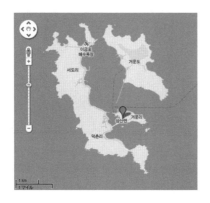

　巨文島は、地図の示すとおり、西島、東島、巨文島の三島からなります。日本漁民の本格的な移住は、1906年(明治39年)であったとされます。移住のきっかけとなったのは1905年の山口県豊浦郡湯玉浦の大火でした。この火事で家財・家屋を失った網元・木村忠太郎が、焼け残った船に網と食料と家族を乗せて、巨文島に向けて出発します。巨文島の近海は、当時すでに優良な漁場として知られ、木村も出漁の経験があり豊富だったものと思われます。経験豊かな漁業経営者であった木村は、当時、韓国の漁場開拓に深い関心を示していた政府からの支援を期待することもできました。

　木村は、西島、東島、巨文島の三島のうち今日の巨文里のある巨文島に居を構えますが、当時のこの地は無人島状態でした。この島が無人であった理由は、明確ではありませんが、東島、西島にくらべて農業に適する土地が少なかったことによるのではないでしょうか。

　木村は、この巨文島・巨文里という良港を拠点として、まずくイリコ(煮干)>という商品作物の大量生産に着手します。日本の伝統的な技術<大敷網>を使用してイワシをとり、天日に干して作ったイリコを京都・大阪を中心にした関西市場に輸出したわけです。木村がこの

時にとった経営手法は、日本の網元に独特の一族経営で、製造から販売にいたる一切に関わる一族が、山口県豊浦郡から移住したことが伺われます。

3）巨文里の村落形成

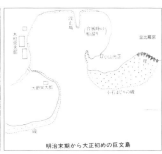

明治末期から大正初めの巨文島

ここに1910年7月1日に撮影された木村忠太郎の家(右)と作業場(左)と倉庫(中央)の写真があります。手前に見えるのが漁船でしょう。

右が、当時の港の地図ですが、木村のほかには、やはり網元であった大野栄太郎、郵便所長の小山光正の家があります。この後、巨文里はどんどん大きくなり、近代的な港町の様相を示し始めます。

左が大正末期(1925年頃)、右が昭和15年(1940)頃の住宅配置図です。

いずれも中村均著『韓国巨文島にっぽん村』からの引用ですが、

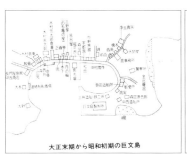

大正末期から昭和初期の巨文島　　　　昭和15年ごろの巨文島

中村によれば、巨文里在住の日本人の戸数と人口の内訳は1915年に村に小学校ができた時、日本人50戸(200人)であったのに、1918年には90戸(322人)に激増しています。

これが、1935年には日本人87戸(355人)に対して韓国人108戸(500人)となり、日本人の数はほぼ横ばいです。1942年には、日本人78戸(309人)に対して韓国人223戸(1092人)で、日本人の数は減少に転じています。これは、日本人の若年層が教育などの目的で日本に帰国したことや、島の経済が飽和状態に達したことによるのでしょう。これに対して、わずか7年の間に韓国人の数は倍増しています。1915年と1918年の韓国人の数は不明ですが、日本人よりはるかに少なかったといわれています。

1925年から1940年にいたる巨文里の日本人人口には大きな変化は見られませんが、町の構造は大きく変化しています。巨文島の漁業は、近海のイワシやサバのイリコや塩サバのような保存食に加工して出荷する小規模ビジネスから、大洋漁業、日本水産などの大企業が軒をならべる漁業基地の大規模ビジネスに移行し、巨文里には、大企業で働く男たちが旅館、食堂、風呂、カフェ、遊郭などで金を蕩尽する近代港町ならどこでも見られる光景が現出したのです。

4) 巨文里に残された日本式住宅とはなにか

以上のような状況を踏まえて、<開化期から植民地時代に於ける韓国住文化の持続と変容>の問題を考えてみましょう。1906年(明治39年)の木村忠太郎の移住にはじまる日本人漁民の大量移住は、たしかに巨文島の文化に大きな変容をもたらしました。それは、住文化のみならず衣食住の全てにわたり、伝統的な信仰や価値観にも

의식주와 민속놀이를 통해 바라본 조선의 근대

深刻な影響を与えたに違いありません。しかし、この文化変容の過程は韓国人だけではなく、日本人にとってもまったく新しい経験であったということも事実です。

このことを理解するために、近代以前の日本における漁村の住文化について紹介してみたいと思います。

(1) 近代以前の〈網元〉の暮らし

日本は、周囲を海に囲まれた列島で、海に浮かぶ島も無数にあります。そこには多様な漁労文化があり、たった一つの事例で日本の漁業について説明するのは不可能ですが、ここでは敢て一つの例を紹介させていただきます。

右の家は、千葉県山武郡九十九里浜の17世紀後半(母屋)と18世紀後半(土間)に建てられた網元・作田(さくた)家で、現在は川崎市日本民家園に移築されています。九十九里浜は、よく知られた漁村地域で、巨文島で木村忠太郎が行ったイワシ漁が盛んです。

網元は、大きな船や網を所有し、網子(あみこ)と呼ばれる使用人

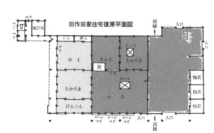

旧作田家住宅復原平面図

を多く抱え、漁業や農業に従事さ
せ、生産・加工した干鰯(イリコなど)
や魚油を全国に売りさばく流通・宿
泊施設も支配した、近世日本の資
本家であったと思われます。その多
くは一族経営で、木村忠太郎の場合も、その例にもれません。

　作田家は、日本民家園のなかでも最も大きな家で、広い土間と座
敷を有していますが、構造的には<1-2.　日本家屋の空間構造>で
示した土間・板の間・座敷という構造をしています。板の間は、とくに広
く、天井も高く豪華ですが、奥の座敷は来客用で主人が使用してい
たわけではありません。座敷の左奥に風呂場と便所がありますが、
これも来客用で、主人が日常的に使用していたわけではないの
です。使用人を含む主人一家は、男も女も2つのイロリをもった板の間
と土間で生活していたのです。この家に特徴的なのは、土間の隅に
<物置>とされた三つの小さな部屋があることで、使用人たちは、こ
の小さな部屋で寝起きしたものと考えられます。この部屋の戸の上
には、大きな櫂が見られます。

　以上のように、開花期以前の日本の漁村の家屋は、一般に平屋
で<土間・板の間・座敷>という農家と同じ構造をもち、イロリを中心と
した板の間・土間での日常生活を営んでいたものと思われます。

　こうした日本の漁村の住文化は、1853年のペリー来航以来、徐
々に姿を変えていきます。とくに1859年(安政5年)に開港された横浜
の場合は劇的でした。そこで、つぎに横浜の事例を簡単に紹介しま
す。

(2) 開花期前後の横浜

　1858(安政4年)年に、アメリカの圧力に届した日本は、まず日米修好通商条約を締結し、イギリス、フランス、オランダ、ロシアとも同様の条約を結ぶこととなります。この条約に対する反対がいかに強かったかは、この条約を締結した井伊直弼が暗殺されたことからもわかります。

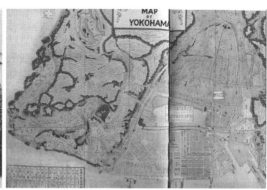

　この条約の結果、箱館、横浜、長崎が開港されます。左上の図は、開港直後の1860年(安政6年)の横浜です。湾内には外国船が見られますが、人家はほとんど見られません。アメリカ側は、当初、湾の右側に広がる神奈川の開港を迫ったのですが、宿場町であった神奈川は江戸に続く要衝の地であったために、湾の右側に広がる漁村・横浜が提供されたのです。

　これに対して右は、そのわずか10年後の

1870年(明治3年)の横浜です。村は、区画整理されて町となり、川を
はさんで右側に外国人居留地、左側に日本人居留地が並びます。

　横浜は、生糸や茶などが輸出と綿織物や艦船や武器などが輸入
によって栄え、豊かな貿易商人の住む町となりました。

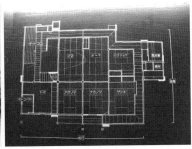

　少し時代が下りますが、1911年(明治44年)に竣工した川崎市の
日本家屋が日本民家園に残されていますので、紹介します。それは、
原家という当時、肥料や油を扱っていた問屋で、非常に裕福な一族
の屋敷です。原家は、肥料としての干鰯、油としての魚油は、有力な
商品でしたから、漁業との関係も推測されます。

　この家は、2階建で、1階に6つ、2階に4つの畳敷の部屋を持
ち、たった一部屋の＜座敷＞をのぞき、すべてを家族が日常的に使用
していたものと思われます。右が一階の見取り図ですが、左隅の下

に玄関があり、土間になっています。板の間はその上方に広がる台所と廊下だけです。もちろんイロリはありません。

この家の大きな特徴は、廊下に大きなガラス戸が使用され、全面的に光を取り入れる構造になっていることです。畳の部屋を仕切るのは襖(ふすま)で、襖の上の部分の欄間(らんま)には、精巧な飾りがほどこされています。

近代になってから導入されたガラスを除けば、近代以前にもこうした建築技術は上級武士の屋敷や寺院には見られました。しかし、このような建築様式は特別なもので<民家>には見られるものではありませんでした。それが近代以降、上流階級に広がり、今日<日本家屋>と呼ばれるものになったのです。

(3) 巨文島の日本式住宅とはなにか

すこし遠回りしましたが、ここで巨文島に残された<日本式住宅>を検証してみましょう。木村忠太郎が移住直後に建てた住宅は、右の図に見られるように、たしかに瓦屋根の日本式住宅ですが、小さなものです。しかし、その15年ほど後には、島に多くの家が建つようになりました。なかでもひときわ目につくのは長門屋旅館です。

この大きな家は、少し形を変えながら、今も残されています。右が1925年頃、下が現在の<長門屋旅館>です。

私たちは、巨文島出身者が1992年に巨文島を訪れた際のドキュ

メンタリー・フィルム「巨文島・47年目のにぽん村」の記録と1925年、1940年頃の地図をみながら、巨文島・巨文里の住文化をもう一度、考えてみましょう。

これはすでに述べたことですが、巨文

里は多くの漁船の出入りする周辺海域有数の港でありながら、漁民たちの住居が存在しないということです。長門屋旅館のような旅館、食堂、カフェ、遊郭、米屋、豆腐屋、駄菓子屋のような小売店、事務所、出張所、造船所、鉄工所、製氷所、医院、学校など、近代の港町ならどこでも見られる光景が、かつても、いまも広がっています。

右上は、長門屋旅館の玄関です。入口に土間(玄関)があり、靴を脱いで、あがると板の間で、奥に長い廊下が続いています。

階段を上がると、2階には宿泊客のための座敷があり、部屋は襖で仕切られています。広いガラス窓が、明かりを十分に取りいれるようになっており、襖の上の欄間には精巧な飾りがほどこされています。

こうした旅館の構造は、日本人なら誰でも知っているもので、いま

でも全国各地に見られます。しかし、これが近代以前の日本民家には見られなかった＜近代の産物＞であることは、川崎市の原家住宅の例で示したとおりです。

　巨文島に移住した日本人は、たしかに巨文島の伝統的な住文化に大きな変化を与えました。しかし、その折に日本人が巨文島に持ち込んだのは、日本人が1850年代になって、欧米から開国を迫られ、伝統的な日本文化を放棄し、生み出した＜新しい日本文化＞で、日本と巨文島は、ほとんど同時に同じ＜文化変容＞を経験をしたことになります。

　開花期以前の＜囲炉裏＞と＜土間・板の間・座敷＞をもった伝統的な日本家屋に住んでいた日本人は、＜イロリ＞をめぐる家族構成の秩序に従いながら、先祖の仏壇や、火の神、水の神、納戸の神、厠(便所)の神など、目に見えぬモノたちと一緒に暮らして来たのです。これは、慶尚北道醴泉の金喆炯氏宅で、ハルモニ・ハラボジが産神・龍タンジ・成主・基主・業神などと一緒に暮らしてきたのと同じです。

　開花期以降の日本人は、原家住宅ほど立派な構えではなくても、明るいガラス窓をもった、畳の部屋にすむことになりました。イロリのかわりに＜コタツ＞という便利な暖房も備わり、寝室も世代別、個人別になり、風呂もあたりまえになりました。しかし、こうした便利さと引き替えに、多くのものを失ったことも事実です。

5. まとめ

1) 巨文里と横浜

　少し乱暴な比較に見えるかもしれませんが、<開化期に於ける住文化の変容>という意味で、巨文里と横浜の経験はよく似ています。巨文里が、日本の植民地戦略の一環として成立したことは明らかですが、横浜もまたアメリカを初めとする列強の支配戦略の一環として作られた町です。開港に対する日本側の抵抗は激しく、すでに宿場町として設備の整っていた神奈川を敢て避けて、横浜が提供されたのです。

　その結果、無人に近い小さな村が、日本で一番新しい町に変貌し、数年後の1872年(明治5年)には、まず品川ー横浜、つづいて新橋ー横浜の間に、日本で最初の鉄道が敷設されるまでになりました。こうした横浜の例は極端ですが、横浜・函館・長崎の開港を契機に日本各地に<港町の文化変容>が引き起こされたことは、十分に推測できます。

　そもそも、日本の漁師は古くからの<海民>の伝統をもち、船さえあればどこにでも移住する力を持っていました。右は、<家船(えぶね)>と呼ばれる船上生活者の船で、このような船で生活する<海民>は、近代初期には多く見られました。

　木村忠太郎が、1905年の山口県豊浦郡湯玉浦の大火で家財を失いながらも、1906年には巨文島に移住できたのは、もちろん当時の国策もありましたが、彼が所有していていた船と網と技術、そして

一族の結束があったからだと思われます。

　木村が、巨文島で成功を収めると、たちまち多くの漁師がおしかけ、その漁師相手の商売が始まります。巨文里の港に、漁師の住居が少なく、旅館、食堂、カフェ、遊郭、米屋、豆腐屋、駄菓子屋、事務所、商社、造船所、鉄工所、製氷所、医院などが集中したのは、当然のことでしょう。1906年には何もなかった巨文里に出現したのは、新しい漁村ではなく、近代の港町だったのです。町(マチ)が村(ムラ)とはまったくちがった＜文化＞をもつことは、よく知られています。1906年以降、巨文里におこった文化変容は、激しい交換と消費の経済がもたらしたものです。この激しい力は、巨文里を中心として周囲の韓国人や日本人のムラ共同体的な世界観を、大きく変化させていったに違いないのです。

2)＜文化変容＞から＜文化衝突＞へ

　港町・巨文里の受けた文化変容に比べれば、醴泉郡松潭の農村文化の変化のリズムは、ゆったりとしたものでした。私が、1980年代に初めて韓国を訪れ、自らの魂の故郷に出会ったような感銘を受けたのは、このゆったりとしたリズムのおかげであろうと思われます。

　しかし、近年の韓国社会の激しい変化には驚きを禁じえません。特に21世紀に入ってから変化の早さは、私の理解を越えると思われます。

　今回の主題である＜住文化＞に関して言えば、私が一年を過ごした1988年にも全国の人口の3分の1がソウルに集中し、その大部分の人々が高層アパートに住んでいたのですから、その文化変容は明らかでした。1945年の光復までの韓国の住宅は、圧倒的に平屋が

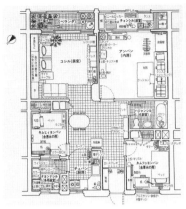 

多く、高層アパートなど想像もできなかったからです。

　上の図は清涼里に1978年に建てられた78㎡の広さのアパートで、日本風に言うと３ＤＫです。1988年当時で、夫婦2人と大学生の息子2人が生活していました。このアパートには、内房(アンバン)と居室(コシル)という2つの中心があり、韓国の伝統に従えば、内房が主婦のエリアで客室としての居室が主人のエリアになるといえそうですが、もはやそうした区別はないと言ってよいでしょう。それに代って、子どもたち2人が個室をもつことになります。

　このようなアパートの空間配分は、日本の場合とよく似ています。韓国の方が、内房と台所(チュバン)、さらには多用途室(タヨンドシル)という主婦専用のスペースを用意しているので、主婦の存在感が強いとも言えそうです。しかし、かつてのような<男女有別>の決まりが希薄になった空間では、主人も気楽に内房に入るかわりに、主婦も居室でテレビを観たり、音楽を聴いたりして過ごすにちがいありません。

　もちろん、内房は完全なプライベート・エリアですから、今でも家

族以外の男性が出入りすることはありません。しかし日本でも夫婦の寝室に家族以外の男性が出入りすることはないので、夫婦の寝室として使用されることとなった内房にはもはや韓国固有の<文化的伝統>はないと言えるかもしれません。

　1970年代初頭のセマウル運動で、家を建て替えたり、屋根を葺き替えたりさせられた時には、違和感を感じた韓国の人たちも、村から都会に移住した場合には、こうしたアパート生活に抵抗よりは憧れを感じたように思われます。これは1960年代後半の日本に起こった団地ブームにも似ています。

　高度経済成長期に突入し、大学を卒業した若い世代の人たちが、東京などの都会に勤務し、周辺の団地に住むというライフスタイルが一般になった時、そこに<文化変容>と違和感を感じた日本人は少なかったと思います。

　ソウルのような大都会と比べて、醴泉郡の松潭のような村で生活する場合には、人々はさまざまの共同体規範に守られて暮らしますが、村の根強い<地縁><血縁>関係に苦しむことになります。村には一族の宗家と分家の関係があり、隣村との複雑な歴史もあります。しかし、ソウルのような大都会に移住し、団地アパート暮らしを始めてしまえば、隣人との関係も希薄になり、ライフスタイルは大きく変化します。

　私が経験した1988年はソウル・オリンピックの年で、韓国社会の大きな転換期でした。私は、この時に可視化されたのは<文化変容>よりは、世代間の<文化衝突>であったと思います。

　私は、当時よくテレビ・ドラマを見ましたが、そこで繰り返し語られていたのは、ソウルの高級アパートに住む若い世代と、故郷の伝統

的な家屋に生活する年老いた世代との葛藤です。ソウルの団地とい
う地縁や血縁から自由な住文化を享受しながら、孤独な、若い世代
の子どもたちと、故郷の地縁と血縁に縛られて暮らす、やはり孤独
な親たちとの間に毎週繰り返される〈文化衝突〉がテーマでした。

3) 新しい流れにむかって

　21世紀に入り、日本で「冬ソナタ」が大ヒットしたのも、やはりドラ
マに世代間の〈文化衝突〉が組み込まれ、日本の観客がその〈衝突
〉に共鳴したからだと思います。

　「冬のソナタ」は、たいへん優れた物語なので、現代韓国におけ
る〈文化衝突〉と〈住文化〉を読み解く話として読むことも、可能では
ないでしょうか。

　この物語の主人公(姜忠相)は、一見したところ〈地縁〉や〈血縁〉
に縛られてはいませんが、彼の母親は、まさに1980年代に〈地縁〉や
〈血縁〉に傷つき、戦い、自由になったヒロインで、その傷を隠すため
に、自らの息子(姜忠相)の〈地縁〉や〈血縁〉を抹殺してしまいます。

　その結果、主人公(姜忠相)は失われた〈地縁〉や〈血縁〉を求め
て彷徨うことになります。〈地縁〉〈血縁〉と戦った子どもの世代(第
二世代)が、第一世代の記憶を一切消してしまったために、「冬ソナ
タ」には、祖父や祖父母という第一世代がまったく登場しません。し
かし、そのために、〈地縁〉〈血縁〉は、かえってクローズアップされる
ことになります。

　この物語の第二の主題は、ソウルと地方都市(春川)、都市とリゾ
ートの対立です。いうまでもなく春川は、主人公の失われた幸せな
記憶の地であり、物語には、この春川の記憶と対比的に、ソウルの

現代的なオフィスやカフェやリゾートが登場します。そして成長した主人公は建築家となり、物語に新しい空間をつぎつぎと付け加えていくのです。

　物語に用意されるのは、どこにもありそうで、どこにもない空間、懐古的でありながら未来志向的なリゾートや学校、そして住宅です。しかし、この「どこにもない」「回顧的で未来志向的な」空間や住居のリアリティーを支えているのは、物語に登場することのない第一世代の祖父や祖母の世界、韓国の伝統文化と〈地縁〉〈血縁〉に支えられた共同体なのではないでしょうか。

　日本で、この物語に熱狂し、すっかりテーマ・パーク化されたリゾートや学校や姜忠相の家を訪れた人たちは、ただの「冬のソナタ」フリークではなく、実は物語のこの複雑な謎解き回路をよく理解していたのだと思います。と同時に、韓国でテーマ・パークを作り、ツアーを企画して、「冬のソナタ」の〈住文化〉〈文化変容〉〈文化衝突〉を可視化した（表象化した）人たちも、韓国の伝統的な文化と現在をよく理解したはずです。

　21世紀に入り、「冬のソナタ」で幕開けした韓国ブームは、日本でますます進化し、深化しつづけています。このブームが、まず比較的年輩の人たちの間からはじまり、徐々に、そして一挙に、若い年齢層に広がりつつあることにも注目してよいでしょう。日本で〈文化変容〉と〈文化衝突〉に苦しんだ世代が、まず隣国の〈文化変容〉と〈文化衝突〉に共感し、それが若い世代に受け継がれているのではないでしょうか。

参考文献

『日帝時代ー漁村の文化変容』, 亜細亜文化社刊, 1992年.

中村均著,『韓国巨文島にっぽん村』, 中央公論社刊, 1994年.

ハウジング·スタディ·グループ,『韓国現代住宅学』, 建築知識刊, 1990年.

ドキュメンタリー·フィルム,「巨文島·47年目のにぽん村」の記録, NHK.

의식주와 민속놀이를 통해 바라본 조선의 근대

개화기에서 식민지시대까지
한국 주거 문화의 지속과 변용

히구치 아츠시_일본 전수대학교 교수

심지연 (역자)_일본 동경대학교 박사과정

이 글은 앞의 글 『開化期から 植民地時代に於ける 韓国住文化の持続と変容』을 번역한 것이다.

1. 머리말

저는 1980년대부터 청취를 통한 민속 조사를 실시하고 1980년대 후반부터는 최인학 선생을 시작으로 하는 비교민속학회의 여러분들과의 교류를 통해 한국 민속에 대해 조금씩 공부해 왔습니다.

제 전문분야는 민화 조사인데, 조사를 위해 촌락에 들어가 민화의 배경이 되는 것이라면 뭐든지 기록합니다. 촌민의 집이나 취락의 구조, 촌락의 주위를 둘러싼 바다나 산, 강, 그리고 논밭, 성스러운 장소나 부정스런 장소, 사람들의 세계관의 기초가 되는 공간이나 시간 구조의 모든 것을 기술하려고 시도합니다.

저는 한국학의 전문가는 아니지만, 특히 오늘의 테마인 〈개화기에서 식민지시대까지 한국 주거 문화의 지속과 변용〉에 관해서는 많은 전문적인 연구가 있다고 알고 있습니다. 그중에서도 손정목 선생의 『한국개항기 도시변화과정 연구』, 『일제강점기 도시계획 연구』 등 일련의 연구는 일본에도 소개되어 잘 알려져 있습니다. 그러므로 이 시기 도시 문화에 관해서는 제가 말씀드릴 것은 적다는 생각이 듭니다.

오늘은 민속학 연구자로서 아는 범위에서, 우선 한국과 일본의 전통적인 주거 문화를 비교하고 그것이 근대화와 함께 어떻게 변용되었는지를 고찰해, 현대에 이르러서는 어떤 변용의 형태를 보여왔는지에 대해서 이야기하고 싶습니다.

2. 근대 이전의 한국과 일본 주거문화의 구조

한국과 일본은 자연의 혜택을 받아 바다·산·평야로 둘러싸여 있고, 생활의 스타일도 지역에 따라 크게 다릅니다. 그렇다고 간단히 〈근대 이전의 한국의 주거생활이란 어떤 것인가〉, 〈일본의 주거생활이란 어떤 것인가〉에 대해서 이야기 할 수는 없지만, 굳이 전형화시켜 보면, 한국의 〈남녀유별〉과 〈사랑채·안채〉구조, 일본의 〈이로리囲炉裏〉와 〈도마土間·이타노마板の間·자시키座敷〉구조를 들 수 있을 것 같습니다.

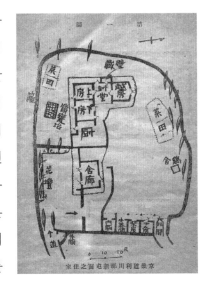

家住之面屯新郡川利道畿京

1) 한국가옥의 공간 구조

한국과 일본에서 주거공간의 민속 조사가 시작된 것은 20세기에 들어서인데, 그렇게 오래된 기록은 남아있지 않습니다. 하지만 안동 근처의 하회마을 등 각지에 남아있던 양반의 주택과 부지는, 근대화 이전의 주거공간 구조를 충분히 남겨 놓고 있다고 생각됩니다. 위에 제가 첨부한 약도는 1922년 4월 조선총독부가 간행한 『조선의 지방주택朝鮮之地方住家』에 실린 경기도 이천에 있는 민가의 약도입니다. 이 집은 하회마을의 양반 가옥처럼 크지는 않지만, 대문의 옆쪽에 하인의 방이 있고 일정한 격식을 유지하고 있습니다. 소규모이면서도 사랑채와 안채의 구조를 갖고 있다고 할 수 있습니다.

이 집은 1980년에 간행된 김광언의 『한국의 주거민속지』에 실린 전라북도의 민가와도 비슷합니다.

이 집에는 고용인도 없고, 가족끼리 생활하는 일반 농가라고 생각

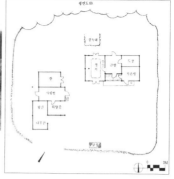

됩니다.

비가 적고 일본의 민가처럼 도마土間(토방)를 필요로 하지 않는 한
국 민가의 규모는, 일본의 민가와 비교해 비교적 규모가 작습니다. 또
한 겨울이 혹독한 한국에서는 민가의 겨울 난방 효율성을 감안하여
방이 좁은 것도 특징입니다.

2) 일본가옥의 공간구조

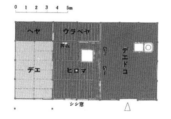

일본 가옥은 〈이로리〉와 〈도마·이
타노마·자시키〉 구조가 특징입니다.
〈데에도코デエドコ台所〉라고 쓰여진 회
색 부분이 도마土間(토방)로 취사용의
가마도カマド(부뚜막)가 설치되어 있습
니다.

〈히로마ヒロマ広間〉, 〈우라베야ウラベヤ裏部屋〉, 〈헤야ヘヤ部屋〉라고
쓰여진 오렌지색 부분이 이타노마板の間(마루방)인데, 〈헤야ヘヤ部屋〉
는 곳간納戸으로 곡물을 넣어두는 중요한 장소이므로 창이 없습니
다. 난도納戸는 침실로도 사용되고 출산 때도 쓰여지는 특별한 공간
입니다.

히로마의 한 구석에는 〈이로리〉가 설치되어 있습니다. 이로리는 주로 난방용으로 물을 끓이거나 된장국 등을 데우는 데 쓰입니다. 하지만, 거기서 밥을 짓거나 요리를 만들지는 않습니다. 매우 흥미로운 사실인데, 일본 가옥에서는 〈이로리〉와 〈가마도〉의 두 곳에서 불을 사용하지만, 식사 준비는 도마에 위치한 가마도에서 행하고, 이로리를 사용하지 않는 것이 원칙입니다.

이로리의 위에는 〈히다나火棚〉가 있어, 젖은 것을 말리거나 훈제요리를 만드는 등 여러

가지로 쓰입니다. 가족은 이 이로리 주위에 모여 일상생활을 보냅니다.

이타노마에는 나무 판자가 쓰이지만 나무 판자는 가격이 비싼 소재이므로 바닥용으로는 대나무를 쓰거나, 도마에 짚을 깔고 그 위에 멍석을 까는 것도 드문 일은 아니었다고 생각됩니다.

〈데에出居〉는 자시키로 다다미가 깔려 있는데, 이곳은 손님을 맞

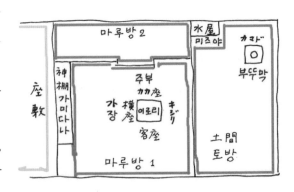

의식주와 민속놀이를 통해 바라본 조선의 근대

이하는 특별한 공간으로 가족이 일상생활로 활용하는 곳은 아닙니다. 한국의 경우에는 '남녀유별' 사상이 가옥의 공간 구성을 지배하고 있지만, 일본의 경우에는 일상생활의 여러 부분에서 이로리에서 어느 자리에 앉을지가 엄격하게 정해져 있습니다. 겨우 사방이 1미터 정도의 좁은 공간이지만 가미다나神棚를 배경으로 한 '요코자橫座'가 가장의 자리, 그 왼편의 자리가 '가카자カカ座'로 주부의 자리, 오른편이 손님 자리로, 손님이나 남자 아이들의 자리로 '갸쿠자客座', 도마에 가까운 가장의 정면이 '기지리キジリ'로 며느리의 자리입니다. 이 주위에 가족이 모여 식사를 하거나 차를 마시는 등, '가족단란'의 한 때를 보내는데, 가장의 자리인 '요코자'에는 가장 이외의 남자가 앉을 수 없습니다. 이것은 한국의 사랑방 임자가 주인이라는 것과 같이 엄격한 규칙입니다.

주부와 며느리의 위치도 확실하게 정해져 있어 한국의 전통사회에서 주부가 안방을 지키고 지배하는 것처럼, 일본의 주부도 이로리를 지켜 왔습니다.

일본의 가옥을 공간적으로 지배하는 또 하나의 규칙은, 도마와 이타노마라는 일상적 공간과 자시키라는 비일상적 공간의 구별입니다. 오른쪽은 에도시대 후기에 스즈키 보쿠시鈴木牧之가 남긴 뛰어난 민속기록 『북월설보北越雪譜』(1837

년)에 기록된, 대설지역의 니가타현_{新潟県} 우오누마_{魚沼} 생활의 일면입니다. 바닥에는 나무판자가 아닌 대나무가 깔려 있고, 이로리의 주위에는 추위 방지의 멍석이 깔려져 있어 사람들이 한데 뒤섞여 자고 있습니다. 이것은 '남녀유별'의 한국에서는 도저히 용납할 수 없는 장면이라고 생각됩니다.

이런 무질서의 한편에서, 자시키라는 비일상적인 공간과 도마와 이타노마라는 일상적인 공간의 구별은 엄격하게 지켜져 왔습니다. 제가 소년 시절 살았던 집은 방이 세 개 밖에 없는 작은 도시주택이었지만 그곳에도 자시키가 있고 '아이들은 자시키에 들어가서는 안 된다'고 엄격하게 주의를 들으며 성장했습니다.

3. 한국 농촌조사(경상북도 예천)의 사례

다음으로 1988년에 경상북도 예천군 가곡 1리(송담)에서 행한 조사에 관해 보고하겠습니다. 당시에는 아직 학생이었던 김미영 선생(한국학진흥원), 그리고 남부진 선생(시즈오카 대학)과 함께 조사했습니다. 조사는 1988년 10월부터 1989년 3월까지 5회에 걸쳐 행했습니다.

의식주와 민속놀이를 통해 바라본 조선의 근대

1) 김철형씨 집

가곡 1리는 1984년 4월 현재 40가구가 사는 작은 촌락입니다. 작은 계곡의 입구에 위치해 촌락의 북쪽과 서쪽에 산이 있으며 남쪽에는 강이 흐르는 한국의 오래된 마을의 전형적인 형태를 갖추고 있습니다.

새마을 운동의 영향으로 외관은 완전히 구조가 바뀌었지만, 우리는 취락과 조금 떨어진 산쪽에서 한 채의 아름다운 민가를 발견할 수 있었습니다. 이 집은 취락에서 고립된, 1930년경에 지어진 비교적 새로운 집이었습니다. 새마을 운동 때에도 본채의 초가

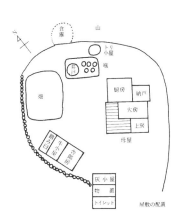

지붕을 기와로 갈은 것뿐으로, 재건축이 필요 없었던 것 같습니다. 이 집은 가곡리의 바로 옆인 유천면 용암동 62번지로 주인은 김형철 씨입니다. 집은 크게 ①본채, ②사랑방과 외양간, ③화장실과 광, 잿간의 세 개로 나뉘어져 있습니다. 전체 약도는 위와 같습니다.

입구로 들어가면 화장실과 광, 잿간이 나타납니다. 잿간에는 여러 가지 도구가 수납되어 있습니다. 잿간의 바로 옆이 사랑방으로 외양간과 디딜방아가 병설되어 있습니다.

외양간에는 여물을 삶는 가마솥이 있고 이것이 온돌의 아궁이로

도 쓰입니다. 고추를 말리는 마당을 끼고 본채가 있습니다.

이것이 부엌의 입구입니다. 여러 가지 도구가 정연하게 벽에 걸려 있습니다. 부엌에는 가마솥이 있어 온돌의 아궁이 역할도 합니다.

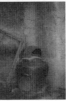
왼쪽 사진이 안방으로 들어가는 입구입니다. 안방에는 용단지와 삼신바가지가 놓여 있습니다. 마루의 천장에는 대들보가 보이는 공간이 있고 이곳에서 성주成主(성주신)를 모시다고 합니다. 그 외에는 집 뒷쪽에 기주基主(터주신)를 모시는 단지가 안치되어 있습니다.

김철형씨 집은 작지만, 바깥주인의 사랑방과 안주인의 안방이 나뉘어져 〈남녀유별〉의 구조가 살아있습니다. 또한 안방에는 안주인이 모시는 용단지와 삼신바가지가 자리를 잡고, 주인과 집을 지키는 성주와 집터를 지키는 기주도 모셔져 있습니다.

2) 새마을 운동과 가곡 1리

우리는 새마을 운동으로 인해 변한 것은 없는지에 대해 청취 조사를 행했습니다. 유교가 깊게 뿌리박힌 이 지방에는 마을 입구에 장승이 없고 산에 산신을 모시는  풍습도 없던 것 같습니다. 송담의 경우에도 마을 입구에는 장승 대신에 마을의 공동우물이 있어 마을 행사 때에 사용되는 중요한 향나무가 한 그루 심어져 있었습니다. 그 외에도 우물 주위에는 '당산나무'로 보이는 큰 나무가 그늘을 만들고 있었습니다. 이 오래된 우물을 막고, 향나무와 당산나무가 베어진 것은 1972년 새마을 운동 때였습니다.

새마을 운동 때에는 우선 길을 조성하고, 다음으로 오래된 집을 다시 짓습니다. 초가지붕과 토담으로 만들어진 예전의 집을 토대부터 허물어 기와나 슬레이트로 지붕을 이고 흙 대신에 시멘트나 벽돌을 쓰며 유리로 만든 밝은 창을 답니다. 예전의 집 구조에서 미묘하게 변했지만 구획이나 집의 구분은 대부분 남아있어 〈남녀유별〉의 공간구조는 여전합니다.

더욱이 촌락의 집들은 산신, 용단지, 성주, 기주가 모셔져 있어 측신(변소신)과 업신(업왕신)을 받드는 신앙을 지키고 있었습니다.

그러나 마을 행사의 양상은 새마을 운동을 계기로 크게 바뀌었습니다. 박정희 대통령 시대인 1973년에 제례 등의 행사를 전부 양력으로 간소하게 치르도록 하는 '가정의례준칙 법시행령'이 시행되었습니다. 이로 인해 설날의 떠들썩함이 단번에 사라졌습니다. 이 개혁은 대단히 철저하게 이루어졌습니다. 예를 들면 당시 공무원들은 음력 설날에 휴가를 낼 수가 없었는데, 그것을 잊어버리고 음력 설을 지내기 위해 귀성하면 바로 해고였습니다. 또한 학교도 쉬는 날이 아니었기 때문에 교사가 음력설에 특별히 아이들의 결석 조사를 행해 보고하도록 의무화되어 있었다고 합니다. 행사의 규모도 될 수 있는 한 간소하게 하도록 정해져 양력의 설날 행사는 계절에 맞지 않는 따분함뿐만 아니라 마음이 내키지 않는 행사가 되어 버렸습니다. 작년까지는 설날이 되면 어른도 아이들도 마을을 돌면서 어르신들을 방문해 인사를 드리고, 어른에게는 술이 대접되며, 아이들에게는 세뱃돈과 식혜가 있었습니다. 이렇게 모두 함께 진수성찬을 즐겼는데, 갑자기 썰렁해져 버린 것입니다. 설날 3일간은 마을의 샛길은 인사를 나누는 사람들로 붐볐는데, 올해부터는 주위의 눈이 신경 쓰여 서로 감시당하는 것 같은 느낌마저 들었습니다.

이런 극단적 개혁은 후에 개선되었지만 예전의 떠들썩함은 두 번다시 돌아오지 않았습니다.

이런 변화에 박차를 가한 것이 새로운 농업기술의 도입입니다. 양력이 정착되고 농업의 기술지도가 널리 보급되면서 농사력農事曆과 생활의 사이클이 완전해 변했습니다. 새마을 운동 이후, 기술혁신과 함께 비닐하우스가 많이 쓰이게 되어 벼의 품종이 개량되었고, 모내기의 시기가 빨라져 벼베기는 예전보다 한 달 반이나 빨라졌습니다. 고추나 깨의 수확도 두 달 정도 빨라졌습니다.

이렇게 되면서 '달력(음력)'의 영향으로 파종과 모내기의 시기를 결정할 필요가 없어지고 논밭의 일도 노인의 지혜나 경험이 불필요하게 되었습니다. 또한 관개시설이 보급되면서 가뭄이나 홍수, 병충해를 방지하기 위해 선조나 신의 힘을 빌리는 것도 없어집니다.

이런 환경의 변화에 의해 계절 행사나 전승, 신앙이 의미를 잃고 때와 장소를 잃게 된 것은 당연한 것이었습니다.

3) 일제시대에 무엇이 일어났는가

이러한 달력의 개편과 행사의 간소화, 새로운 농업기술의 도입은 일본에서도 각지에서 강제적으로 실행되었습니다. 그로 인해 한국의 촌락에서도 같은 변화가 일어난 것은 쉽게 추측할 수 있습니다. 송담 어르신들의 이야기에서는 벼의 품종개량은 일제시대에도 자주 행해졌습니다. 일제시대 이전의 쌀은 벼에 보리와 같은 털이 나 있어 못자리를 만들지 않고 직접 씨를 뿌려 맛도 보리와 많이 비슷했다고 합니다.

예전 밭에서 나는 작물은 보리, 밀, 메밀, 옥수수, 수수, 깨, 고추, 콩이 중심이었고, 특히 콩은 대두, 팥, 편두, 완두 등 많은 종류가 있었습니다. 야채도 배추, 무, 당근, 우엉, 오이, 가지, 단호박 등 조금씩 여러 종류를 만들었습니다. 이것은 〈상품작물의 단일경작〉이 진행된 근대 농업과는 상당히 다릅니다.

지금은 완전히 없어졌지만 벼농사와 밭농사 외에 특히 중요한 것이 누에입니다. 누에는 일 년 중 봄과 가을에 두 번 누에고치를 만듭니다. 대부분의 집에서는 보통 방안에서 양잠을 하기 때문에 양잠을 시작하면 누울 자리도 없어, 방안에는 노인이 혼자서 자고 다른 가족은 밖에서 잤습니다.

뽕밭은 치수治水도 생각하여 강 부근의 거친 땅에 많이 만들었습니다. 송담 고유의 뽕나무와 일제시대에 유입된 뽕나무가 있는데, 잎모양이 달랐습니다. 가을에 뽕열매가 열리면, 아이들은 그 열매를 따 먹는 것이 낙이었는데, 일제시대에 들어 온 뽕은 잎이 많고 열매도 적어 아이들에게는 평판이 좋지 않았습니다.

4) 개화기부터 식민지시대까지 송담 주거문화의 지속과 변용

이상으로 1980년대까지 경상북도 농촌의 〈주거문화의 지속과 변용〉의 과정을 살펴보았는데, 이 마을의 생활에 큰 변화가 일어난 것을 알 수 있습니다. 가장 크게 눈에 보이는 변화는 새마을 운동으로 인한 변화이지만, 그 시초는 일제시대에서 찾을 수 있습니다. 관개용수의 정비와 도로 확장, 작물의 품종개량과 새로운 농사력의 도입은 눈에 보이는 마을이나 주택의 공간구조를 바꾼 것뿐만 아니라 사람들의 전통적인 가치관이나 인간관계를 사정없이 파괴합니다. 눈에 보이지 않는 선조와 신들과의 관계도 변해 버렸습니다.

하지만 제가 조사한 경상북도 농촌의 사례에서는 〈개화기에서 식민지시대까지의 한국 주거 문화의 지속과 변용〉의 한 측면 밖에 볼 수 없습니다. 그러므로 또 하나의 조사 기록을 참조하면서 다른 측면도 살펴보려고 합니다.

4. 전라남도의 어촌·거문도의 사례

이 조사는 최길성 선생과 최인학 선생이 1988년부터 1991년 사이에 행한 것으로 그 성과는 우선 한국에서 『일제시대 한 어촌의 문화변용』(1992년, 아세아문화사 간행)으로 공표되어 있으므로 한국에서도 잘 알려져 있을 거라고 생각됩니다.

1) 개화기의 거문도

거문도는 규슈에서 한국과 중국으로 향하는 항로의 요충지로 일본인에게 오래 전부터 알려져 있습니다. 특히 중세에는 왜구를 시작해

중국, 한국, 일본의 어민 활동
이 활성화되었습니다. 때문에
어민도 어장을 찾아 먼 바다
로 나가서, 1441년(세종23년)에
는 조선왕조와 쓰시마对馬 사
이에 거문도 해역에서의 무허

가 어업을 금지하는 '고초도(거문도) 조어금약'이 체결될 정도였습니다.

그러나 1942년에 중국이 아편전쟁에서 패한 것이 원인이 되어 동
아시아의 '해금정책'에 대한 근대 유럽의 압력이 급격하게 높아집니
다. 아편전쟁 직후인 1845년에는 영국군함인 사마랑호가 거문도 해
역을 조사하고 거문도를 '포트 해밀턴'이라고 명명합니다. 이어서
1854년 4월, 러시아의 푸차친이 세 척의 함대를 이끌고 거문도를 조
사하고, 1857년에는 섬에 저탄소貯炭所를 설치하자고 제의합니다. 이러
한 러시아 조사에는 작가인 이반 곤차로프가 동행해 흥미 있는 기록
을 남겼습니다.

이런 러시아의 움직임에 위협을 느낀 영국은, 1885년 4월에 세 척
의 군함을 파견해 거문도를 점거하
고, 청국과 일본에 점거를 통고합니
다. 그리고 주민을 동원해 병영과 방
어시설을 짓고, 거문도와 상하이간
에 전신선電信線을 설치했습니다. 영
국은 거문도를 '제2의 홍콩'으로 만
들기 위해 착착 준비를 진행했지만,
러시아와 중국의 강한 반대에 부딪
쳐 1887년 2월 27일 기지를 파괴하

고 떠납니다. 그러나 그 후에도 영국함대는 거문도를 방문해 1890년 대에는 위와 같은 사진을 남기고 있습니다.

2) 일본어민의 거문도 이주

1853년 페리의 입항으로 서서히 개국을 요구당하게 된 일본은, 1867년 메이지유신 이후 구미의 근대화에 대항해 적극적인 해양 정책을 전개해 한반도의 연안에도 어업이용을 구실로 군사거점을 요구했습니다.

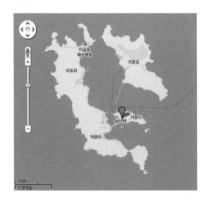

하지만 거문도에 일본어민이 진출한 중요한 의의는 어장 획득에 있었다고 할 수 있습니다.

거문도는 지도에서 보이는 것처럼 서도, 동도, 거문도의 삼도로 구성됩니다. 일본어민의 본격적인 이주는 1906년(메이지39년) 이었다고 합니다. 이주의 원인은 1905년의 야마구치현 도요우라군 유타마우라山口県豊浦郡湯玉浦의 대화재였습니다. 이 화재로 살림살이와 가옥을 잃은 어업경영자인 기무라 주타로木村忠太郎가 남은 배에 그물과 식량, 가족을 태우고 거문도를 향해 출발합니다. 거문도 앞바다는 당시에 이미 우량 어장으로 알려져 있었고, 기무라도 출어 경험이 풍부했던 것 같습니다. 경험이 풍부한 어업경영자인 기무라는 당시 한국의 어장 개척에 깊은 관심을 표하고 있던 정부에 지원을 기대할 수 있었습니다.

기무라는 서도, 동도, 거문도의 삼도 중, 지금의 거문리가 위치한 거문도에 자리를 잡는데, 당시 이 토지는 무인도 상태였습니다. 이 섬

의사주와 민속놀이를 통해 바라본 조선의 근대

에 사람이 살지 않았던 이유는 명확하지는 않지만, 동도, 서도와 비교해 농업에 적합한 토지가 적었다는 것에 기인했을 것입니다.

기무라는 이 거문도·거문리라는 양항良港을 거점으로, 우선 〈이리코いりこ(멸치, 정어리 등의 생선을 쪄서 말린 것)〉의 대량생산에 착수합니다. 일본의 전통적인 기술 〈대부망大敷網〉를 사용해 생선을 잡아 햇볕에 말려 만든 건멸치 등을 교토와 오사카를 중심으로 한 간사이關西시장에 수출했습니다. 기무라가 이 시기에 사용한 경영수법은 일본의 어업경영자가 가진 독특한 가족 경영으로 제조부터 판매에 이르는 전 과정에 관련하는 일가족이, 야마구치현 도요우라군에서 이주했다고 할 수 있습니다.

3) 거문리의 촌락형성

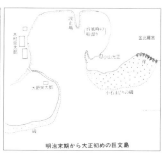

여기 1910년 7월 1일에 촬영한, 기무라 주타로의 집(오른쪽)과 작업장(왼쪽), 창고(중앙)의 사진이 있습니다. 바로 앞에 보이는 것이 어선입니다.

오른쪽이 당시 항구의 지도인데, 기무라 외에도 어업경영자였던 오노 에이타로大野栄太郎와 우체국 소장인 고야마미쓰마사小山光正의 집이 있습니다. 그 후, 거문리는 점점 커져서 근대적인 항구도시의 양상을 띠기 시작합니다.

大正末期から昭和初期の巨文島

昭和15年ごろの巨文島

　　왼쪽이 다이쇼大正 말기(1925년경), 오른쪽이 쇼와昭和15년(1940년)경
의 주택배치도입니다.

　　둘 다 나카무라 히토시 저『한국거문도 일본촌』中村均著『韓国巨文島にっ
ぽん村』에서 인용했는데, 나카무라에 의하면 거문리에 사는 일본인 세
대수와 인구 내역은 1915년 마을에 초등학교가 생겼을 때, 일본인 50
세대(200인)였는데, 1918년에는 90세대(322인)로 급증했습니다.

　　이것이 1935년에는 일본인 87세대(355인), 한국인 108세대(500인)가
되어 일본인의 수는 거의 변동이 없습니다. 1942년에는 일본인 78세
대(309인), 한국 233세대(1092인)로 일본인 수는 감소한 것을 알 수 있
습니다.

　　이것은 일본인의 젊은층이 교육 등의 목적으로 일본에 귀국하거
나, 섬의 경제가 포화상태에 이른 것이라고 할 수 있습니다. 이에 비해
겨우 7년 만에 한국인의 수는 배로 늘어납니다. 1915년과 1918년의
한국인 수는 불명확하지만 일본인보다 훨씬 적었다고 합니다.

　　1925년부터 1940년까지 거문리의 일본인 인구에는 큰 변화가 보이
지 않지만, 마을의 구조는 크게 변화합니다. 거문도의 어업은, 앞바다
의 멸치나 고등어를 말린 이리코나 간 고등어와 같은 보존식품과 같
이 가공해서 출하하는 소규모의 비즈니스에서, 대양어업과 일본수산

등의 대기업이 줄지어 있는 어업기지의 대규모 비즈니스로 이행하게 됩니다. 거문리에는 대기업에서 일하는 남성들이 여관, 식당, 목욕탕, 카페, 유곽 등에서 돈을 탕진하는 근대 항구 도시의 풍경이 나타나게 됩니다.

4) 거문리에 남겨진 일본식주택은 어떤 것인가

이 같은 상황을 고려해서 〈개화기에서 식민지시대까지 한국 주거 문화의 지속과 변용〉 문제를 생각해 봅시다. 1906년(메이지39년), 기무라 주타로의 이주에 의해 시작되는 일본인 어민의 대량이주는 확실히 거문도 문화에 큰 변화를 가져다주었습니다. 그것은 주거문화 뿐만 아니라 의식주 전반에 걸쳐 전통적인 신앙이나 가치관에도 심각한 영향을 준 것이 틀림없습니다. 하지만 이 문화 변용의 과정은 한국인뿐만이 아니라 일본인에게도 전혀 새로운 경험이었습니다.

이 사실을 이해하기 위해, 근대 이전의 일본 어촌의 주거문화를 소개하려고 합니다.

(1) 근대 이전의 어업경영자의 생활

일본은 주위가 바다로 둘러싸인 열도로 바다에 뜬 섬도 매우 많습니다. 그곳에는 다양한 어로漁勞문화가 있고, 단 하나의 사례로 일본 어업에 대해서 설명하는 것은 불가능하지만, 여기서는 굳이 하나의 예를 소개하려고 합니다.

오른쪽의 집은 지바현 산부군 구십구리 해안千葉県山武郡 九十九里浜에 17세기 후반(본채)과 18세기 후반(도마)에 지어

진 어업경영자·사쿠타作田씨 집으로 현재는 가와사키시川崎市 일본민가원에 이축移築되어 있습니다. 구십구리 해안은 잘 알려진 어촌지역으로 거문도에 기무라 주타로가 했던 멸치나 정어리잡이가 번성해 있습니다.

어업경영자는 큰 배나 그물을 소유하고 어부로 불리는 고용인을 많이 고용해, 어업이나 농업에 종사시켰습니다. 그리고 생산·가공하여 말린 정어리(건멸치 등)나 어유魚油를 전국에 팔아넘기는 유통·숙박 시설도 지배했던 근세 일본의 자본가였습니다. 그 대부분은 가족 경영으로 기무라 주타로의 경우도 같습니다.

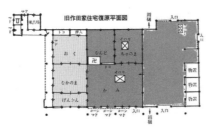

사쿠타 씨의 집은 일본민가원에서도 가장 큰 집으로 넓은 도마土間와 자시키座敷가 있지만, 구조적으로는 〈2.의 2) 일본가옥의 공간구조〉에서 기술한 도마·이타노마·자시키라는 구조를 갖고 있습니다. 이타노마는 특히 넓은 데다가 천장도 높고 호화스러운데, 안쪽에 위

치하는 자시키는 손님용으로 주인이 사용했던 곳은 아닙니다. 자시키의 왼편 안쪽에 욕실과 변소가 있지만, 이것도 손님용으로 주인이 일상적으로 사용했던 것은 아닙니다. 고

의식주와 민속놀이를 통해 바라본 조선의 근대

용인을 포함한 주인 가족은 남자도 여자도 두개의 이로리를 가진 이타노마와 도마에서 생활했습니다. 이 집의 특징은 도마의 구석에 '창고'로 취급되는 세 개의 작은 방이 있는데, 고용인들은 이 작은 방에서 거처했다고 생각됩니다. 이 방의 문 위에는 큰 놋대가 보입니다.

이처럼 개화기 이전 일본 어촌의 가옥은 일반적으로 단층집인데, 〈도마·이타노마·자시키〉라는 농가와 같은 구조를 가지며, 이로리를 중심으로 한 이타노마·도마에서 일상생활을 보냈다고 생각됩니다.

이와 같은 일본 어촌의 주거문화는 1853년의 페리 입항 이후, 서서히 모습이 변화해 갑니다. 특히 1859년(안세이安政5년)에 개항한 요코하마의 경우는 극적인 변화를 겪었습니다. 다음으로 요코하마의 사례를 간단히 소개하겠습니다.

(2) 개화기 전후의 요코하마

1858년(안세이4년)에 미국의 압력에 굴한 일본은 우선 일미수호통상조약을 체결하고, 영국, 프랑스, 네덜란드, 러시아와도 같은 조약을 체결하게 됩니다. 이 조약에 대한 반대가 얼마나 강했는지는, 이 조약을 체결한 이이 나오스케井伊直弼가 암살당한 것으로부터도 알 수 있습

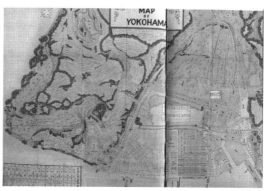

니다. 이 조약의 결과, 하코다테, 요코하마, 나가사키가 개항됩니다.

위쪽 왼편의 지도는 개항 직후인 1860년의 요코하마입니다. 만灣의 안쪽에는 외국선이 보이는데, 인가는 거의 보이지 않습니다. 미국측은 당초 만의 오른쪽으로 펼쳐지는 가나가와神奈川의 개항을 요구했지만, 역촌이었던 가나가와는 에도江戶를 잇는 요충지였기 때문에 만의 오른쪽에 위치하는 어촌·요코하마가 제공된 것입니다.

위쪽 오른편은, 그로부터 10년밖에 지나지 않은 1870년(메이지明治3년)의 요코하마입니다. 마을은 구획정리 되어, 강을 끼고 오른쪽에 외국인거류지, 왼쪽에 일본인거류지가 늘어섭니다.

요코하마는 생사나 차 등의 수출과 면직물이나 함선, 무기 등의 수입에 의해 발달하여 풍부한 무역 상인이 사는 도시가 되었습니다.

조금 시대를 거슬러 올라, 1911년(메이지44년)에 준공된 가와사키시의 일본가옥이 일본민가원에 남아 있으므로 소개하겠습니다. 이 집은 하라原씨 집인데 당시 비료나 기름을 취급하던 도매상으로 매우

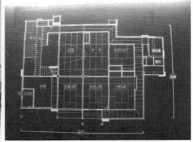

유복한 가족의 저택입니다. 하라씨 집은 비료로 말린 정어리, 기름인 어유魚油가 유력 상품이었으므로 어업과의 관계성도 추측할 수 있습니다. 이 집은 이층집으로 1층에 6개, 2층에 4개의 다다미를 깐 방이 있으며, 단 한 개의 〈자시키〉를 빼면, 나머지 전부를 가족들이 일상적으로 사용하고 있었다고 생각됩니다. 오른쪽이 1층의 설계도인데, 왼편 구석의 아래에는 현관이 있고, 도마가 있습니다. 이타노마는 그 위쪽에 펼쳐지는 부엌과 복도뿐입니다. 물론 이로리는 없습니다.

이 집의 큰 특징은 복도에 큰 유리문이 사용되어 전면적으로 햇볕이 드는 구조로 되어 있다는 겁니다. 다다미방을 구분하는 것은 장지문으로 장지문의 윗부분인 통풍공간(란마[欄間])에는 정교한 장식이 새겨져 있습니다.

근대에 도입된 유리를 빼면, 근대 이전에도 이런 건축기술은 상급무사의 부지나 사원에서 볼 수 있었습니다. 하지만 이런 건축양식은 특별한 것으로 '민가'에서는 볼 수 있는 것은 아니었습니다. 그러나 근대 이후에 상류계급으로 퍼지면서 오늘날 '일본가옥'이라고 불리게 되는 겁니다.

(3) 거문도의 일본식 주택은 어떤 것인가

조금 멀리 돌아 왔지만, 여기서 거문도에
남아 있는 '일본식주택'을 검증해 봅시다. 기
무라 주타로가 이주한 직후에 지은 주택은
오른쪽 위 사진에서처럼 확실히 기와지붕의
일본식 주택이지만, 작습니다. 그런데 15년
정도 후에는 섬에 많은 집이 세워지게 되었
습니다. 그 중에도 유달리 눈에 띄는 것이 나
가토야長門屋 여관입니다.

이 큰 집은 조금 형태를 바꿔가면서 지금
도 남아 있습니다. 오른편 중간이 1925년경,
아래쪽이 현재의 '나가토야 여관'입니다.

그럼, 거문도 출신자가 1992년
에 거문도를 방문했을 때의 다큐
멘터리 필름 '거문도·47년만의
일본촌'의 기록과 1925년, 1940
년경의 지도를 보면서 거문도·
거문리의 주거문화를 다시 한 번
생각해 봅시다.

이미 이야기했듯이 거문리는 많은 어선이 출입하는 주변해역에서
손꼽히는 항구이지만 어민들의 주거지가 존재하지 않습니다. 나가토
야 여관처럼 여관, 식당, 카페, 유곽, 쌀집, 두
부가게, 과자가게와 같은 소매점, 사무소, 출
장소, 조선소, 철공소, 제빙소, 의원, 학교 등,
근대의 항구도시라면 어디에서도 볼 수 있는

의식주와 민속놀이를 통해 바라본 조선의 근대

광경이 예전과 마찬가지로 지금도 펼쳐져 있습니다. 오른편 위쪽은 나가토야 여관의 현관입니다. 입구에 도마(현관)가 있고, 신발을 벗고 올라가면 이타노마로 안쪽에 긴 복도가 이어져 있습니다.

계단을 올라가면 2층에는 숙박객을 위한 자시키가 있으며 방은 장지문으로 구분되어 있습니다. 넓은 유리창을 통해 충분히 햇볕이 들고, 장지문 위쪽의 통풍공간에는 정교한 장식이 새겨져 있습니다.

이러한 여관의 구조는 일본인이라면 누구라도 알고 있으며 지금도 전국 각지에서 볼 수 있습니다. 하지만 이것이 근대 이전의 일본민가에서는 볼 수 없었던 '근대의 산물'이라는 것은 가와사키시의 하라씨 주택의 사례에서 알 수 있습니다.

거문도에 이주한 일본인은 확실히 거문도의 전통적인 주거문화에 큰 변화를 주었습니다. 그러나 그 때에 일본인이 거문도에 가지고 들어간 것은, 1850년대 구미에게 개국을 요구 당함으로 인해 만들어진 일본문화입니다. 말하자면 전통적인 일본문화를 버린 후에 만들어진 '새로운 일본문화'로, 일본과 거문도는 거의 동시에 같은 〈문화 변용〉을 경험한 것이 됩니다.

개화기 이전 '이로리'와 '도마·이타노마·자시키'를 가진 전통적인 일본가옥에 살고 있던 일본인은 '이로리'를 둘러싼 가족구성의 질서에 따르면서 선조를 모신 부쓰단(仏壇)이나 불신, 물신, 창고신, 측신 등, 눈에 보이지 않는 것들과 함께 생활해 온 것입니다. 이것은 경상북도 예천의 김형철씨 집에서, 할머니 할아버지가 삼신, 용단지, 성주, 기주, 업신 등과 함께 생활해 온 것과 같습니다.

개화기 이후의 일본인은 하라씨 주택만큼 훌륭한 구조는 아니어도 밝은 유리창을 가진 다다미방에 살게 되었습니다. 이로리 대신에 '고타쓰'라는 편리한 난방도 갖추고, 침실은 세대별, 개인별로 나눠지고 욕실도 당연한 것이 되었습니다. 하지만 이런 편리함의 대가로 많은 것을 잃은 것도 사실입니다.

5. 맺음말

1) 거문리와 요코하마

조금 걸맞지 않은 비교일 수도 있지만, 〈개화기의 주거문화 변용〉이라는 의미로 거문리와 요코하마의 경험은 많이 닮아 있습니다. 거문리가 일본 식민지 전략의 일환으로 성립된 것은 분명한데, 요코하마도 또한 미국으로 시작하는 열강의 지배 전략의 일환으로 만들어진 도시입니다. 개항에 대한 일본측의 저항은 거세서 이미 역촌으로 설비가 갖추어진 가나가와를 피해 요코하마가 제공된 것입니다.

그 결과 사람이 거의 없었던 작은 마을이 일본에서 가장 새로운 도시로 변모해, 수년 후인 1872년(메이지5년)에는 우선 시나가와品川~요코하마 간에, 이어서 신바시新橋~요코하마 간에 일본 최초의 철도가 생기게 되었습니다. 이런 요코하마의 사례는 극단적이지만, 요코하마·하코다테·나가사키의 개항을 계기로 일본 각지에 '항구 도시의 문화 변용'이 일어난 것은 충분히 추측할 수 있습니다.

원래 일본의 어부는 오래 전부터 '해민海民'의 전통을 갖고, 배만 있

의식주와 민속놀이를 통해 바라본 조선의 근대

으면 어디로라도 이주할 수 있는 힘을 가졌습니다. 오른쪽은 '가선_{家船}'이라
고 불리는 선상생활자의 배로, 이런 배에서 생활하는 '해민'은 근대 초기에 많이 볼 수 있었습니다.

기무라 주타로가 1905년 야마구치현 도요우라군 유다마우라의 대화재로 살림살이를 잃어버린 데도 불구하고 1906년 거문도에 이주할 수 있었던 것은 물론 당시의 국책도 있었지만, 그가 소유한 배와 그물과 기술, 그리고 가족의 결속이 있었기 때문이라고 할 수 있습니다.

기무라가 거문도에서 성공을 거둔 후 바로 많은 어부가 찾아 와, 그 어부 상대의 사업이 시작됩니다. 거문리의 항구에 어부의 주거지는 적고 여관, 식당, 카페, 유곽, 쌀집, 두부가게, 과자가게, 사무소, 상사, 조선소, 철공소, 제빙소, 의원 등이 집중한 것은 당연한 것일 겁니다. 1906년에는 아무것도 없었던 거문리에 출현한 것은 새로운 어촌이 아닌, 근대의 항구 도시였습니다. 도시가 마을과는 전혀 다른 '문화'를 가지는 것은 잘 알려져 있습니다. 1906년 이후, 거문리에 일어난 문화 변용은 격하게 시작된 교환과 소비의 경제가 일으킨 것입니다. 이 격한 힘은 거문리를 중심으로 주위의 한국인과 일본인의 마을공동체적인 세계관을 크게 변화시킨 것이 틀림없습니다.

2) '문화 변용'에서 '문화 충돌'로

처음 한국을 방문해 자신의 정신적인 고향을 접한 것과 같은 감명을 얻은 것은 이 느긋한 리듬 덕분이라고 생각합니다.

하지만 요즘 한국사회의 격한 변화에는 놀라움을 감추지 못합니다. 특히 21세기에 들어선 후 변화의 급속함은 제 이해를 초월하는 영

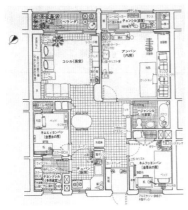

역입니다.

　이번 테마인 '주거문화'에 관해서 말하면, 제가 일 년을 보낸 1988
년에도 전국 인구의 3분의 1이 서울에 집중해 그 대부분의 사람이 고
층 아파트에 살고 있었으므로 그 문화 변용은 명확한 것이었습니다.
1945년의 광복까지 한국의 주택은 압도적으로 단층집이 많고, 고층
아파트 등은 상상도 할 수 없는 것이었기 때문입니다.

　위의 설계도와 사진은 청량리에 1978년에 지어진 78㎡ 넓이의 아
파트로 일본풍으로 말하면 3DK(다이닝룸+키친)입니다. 1988년 당시에
부부와 대학생의 아들 둘이 생활하고 있었습니다. 이 아파트에는 안
방과 거실이라는 두 개의 중심 부분이 있으며, 한국 전통에 의하면
안방이 주부의 영역, 객실로서의 거실이 가장의 영역이 된다고 해도
좋을 것 같은데, 이제 와서 그런 구별은 없다고 해도 되겠지요. 대신
에 아이들 두 명이 개인실을 갖게 됩니다.

　이런 아파트의 공간 배분은 일본의 경우와 많이 비슷합니다. 한국
의 경우는 안방과 주방, 다용도실이라는 주부 전용 스페이스가 있으
므로 주부의 존재감이 강하다고 말할 수 있습니다. 하지만 예전처럼

'남녀유별'의 약속이 희박하게 된 공간에서는 남편도 마음 편하게 안방에 들어가는 대신 주부도 거실에서 텔레비전을 보거나 음악을 들으면서 지냅니다. 물론 안방은 완전한 사적 공간임으로 지금도 가족 이외의 남성이 출입하지 않습니다. 하지만 일본에서도 부부의 침실에 가족 이외의 남성이 출입하지 않으므로, 부부의 침실로서 사용되게 된 안방에는 이미 한국 고유의 '문화적 전통'은 없다고 할 수 있겠습니다. 1970년대 초반 새마을 운동으로 집을 새로 짓고 지붕을 새로 이거나 의무적으로 바꿔야 했던 시기에는 위화감을 느꼈던 한국 사람들도, 시골에서 도시로 이주한 경우에는 이런 아파트 생활에 저항보다는 동경을 가진 것처럼 생각됩니다. 이것은 1960년대 후반의 일본에 일어난 단지團地붐과도 비슷합니다.

고도경제성장기에 돌입한 후 대학을 졸업한 젊은 세대가 도쿄 등의 도회지에 근무하면서 주변의 단지에 사는 라이프스타일이 일반적이 됐을 때, 그것에 '문화 변용'이라며 위화감을 느낀 일본인은 적었다고 생각됩니다.

서울과 같은 대도시와 비교해 예천군 송담과 같은 촌에서 생활하는 경우에는 사람들은 여러 가지 공동체 규칙을 따르며 생활합니다. 그곳에서 촌에 깊이 뿌리박힌 '지연', '혈연' 관계에 괴로워하게 됩니다. 촌에서는 한 가족의 종가와 분가의 관계가 있고, 옆 마을과의 복잡한 역사도 있습니다. 하지만 서울처럼 대도시에 이주해 아파트 단지에서 생활을 시작하면서 이웃집과의 관계도 희박해져 라이프스타일은 크게 변화합니다.

제가 경험한 1988년은 서울 올림픽의 해로 한국사회의 큰 전환기였습니다. 저는 이때에 가시화된 것이 '문화변용'보다는 세대간의 '문화충돌'이었다고 생각합니다. 저는 당시 텔레비전 드라마를 자주 보았는데, 거기서 반복되는 이야기는 것은 서울의 고급 아파트에 사는 젊은 세대와 고향의 전통적인 가옥에 생활하는 노인 세대와의 갈등입니다. 서울의 아파트 단지라는, 지연과 혈연에서 자유로운 주거문화를 향유하면서 고독하게 지내는 젊은 세대의 아이들과 고향의 지연과 혈연에 연연하면서 생활하지만 역시 고독한 부모들과의 사이에 매번 반복되는 '문화충돌'이 테마였습니다.

3) 새로운 흐름으로 향하며

21세기에 들어 일본에서 〈겨울연가〉가 대히트한 것도 역시 드라마에 세대간의 '문화충돌'이 그려져 있어 일본 관객이 그 '충돌'에 공감했기 때문이라고 생각합니다.

〈겨울연가〉는 매우 우수한 스토리이며 현대 한국에서의 '문화충돌'과 '주거문화'를 이해할 수 있는 텍스트로 읽는 것도 가능하지 않을까요.

이 드라마의 주인공(강준상)은 얼핏 보면 '지연'이나 '혈연'에 얽매여 있지 않지만, 그의 어머니는 실로 1980년대에 '지연'과 '혈연'에 상처받고 싸워내 자유를 얻은 히로인으로 그 상처를 감추기 위해 자기 아들(강준상)의 '지연'과 '혈연'을 말소해 버립니다.

그 결과, 주인공(강준상)은 잃어버린 '지연'과 '혈연'을 찾아서 방황하게 됩니다. '지연'과 '혈연'과 싸워낸 자식 세대(제2세대)가 제1세대의 기억을 전부 지워 버렸기 때문에, 〈겨울연가〉에서는 할아버지나 할머니라는 제1세대가 전혀 등장하지 않습니다. 하지만, 그 때문에 '지연'과 '혈연'은 오히려 클로즈업되지 않게 됩니다.

이 스토리의 제2의 테마는 서울과 지방도시(춘천), 도시와 리조트의 대립입니다. 말할 것도 없이 춘천은 주인공이 잃어버린, 행복한 기억의 장소이며 드라마에서는 이 춘천의 기억과 대비해서 서울의 현대적인 오피스나 카페, 리조트가 등장합니다. 그리고 성장한 주인공은 건축가가 되어 드라마에 새로운 공간을 계속해서 늘려 갑니다.

드라마가 보여주는 것은 어디에도 있을 법하며 어디에도 없는 공간, 회고적이며 미래지향적인 리조트나 학교, 그리고 주택입니다. 그러나 이 "어디에도 없는", "회고적이며 미래지향적인" 공간이나 주거의 리얼리티를 지탱하는 것은 드라마에 등장하지 않는 제1세대의 할아버지 할머니의 세계입니다. 그것은 한국의 전통문화와 '지연', '혈연'으로 지탱되어 온 공동체가 아닐까요.

일본에서 이 드라마에 열광해 완전히 테마 파크화 된 리조트나 학교, 그리고 강준상의 집을 방문한 사람들은 그저 〈겨울연가〉의 열광팬(마니아)이 아닌, 실로 스토리의 복잡한 수수께끼 회로를 잘 이해하고 있다고 생각됩니다. 그리고 동시에 한국에서 테마 파크를 만들어 투어를 기획하고, 〈겨울연가〉의 '주거문화', '문화변용', '문화충돌'을 가시화한(표상화한) 사람들도 한국의 전통적인 문화와 현재를 잘 이해했을 것입니다.

21세기에 들어와 〈겨울연가〉로 개막한 한국붐은 일본에서 점점 더 진화하고 계속 심화되어 갑니다. 이 붐이 우선은 비교적 연령이 높은 사람들 사이에서 시작되어 서서히, 그리고 단숨에 젊은 연령층으로 퍼져가고 있는 것에 주목해도 좋겠지요. 일본에서 '문화변용'과 '문화충돌'에 괴로워 한 세대가 먼저 이웃나라의 '문화변용'과 '문화충돌'에 공감하고, 그것이 젊은 세대로 이어진 것이 아닐까요.

(참고문헌은 원문으로 대신함)

일제강점기 일본인과 조선인의 온돌관

-단국대학교 동양학연구소,『주거 문화 관련 자료집』을 중심으로-

이 글은 『실천민속학연구』 제18호(실천민속학회, 2011. 8.)에 게재되었던 것을
재수록하는 것임을 밝혀둔다.

1. 서론

우리 가옥의 근간을 이루는 핵심적인 요소 중의 하나가 바로 온돌이다. 온돌의 등장으로 가옥 구조와 생활방식, 그리고 생활용품에 이르기까지 주생활 전반에 걸쳐 커다란 변화를 겪게 된다. 주생활에서 혁명적인 변화를 가져온 온돌에 대해 우리는 그동안 그 중요성을 인식하지 못하며 살아왔다. 마치 오랜 옛날부터 우리 가옥에는 온돌을 사용하였을 것으로 여긴다. 그런데 우리나라 전역에 걸쳐 온돌의 사용이 일반화된 것은 17세기 이후로 역사가 그리 오래된 편은 아니다. 이러한 사실을 인지하지 못하는 것은 우리의 문화생활에서 온돌이 차지하는 비중이 그만큼 지대함을 의미한다. 온돌은 우리가 독창적으로 만들어 낸 세계적인 문화유산이자 한국문화 전반을 이해하는 데 있어 중요한 문화적 코드이다.[1]

시대가 변하면 그에 따라 인간의 생활이 변하고, 그에 걸맞게 생활방식이 변모하기 마련이다. 한국 사회에서 일제강점기는 우리의 문화 전통이 격렬한 변화와 굴곡을 강요당하던 시기다. 일제에 의해 수많은 민속의 전통이 해체되고 변용되면서 전승이 단절되거나 왜곡되는 과정을 거치면서 오늘에 이르렀다. 우리 사회는 전통적 농경사회에서 산업사회로 넘어가는 과도기에 식민지화되었고, 일제는 민중의 가치관을 식민지적 질서에 부합하도록 개편하려고 하였다.[2] 이러한 현상은 우리 삶과 밀접한 관련을 맺고 있는 온돌에 관한 논의에서도 찾아볼 수 있다.

---

1 강재철, 「온돌문화전통의 지속과 변용」, 『한국 근대 의식주와 일상의 제도』, 단국대학교출판부, 2010, p.21.

2 전남일 외, 『한국 주거의 미시사』, 돌베개, 2009, p.13.

일제강점기에 온돌은 산림을 황폐하게 하는 주요인으로 꼽히며 끊임없이 개량 내지 폐지해야 한다는 논의가 진행된다. 더욱이 온돌망국론을 들먹이면서 온돌에 의해 산림이 훼손되고 결과적으로 기력이 쇠약해진 조선이 멸망하게 되었다는 논리를 펴기도 한다. 이처럼 온돌은 국가의 존망이라는 거대 담론 속에서 중요한 요소로 다뤄진다.[3] 이렇게 볼 때, 온돌은 우리의 주생활뿐만 아니라 민족의 정체성까지 파악할 수 있는 핵심적 요인이다.

온돌에 대한 연구는 건축학·민속학·고고학 등 제 학문 분야에서 다각적으로 진행되고 있으며 일정한 연구 성과를 거두고 있다.[4] 이 글은 기존의 연구 성과를 토대로 하여 온돌에 관한 한국인과 일본인의 인식에 대하여 비교·고찰하고자 한다. 일제강점기 조선인과 일본인의 온돌관에 대해서는 강상훈과 권석영에 의해 논의된 바 있다. 강상훈은 「일제강점기 일본인의 온돌에 대한 인식변화와 온돌개량」[5]에서 1920~1940년대 일본인 건축가들의 온돌에 대한 인식변화과정과 그에 따른 일본인에 의한 개량온돌의 상관관계를 고찰하였다. 이 글은 일본인의 온돌관을 중심으로 살펴본 것이기에 조선인의 온돌관에 대해서는 논의되지 않았다. 권석영의 『온돌의 근대사』는 온돌의 근대사를 '민족'의 틀이 아닌 '제국 일본'이라는 틀 속에서 기술한 것이다. 이 책은 다양한 자료를 통해 온돌의 역사를 일목요연하게 정리하고

---

3 권석영, 『온돌의 근대사』, 일조각, 2010, p.35.

4 기존의 온돌에 대한 연구 경향은 크게 3개의 유형으로 구분할 수 있다. 첫째는 기원에 대한 연구, 둘째는 온돌의 변천과 확산에 대한 연구, 셋째는 온돌의 구조와 열에너지 이용의 효율성 증대를 위한 구조적 개량에 대한 연구가 그것이다. 기존 온돌연구에 관한 검토는 이운형, 「온돌문화의 전통과 현대적 변용-경북 문경시 무진골 마을 사례를 중심으로-」, 안동대대학원 석사학위논문, 2009, pp.3~8 참조.

5 강상훈, 「일제강점기 일본인들의 온돌에 대한 인식변화와 온돌개량」, 『대한건축학회논문집』 22권 11호, 2006.

있다는 점에서 의의를 갖는다.

이 글은 단국대학교 동양학연구소에서 펴낸 『주거 문화 관련 자료집』[6]을 중심으로 일본인과 조선인의 온돌관을 살펴보고자 한다. 이를 통해 우리 생활과 밀접한 관련을 맺고 있는 온돌문화전통[7]이 어떻게 변화되고 변용하면서 오늘에 이르렀는지 그 일면을 엿볼 수 있을 것이다. 이 글에서 『주거 문화 관련 자료집』을 텍스트로 삼은 것은 일본인과 조선인이 주거와 관련해서 일문과 국문으로 발표한 글들을 모아 편집한 것으로, 당시 온돌과 관련된 사항을 한 눈에 파악할 수 있기 때문이다.

2. 일본인의 눈에 비친 조선의 온돌

일제강점기 초기 일본인의 조선 온돌에 대한 시각은 대체적으로 부정적이다. 일제강점기의 건축은 제국의 정치적 목적과 경제적 이익과 분리될 수 없을 뿐만 아니라, 제국이 제국일 수밖에 없고 식민지가 식민지일 수밖에 없는 차별적인 구별의 논리를 대변한다.[8] 이러한 관점에서 볼 때, 조선의 전통 건축 특히 그 근간을 이루는 온돌은 문명과 근대화에 역행하는 것으로 일본이 '문명화의 임무'를 통해 해체해

---

6 단국대학교 동양학연구소 편, 『주거 문화 관련 자료집』, 민속원, 2010.
7 문화전통이란 문화향유 주체들이 전래된 자신들의 전통문화를 향유하면서 유입된 외래문화를 주체적으로 수용하여 자기화 하는 과정에서 형성되는 것을 말한다(강재철, 「개화기에서 일제강점기까지 한국 관계 민속 문헌 자료의 연구 방향과 의의」, 『한국문화전통의 자료와 해석』, 단국대학교출판부, 2007, p.13).
8 김소연·이동언, 「"오리엔탈리즘"의 재해석으로 본 일제강점기 한국건축의 식민지 근대성-제국주의 시대의 서구, 일본, 한국 건축에 대한 비교 연구를 중심으로-」, 『대한건축학회논문집』 21권 4호, 2005, p.105.

야 할 대상으로 인식하였던 것이다.[9]

온돌의 찬반론에 대해서는 많은 학자들의 의견이 발표되었다. 위생상 난방의 설비는 비교적 좋은 점도 있지만 경제성 면에서의 난방을 취하는 것은 산림을 황폐화시키는 주요 원인이 된다는 것을 지방에 따라 관찰할 수 있었다. 불을 때므로 방 내부를 오랫동안 따뜻하게 해 준다는 것도 온돌 찬성론자들이 내세우는 점이다. 그러나 절대적으로 비위생적이고 경제적이지 못하다고 단언하는 학자들도 있다. 조선인 입장에서 보면 선조 때부터 온돌을 이용하는 것이 관습이지만 비위생적이고 경제적이지 못한 온돌의 연료와 연소 능력에는 문제가 있다. 온돌에서 양육된 어린이는 대개 추위를 많이 타고, 폐렴에 쉽게 걸리고 기관지가 약하여 허약하고 피부의 저항력이 약하다. 경제적인 면에서는 와사(瓦斯: 석탄가스)와 비교 조사해 본 결과 와사(瓦斯: 석탄가스)는 온돌에 들어가는 절반으로 같은 온도를 유지할 수 있다. 그리고 온도 조절을 자유롭게 할 수도 있다. 온돌을 이용하면 아이들의 기관지가 좋지 않고 또 가족들이 종종 불을 지펴 방안이 많이 더워지면 기분이 나빠지기도 하고 혹은 졸도하는 일도 있지만 와사(瓦斯: 석탄가스)는 그런 일은 없다. 국력 발전에도 보기 좋지 않다. 즉 조선으로 이주해서 사는 일본사람들을 변화시킬 필요가 있다. 필요를 충족시키기 위해서는 우선 첫 번째로 집의 상태를 일본과 동일하게 하지 않으면 안 된다. 온돌에서 생활하면 게을러지고 자연히 비굴해지게 되므로 특히 조선의 중앙도시인 경성은 시가지를 정비하여 미관을 갖출 필요가 있다. 건축 규정을 정해서 지정된 시가지에 한해서 온돌을 축

---

9 위의 논문, p.109.

의식주와 민속놀이를 통해 바라본 조선의 근대

조하는 것을 금지시키고 또 지정된 시가지 외에도 이것을 금지시키고 일본인의 건축에는 절대로 온돌을 축조하는 것을 중지시키는 것이 좋다. 중앙도시에서 모범을 보이면 지방으로도 확산될 것이다.[10]

위의 인용문에서 오카자키 도오미츠는 조선의 온돌이 갖는 폐단을 크게 경제적인 측면과 위생적 측면, 그리고 인간 행태적 측면으로 세분하여 지적하고 있다. 일제강점기 일본인 연구자들이 범하기 쉬운 잘못 가운데 하나가 식민지 지배를 정당화하기 위해 식민지 문화를 편향적으로 서술하고 선택적인 관찰과 의도적인 차별의식을 보이는 경향이 두드러지게 나타난다는 점이다.[11] 이러한 일본인 연구자의 편향된 시각이 온돌에 대한 비판적 안목에서도 그대로 드러나고 있음을 오카자키의 글을 통해 확인할 수 있다. 일본인들이 내세우고 있는 온돌이 갖는 폐단인 비경제성, 비위생성, 비인간적 행태 등은 우리의 주거문화에서 중추적인 역할을 담당했던 온돌을 제거함으로써 그로부터 파생된 정신문화를 말살하여 식민지 지배를 공고히 하고자 했던 일제의 정치적 의도가 깔려 있는 것으로 볼 수 있다. 본 장에서는 오카자키가 제기한 온돌의 세 가지 폐단에 대해 일본인 자료를 중심으로 좀 더 구체적으로 살펴보고자 한다.

10 岡崎遠光,「溫突に就て」,『朝鮮及滿洲』52호, 1912. p.32.(단국대학교 동양학연구소 편, 앞의 책, p.15에서 재인용) 번역 정리 필자. 이하 본문에 인용할 경우에는『자료집』으로 약함.

11 최석영,「일제하 곤와지로(今和次郞)의 조선 民家論에 나타난 주거양식의 변화」,『한국 근대 의식주와 일상의 제도』, 단국대학교 출판부, 2010, p.78.

1) 경제적 측면

(1) 산림의 황폐화

온돌은 많은 양의 연료를 필요로 하는데 비해 열 효율성 측면에서 서구의 페치카나 스토브에 비해 떨어지기 때문에, 온돌로 "난방을 취하는 것은 산림을 황폐화시키는 주요 원인"이 된다고 한다. 온돌이 산림 황폐화의 주범이라는 인식은 당시 대부분의 일본 지식인에게서 찾아볼 수 있는 보편적인 사고방식이다. 이러한 사고는 일제의 조선 식민지배 정책의 연장선상에 놓인 것으로, 식민통치를 원활하게 하기 위한 논리적 토대를 제공한다.

온돌로 인한 피해는 연료의 지나친 벌목과 낭비로 인한 산림 황폐화이다. 산림 황폐화의 주요 원인을 탐구할 필요가 있다고 생각한다. 산림황폐의 원인은 무엇일까? 임업정책의 이완되고 황폐해짐으로써 그것이야말로 조선의 임야를 황폐화 시킨 최대의 원인이 아닐까? 조선의 옛 정권은 생활이었다. 정권은 쥐었는데 생활은 나아진 것이 없었다. 실권은 아사되었다. 아사 전에는 국가적 관념이나 민생을 고려하는 것은 무리였다. 산이 황폐해지고 강이 마르는 것은 그것에 큰 원인이 있는 것은 아닐까? 그 다음으로 조선에 있어서 혹 특수한 삼림을 제외하고는 소위 무주공산이라고 일컫는 토지의 사유를 허락하지 않고 자유입산을 방치하였다. 그것은 임업정책상 극심한 결함이어서 산림을 황폐화시키기에 이르렀던 것이다. 이상은 산야황폐의 원인에 대해서 서술했지만 온돌에도 큰 결함이 있는 것은 사실이다. 온돌에는 많은 양의 연료가 필요하므로 연료의 낭비를 초래한다. 조선 사람들

이 온돌은 사용해야만 한다면 온돌을 개조할 필요가 있다.[12]

위의 인용문은 임업시험장 기수였던 다카하시 키시치로의 글이다. 그는 임업정책의 실패로 산림이 황폐화되었으며, 종국에는 그로 인해서 조선이 멸망하게 되었다고 하면서 납득하기 힘든 논리를 펴고 있다. 조선의 멸망과 산림의 황폐화를 연계시켜 논의하면서 그 중심에 온돌이 자리하고 있다면서 은근히 조선의 멸망에 중추적인 역할을 온돌이 담당하였음을 내비치고 있다. 우리 민족의 전통과 문화를 말살하기 위한 방법으로는 유형적 말살과 무형적 말살이 있을 수 있는데, 온돌이라는 유형의 말살을 통해 무형의 온돌문화전통을 말살하고자 획책[13]하고 있음을 위의 글을 통해 엿볼 수 있다.

온돌의 보급이 땔감 소비의 증가를 가져왔을 것으로 추정할 수 있으나, 그렇다고 하여 온돌을 산림 황폐화의 주범으로 간주할 수는 없다. 온돌이 보급되기 전에도 취사와 난방을 위해서는 땔감의 소비가 필요했기 때문이다. 그런데 우리의 온돌은 대부분 취사와 난방을 겸한다. 이것은 온돌의 수효가 증가했다고 해서 그것이 그대로 땔감 수요의 증가분으로 이어지는 것이 아님을 의미한다. 전국적으로 온돌이 보급됨에 따라 땔감의 소비가 증가하였을 것이다. 그러나 그것이 산림에 준 충격이 어느 정도였는지를 가늠하기는 대단히 어려운 일이다.[14] 물론 우리의 주거생활에서 온돌이 차지하는 비중이 크기 때문에 일정부분 산림에 악영향을 주었을 것은 분명하다. 그렇다고 하더

---

12 高橋喜七郎, 「溫突の築き方と燃料(一)」, 『朝鮮』 93호, 1922. 12.(『자료집』, p.17에서 재인용) 번역 정리 필자.

13 강재철, 앞의 논문, p.47.

14 권석영, 앞의 책, p.63.

라도 변변한 침구 하나 마련할 수 없었던 조선인에게 있어서 온돌은 온 가족이 혹독한 추위를 무사히 이겨낼 수 있게끔 한 원동력이었다. 따라서 우리에게 있어서 온돌은 조선의 산림을 황폐화시킨 주범이라 기보다는 주어진 여건 속에서 삶의 지혜를 통해 찾아낸 훌륭한 난방 기구이자 독특한 좌식문화를 창조해 낸 밑바탕이 되었던 것이다.

산림의 황폐화 문제는 일본인들이 온돌의 폐단으로 지적한 것 중에서 가장 핵심적인 사항이다. 산림 황폐화의 주범으로 온돌을 지목한 것은 사회 내부의 문제를 스스로 극복할 수 없는 무능한 민족임을 강조하기 위한 것으로, 일본의 조선 지배의 정당성을 확보하고 식민지 경영의 효율성을 제고하기 위한 방편에 불과하다. 그런데 산림 황폐화의 책임을 내부적 요인에서 찾는 것은 오늘날에도 마찬가지인 듯하다.

조선 500년의 기나긴 세월을 지나는 동안 임산연료채취와 화전경작이 늘어나는 등 이를 소홀히 다룬 탓에 1910년경에는 수많은 황폐임지가 발생하게 되었다. 그 결과 집을 짓고 다리를 놓을 건축용재, 전주 및 철도침목과 같은 산업용 목재가 모자랐고 따라서 가격도 올라갔다. (중략) 이와 같은 현상은 국가의 산업발전을 늦추고, 나아가 경제발전의 걸림돌로 작용하게 되었는데, 국토가 척박해져 나라백성이 궁핍하게 된 주원인은 치산치수를 게을리 한 탓에 산지가 헐벗은 데서 온 것임을 부인할 수가 없다.[15]

---

15 강영오·이천용·배영태, 「구한말 일제강점기 이후 서울의 풍치림조성 및 치산치수 역사」, 『산업공학기술』 8(1), 2010, p.19.

위의 인용문에서 치산치수를 게을리 한 탓에 "국가의 산업발전을 늦추고, 나아가 경제발전의 걸림돌로 작용하게 되었"다고 한다. 일본은 조선을 식민지로 확보하기 위해 과거의 역사와 문화를 논거로 제시하며, 조선의 민족성을 정치적 무능과 부패와 연관시키며 조선인의 무능한 역사적 원인을 추적해 나간다. 이러한 논의를 통해서 자연스럽게 조선민족성에 대한 부정적인 면을 부각하면서 민족의 정체성으로 각인시켰던 것이다.[16] 식민통치가 남긴 가장 심각한 유산의 하나가 바로 자기 문화를 부정적으로 생각하고 비하하는 태도이다. 자기 문화를 해석하고 계발하는 능력을 잃어버림으로써 부정적인 현실의 원인은 자기문화에서 찾고, 긍정적인 측면의 이유는 외부에서 찾도록 훈련되었기 때문에 식민지 상태를 벗어난 후에도 여전히 외부로 눈을 돌리게 된다고 한다.[17] 일제의 식민지정책의 특징을 한국민족의 말살과 식민지 수탈의 융합이라고 할 때, 일제강점기 하에서는 정상적인 국가 발전을 기대하기 어려운 상황이었다. 따라서 산림이 황폐화되어 국가의 산업발전이 더디게 되었고, 나아가 경제발전을 도모하는 데 있어 걸림돌로 작용하게 되었다고 하는 것은 식민주의적 시각을 그대로 답습하고 있는 것처럼 보인다.

산림 황폐화의 문제는 사회 내적인 요인뿐만 아니라 전쟁과 같은 사회 외적인 요인에 의해서도 진행될 수 있다. 전국적으로 분포되어 있던 온돌이 어느 시점부터 각 지역의 모든 방에 설치되었는지 정확히 그 연원을 알 수는 없다. 다만 기존의 건물에 온돌을 설치하기 위해서는 대폭적인 개조가 필요했기 때문에 신축하는 건물 이외에는

---

16 이선이, 「일제강점기 한국과 일본의 조선민족성 담론 비교」, 『비교한국학』 16-2(국제비교한국학회, 2008), p.455.

17 최협, 『부시맨과 레비스트로스』, 풀빛, 2007, p.94.

온돌을 설치하는 것이 용이하지 않았다. 전국적으로 신축 건물이 들어서기 위해서는 온 나라가 전란에 휩쓸려 대규모의 주택이 화재로 소실되었을 때 가능하다. 역설적이게도 전쟁으로 전국토가 황폐화되는 시기가 바로 온돌이 전국적으로 보급되는 시기와 일치하게 되는 것이다.

사이토 오토사쿠는 「朝鮮の山林に就て」에서 조선의 산림제도가 왜 붕괴되었는지를 조선의 문헌을 통해 역사적으로 고찰하였다. 그는 16세기 말에 일어난 임진왜란이 조선의 산림제도의 붕괴를 초래하는 단초를 제공한 것으로 본다. 전쟁이 발발하자, 전화로 산림이 불타고, 군대의 주둔과 함께 다량의 땔감을 제공하기 위해 남벌이 자행되었으며, 전후 주택의 복구와 수리를 위해 막대한 목재가 벌채되었다는 것이다.[18] 조선총독부 임업기사였던 와타나베 다메키치가 쓴 「조선 치산사」에서도 사이토의 견해를 재확인할 수 있다. 그는 조선시대를 다섯 단계로 나누어 그 시기와 특징을 정리하였는데, 조선의 산림 제도의 붕괴에 있어서 임진왜란이 결정적인 계기가 된 것으로 보고 있다.[19] 이처럼 전쟁은 인적 자원뿐만 아니라 건물과 설비, 그리고 임야와 같은 물적 자원의 손실을 초래한다. 전쟁 통에 소실된 궁궐이나 관아, 가옥 등을 건축하거나 수리하기 위해서는 막대한 양의 목재를 필요로 한다. 이것은 전쟁으로 인해 피해를 입은 산림에 부담을 가중시키는 결과를 가져왔다. 그런데 물적 자원의 손실을 초래하는 전쟁은 임진왜란뿐만 아니라 정묘호란, 병자호란과 같은 외세의 침략에 의한 것과 청일전쟁과 러일전쟁, 그리고 중일전쟁 같은 외세 간에 벌어진

---

18 齋藤音作, 「朝鮮の山林に就て」, 『朝鮮及滿洲』 36, 1911(권석영, 앞의 책, pp.45~46에서 재인용).

19 渡邊爲吉, 「朝鮮治山史」, 『朝鮮』 266, 1937(위의 책, pp.47~48에서 재인용).

것, 그리고 동학혁명과 같은 민족 내부의 모순을 해결하기 위한 것 등 무수히 많은 싸움이 이 땅에서 벌어졌다.

전쟁의 소용돌이 속에서 삶의 터전을 잃어버린 사람들은 목숨을 부지하기 위해 임목을 벌채하여 가옥을 수리하거나 신축하였으며, 그나마도 여의치 않았던 사람들은 산속으로 들어가 화전을 일구며 끼니를 연명하게 된다. 국가적으로는 전쟁으로 인해 황폐해진 산림을 복구하는 것이 지상 목표였다면, 개인적으로는 눈앞의 어려운 현실을 극복하는 것이 당면 과제였던 것이다. 이렇게 국가의 정책과 개인의 이익이 상충하는 과정에서 산림은 피폐할 대로 피폐해지게 된 것이다.

한편, 산림의 훼손은 일제에 의해서도 자행된다. 조선총독부는 재정을 충당하기 위해 한일병탄 이후 3년 동안 압록강·두만강 연변의 목재를 대규모로 벌채하여 약 10억 원의 수입을 올린다. 당시 조선총독부의 1년 예산이 약 5천 8백만 원이었던 점을 고려하면 18배에 가까운 금액을 벌채를 통해 벌어들였던 것이다.[20] 그런데 영림창 사업으로 벌어들인 돈은 조선의 황폐한 산림 면적을 복구하고도 남을 만한 금액이었다. 다카하시 키시치로는 「溫突の築き方と燃料(一)」에서, 조선의 황폐한 산림면적은 무려 4958.7㎢(500만町步)로 그것을 복구하려면 1억 수천만 원의 거액이 필요하다고 하였다.[21] 조선총독부의 벌채 사업과 다카하시 키시치로가 쓴 글 사이에는 10여 년의 간극이 있지만, 일제에 의한 산림 수탈이 어느 정도로 심각했는지 대강 짐작할 수가 있다. 그리고 중일전쟁 이후 일본은 전쟁 물자를 공급하기 위해

---

20 백재수·윤여창, 「日帝强占期 朝鮮에서의 植民地 山林政策과 日本資本의 浸透科程」, 『山林經濟硏究』 2-1, 1994, p.18.

21 高橋喜七郞, 앞의 글, (『자료집』, pp.16~17에서 재인용) 번역 정리 필자.

대규모로 목재를 벌채하고, 특히 1941년에는 목재통제령이라는 전시 체제하의 공출 정책을 써 가면서 산림을 수탈하게 된다.[22]

조선왕조실록이나 여러 문헌에 나타난 바에 의하면, 조선의 산림 제도의 붕괴나 산림 황폐화 현상은 일찍부터 그 조짐을 보인다. 그러나 조선의 산림이 황폐하게 되는 원인을 모두 온돌의 사용에 따른 땔감의 소비 증가에서 찾는 것은 문제의 본질을 정확히 꿰뚫지 못한 결과의 산물이다. 일상생활에서의 땔감 사용의 증가뿐만 아니라 일본과 직간접적으로 얽혀 있는 전쟁과 일제에 의해 자행된 식민지 수탈이라는 요소가 복합적으로 작용한 결과, 조선의 산림은 황폐화되던 것이다. 궁극적으로 일본 또한 조선의 산림 황폐화 문제에 있어서 자유로울 수 없다. 산림 황폐화 문제를 전적으로 온돌의 책임으로 전가하는 것은 일종의 책임 회피요, 식민지 수탈을 용이하게 하기 위한 기만 술책에 지나지 않음을 인식할 필요가 있다.

(2) 온돌의 개조

조선의 추위에 대비하여 제대로 된 난방설비를 갖추고 있지 못했던 일본인들 입장에서 보면, 조선의 가옥마다 설치된 온돌은 제 분수를 모르는 사치스런 설비에 불과했을지도 모른다. 그래서 앞에서 살펴보았듯이, 일본인들은 "온돌의 연료와 연소 능력에는 문제가 있다."거나 "온돌에는 많은 양의 연료가 필요하므로 연료의 낭비를 초래한다."는 식으로 온돌의 단점을 극대화시키는 방향으로 논의를 전개시켰고, 종국에는 온돌이 산림 황폐화의 주된 요인으로 몰고 가는 것이다. 일본인의 온돌에 대한 부정적인 시각과 비판은 온돌의 성능상

---

22 백재수·윤여창, 앞의 논문, p.21.

의 결함이라기보다는 일본인이 조선이라는 낯선 나라에서 겪게 되는 생활 문화상의 차이에 따른 것이다. 온돌에 대한 비판 중에서 산림의 황폐화를 막기 위해 연료의 효율을 높여야 한다는 주장을 제외하면 모두 일본인들이 한반도로 건너와서 온돌을 주택의 일부분으로 사용하면서 겪게 되는 문제점이기 때문이다.[23]

조선으로 이주해 온 일본인들은 방한과 난방을 고려하지 않고 전통적인 일본식 주택을 선호하여 겨울철에 많은 고통을 당하게 된다. 다카하시 키시치로는 「溫突の築き方と燃料(二)」[24]에서 조선에 거주하는 일본인들 대다수가 일상생활에서 가장 중요한 주택 문제를 소홀히 다루고 있음을 지적한다. 조선에 거주하는 대부분의 일본인들은 지리적으로 간사이와 큐슈 지방 사람들인데, 이들은 조선의 기후가 일본과 다르다는 생각을 하지 않고 관습적으로 조선에 와서도 일본식으로 주택을 건축하고 있는 것을 문제점으로 지적한다. 이러한 일본식 주택은 특수한 경우를 제외하고는 벽, 미닫이, 지붕 등에 틈새가 있어서 겨울철의 영하 20~30℃의 날씨에서 지내기에는 부적합하다는 것이다. 그는 일본식 주택을 조선의 실정에 맞게 개선할 필요가 있다고 하면서 중류 이상의 가정에서는 '스팀, 페치카, 스토브'와 같은 고급제품에 속하는 각종 난방설비를 갖추는 것이 좋으며, 중류 또는 그 이하의 가정에서는 가장 경제적인 난방법으로 온돌 이외의 적당한 것을 구할 수 없다고 한다. 그러면서 그는 한 칸 크기의 온돌을 준비하면 족하다고 언급한다.

다카하시가 온돌에 관해 언급했던 1920년대는 주로 주택개량 논

---

23 강상훈, 앞의 논문, p.256.

24 高橋喜七郎,「溫突の築き方と燃料(二)」,『朝鮮』94호, 1923. 1(『자료집』, pp.52~53에서 재인용). 번역 정리 필자.

의 속에서 온돌이 다루어지며, 서구의 난방 기구들을 소개하면서 이를 채용한 난방법이 조선의 온돌보다 모든 면에서 우수하다는 식으로 논리가 전개된다. 일본식 주택에 적합한 난방장치로 서구식 페치카나 스토브 등을 도입해야 한다는 주장은 온돌에 대한 지식과 경험이 일천한데 따른 것이다. 이것은 1930년대 일본인의 온돌에 대한 인식 변환과 개량 온돌을 일본식 주택에 채용하는 것에서 알 수 있다.[25]

방한이 제대로 되지 않아서 벽과 미닫이를 통해 바람이 스며드는 일본식 주택에서, 그것도 온돌 생활에 익숙하지 않은 일본인에게 있어서 온돌의 사용은 경제적인 면에 있어서 상당한 부담으로 작용한 듯하다. 공학박사인 와다 요시무쓰는 조선의 혹한을 이겨내기 위해서는 큰 화력을 필요로 하기 때문에 온돌의 땔감으로 드는 비용이 생활비의 70~80%를 차지한다고 하면서 경제성 면에서 온돌이 갖는 문제점을 지적하고 있다.[26] 이런 와다 요시무쓰의 지적이 과정된 것으로 보이지만, 사실 여부를 떠나서 일본인에게 있어서 난방비로 지출하는 금액은 상당한 부담으로 작용했음을 짐작할 수 있다. 그래서 그들은 온돌이 갖는 구조상의 문제와 사용상의 결함을 지적하면서 끊임없이 개조할 것을 주장하게 된다.

가케바 사다키치는 「溫突の改造に就て」[27]에서 온돌 개조의 주안점으로 세 가지를 들고 있다. 온돌 장치가 조선의 남과 북에 똑같이 분포된 것은 조선의 풍속과 기후 조건에 적합하기 때문이라고 하면서, 이런 온돌이 이상적인 난방장치인지 아닌지에 대해서는 판단할 수 없

---

25 이에 대해서는 강상훈, 앞의 논문, pp.257~259 참조.

26 권석영, 앞의 책, p.82.

27 掛場定吉, 「溫突の改造に就て」, 『朝鮮』 96호, 1923(『자료집』, pp.76~89에서 재인용). 번역 필자 정리.

다며 유보적인 입장을 취한다. 다만 조선에서는 대단히 환영받고 있는 난방장치인 것은 간과할 수 없는 사실이라고 한다. 그는 조선의 연료 문제와 깊은 관련이 있는 온돌 문제를 해결하기 위해 '개조의 착안점, 재래 온돌의 단점, 개조의 동기, 개조의 주안점, 실행 방법, 다섯 가지의 이익, 개조의 장려법'으로 나누어 자신의 생각을 밝히고 있다.

실은 내가 처음 개조를 생각한 동기는 내 집에 있는 욕실 때문이다. 밤에 불을 땐 곳의 욕실의 온도가 아침까지 따뜻할 때도 있고, 차가워지는 경우도 있다는 것을 발견했다. 같은 온도로 따뜻했던 것이 때에 따라서 왜 차이가 생기는 것일까를 생각했다. 어느 날 아침 나는 욕실의 아궁이가 열려있는 것을 보고 탕을 조사해 보았더니 탕의 물이 식어 있는 것이었다. 그래서 다음날부터 아궁이를 닫고 그 다음날 아침 탕의 온도를 조사해 보았다. 아궁이를 밀폐시켜 두자 그 다음날 아침까지 온도는 매우 높았지만 열어둔 경우에는 차가워져 있었다. 이런 사실이 우연히도 온돌의 개조에 대해서 연구할 기회를 갖게 된 것이다. 그래서 온돌의 아궁이를 닫는 것과 닫지 않는 것과의 차이가 있다는 것을 알았다.

가케바는 실생활에서 몸소 체험한 경험을 토대로 온돌을 개조할 것을 제안한다. 그는 "아궁이를 밀폐시켜 두자 그 다음날 아침까지 온도는 매우 높았지만 열어둔 경우에는 차가워져 있었다."고 하면서 "온돌의 아궁이를 닫는 것과 닫지 않는 것"에 차이가 있음을 알게 되었다는 것이다. 즉 아궁이의 개폐 여부에 따라 온돌의 열효율이 달라진다는 것이다. 가케바는 온돌 개조의 실행 방법으로 아궁이를 가능한 한 작게 만들고 뚜껑을 덮을 것과 굴뚝을 높게 하고 불을 땐 후에는 공기 유통을 차단할 것을 제안한다. 이렇게 아궁이와 굴뚝을 잘 봉쇄하면 보온용 또는 난방용 연로가 약 40% 절약된다고 한다. 그는 굴뚝만 봉쇄해도 25%, 아궁이를 완벽하게 밀폐하면 다른 곳이 불완전하더라도 32~33%의 연료를 절약된다고 주장한다. 총독부가 조사한 바에 따르면 조선의 연료 소비량은 남과 북을 합쳐서 평균 한 집당 2000관(7500kg)이다. 이를 40%씩만 절약해도 조선 전체의 난방연료를 약 16억관(60억Kg)을 절약할 수 있다는 것이다. 이를 돈으로 환산하면 1관(3.75Kg)에 2전이라고 할 때 1년 동안 3200만 원을 절약하게 된다. 이와 아울러 산림 조림비로 쓰이게 되는 비용인 9600만 원 정도의 돈도 절약할 수 있을 것으로 추정하였다. 이처럼 연료 소비가 감소되면 자연스럽게 산림의 황폐화를 예방하게 되고 농가에서는 연료 채집에 드는 노동량이 반감된다는 것이다. 이렇게 절감된 노동력을 부업에 투자하면 농가의 소득 증대에도 한 몫 하게 되고, 연료로 쓰일 풀을 비료로 사용하면 농업 발달에도 기여할 수 있다고 주장한다.

이상의 가케바의 논지는 조선의 삼림을 유지하기 위해서는 온돌의 연료효율성을 높이는 방식으로 온돌을 개조해야 한다는 것이다. 이처럼 온돌에 대한 개조작업이 임무과의 기사였던 가케바에 의해 이루어진 것은 조선총독부가 온돌의 연료 사용에 따른 산림 훼손이 심각하다고 판단하였기 때문이다. 가케바의 연구결과는 소책자로 만들어져 일반에 배포되었으며, 1922년부터 경기도 지역에 널리 선전하고 실행하도록 하였다.[28]

가케바가 위에서 지적한 사항들은 구구절절이 옳은 말처럼 들린

---

28 강상훈, 앞의 논문, p.256.

다. 그러나 당시 조선의 생산수단을 일제가 장악하고 있었다는 점에서 이것은 단지 하나의 이상론에 불과한 것이다. 일제의 식민지배가 해를 거듭할수록 점차 조선의 농민들은 빈민화 된다. 가케바가 농업 발전 운운하면서 온돌 개조를 발표한 1년 후인 1924년 동아일보 특파원 국기열鞠琦烈의 현지조사에 의하면, 당시 전라북도의 총 호수는 242,492호로 인구는 1,225,806명이었다. 이중에서 생활의 기본 자료가 없어 다른 사람에게 돈이나 곡식의 융통을 받지 않으면 생활하지 못하는 빈민계급이 147,131호에 711,346명이고 전혀 자산을 소유치 못할 뿐만 아니라 융통을 받을 능력과 신용도 없고 구조를 필요로 하는 궁민계급이 31,329호에 156,876명이라고 한다.[29] 이처럼 전라북도에서만 농업 발전을 기대할 수 없는 절대 빈곤층이 전체 인구의 70.8%에 달했던 것이다.

그리고 가케바에 의해서 40%까지 온돌 연료를 줄일 수 있다고 제기된 분구개량사업은 당시 조선의 농가에 또 다른 고통을 안겨주는 결과를 가져온다. 땔감을 구입해서 쓰는 도시인과 달리 땔감 구입의 필요성을 절감切感하지 못했던 농민들에게 있어서 분규개량사업은 자신들의 경제적 이득과는 거리가 먼 이야기였다.

실제로 개량분구장치는 지역과 시대, 그리고 지급되는 보조금의 차등에 따라 차이가 있으나 이 사업이 시행되면서 개인당 많게는 1원 65전에서 적게는 17전씩 부담하게 된다.[30] 정미 한 되 가격이 22전에서 42전을 오르내리던 1920~30년대 농촌빈민들의 1인당 1일 생활비

29 『동아일보』, 1924년 10월 12일자(강만길, 『일제시대 식민생활사 연구』, 창작사, 1987, p.74에서 재인용).

30 권석영, 앞의 책, p.168.

는 4전에 불과했고 초근목피와 심지어는 백토를 식료로 삼았던[31] 시기였던 점을 감안하면 개량분구장치를 구입하기 위해 농민들이 부담해야 했던 금액은 결코 적은 액수가 아니었던 것이다. 더욱이 분구焚口와 연돌煙突 개조가 주로 일본인 민간업자에 의해 이루어졌다는 점에서 개량분구사업은 조선 농민의 입장에서는 또 다른 수탈에 불과하였던 것이다.

한편, 온돌 연료 소비가 준다고 해서 그것이 곧바로 조선에서의 산림 황폐화를 예방할 수 있는 것은 아니었다. 가케바는 농무성의 임무林務 주임에게 들었다고 하면서, 조선의 목탄이 가격 면에서 운임비를 포함해도 일본의 목탄보다 저렴하기 때문에 일본에서 수입해서 사용한다는 이야기를 들었다고 한다. 이것은 조선에서 온돌을 개조 내지 개량하여 연료를 절감한다고 해서 조선의 산림이 울창한 숲으로 조성될 것이라는 것은 현실을 도외시한 낙관론에 불과한 것임을 알 수 있다. 결국 온돌 개조론을 주장하는 것은 식민지 모국인 일본의 이익을 창출하고자 하는 저의를 드러낸 것이다.

1920년대부터 각종 신문과 잡지를 통해 여러 사회단체와 사회 지식인들은 계몽적 담론들을 쏟아내며 대중들 사이에서 생활개선의 분위기를 고양시킨다. 생활개선은 생활 그 자체의 개량도 중요하지만 생활을 담고 있는 그릇으로서의 주택을 개량함으로써 이룩할 수 있다는 논리가 지배적이다.[32] 주택의 개량은 온돌의 개조로 이어진다. 우리 민족은 온돌의 등장과 함께 고유의 주거문화를 형성하게 되었고, 이를 유지하며 발전시켜왔다. 따라서 온돌의 개조는 주거의 근간

---

31 강만길, 앞의 책, p.91.

32 김용범·박용환, 「1929년 조선일보 주최 조선주택설계도안 현상모집에 관한 고찰」, 『건축역사연구』 17권 2호, 2004, p.27.

을 뿌리째 흔드는 것으로, 단순히 주택의 개량 문제에 국한된 것이 아니다. 1939년 경성부에 주택대책위원회가 설치되는데, 그 취지가 "주거양식이 국민정신에 끼치는 영향이 지대하므로 실생활에서의 내선일체의 구체화를 꾀하는 최유효한 방법으로 재래 조선식 주택양식의 개량방책을 장려하기 위한 것"[33]이다. 온돌의 개조가 궁극적으로는 조선의 민족성 개조와 연계되어 있음을 알 수 있다. 온돌 개조의 담론 속에는 민족문화에 대한 부정적인 인식을 고양하고, 내선일체를 통해 일본의 동화주의를 보다 효율적으로 추진하고자 하는 의도가 내재되어 있는 것이다.

2) 위생적 측면

온돌을 언급할 때 산림의 황폐화와 함께 빠지지 않고 등장하는 것이 바로 위생상 좋지 않다는 지적이다. 다카하시는 「溫突の築き方と燃料(一)」에서 조선의 가옥에 대해 다음과 같이 설명한다. 조선의 기후는 일반적으로 여름에는 몹시 덥고, 겨울에는 몹시 춥다. 폭염 때는 집안에서 더위를 피할 수 없어 나무 그늘이나 물가에서 피한다. 조선의 여름은 밤이 되면 시원한 바람이 불어오기 때문에 주택은 폭염에 대해서 신경 쓰지 않는다. 자연히 한파 때는 어떻게 해서든 집안에서 피해야하므로 철두철미하게 추위를 막는다. 온돌이라는 특별한 난방 장치를 두고 보온을 유지하기 위하여 벽은 가능한 흙을 두껍게 바르고, 지붕도 나무 위에 흙을 두껍게 발라 그 위에 기와를 얹고 나무 밑에도 흙을 바른다. 방은 작게 만들고 천정은 낮게 한다. 창문도 가

---

33 김선재, 「한국 근대도시 주택의 변천에 관한 연구-일제시대 서울지역의 새로운 도시주택 유형을 중심으로-」, 서울대학교 대학원 석사학위논문, 1987, p.78(강재철, 앞의 논문, p.46에서 재인용).

급적이면 이중창을 설치하여 추위를 막는 것에 주력한다. 추위를 막기 위해서 집은 낮고 왜소하며 외관도 좋지 않다고 한다.[34] 조선의 가옥은 방한을 목적으로 하는 특성상 한기가 들어오지 못하도록 일본 가옥에 비해 벽을 두껍게 하고 방의 규모는 작게 만들며, 천정이 낮고 창문이 작으며 이중창인 관계로 들어오는 햇빛의 양이 적기 때문에 전체적으로 방안이 음침하고 환기에 문제가 있다는 것이다. 이처럼 비위생적으로 보이는 조선의 가옥 형태는 혹한기에 살아남기 위한 인간의 생존 본능이 만들어낸 결과물인 것이다.

> 조선 사람들은 오랜 경험으로 이런 냄새(악취-인용자 주)에 익숙하다. 그러나 그들은 사방 8피트의 침실에서 이 해로운 공기를 어떻게 호흡하며 이 작은 방에 불을 때고 6 내지 8명이 한방에서 잠을 자고 생명을 유지해 나갈 수 있는지 매우 놀라운 일이다. 이런 방에 들어가려고 문을 여는 순간 확 끼치는 냄새는 무엇이라고 표현할 수 없으며, 이럴 때면 백인들은 누구든지 바깥 일기가 아무리 나빠도 숨이 막혀 밖으로 뛰쳐나갈 것이다. 이런 분위기에 가장 적합한 사람만이 살아남을 것 같다.[35]

알렌은 조선의 방안은 시궁창과 같은 악취가 나는데, "조선 사람들은 오랜 경험으로 이런 냄새에 익숙하"다고 한다. 이것은 궁극적으로 온돌의 문제라고 보기 어렵다. 선우전은 「우리의 의복비, 거주비,

---

34 高橋喜七郎, 「溫突の築き方と燃料(一)」, (『자료집』, p.20) 번역 정리 필자.
35 H. N. 알렌 지음, 신복룡 역주, 『조선견문기』, 집문당, 2010, p.103.

오락비에 대하야」[36]에서 조선가옥에 대해 불결타거나 비위생적이라고 말하는 것은 조선의 제도와 문물을 잘 알지 못하기 때문이라고 전제하면서, "周邊의 外觀이 不潔한 것과 內部에 住居하는 者가 不衛生的인 것과 原因된 바 多하고 家屋의 本體 그것은 決코 不潔하며 不衛生的인 本質을 有치 아니하였다"고 한다.

이런 온돌은 방한을 목적으로 한 것이기에 만주에서 불어오는 바람이 창밖에서 대지와 들과 산과 나무와 물을 추위로 굴복시키는 엄동설한에도 봄처럼 따뜻하다는 점에서는 장점을 지닌다. 그래서 온돌에서는 방석 하나 없이 한 가족이 단란하게 놀고 잠자는 것이 가능했던 것이다.[37] 추운 겨울에 몸뚱어리 하나 제대로 가릴 만한 이불 한 채도 장만하기 어려웠던 조선인에게 있어 방안의 탁한 공기와 쾌쾌한 냄새 정도는 참고 인내해야만 할 미덕에 불과했을지도 모른다.

내지인의 거주에 적당한 온돌의 크기, 구조, 배치에 대해서는 견해가 각각 다르지만 경험상 크기는 다다미 4장 반을 표준으로 한다. 그것은 온돌 한 칸 크기와 비슷해서 난방상 최고로 좋다. 내지인이 거주하는 방에서도 가장 편리하게 사용되기 때문이다. 가족의 수, 건평 등에 따라서 가감해야만 하지만 특수한 것을 제외하고는 다다미 6장 이상의 것을 만들 필요는 없다. 구조는 조선인의 형식을 따르면 무리가 없지만 창문은 조선식으로 하면 채광이 좋지 않아서 내지인처럼 밝은 창에 익숙한 경우에는 꽤 어두운 편이라서 서양식 병원 창문 또는 안쪽으로 미닫이를 달아 이중창으로 하는 것이 적당하다. 각 방 전체를

---

36 鮮于全, 「우리의 衣服費, 居住費, 娛樂費에 對하야」, 『開闢』 24호, 1922. 6(『자료집』, p.422에서 재인용).

37 高橋喜七郎, 「溫突の話」, 『文教の朝鮮』, 1926(『자료집』, p.90에서 재인용). 번역 정리 필자.

온돌로 만들 필요는 없다.[38]

다카하시는 조선의 추운 겨울을 견디기 위해서 일본식 주택에 한 개의 방을 온돌로 개조하여 사용할 것을 제안한다. 일본식 주택에 1개의 방에만 온돌을 설치하자고 하는 것은 온돌이 공간상의 활용도에 있어서 비경제적이고 건강상에 있어서 비위생적이라고 생각하기 때문이다. 이어서 그는 온돌은 겨울철에는 가족의 생활공간과 손님 접대용 장소로 사용하고, 겨울철 이외에는 간단한 탁자와 의자를 두어 응접실로 사용하면 좋다고 한다. 그런데 일본인들이 온돌의 위생과 관련해서 지적한 것처럼, 탁한 공기와 쾌쾌한 냄새로 인해 기나긴 겨울동안 온 가족이 온돌방에서 생활한다는 것은 말처럼 쉬운 일은 아니었을 것이다. 오카자키는 「溫突に就て」에서, 온돌을 이용하면 아이들의 기관지가 좋지 않고 또 가족들이 종종 불을 지펴 방안이 많이 더워지면 기분이 나빠지기도 하고 혹은 졸도하는 일도 있었다고 한다. 앞에서 인용한 알렌의 말처럼 오랜 경험으로 이러한 분위기에 익숙한 사람만이 편안하게 온돌에서 생활할 수 있는 것이다. 온돌에서 태어나고 자라며 성장하는 조선인과 달리 온돌 생활에 익숙하지 않은 일본인에게 있어서 온돌방의 분위기는 감내하기 쉽지 않은 생활방식이었던 것이다.

다카하시는 온돌을 너무 뜨겁게 달구면 건강상에 해롭다고 강조한다. 벽난로와 현대의 라디에이터 난방은 열기를 저장하지 못하고 화기에 면하지 않는 부분은 늘 춥게 마련이다. 이에 비해서 온돌은 바

---

38 橋喜七郎, 「溫突の築き方と燃料(二)」, 『朝鮮』, 1923(『자료집』, pp.52~53에서 재인용). 번역 정리 필자.

닥 난방으로 실내 온도 형성 측면에서 유리하며, 인간의 하체 부위가 시리지 않아 정상인은 물론 노약자에게도 바람직한 것이다.[39] 더욱이 따뜻한 방에서 등지지기를 좋아했던 조선인에게 있어서 온돌의 열기는 전혀 문제될 것이 없었다. 예전에 온돌방이 집집마다 있을 때에는 두통, 감기 등에 걸렸을 때 아랫목에서 이불을 덮고 잠을 자면서 온몸에 땀을 흠뻑 내면 몸이 거뜬해졌다. 한방치료법 중에서, 감기에 걸렸을 때 뜨끈한 아랫목에 곧은 자세로 앉아 아랫도리만 이불을 덮어 보온을 하고 방문을 열어 차가운 공기가 들어오게 하면 오래지 않아 땀이 나면서 감기가 낫는다고 한다. 그리고 앉은 상태로 아궁이에 불을 피울 때에는 원적외선이 아랫도리에 쪼여 부인병을 예방하고 치료하는 효과도 있다.[40]

온돌의 화기가 건강상 해롭다고 운운하는 것은 온돌 생활에 익숙하지 않은 일본인의 기우에 불과한 것으로, 계절에 관계없이 온돌에 등을 지지며 살아가는 조선인에게는 하등 문제될 것이 없었다. 오히려 온돌의 온기는 손진태의 「온돌예찬」에서 보듯이, 외국에서 생활하는 조선 사람에게는 어머니의 품과 같은 연민의 대상이 되었던 것이다. 우리 민족은 환경에 순응하면서 경험적 지식의 축적을 통해 고유의 온돌문화를 만들어냈던 것이다.

3) 인간 행태적 측면

한반도의 혹한을 견디기 위해 고안된 온돌을 일본인들은 "온돌에서 생활하면 게을러지고 자연히 비굴해지게 되"는 것으로 인식한다.

---

39 김남응, 『구들이야기 온돌이야기』, 단국대학교출판부, 2004, p.503.
40 김준봉·리신호·오홍식, 『온돌 그 찬란한 구들문화』, 청홍, 2008, pp.241~242.

다케하시는 「溫突の築き方と燃料(一)」에서 온돌과 무관한 국민의 기질을 언급하고 있다. 그에 의하면, 조선은 예부터 강대국 사이에 끼어서 살아 왔으므로 국민은 자립심이 부족하고 허례허식을 좇으며 외면을 치장하는 것을 즐기며, 따라서 건축에도 모방이 많고 고유의 색채를 발휘하지 못한다고 한다. 이처럼 다케하시가 조선민족의 본질적인 속성 자체가 주체적이지 못하고 외래문물에 대해 사대주의적인 부정적 요소를 지니고 있다고 전제하는 것은 조선인의 사대주의적 속성을 부각시키기 위한 것이다.[41] 이렇게 민족성을 부정적으로 논하는 것은 조선인의 무능하고 무기력하며 게으르고 어리석은 것이 바로 온돌 생활을 영위하기 때문임을 강조하기 위해서이다. 문명화된 일본의 입장에서 보면 전근대적인 시간을 살아가는 듯한 조선인의 생활 방식은 타파되어야 할 대상으로 여겼으며, 그 중심에 온돌이 자리하고 있었던 것이다.

조선의 겨울을 나기 위해서는 한랭 기후에 적합하도록 개발된 난방법인 온돌이 제격이다. 그래서 재조선 일본인 중에는 일본식 주택을 건축하면서도 그중 일부에 온돌을 채택하여 겨울을 대비하였으며, 개중에는 아예 조선식 주택에 거주하기도 하였다. 온돌 내부는 엄동설한에도 봄처럼 따뜻하였는데, 이러한 온돌의 따뜻함에 맛들이면 일본인의 진취적인 기상을 상실하게 될 것을 우려하였다. 일본인이 잘 쓰는 말 중에 '요보-화'라는 말이 있다. '요보'는 한국어의 '여보'라는 말을 흉내 낸 것으로 조선인을 가리키는 차별어였다고 한다. 이 말 속에는 일본인이 상상하는 조선인의 부정적인 이미지, 즉 노쇠하고 나태하며 모든 면에서 신경이 무딘 것을 의미하는 경우에 쓰인다.

---

41 이선이, 앞의 논문, p.457.

이런 '요보화'는 특히 재조선 일본인이 조선인처럼 되어간다는 우려를 담고 있는 말로, 일종의 '유행어'처럼 사용되었다고 한다.[42] 결국 온돌에 대한 경계는 조선에 거주하는 일본인이 조선에 동화되는 것에 대한 우려의 표시에서 비롯된 것임을 알 수 있다. 다케하시가 "각 방 전체를 온돌로 만들 필요는 없다"고 하면서 일본식 주택에는 1개의 방에만 온돌을 설치하자는 의도도 이러한 인식의 연장선상에서 살펴볼 필요가 있다. 온돌과 관련해서 외부로 드러난 현상 중에서 자신이 보고 싶은 것만 바라보다보니 우리의 생활문화를 왜곡·과장하고 있는 것이다.

> 兩三村家는 多情히 筋下를 맛대이고 그 싸쓧한 房속에서는 어머니는 쌀 식집보낼째쓸 무명베를 짜쏘 아버지는 解冬後에 집니을 색기를 쏘며 할머니는 어린아기를 데리고 넷말을 하며 큰아희들은 燈盞밋테서 글 읽는 것갓다.[43]

위의 인용문에서 삼대가 겨울철 따뜻한 온돌방에서 오순도순 지내는 정겨운 모습을 엿볼 수 있다. 온돌방은 단지 먹고 자고 쉬는 공간이 아니라 아버지는 해동 이후를 준비하고 어머니는 딸 시집갈 것을 준비하는 생산과 생식을 위한 공간이다. 여기에 노모와 어린 손자가 함께 기거함으로써 과거와 현재, 그리고 미래가 공존하는 세계이기도 하다.

온돌방에는 대개 가구와 살림살이가 붙박이식이 아닌 이동이 간

---

42 권석영, 앞의 책, pp.84~85.
43 손진태, 「溫突禮讚」, 『별건곤』 3-2, 1928, p.188.

편한 휴대용으로 만들어진다. 그래서 여러 방처럼 방 한 칸을 다용도로 사용할 수 있다. 찾아온 손님을 위해 방석과 차를 내놓으면 응접실이 되고 끼니때가 되어 밥상을 차려서 들여 놓으면 식당으로 변하고, 저녁에 이부자리를 깔면 그대로 침실이 된다. 그리고 책상으로 쓰는 서안書案을 내놓고 공부하면 공부방으로 그 용도가 변하게 되는 것이다.[44] 이처럼 온돌방은 그 쓰임새가 다양했던 것이다. 이런 온돌방에는 열기에 의해서 윗목과 아랫목이 존재한다. 따뜻한 아랫목은 노인과 윗사람이 앉으며, 차가운 윗목은 젊은 사람이 차지한다. 그리고 추운 날씨에 손님이 방문하면 나이의 많고 적음을 구별하지 않고 아랫목을 내어주어 언 몸을 녹일 수 있도록 배려한다. 조선인에게 있어서 온돌방은 생활 속에서 자연스럽게 위계질서와 예의범절을 익힐 수 있는 학습의 장으로 활용되었던 것이다.[45]

손진태는 "朝鮮의 겨울은 눈과바람은밧게서코 人머리쎄여갈듯하드래도 房안에서는 훈훈한溫突긔운이 多情한어머니의가슴과가티점잔케기대리고안젓다."[46]고 함으로써 온돌은 가족 간의 정서적 유대감을 형성하는 공간이기도 했음을 밝히고 있다. 일본인의 눈에 나타한 조선인을 양산해내는 장치로 비춰졌던 온돌이 조선인에게는 생산과 생식, 가족 간의 유대감과 위계질서와 같은 실생활에 필요한 여러 가지 덕목을 배우는 공간으로 이용되었던 것이다.

---

44 임재해, 「과학적 경제성과 전통문화의 조화, 온돌」, 『한국논단』 41, 1993, p.126.

45 일본의 경우, 방안에는 각자의 자리가 정해져 있기 때문에 다른 사람이 그 자리에 앉는 것은 실례가 된다고 한다. 이것은 필자가 2011년 7월 단국대학교에서 주최한 학술발표회에 참석한 일본 전수대학의 히구치 아츠시 교수에게 들은 내용이다.

46 손진태, 위의 글, p.188.

의식주와 민속놀이를 통해 바라본 조선인 근대

3. 조선인이 바라본 조선의 온돌

손진태가 「온돌예찬」에서 우리는 온돌에서 나고 온돌에서 자라고 온돌에서 죽을 것이라고 하면서 조선의 특수한 산물이요 세계에 유래 없는 우리의 귀중한 산물이라고 한 온돌을 조선인들은 어떻게 바라보았을까.

> 우리의 先祖는 그時代의自己들을爲하야 가장完全하고 適合한住宅을 設計하얏습니다. (중략) 그러나 우리의生活이라는것은, 우리의先祖가 設計한것이라고 全部를否認하는것은아닙니다. 우리의住宅가운대에는 우리가 永遠이버리지못할至重한長所가만습니다.
> 이제 그 長所를말하자면 第一에 寒帶地方에서生活하는 우리로써는 가장經濟的이며 가장簡便한 煖房法 卽溫突이잇습니다. 이것은 아모리우리가 改造生活을 主張한다할지라도 우리로써는排斥치못할우리 住宅의特長이겟습니다.[47]

김유방은 전통적인 가옥은 우리의 선조들이 자신들의 삶에 적합하게 설계한 것으로, 현대생활을 영위하는데 있어 부적합함으로 개선할 필요가 있음을 역설한다. 즉, 남녀유별을 존중한 구시대의 도덕에 의해 만들어진 내외실의 구분을 없애고, 가연제례佳宴祭禮시 중요하나 평소에는 불필요한 대청을 없애야 한다. 그리고 여자와 하인에 한하여 출입할 것으로 용납되어 부엌이 타락하게 되었다고 하면서 이의 개선이 필요하다고 지적한다. 이처럼 전통 가옥에는 개선되어야

---

47 金惟邦, 「문화생활과 주택」, 『開闢』 32호, 1923. 2(『자료집』 pp.289~290에서 재인용).

할 부분이 많지만, 온돌만큼은 "우리가 改造生活을 主張한다할지라도 우리로써는 排斥치못할우리住宅의特長"있다고 한다. 그러면서 영국의 '화이여플레이쓰'와 러시아의 '페티카', 그리고 중국의 항炕을 온돌과 비교하면서 조선 실정에서 난방법으로는 온돌을 채택하는 것이 가장 이상적이라고 한다.

그는 "已往에 或時沒覺先輩들이 新聞가튼것을通하야 所謂生活改造라는意味로 溫突廢止論가튼것을 흔히 揭載하얏습니다"[48]고 하면서 온돌폐지론을 주장하는 것은 무엇이나 다 조선사람 보다는 나을 것이라고 생각하는 무지한 억측에서 나온 것으로, 단지 자신의 어리석음을 폭로하는 것이라고 하면서 신랄하게 비판하고 있다. 새것 콤플렉스에 대한 경계심을 늦추지 않았던 김유방도 "그러나 한가지 遺憾되는 것은 空氣를 덥게하야 溫度를保全한다는것보다 身體에直接溫氣를接觸케한다는것이 우리溫度의特色인同時에多少 不自然한 感이없지안습니다."고 하여 경제성과 편리성에도 불구하고 나름대로 온돌에는 문제가 있다고 자인한다. 이것은 식민지 지식인으로서의 한계를 드러낸 것으로 볼 수 있다.

여러 난방법과 비교하여 온돌의 우수성을 입증하고 있는 것은 박종선의 「醫學上으로 본 溫突」[49]에서도 볼 수 있다. 그는 온돌과 관련해서 환기가 불충분하다거나 일광이 잘 비추지 않다거나 산야를 황폐화한다는 비판이 있지만, 온돌을 사용하는 가정이 조선에는 대다수이기에 아무리 비난이 있다고 하더라도 현 상황에서는 절대로 폐기할 수 없다고 한다. 이런 온돌의 단점은 점진적으로 개선하여 완전

48 위의 책, p.290.

49 朴鍾璿, 「醫學上으로 본 溫突」, 『朝光』 2-2, 1936. 2(『자료집』, pp.10~14에서 재인용).

의식주와 민속놀이를 통해 바라본 조선의 근대

무결한 우수한 온돌을 만들어 일반생활을 편리케 하고 일반 복리를 증진케 하는 것이 우리의 의무라고 하면서 여러 난방법과 온돌을 비교하고 있다. 그 결과 먼 전통을 그대로 가지고 있는 온돌이 금일에 개량에 개량을 더하여 다른 국소난방법보다도 의학상으로 우수하다는 결론에 이른다. 그러므로 이러한 우수한 난방법을 두고 다른 난방법에 동경할 필요가 없다고 하면서, 만약 부족한 점이 있으면 급히 개량하면 된다고 하였다.

조선인이라고 해서 모두 온돌에 대해 호의적이었던 것은 아니었다. 「조선주택문제좌담」[50]에서 이극로는 "내가 처음부터 뜯어고쳐야 된다고 부르짖는 것이 溫突房입니다."고 하면서 "'노서아'에 가보면 베치카-라는 것을 장치했는데 벽윗통에다가 '베치카-'를 장치하고 불을 넣어서, 그놈이달아 왼방안이 더웁고 또 壁으로도 使用하니 理想的일뿐더러, 西伯利亞같은데에도 추운줄모르리 만큼 더웁다합니다. 溫突로는 到底히 房全體를 원만히 더웁게 할 수는 없지오. 앉기適當하게 땔려면 웃空氣가 차고 空氣를 덥힐려면 房바닥이 타고- 왜非衛生的으로 溫突을 짊어지려느냐는말슴입니다.(一同笑)改良해야지오."하면서 "나는 根本的으로 溫突을 否認합니다."고 한다. 그렇다고 해서 이극로 자신이 온돌을 전적으로 부정한 것으로는 보이지 않는다. 그는 자신이 집을 설계한다면 병을 치료할 수 있는 치료실을 둘 것이며, 그곳엔 온돌을 설치할 것이라고 한다. 실제로 이극로가 거주하고 있는 집은 "草家이나 文化式改造를하여 琉璃窓도 달고 마루에는 문을 드려 應接室을 만들"[51]어 놓았던 것이다. 이러한 주택 개량을 모두 본

50 「朝鮮住宅問題座談」,『春秋』 2-7, 1941. 8(『자료집』, pp.318~324에서 재인용).

51 一記者, 「한글學者李克魯氏住宅」,『朝光』 3-9, 1937. 9(『자료집』, p.351에서 재인용).

인 스스로 했다는 것으로 미루어 보아, 일반적으로 조선의 전통 가옥의 문제점으로 지적된 환기와 공간 활용 문제를 염두에 두고 자신의 생활에 맞게 개량하였음을 짐작할 수 있다.

좌담회의 또 다른 참석자인 이성봉李聖鳳은 난로가 공기를 더럽히는데 비해 온돌은 공기를 맑게 하고 스토부 등과 같이 가스를 발생하지 않기 때문에 위생적이라고 한다. 다만 방안 온도를 일정하게 보존하지 못하는 점은 단점이라고 하면서 온돌의 결점만 고치면 제일 발달된 취온법이라고 한다. 이 좌담회에 참석한 임화는 온돌 폐지는 불가하다고 하는데, 그것은 "우리네 經濟力으로의 煖房裝置로는 溫突이 第一싼것이"기 때문이라고 한다. 온돌이 경제적이라는 것은 온돌자의 「朝鮮の溫突の話」[52]에서 찾아볼 수 있다. 온돌은 조선의 북부 지방에서 없어서는 안 되는 난방 장치의 하나라고 하면서 실내 면적을 차지하지 않고 연료비도 하루에 10전 미만이어서 경제적이며, 저녁에 불을 때 두면 영하 10℃의 엄동설한에도 편안하게 생활할 수 있는 장점이 있다고 한다. 일본인들이 온돌을 연료 소비량에 비해 열효율이 떨어져 비경제적이고 비위생적이라고 여기는 것과는 대조적이다. 오랜 온돌 생활을 통해 터득한 삶의 지혜를, 일본식 주택에서 단지 한두 개의 온돌을 설치하여 사용하던 일본인들이 조선의 생활방식을 그대로 따라하는 것이 무리였음을 알 수 있다.

「조선주택문제좌담」에서는 온돌 문제 이외에 주택 개량 문제를 언급하는데, 외양은 일본식 집같이 짓되, 안은 온돌을 놓고 경제적이고 위생적이도록 방의 배치를 개량할 필요가 있다고 한다. 즉, 안방과

의식주와 민속놀이를 통해 바라본 조선인 근대

---

52 溫突子,「朝鮮の溫突の話」,『住宅』22-11, 1937(『자료집』, pp.99~100에서 재인용). 번역 정리 필자.

부엌을 북쪽에 배치하였기 때문에 위생상 좋지 않다는 것이다. 주택 개량은 온돌 자체보다는 가옥 구조 배치의 불합리와 사용상의 불편을 해소하는데 주안점을 둔다. 그렇다고 집안 구조를 서양식으로 개조하자고 하는 것은 아니다. "溫突을 버린다든지 바닥에앉아서 사는 形式을버리고 椅子나 寢室을 使用"하자는 것이 아니다. 이러한 생활 방식은 "어떠한 將來에 理想이라 겠으나 現存의 形式으로는 도리혀 困難을 느낄 것이"[53]기 때문이다. 우리의 생활 습관을 고려하여 서양식과 조선식이 적절하게 조화를 이룬 형태로 주택을 개량하는 것이 바람직하다는 것이다.

여기서 조선 지식인의 논지가 온돌을 긍정적으로 바라보는 것을 제외하면, 대체적으로 일본인의 논의와 비슷한 전개 양상을 띠고 있음을 알 수 있다. 이것은 타자의 시선으로 조선의 일상을 바라보고 객관적인 자기인식을 갖지 못한 상태에서 일본이 제시한 지배이데올로기에 무의식적으로 동조한 결과가 아닌가 한다.

일본인과 마찬가지로 온돌에 대해 신랄하게 비판을 가하는 인물이 박동진이다. 그는 「전시하 주택과 연료문제」[54]에서 전시 하에서의 국민 생활양식은 최소한의 생활을 요청한다고 하면서, 소비의 절약과 물자의 확보, 그리고 저온생활 등이 이에 해당한다는 것이다. 그리고 연료문제와 불가분의 관계를 가지고 있는 온돌기구는 재고할 필요성이 있음을 지적한다.

溫突의 成長에 依한 歷史的 批判에 基하야 吾人은 溫突生活을 否認

---

53 朴吉龍, 「改良住宅의 一案」, 『新女性』 6-6, 1936. 6(『자료집』, p.315에서 재인용).
54 朴東鎭, 「戰時下住宅과 燃料問題」, 『朝光』 9-1, 1943. 1(『자료집』, pp.389~393 참조).

하고 싶어하는것이며, 溫突方式을 排擊하는것이다. (중략) 이런 座式
生活은 自然히 人身의 活動性을 剝奪하게 되기 때문에 그 民族의 消
長에 있어서는 미루어 斟酌할수 있는것이다. 溫突生活에서 原因된
이런 痼疾은 一生을 通하야 到底히 고치기 어려운것이다. 이것이 얼
마나 무서운 病이냐, 安逸을 좋와하고 懶怠와 無氣力이 모다 그런 病
이다. 과연! 치운 겨울날 溫突房 아랫목에 몸을 묻고 讀書나 閑談에
醉하여보라. 아닌게 아니라 그야말로 天下事泰平인것을 溫突生活에
經驗있는이로서는 누구나다 가치 首肯할것이다. 이것이 阿片 中毒者
를 拒否하는 理由와 무엇이 틀린것인가. 溫突生活 阿片 거의 同律의
感이 없을수 없다. 이 溫突生活은 어느구석에도 生活의 迫力을 찾을
수없다. 元氣있는 몸둥이를 만들고 銳氣있는 生活을 하기 爲하야는
斷然 溫突生活을 淸算하지 않아서는 아니될것이다.[55]

위의 인용문에서 박동진은 나태하고 무기력하며 박력이 없는 것
이 온돌 생활에서 기인한 것이라고 하면서 우리의 온돌 생활을 아편
중독에 비유하며 신랄하게 비판을 가한다. 일본인이 온돌의 사용에
따른 폐해의 하나로 지적하는 '조선인의 나태, 무기력, 비활동성' 등
인간의 행태적 문제를 박동진이 그대로 되풀이해서 주장하고 있음
을 볼 수 있다. 이어 그는 온돌을 사용함으로써 "朝鮮全土에 어느구
석에서나 人家있는데 치고 사람의 손에 시달림 받지않는 나무 한그
루, 풀 한포기 있는가 보라. 심지어 落葉조차 제대로의 運命을 가진놈
이 없고 모다 아궁지속에 그야말로 炭燼되고 마는 형편이"니 녹화운
동과 애림사상이 근접할 수 없다고 혹평한다. 그러면서 온돌을 대신

55 위의 글, p.116(『자료집』, p.391에서 재인용).

할 것으로 온수와 증기난방, 페치카, 스토부 등을 제시한다. 이러한 것이 안위의 맛이 있고 활동적이기에 온돌이 주는 폐해를 일소할 수 있다는 것이다. 전형적인 타자의 입장에서 우리 문화를 열등한 시각으로 바라보고 있는 것이다. 일본의 제국주의와 식민주의는 한반도에서 스스로 유지하고 있던 사회·경제 체제를 해체시켜, '구식=전통=후진적'이라는 인식과 '신식=근대=선진적'이라는 인식을 주입하면서 식민지 국민으로서 가질 수밖에 없는 패배주의를 조장한다.[56] 박동진이 내세우고 있는 지론이라는 것이 일제가 주장하는 식민지 지배의 정당성을 그대로 답습한 것임을 알 수 있다.

문화적으로 일본보다 우월하다는 인식이 지배적이었던 조선인에게 있어서 서구화된 일본에 의한 식민지로의 전락은 내부의 모순에 시선을 돌리게 하는 계기가 된다. 박동진이 자신의 지론이라고 펼치는 온돌에 대한 논리는 '전통=열등=청산'해야 할 구시대의 유물이라는 근대적 지식인의 전형적인 사고를 대변하고 있는 것이다. 온갖 병폐를 수반하는 온돌임에도 불구하고 그는 "全面的으로 否定하였는데 切迫한 現下 情勢로서는 到底히 全部의 改革을 企待할수 없음으로 姑息策으로 爲先 溫突의 아궁이改良으로 當分間 참아지내지 않을수없다."[57]고 한발 후퇴한다. 일본인이 일본식 주택에서 온돌을 채용하는 것은 조선의 추위를 이겨내기 위한 여러 난방법 중에서 하나에 불과하지만, 조선인에게 있어서 온돌은 추운 겨울을 이겨낼 수 있는 유일한 수단이었던 것이다. 즉 일본인에게 온돌은 선택의 문제였다면, 조선인에게 온돌은 생존 그 자체였던 것이다. 선택과 생존, 그래

---

56 주영하, 「음식과 식민주의: 외래문화가 음식문화에 끼친 영향」, 『민속문화가 외래문화를 만나다』, 집문당, 2003, p.114.

57 박동진, 위의 글, p.118(『자료집』, p.393에서 재인용).

서 온돌에 대한 인식은 일본인과 조선인 간에 차이를 보일 수밖에 없었던 것이다.

4. 결론

지금까지 단국대학교 동양학연구소에서 펴낸 『주거 관련 자료집』을 중심으로 일제강점기 일본인과 조선인의 온돌관을 비교 검토하였다. 온돌은 독자적인 형태를 유지하며 발달한 것으로 17세기 이후에 우리나라 전역에 보급되면서 가옥의 일반적인 형태로 자리 잡게 된다. 이러한 온돌은 재래 주택에서 방바닥 구조물인 동시에 난방과 취사를 겸할 수 있는 장치로, 우리나라의 기후에 맞게 설계된 자랑스러운 문화유산의 하나이다. 주택의 난방법으로 온돌을 채택하면서 우리 민족 특유의 주거문화를 형성하게 되었고, 이것은 물질문화뿐만 아니라 정신문화에도 지대한 영향을 미치게 되었다.

우리 민족 고유의 문화로 자리한 온돌은 일제강점기에 그 존재 자체를 부정당하는 심각한 상황에 봉착하게 된다. 일본인들은 조선의 온돌이 산림을 황폐화시키고 위생상 좋지 않으며 나태한 조선인을 양산하는 산물로 인식한다. 그래서 조선의 온돌을 문명과 근대에 역행하는 것으로 생각하고, 이를 해체해야 할 대상으로 여겼던 것이다.

이 글은 일본인의 온돌관을 크게 1) 경제적 측면 2) 위생적 측면 3) 인간 행태적 측면으로 나누고, 다시 경제적 측면을 산림의 황폐화와 온돌의 개조로 세분하여 고찰하였다. 온돌이 산림을 황폐화시킨다고 하는 것은 일본인들이 온돌의 폐단으로 지적한 것 중에서 가장 핵심적인 것이다. 산림 황폐화의 원인을 온돌의 사용과 연계시키는 것은 조선 민족의 무능함을 강조하여 식민 지배를 공고히 하기 위한 책략에서 비롯된 것이다. 산림의 훼손은 조선총독부가 재정을 충당하기 위해서도 자행되며, 이밖에 임진왜란과 청일전쟁, 중일전쟁과 같은 조선 내외에서 벌어진 전쟁을 통해서도 이루어진다. 즉 일상생활에서의 땔감 사용 문제 이외에 일본과 직간접적으로 얽혀 있는 전쟁과 식민지 수탈 등 복합적인 요소가 작용하여 조선의 산림은 황폐화되었던 것이다. 일본인들은 온돌이 연료와 연소 능력에 문제가 있어 땔감의 낭비가 심하다고 하면서 분구와 연돌의 개조에 착수한다. 연료 절감을 목적으로 실시한 개량분구사업은 일제에 의해 반강제적으로 집행되는데, 이것은 초근목피로 연명하던 당시의 많은 조선인에게는 또 다른 수탈로 작용하게 되었다.

일본인이 온돌을 언급할 때 산림의 황폐화와 함께 빠지지 않고 등장하는 것이 바로 위생문제이다. 혹한기를 이겨낼 목적으로 만들어진 온돌은 보온이 생명이기에 가옥 구조 또한 그에 걸맞게 건축된다. 이런 조선의 주택은 환기가 불량하고 방바닥이 뜨거워 건강상 해롭다고 한다. 일본인이 비위생적이라고 인식하는 문제들은 실상 계절에 관계없이 온돌에 등을 지지며 살아가던 조선인에게는 하등의 문제가 되지 않았다. 이런 온돌 생활을 영위하기에 조선인들은 무능하고 무기력하며 게으르고 어리석은 민족이 되었음을 강조한다. 이것은 조선인에게 열등감을 자극하여 패배의식을 주입하기 위한 선택적 시각에 의해 조장된 것이다. 일본인의 눈에 나태한 조선인을 생산해 내는 장치로 비춰졌던 온돌을 통해 조선인은 예의범절과 위계질서 등의 덕목을 배우는 학습의 장으로 활용하였던 것이다.

일본인들은 우리 주거 문화의 근간인 온돌의 비위생성과 비경제성 등을 운운하면서 우리의 민족성을 폄하한다. 이것은 주거에서 조선 고유의 색채를 일소함으로써 우리 민족의 정신을 말살하여 그 종속 관계를 영구히 지속하고자 했던 일제의 민족말살정책과 무관하지 않는 것이다.

조선인이 바라본 온돌은 일본인의 그것과 사뭇 다르다. 조선의 추위를 견뎌내기 위해 일본식 주택에 부분적으로 온돌을 도입하여 사용했던 일본인과 달리 추위를 이겨낼 방법이 온돌 이외에는 다른 방도가 없었던 조선인에게 있어서 온돌은 민족의 생존과 직결되는 문제였다. 온돌 생활에 익숙하지 않았던 일본인에게 있어서 온돌이 연료 소비량에 비해 열효율이 떨어지는 비경제적인 난방법이었을지 모르나 다수의 조선 지식인들이 지적하고 있듯이, 온돌 생활에 익숙한 우리 민족에게 있어서 당시의 상황에서 온돌만큼 경제적인 난방법이 없었던 것이다. 이것은 생활 방식에 따른 차이에 기인한 것이지 결코 온돌이 주는 폐단은 아니었던 것이다. 일본인이 비위생적이라고 지적하는 실내 공기의 건조와 환기의 불충분과 같은 단점에도 불구하고 다른 난방법에 비해 의학적으로 우수하기 때문에 불만족스러운 점은 개량에 개량을 더해 완벽한 형태의 온돌을 만들 것을 주문하였다. 이처럼 일본인과 달리 온돌의 단점보다 장점을 부각시키면서 온돌의 구조적 형태를 지키고자 한 것은 일제강점기 하에서 우리 민족의 정체성을 잃지 않으려는 노력의 일환이었던 것이다.

이 글은 일제강점기 일본인과 조선인의 온돌관에 주안점을 둔 것이기에 실제 주택개량과정에서 온돌이 어떻게 변모되었는지에 대해서는 살펴보지 못했다. 이것은 추후의 과제로 남긴다.

참고문헌

「朝鮮住宅問題座談」,『春秋』2-7, 1941. 8.

岡崎遠光,「溫突に就て」,『朝鮮及滿洲』52호, 1912.

강만길,『일제시대 식민생활사 연구』, 창작사, 1987,

강상훈,「일제강점기 일본인들의 온돌에 대한 인식변화와 온돌개량」,『대한건축학회논문집』22권 11호, 2006.

강영오·이천용·배영태,「구한말 일제강점기 이후 서울의 풍치림조성 및 치산치수 역사」,『산업공학기술』8⑴, 2010.

강재철,「개화기에서 일제강점기가지 한국 관계 민속 문헌 자료의 연구 방향과 의의」,『한국문화전통의자료와 해석』, 단국대학교출판부, 2007.

강재철,「온돌문화전통의 지속과 변용」,『한국 근대 의식주와 일상의 제도』, 단국대학교출판부, 2010.

高橋喜七郎,「溫突の築き方と燃料(一)」,『朝鮮』93호, 1922. 12.

高橋喜七郎,「溫突の築き方と燃料(二)」,『朝鮮』94호, 1923.

高橋喜七郎,「溫突の話」,『文教の朝鮮』, 1926.

掛場定吉,「溫突の改造に就て」,『朝鮮』96호, 1923.

권석영,『온돌의 근대사』, 일조각, 2010.

김남응,『구들이야기 온돌이야기』, 단국대학교출판부, 2004.

김소연·이동언,「"오리엔탈리즘"의 재해석으로 본 일제강점기 한국건축의 식민지 근대성-제국주의 시대의 서구, 일본, 한국 건축에 대한 비교 연구를 중심으로-」,『대한건축학회논문집』21권 4호, 2005.

金惟邦,「문화생활과 주택」,『開闢』32호, 1923. 2.

김용범·박용환,「1929년 조선일보 주최 조선주택설계도안 현상모집에 관한 고찰」,『건축역사연구』17권 2호, 2004.

김준봉·리신호·오흥식,『온돌 그 찬란한 구들문화』, 청홍, 2008.

단국대학교 동양학연구소 편,『주거 문화 관련 자료집』, 민속원, 2010.

朴吉龍,「改良住宅의 一案」,『新女性』6-6, 1936. 6.

朴東鎭,「戰時下住宅과燃料問題」,『朝光』9-1, 1943. 1.

朴鍾璿,「醫學上으로 본 溫突」,『朝光』2-2, 1936. 2.

백재수·윤여창,「日帝强占期 朝鮮에서의 植民地 山林政策과 日本資本의 浸透科程」,『山林經濟研究』2-1, 1994.

鮮于全,「우리의 衣服費, 居住費, 娛樂費에 對하야」,『開闢』24호, 1922. 6.

손진태,「溫突禮讚」,『별건곤』3-2, 1928.

溫突子, 「朝鮮の溫突の話」, 『住宅』 22-11, 1937.

이선이, 「일제강점기 한국과 일본의 조선민족성 담론 비교」, 『비교한국학』 16-2, 국제비교한국학회, 2008.

이운형, 「온돌문화의 전통과 현대적 변용-경북 문경시 무진골 마을 사례를 중심으로-」, 안동대대학원 석사학위논문, 2009.

一記者, 「한글學者李克魯氏住宅」, 『朝光』 3-9, 1937. 9.

임재해, 「과학적 경제성과 전통문화의 조화, 온돌」, 『한국논단』 41. 1993.

전남일 외, 『한국 주거의 미시사』, 돌베개, 2009.

주영하, 「음식과 식민주의: 외래문화가 음식문화에 끼친 영향」, 『민속문화가 외래문화를 만나다』, 집문당, 2003.

최석영, 「일제하 곤와지로(今和次郞)의 조선 民家論에 나타난 주거양식의 변화」, 『한국 근대 의식주와 일상의 제도』, 단국대학교 출판부, 2010.

최협, 『부시맨과 레비스트로스』, 풀빛, 2007.

H. N. 알렌 지음, 신복룡 역주, 『조선견문기』, 집문당, 2010.

민속놀이 편

근대시기 놀이의 변화 양상

윤광봉_일본 히로시마대학교 명예교수

1. 들어가며

국민소득 2만 달러 시대에 접어든 지금, 우리는 여가 내지 이에 따르는 놀이에 대한 인식 및 가치관의 변화를 실감하고 있다. 다양한 매체의 등장과 컴퓨터 그리고 아이폰의 대중화로 재래의 놀이는 민속마을에서나 볼 수 있고, 각종 메디아에 의한 놀이문화의 다양성은 한마디로 정의하기 어려운 복잡한 세태를 맞고 있다. 이러한 현상은 급변하는 사회 환경 특히 경제의 발전으로 인한 온갖 정책이 다양한 여가생활의 수요를 증대시키고 있기 때문이다. 130여 년 전 우리는 쇄국이 풀리면서 밀려든 외래문명과 기존의 재래문명이 충돌함으로써, 반발 내지는 공존 그리고 동화하던 불안정한 시대를 살았었다. 이른바 급작스런 변화로 인한 근대화의 몸살과 가혹한 일제 강점기가 그것이다.

근대란 개념의 인식은 주지하다시피 프랑스의 시민혁명과 영국의 산업혁명이 계기가 되었다. 이러한 의미에서 비록 성공은 못했지만 동학혁명은 우리 근대 역사에서 시민운동의 계기를 마련해준 기념비적 사건이라 할 수 있다. 이는 당시 시민을 착취하는 탐관오리와 이를 방조한 정부에 대한 저항이며, 더 이상 먹고 살 수 없는 생존의 문제에서 비롯된 사회적 경제적 사건이었다. 이 사건은 결국 청과 일본이라는 외세의 개입을 초래했고, 이들의 개입에 의한 사회 혼란은 다양한 근대화의 몸살로 번져 나갔다. 특히 보호라는 명목으로 얽어진 을사조약과 이어서 맺혀진 합방으로 인한 억압은 여러 분야에 많은 변화를 초래했다. 일상의 한 틀인 놀이 분야라 해서 이에서 벗어날 수가 없다.

여기서 일상이란 변하지 않고 지속되는 것이다. 사회 각층에 침투

하여 영구히 반복되는 존재 양식이다. 그동안 근대시기에 대한 다양한 접근은 놀랄만한 성과를 거두고 있다. 일상에 대한 관심은 80년대 이후 문화에 대한 관심이 고조되면서 생겨났고, 또 한편으로는 90년대 이후부터 근대성 논의의 돌파구가 되기 시작했다.[1] 일본이 지배했던 한성은 철도 부설, 백화점 설립, 박람회 개최 등으로 일상의 큰 변화를 주어 근대와 전근대가 뒤섞인 복잡한 양상의 연속이었다. 바로 이러한 시대에 전통적 한국의 놀이가 식민성 내지는 근대성과의 만남을 통해 어떻게 변형이 되고 명맥을 유지해 왔는가에 대해 생각하지 않을 수 없다.

이 글의 목적은 바로 이러한 부분을 궁금해 하면서, 개화기의 초입이라 할 수 있는 1894년부터 일제가 무너진 1945년 사이에 수많은 놀이들이 외세의 침입 특히 일제의 침입으로 인해 어떠한 변화를 거듭해 왔는가를 살피는 것이다. 따라서 이를 위해 이 글에서는 먼저 갑오개혁의 해인 1894년에서 일본의 보호통치가 시작된 1910년 그리고 1910년서부터 삼일운동을 거쳐 이 운동의 영향으로 문화정책이 완화되었던 시기인 1920년대 그리고 소화왕의 통치가 시작되며 악랄한 야욕을 부리기 시작한 1930년부터 종전인 1945년까지의 시대를 구분하여, 이 사이 남겨진 적지 않은 텍스트의 맥락을 살피며, 우리의 전통놀이 내지는 각종 놀이가 어떠한 변화를 겪으며 이어져 왔는가를 개략적으로 살피고자 한다.

---

1 이에 대해선 공제욱·정근식 편저, 『식민지의 일상,지배와 균열』, 문화과학사, 2006; 최석영, 『일제의 동화이데올로기의 창출』, 서경문화사, 1997; 김진균·정근식 편저, 『근대적 주체와 식민지 규율 권력』, 문화과학사, 1997; 신명직, 『모던뽀이, 경성을 거닐다-만문문화로 보는 근대의 얼굴』, 현실문화연구, 2003; 연세대 국학연구원편, 『일제의 식민지배와 일상생활』, 2004; 주영하 외, 『제국 일본이 그린 조선민속』, 한국학중앙연구원, 2006. 등을 참조.

2. 식민지시기 이전 파란 눈에 비친 한국의 놀이

일본에 의해 강제로 맺게 된 병자수호조규(1876)는 부산 원산 인천 회령 마산 성진 평양 등의 문을 열게 했다. 동서남북이 활짝 열린 것이다. 특히 일본의 군함과 상선을 타고 전에 못 보던 양품 잡화가 들어왔는가 하면, 서북쪽 문으로는 청국의 상품들이 넘쳐 들어와 농민들의 눈을 어지럽혔다. 이에 놀란 각처의 유림들이 문을 도로 닫자고 외쳤지만 한번 들이닥친 외세가 쉽게 꺾일 리가 없다. 그리하여 급기야는 신사유람단을 조직하여 일본을 방문하고 김윤식의 인솔아래 청국을 방문해 새로운 기계문명을 보게 된다. 명치유신 13년(1881) 뒤의 일이다.[2]

바로 이러한 시기, 안수길의 장편소설 『북간도』[3]의 서장을 보면, 어린 시절 누구든지 집에서 만들어 즐겼을 법한 놀이기구인 제기가 없어, 이를 갖고 싶은 장손이가 제기와 감자 3개를 바꾸어 노는 장면이 나온다. 감자 3개는 굶기를 밥 먹듯 하던 그 시절엔 정말 금덩어리만큼 소중한 것이다. 그럼에도 아이는 제기를 차고 싶은 욕심에 아버지 몰래 제기를 바꿨던 것이다. 국경 지역인 북간도에서 끼니를 걱정하는 일상에서도 남자 아이의 유일한 낙은 제기를 차는 것이었다. 1870년의 일이다. 이렇듯 놀이는 암울한 시절을 이겨내는 하나의 청량제였다.

근대화시대가 싹틀 무렵, 같은 시기의 한국과 일본의 각종 놀이를 소개한 것이 있으니, 그것이 바로 스튜워트 컬린이 엮은 『Korean

---

2 李圭泰, 『開化百景』 1, 서문 참조, 新太陽社, 1971.
3 안수길, 『北間島』, 제1부 제1장, 春潮社, pp.33~39.

Games』[4]이다. 이것은 근대화의 시작이라 할 수 있는 시기(1894년 갑오경장)에 한국이 아닌 미국에서 발행된 한국놀이에 관한 최초의 책이다. 필자 컬린은 한국에 와보지도 않고 그 당시까지 행해졌던 한국의 놀이를, 주미 한국 외교관과 유학생들의 얘기와 수집품을 통해 동아시아 특히 일본의 놀이와 비교하면서 많은 그림을 곁들여 소개했다. 그는 당시 세계에서 유행되는 놀이 연구의 전문가였는데, 한국놀이에 대한 심오한 연구로 그의 지식과 전문성을 보다 세련화 시켰다. 이 책에 소개된 한국의 놀이는 모두 아흔 일곱 개로 기산의 그림 스물두 점이 칼라로 소개되어 있으며, 이외 일본과 중국의 놀이들에 대한 삽화 백 쉰한 점이 들어 있다. 놀이 연구에 있어 특히 기원과 분포에 관한 문제 제기는 많은 시사를 준다. 그는 현대의 놀이들이 그 본래의 의미를 거의 잃어버려서, 역사적으로 밝혀진 범위에서조차도 그 기원을 추적하는 것이 실질적으로 불가능하다고 했다. 또한 현재 행해지고 있는 놀이들이 놀이가 처음 시작되었을 때와 그 방법과 내용에 상당한 차이가 있다는 것이다.[5] 이 얘기는 앞으로 전개될 식민지 시대에 유행되었던 놀이에 대해 많은 시사를 준다.

그런데, 이 책은 비슷한 시기에 한국에 머물며 한국의 풍물을 소개한 몇몇 외국인들의 기록과 대조를 이뤄 흥미를 준다. 한국에 머물다가 직접 현장을 보고 기록한 몇몇 외국인의 기록은 놀이에 대해선 거의가 아마추어 수준이기에, 자칫 현장 스케치에 불과하다고 해 지나쳐버릴 수가 있다. 하지만 잠간 본 현장의 모습일지라도 그 놀이가 어떤 양상을 보여주고 있는지 즉 현장성을 살피는 데는 나름대로 가

---

4 Stewart Culin, 『Korean Games 1895』, 이 책은 윤광봉 역 『한국의 놀이』로 열화당에서 2003년에 펴냄. 이하 이 책의 해설 서문 참조.

5 위의 책, pp.224~25.

외사주의 민속놀이를 통해 바라본 조선의 근대

치가 있다. 주지하다시피 우리 민족은 예부터 놀이와 구경하기를 좋아했다. 그런데 이것이 너무 지나쳐서인가. 1902년에서 1903년 사이에 이탈리아 총영사로 머물렀던 카를르·로제티는 당시 한국인의 놀이 성향에 대해 '한국인은 선천적인 도박사'라는 말로 대신했다. 그는 '도박에 대한 열정은 아마도 모든 한국인이 천부적으로 간직하고 있는 유일한 것일 듯하다'고 하면서, 심지어 생활필수품조차도 직접 구입하기보다는 종종 내기로 구할 정도라고 했다.[6] 지금도 도박으로 사회 물의를 일으키고 있는 현실을 감안할 때, 오늘의 우리에게도 무언가 생각하게 하는 대목이다.

아직도 의견이 분분하긴 하지만, 컬린의 책이 나오기 1년 전인 1894년은 이른바 갑오개혁의 해라고 하는 근대화의 기점이다. 그해 초 봄, 서울을 방문한 비숍의 눈에 비친 서울은 겨우내 쌓인 온갖 쓰레기에, 발목까지 빠지는 진흙탕, 똥냄새 투성이었다.[7] 비숍은 1894년 1월부터 1897년 3월에 걸쳐 몽골로이드의 특성 조사의 일환으로 네 번에 걸친 조선여행을 했다. 첫인상은 이렇듯 나빴지만 몇 번 와서 오래 체재하는 동안 그녀에겐 마음을 끄는 매력적인 나라가 되었다.

1895년 1월 서울은 기묘한 상태였다. 구질서가 변하고 있음에도 질서는 나타나지 않았다. 이보다 앞선 길모어의 『서울 풍물지(1892)』를 보면, 서울은 사방으로 문이 닫히고 벽으로 둘러싸여 있는 완전한 중세풍의 도시여서 벽을 헐어내지 않는 한 빠져나갈 수 있는 가능성이 전혀 없고, 땅거미가 진후에는 어두워서 손에 등불을 들고 컴컴하고 인적이 드문 거리를 돌아다녀야 했다. 성 바깥쪽에 몰려있는 거주지

---

6 까를로 로제티, 서울학연구소 역, 『꼬레아 꼬레아』, 숲과 나무, 1996, p.330.

7 이사베라 비숍, 時岡敬子 역, 『朝鮮紀行』, 講談社學術文庫, 1998, 서문.

를 포함해 당시 서울 인구는 약 25만 내지 40만에 이른다. 그는 당시 풍경을 보며, 조선인은 농담을 좋아하고, 오락은 음식만큼 그들에게 소중하다고 했다. 그가 본 가장 대중적인 오락은 연날리기인데, 그 중에서도 연싸움이다. 연은 꼬리연보다는 사각연이 많다고 하면서, 날리는 방법이 미국, 영국, 일본, 중국의 연보다 훨씬 어렵다고 했다. 그러면서 이 놀이가 무엇보다도 모든 세대의 어른과 소년들이 즐기는 놀이라는 것이다. 그 다음으로 인기가 있는 것은 전언한바 제기차기이다. 당시의 제기는 동전에 종이를 묶어 만드는데, 수술은 동전 밑으로 단단하게 묶여있다. 그는 이 놀이를 종로에서 많이 보았다고 했다. 또한 겨울철이나 이른 봄의 가장 즐기는 유희는 줄넘기이다. 그리고 어린이의 널뛰기, 젊은이와 노인이 좋아하는 동전 던지기, 또한 거리에서 소년들의 팽이치기, 미끄럼타기가 있으며, 스케이트는 서양인들이 전해준 놀이로 썰매만 보던 당시 조선인에겐 대단한 흥미의 대상이었다. 특히 피겨 스케이트가 왕궁 뜰에 있는 궁중 못(아마도 경회루 앞?)에서 개최되었으며, 당시 왕비가 이를 즐겼다는 것이다.[8] 이 스케이트는 족예, 얼음굿이라고 불렸다.

그는 조선 사람들의 특징으로 새롭고 이상한 광경을 보기 위해 많은 사람들이 모이는 것을 주목했다. 조선 사람들이 가장 즐겨 쓰는 낱말 중의 하나가 구경이라는 것이다. 왕의 행차 구경은 대표적인 예이다. 군대의 다양한 제복, 비단으로 수놓은 화려한 기장과 깃발, 화려한 말 장식과 궁중신하들의 찬란한 옷, 그리고 나들이옷을 입고 길 옆에 늘어서있는 백성들의 모습, 그 외 전라도에서 올라온 줄타기 광대나 곡예사 그리고 어릿광대로 이뤄진 유랑극단에 심취하는 모습

---

8 G·W 길모어, 신복룡 역주, 『서울풍물지』, 집문당, 1999, p.39, pp.121~127.

등이 그러한 예이다. 길모어는 구체적으로 줄타기 광대들은 대개 소년들로 짚으로 만든 단단한 밧줄 위를 걸어 다니거나 느슨한 밧줄 위를 균형대도 없이 걸어가는데, 이는 정말 볼만한 가치가 있다고 했다. 또한 그들은 재담으로 구경꾼들을 즐겁게 하고 또한 곡예사들은 대개 성인들로서 온갖 재주넘기와 공중제비를 하는 훌륭한 연기자라고 했다. 지극히 짧은 두어 줄의 기록이지만 유랑예인의 근대사를 밝히는데 좋은 자료라 할 수 있다. 그는 이외 언덕의 공터에 노천극장을 만들어 보여주는 탈춤공연을 보며, 이상하게 관리나 양반들은 보러 오지 않는다고 했다. 그런가하면 돌싸움이라는 것이 있는데, 매년 정월이면 행하는 이 놀이는 대체로 기분 좋게 시작하고 끝날 때까지 그렇게 계속되는데 거의 불화나 격노를 불러일으키지 않는다고 했다. 참가자들의 무기는 손으로 밀짚으로 만들어진 줄로 던지는 돌과 곤봉이다.[9] 이렇듯 기록은 구체적으로 이 놀이가 어떻게 놀아졌는가를 잘 보여주고 있다.

그리고 흥미로운 것은 조선 사람들이 지나치게 언덕을 좋아한다고 하면서 조선 사람들과 산에 올라 노래를 부르지 않은 적이 없다고 했다. 그런데 그 노래가 대개 짧아 굉장히 단조롭고 음의 하모니가 없다고 했으며, 춤 또한 즐기는 오락이라고 했다.[10] 노래와 춤이 한국인의 놀이에 주특기 종목임은 일찍이 옛 기록에서 확인된 것인데 새삼 주목을 하게 된다.

한편 그리피스는 남자들의 놀이로 격투기를 보았으며, 매우 격렬했음을 피력했다. 그 역시 조선에서는 도박이 놀라우리만큼 성행한

---

9 위의 책, pp.128~133.
10 위의 책, p.135.

다고 하면서 연날리기 대회에서조차 돈이 오고간다고 했다. 실내의
놀이로서 옛날이야기, 끽연, 바둑, 장기, 고누를 예로 들고, 특히 화투
가 유행했다고 했다. 지금의 화투가 이미 이 시절 일인들에 의해 우리
에게 동화되고 있음을 엿볼 수 있다.[11]

한편 헐버트는 당시 조선엔 특정층이 즐기는 것으로 크리케트, 야
구, 컬링curling(얼음판에서 둥근 돌을 미끄러뜨려 과녁에 맞히는 놀이), 투우,
스키, 라크로스lacrosse(하키의 일종) 등을 소개했다. 그러면서 조선인은
놀이의 시간성을 지킨다고 했는데, 이는 계절별로 행해지는 놀이를
일컬음이다. 정월 놀이로 석전, 연날리기, 돈치기, 줄다리기, 제기차기,
널뛰기, 팽이, 오월의 놀이로 그네, 씨름, 팔씨름, 이외 어린이 놀이로
숨바꼭질, 공기놀이, 고누, 실뜨기 놀이가 있고, 앉아서 노는 놀이로
장기, 바둑, 그 다음 노름을 위해 골패나 화투 등을 소개했다. 특히 석
전에 대해선 國技로 소개되어 자세히 설명했다.[12]

또한 알렌은 순회광대들, 극장, 궁중의 운동(검무, 학춤, 호랑이춤), 그
리고 한국의 놀이로 석전, 연, 자전거타기, 죽은 사람 일으키기, 또한
대보름 놀이로 다리밟기, 처용놀이 등을 간단히 소개했다.[13]

이외 전언한 바 로제띠는 조작되는 식민지 근대화론을 반박하는
가시적인 자료로서 평가되는데 (이태진 추천사), 정월 초순의 15일 동안
서울은 투석놀이에 열광한다고 했다. 그는 이 놀이가 일반적으로 동
대문 근처의 넓은 공터나 서대문밖 양화진 근처 공터에서 개최된다

---

11 W·E 그리피스, 신복룡 역주, 『은자의 나라(1882)』, 집문당, 1999, p.379.
12 H·B 헐버트, 신복룡 역주, 『대한제국멸망사』, pp.327~335. 헐버트는 1886년 길모어와 함께
    한국에 왔다가 1891년 귀국했다. 1893년 다시 입국하여 1906년까지 언론 육영사업에 힘썼다.
13 H·N 알렌, 신복룡 역주, 『조선견문기(1884~1905)』, 집문당, 1999, pp.114~121.

고 하면서 놀았던 장소와 놀이 모습을 자세히 설명하고 있다.[14] 한편, 지방에서는 이를 대체하는 줄다리기가 유행했는데, 양반 하인 가릴 것 없이 모두 일체가 되어 자기편으로 줄을 당긴다고 했다. 한국인은 선천적인 도박사이기 때문에 생활필수품 구입에도 내기를 건다고 했다. 예를 들어 마른 생선 한 토막이나 쌀 한 됫박, 또는 술 한 병을 선택하고 내기 방식을 정한다. 선택한 것이 5센트의 가치가 있다고 가정할 때, 그가 이기면 단지 1센트를 지불하고, 지면 10센트를 지불한다. 이는 하층 계급에서 많이 하는데 그 방법이 다양하다고 하면서, 가장 많이 사용되는 것으로 대나무 통에서 한 두 개의 가는 대나무 막대를 꺼내는 것이다. 그 대나무 막대 끝에는 특별한 한자가 새겨져 있고, 그 조합에 따라 승부를 결정한다.

이외 인기 있는 놀이로서 윷, 투전, 골패, 장기, 바둑을 소개했으며, 윷의 변형으로 직위를 써 넣은 관료들의 놀이인 승경도를 제시했는데 이 놀이가 중국에도 널리 퍼져 있다고 했다. 또한 직위 대신 지명을 쓴 것을 갖고 노는 놀이인 남승도가 있으며, 이외 엿방망이, 짓구땡, 4명이 하는 놀이로 패더미에서 12개의 패를 떼내는 조땡이, 그리고 장기에 대해 자세히 설명하고 있다.[15] 한편 교양 있는 사람들이 즐기는 것으로 바둑을 들었으며, 로제띠는 이 바둑이 가장 재미없고 지겨운 놀이라고 불평했다.

이상 이들이 남긴 놀이들의 종류를 보면 개화기 초기엔 도심을 중심으로 석전, 연날리기, 돈치기, 줄다리기, 처용놀이, 널뛰기, 팽이, 제기차기, 승경도, 그네, 씨름, 골패, 고누, 장기, 바둑, 화투, 초중종놀이,

---

14 로제띠, 앞의 책, pp.327~329.
15 위의 책, pp.335~338.

엿방망이, 실뜨기, 줄넘기, 숨바꼭질, 광대놀이 등이 유행했다. 이러한 놀이의 종류는 물론 서울을 중심으로 본 외국인들의 스냅이기에, 서울 외 지방에서 놀았던 놀이는 알 수 없는 극히 일부분에 지나지 않음은 물론이다. 그러나 대부분의 놀이가 당시 서울을 비롯한 시골에서도 놀아졌던 놀이이기에 결코 소홀히 할 수가 없다. 이 중에는 먼저 쓴 책을 그대로 인용하는 예도 있을 테니까 신빙성에 문제가 있기도 하다.

이상 간단히 본 외국인의 기록으로 개화초기 우리 선인들이 어떠한 놀이를 즐기었는가를 엿볼 수 있다. 바로 이러한 결과가 미국에서 모아져 펴내게 된 것이 컬린의 『한국의 놀이』이다. 그는 그동안 수집해 두었던 놀이기구와 주미 외교관과 유학생들이 한국에서 가져온 놀이기구들을 모아, 그들의 이야기를 중심으로 그때까지 한국에 어떤 놀이가 있었는가를 나름대로 정리하게 된 것이다. 소개된 95개 중 한국에서 직접 본 외국인의 기록과 겹치는 것은 다음과 같다.

그림자놀이, 연싸움, 소꿉장난, 줄광대(종이로 된 장난감), 팔랑개비, 죽방울(솟대패), 팽이, 맴돌기, 딱총, 실뜨기, 잠자리채(거미줄로 만듦), 죽마놀이, 말타기, 깨끔발놀이, 줄넘기, 재주넘기, 널뛰기, 그네, 줄다리기, 씨름, 택견, 제기차기, 둑싸움, 주먹싸움, 손뼉치기, 몇 개 맞추기, 숨바꼭질, 술래잡기, 눈싸매기하기, 풀싸움놀이, 치기(풀, 엿, 앵두, 능금, 감, 살구, 참외, 공), 조개싸움, 탱자던지기, 공기놀이, 돈치기, 돌팔매, 편싸움, 활쏘기, 투호놀이, 윷놀이, 종경도, 주사위, 쌍륙, 장기, 바둑, 고누(네밭, 오밭, 육밭, 곤질), 골패, 호패, 짝맞추기, 꼬리붙이기, 용패, 거북패, 신수점, 오관, 투전, 엿방망이, 동당, 산통(계놀음), 수수께끼, 글자맞힘, 초중종놀이 등이다.

3. 근대를 향한 유혹과 식민지적 갈등

정치적으로 식민지의 토대가 구축되던 합방 이전, 대한제국 경제는 일본 예속화가 심화되었으며, 근대를 향한 급속한 변화 중의 하나가 외래품의 침투였다. 전통적인 생활 방식에 익숙한 당시 한국인들은 형식이 새로운 근대적인 오락거리와 만나 당황 반 호기심 반으로 혼란을 겪으며 근대성 속으로 빠져 들어갔다.

1890년대에 들어 진고개에는 한국인을 유혹하는 두 가지 희한한 물건이 있었다. 눈깔사탕과 만화경이 그것이다. 구경 좋아하는 한국인들인지라 이를 이용해 돈 벌 욕심으로 시바이, 족예, 요술, 곡예, 취시, 투륜 등이 소개되어 재미를 보았다, 그러나 이러한 놀이들은 배일 풍조가 거세지면서 단속의 대상이 되었다. 또한 1901년 10월 4일엔 미야다란 요술쟁이가 청계천에서 굿을 벌렸는데, 한국 병정 수명이 흥행장에 뛰어 들어 '요술로 조선돈 훔쳐가는 날강도들아!' 하며 난장판을 벌렸는데 이들은 일본 경찰관에 의해 잡혀갔다. 이 일이 있은 후 일본 영사는 일본 흥행업자의 내한을 엄격히 규제했다.[16] 이미 이전부터 많이 들어와 사는 일본인과 중국인들이 있기에 이렇듯 같이 묻혀온 그들의 놀이는 자연스레 우리 놀이 속에 스며들게 된다.

한편 망국이 빚은 選上妓生들의 운명은 너무 처절했다. 기우는 왕조의 시름을 달래는 방편으로 고종을 비롯한 대신들이 궁으로 이들을 불러들여 환락에 빠지게 된 것이다. 이속잡가와 음사속어로 불려다니는 기녀가극단이 그것이다. 고종말년 선상기 가운데는 평양기생

---

16 이규태, 앞의 책, p.303, p.331.

이 제일 많고, 진주, 대구, 해주기생이 그 다음으로 많았다고 한다.[17] 이렇듯 합방이 되기 이전의 전통연희는 이속잡가와 음사속어로 불려 다니는 기녀가극단으로 변모 고유의 전통을 상실해 갔다.

근대화 초기(1896년) 훈련원 연병장에서 관립소학교 운동회가 있었는데, 이것이 우리나라의 최초의 운동회였다. 이를 계기로 시내 여섯 개 관립외국어 학교가 연합해 운동회를 개최(1898)한 후 대한제국 정부에서 주최하는 연례행사가 되었다. 이때 처음으로 발공차기 즉 축구가 처음 도입되었으며, 군대행진, 철구 즉 대포알 던지기 등이 행해졌다.[18]

이마무라도모에今村鞆는 한국 전통놀이 대신 개화기 때 성행했던 잡기 중 鬪箋, 骨牌, 花鬪, 擲柶, 馬田, 矢岩爲, 十人契, 討錢, 詩牌, 双陸 등을 소개하며 바둑과 장기도 내기를 건다고 했다.[19] 합방되기 전년도의 일이다.

---

17 위의 책, p.300.

18 『대한매일신문』 1908. 5. 17.

19 今村鞆, 『朝鮮風俗集』, pp.245~264. 이 중의 「朝鮮의 賭技」는 1909년에 쓴 것이다. 위의 예 중에서 투전, 골패, 화투도 알고 보면 외래품이다. 화투는 일본의 하나바타(花札)로서 한국에 거류하던 일본인들이 즐기던 놀이였는데, 이것이 한국인들에게 전해졌으며, 한편으로는 일본에 망명 혹은 유학했던 사람들이 이것을 가져와 각지에 전파시켰다. 화투에 대해선 이미 컬린이 『한국의 놀이』에서 일본의 화투에 대해 자세히 설명했다. 필자의 번역 중 야크(約)는 역할(役)의 '役'자의 誤字이었음을 밝혀둔다. (pp.212~213. 부분) 어쨌든 화투가 특히 화류계에 퍼지면서 점차 민간으로 퍼졌나갔는데, 한 세기가 지난 오늘에 와서는 완전히 우리의 국민적 놀이로 변했다. 화투의 유래에 대해선 여러 가지 설이 있다. 일본에서 들어온 것이라 하지만, 이 또한 에도시대에 포르트갈의 카드인 카르타에서 온 것으로 뒤에 일본식으로 바꾼 것이다. 화투놀이는 하나아와세(화합ㅎ)라고도 하는데, 헤이안 시대에 사람들이 좌우 두 편으로 갈라져 꽃(특히 벚꽃)을 내보이어 비교하거나, 꽃에 대한 和歌를 읊어 우열을 가리던 놀이이다.

또한 十人契는 10명이 모여 십까지 쓴 숫자 위에 돈을 건다. 그리고 바가지 파편을 돈처럼 둥글게 잘라 그 안에 10까지의 숫자를 적은 바가지 돈을 대통에 넣고 흔들어 하나씩 차례로 꺼내어 그 바가지 숫자와 차례수를 맞추어 본다. 맞은 사람은 열 사람이 건 돈을 다 차지한다. 바가지 쓴다는 표현이 여기서 비롯되었다.

이러한 모든 놀이는 규칙과 관계가 있으며, 반복가능성의 특징을 지니고 있다. 그런데 이 규칙은 언제든지 변할 수가 있다. 오늘날 우리 국민이 즐기는 화투 놀이가 처음 시작되었을 때와 그 방법과 내용에 상당한 변화가 있었음은 주지의 사실이다.

나라가 망하기 전 1909년은 암울 그대로였다. 출판법 공포(1909. 2. 23.)로 사상과 출판의 자유가 제한되고, 군부폐지(1909. 7. 31.)로 병권을 잃고, 법부폐지(1909. 11. 1.)로 사법권을 상실하고, 한국과 일본의 불량배들이 합방을 들먹이고, 재정피폐로 인민이 모두 굶어죽고 얼어 죽게 된 융희3년 즉 1909년은 액으로 점철된 한 해였다.[20]

동양척식회사의 설립(1908년)으로 한국인의 토지박탈과 일본 농민의 한국 이주는 한국인으로 하여금 기아선상을 헤매게 했다. 바로 이 시기 이마무라今村柄가 한국에 들어와 지방 경찰부장으로 업무를 시작한다. 그는 그의 업무를 성실히 이행하기 위한 방편으로 조선민속을 알아야한다는 자각을 하게 된다. 그리하여 바쁜 틈을 이용해 현지 조사를 하고 문헌을 뒤져, 1909년 〈충청북도의 조사(등사판)〉로부터 시작하여 〈정월에 있어 조선인의 풍속(조선 제35호)〉, 〈조선사회고〉 등등을 발표, 1914년에는 드디어 『조선풍속집』(경성, 斯道館)을 출간한다. 결국이 책의 목적은 식민지 통치의 우월성을 강조하는 것이 목적이었다.[21] 그는 이 책에서 아름다운 전통놀이보다는 도박놀이에 대한 소개를 하여 조선 민족을 도박을 즐기는 민족임을 일본인들에게 부각시켰다.

그럼에도 실제로 황성신문(1904년 1월 25일)은 자진휴간에 들어가면서, 독자들의 무성의를 질타하는 것을 보면 도박이 심했음은 과장이

---

20 『대한매일신보』 1909. 12. 30.

21 주영하 외, 앞의 책, pp.65~101.

아닌 것 같다. 동신문 社說에서 '기생집, 골패, 화투판에는 돈을 물 쓰 듯 하면서 신문값을 독촉하면 미루기만 하니 어찌 문명국가의 독자 라 할 수 있겠는가'라는 질책을 하고 있으니 말이다.

이처럼 나라가 붕괴되고 그에 따른 사회 경제적 혼란은 식자층은 물론 일반 서민들에게 울분을 토로하고, 특히 문화예술에 대한 감상 의 기회가 줄어졌다. 그러다보니 취미, 오락 활동도 달라질 수밖에 없 는 것이다. 그래서 이들은 기존의 전통예술보다는 중국이나 일본에 서 들어온 연희에 흥미를 갖기 시작했다.[22] 당시 일본의 연희패들은 남대문 안에서 놀이판을 벌렸으며,[23] 청국인들은 서울에 전용극장까 지 세우고 연극을 했다.[24] 이러한 기록은 당시 조선인들이 양국 유랑 예인들의 경극 및 일본 전통극과 신파극 등을 체험하게 되면서 자연 스레 동화되고 있음을 보여준다.

비슷한 시기 일본은 1905년 보호 통치를 위한 흉계를 위해 무언가 저촉이 되고 방해가 되는 요소는 없애려고 했다. 대표적 집단놀이인 석전도 그러한 대상이었다. 이 석전의 풍경을 보고 그들은 은연중 무 서운 존재로 느껴졌던 모양이다.

1904년 12월말부터 일진회가 대한문 앞에서 연일 반정부 시위를 벌리자 이를 해산하려 군대가 출동했다. 이를 지켜본 스웨덴 기자 아 손은 이렇게 기록한다. '이어서 싸움이 시작되고 한국 사람들이 밀리

---

22 이러한 결과는 모처럼 피어난 연극장과 함께 관객의 수난도 초래했다. 한편 당시 야외극으 로 벌렸던 전통연희가 차차 무대화되고 있음을 볼 수 있는데, 1902년에 협률사가 설립된 뒤 연행된 레파토르 순서를 보면 다음과 같다. 평양 랄탕패, 환등, 창부땅재주, 승무, 검무, 가인 전목단, 선유락, 항장무, 포구락, 무고, 향웅영무, 북춤, 사자무, 학무 이외 재미있는 가무를 임시하여 설행했다.(『대한매일신보』 1907. 12. 24.)

23 『황성신문』 1902. 6. 7.

24 『대한매일신보』 1904. 11. 16.

자 근처에 운집해 있던 군중들이 일본군을 향해 돌을 던지기 시작했다. 한국인들은 특히 투석전에 뛰어났다.'[25]

실제로 만리재에서 벌어진 석전은 대단한 인기를 구가했다. 석전을 구경하고 군중들이 서대문을 빠져갈 때면 초대형 전차가 운영된다. 구경꾼이 2만 5천명이니 3만 5천명이니 하는 것을 보면 그 참여도가 어느 정도인 줄 알겠다. 이렇듯 사람들이 많이 모여 하는 놀이이니 일본의 입장에서는 석전을 전통놀이의 하나로 가벼이 넘길 일이 아니었다. 결국 일본은 석전을 무예훈련으로 여겨 군대를 파견해 엄금했다. 1908년 음력 정월 그믐 마침내 서울에서 석전이 금지되었다.

그런가 하면, 극장들을 조사해 경시청이 일본연극을 모방토록 각 극장에 규정을 배포하고,[26] 이러한 엄명으로 1911년 일본의 이른바 신파극이 대중연극으로 자리매김을 하게 되어 놀이 문화의 새로운 장을 열게 되었다. 당시의 10여개 신파극단들이 연흥사를 주 무대로, 설음에 젖어 풀길이 없는 망국인들에겐 신선한 청량제 구실을 하여, 이것이 일본 연극임을 알면서도 자신들도 모르게 눈물을 흘리며 신파극에 동화되어 갔던 것이다.

한편 보호라는 명목으로 통치를 하던 시절, 궁중에서도 왜의 물결이 소용돌이 쳤다.

한 나라를 다스린 왕으로서 고종은 자기의 딸임에도 마음대로 입적도 시키지 못했다. 민비를 이은 엄비의 딸인 덕혜가 입적을 못해 근심하던 고종이 덕혜가 자라자, 덕수궁 별당에 유치원을 만들고, 덕혜를

25 정진석 외, 『제국의 황혼』, 21세기북스, 2011, p.79에서 재인용.
26 『대한매일신보』 1909. 6. 8.

비롯한 같은 또래 근친 어린이 십여 명의 원생을 데려다가 놀았다. 한 번은 대검을 찬 당시 총독인 데라우치와 나란히 앉아서 아이들의 유희를 보게 되었다. 십여 명의 원생들이 京口라는 보모의 인도에 따라 고종과 데라우치 앞에 일본식 큰 절을 올린 다음 일본노래(하도鳩 뽀뽀)를 부르며 유희를 하였다.[27]

궁중 그것도 왕 앞에서 일본의 아이들이 그들의 유희를 보여 주고 있는 것이다. 왕궁에서 어린 아이들이 일본식 큰 절을 올리고, 일본 노래와 일본 유희를 하며 아이들은 자연스레 일본화 되고 있는 것이다. 이 유희라는 말은 아직도 우리가 쓰고 있는 일본 한자어이다. 어쨌든 이와 같은 광경을 보고, 데라우치 총독이 일본 궁내성에 보고하여 덕혜는 옹주로 입적하게 되었다. 덕혜옹주의 비극은 이런 슬픈 사연에서 비롯되었다.

특히 초대 통감 이등박문은 궁녀를 통해 조정을 움직이려 했다. 그래서 그는 일본을 갔다 오기만 하면, 항시 고급옷감, 시계, 목돌이 따위를 가져와 중임을 맡은 궁녀들에게 전했는데, 궁녀들은 나라 잃은 슬픔도 잊은 채 자기들에게 잘 해주는 그를 좋아했다.[28] 당시 일본은 발달된 자기 나라의 모습을 직접 보여 줌으로써 일본화 시키는데 성공적인 것임을 알고, 일본유람단을 모집하여 일본을 구경시켜 주었다.[29] 그래서인지 유람단으로 일단 일본을 갔다 오게 되면 대부분이 친일파로 바뀌는 것이다. 그야말로 근대를 향한 유혹과 식민지적 갈

---

27 이규태, 『개화백경』 1권, pp.36~37.

28 위의 책, pp.10~11.

29 이러한 현상은 계속되어, 『동아일보』(1921년 5월 15일)의 기록을 보면, 3월에 50명, 4월에는 4조로 나누어 1130명이 도일한다.

등에 젖은 우리 선대의 슬픈 자화상이라 할 수 있다.

그런가하면, 이등박문은 통감정치 때 한국의 고관들과 사적으로 접근하는 방법으로 골패를 배워 이따금 통감 관저에 한국의 정치적 거물을 불러 골패판을 벌렸다. 이를테면 이등박문은 도박정치로 유혹을 했던 것이다.[30]

화투는 위에서 잠시 언급했지만, 화투짝 늘어놓는 기방이 모던한 감각을 주어 인기가 있었다. 기생집에 오는 층들이 대개 고관들이기에 이들은 도박에 빠지게 되었으며, 이것이 다시 일반으로 확대되게 된 것이다. 오죽하면 유향들의 상소문 가운데 '일본이 欄干櫻花 空山 明月이니 雨中行人이니 하는 花札로 내방을 어지럽혔다'는 대목이 자주 나오고 있을까. 이처럼 나라가 망하기 전부터 당시 조선은 지배층부터 도박이 유행되고 구석구석이 썩어 들어갔던 것이다.

한편 식민지 통치 이전부터 윤락과 유흥의 문화는 러일전쟁(1904. 2. ~ 1905. 10.) 이후 일본인들의 조선 진출이 급증하면서 빠른 속도로 번져갔다. 〈신한민보〉의 기록을 보자.

한성 장안과 각 큰 도시에서는 밤이나 낮을 물론하고 매음녀가 길에 널리어 청년자제의 소매를 이끌며 유혹을 했다. 그 결과 '눈짓콧짓으로 꾀어들여 십전, 오전에 방을 내고 악한 병을 전염하며 허탕한 자의 혼을 뽑아 재산을 탕진케 하니 이는 우리의 후세 자손까지 없애고자 함이라. 이러한 매음녀가 백주대도에 횡행하되 순검은 보고서도 못 본 척하니 이는 통감부의 정책인고로 금하기는 고사하고 뒤로는 은밀히 보호하는지라[31]

30 이규태, 앞의 책, p.310.

31 『신한민보』 1910. 9. 21.

하며, 재산을 탕진하고 한국인을 말살하려는 정책이라'고 비난하기에 이르렀다.

일본의 거류지를 중심으로 매음은 근대의 코드인 것처럼 전국으로 확산되었다. '이러한 윤락가는 조선인 남녀의 성적 타락을 위해 일본이 치밀하게 도입한 것이다'라고 시카고 트리뷴紙에서 비판했다.[32] 이때 일제가 세운 논리는 성매매를 공적으로 관리함으로써 군대유지, 성병관리, 부수적 상업이익, 징세 등이 가능하다는 것이었다. 종군위안부의 전초는 이렇게 시작되었다. 1920년대에는 결국 큰 사회문제로 부각되어 갖가지 계몽운동, 화류병자 결혼제한, 법제화운동으로 뻗어나갔다. 화류병인 매독에 걸려 신음하는 젊은 청년들이 많았다.[33] 놀이 타락의 극치라 할까.

어쨌든 급살을 타는 사회적 변화 특히 외국인 선교사와 일제의 강압 통치는 실제로 놀이에도 많은 변화를 가지고 왔다. 그 예를 『개화백경』에서 몇 개 추려본다.

돈돌날이는 마을 여자들이 달래 캐는 풍습으로 놀아지는 북청인들의 놀이이다. 돈돌날이란 동틀 날이라는 북청 사투리이다. 싸가지고 온 도시락과 이날 캔 달래를 국끓여 먹으며 날이 저물도록 노래와 춤을 즐기는데, 이때 합창으로 부른 돈돌날이는 사상민요라 해서 부르는 족족 일본 순사들이 잡아갔다.[34]

---

32 정진석 외, 앞의 책, p.111.

33 『동아일보』, 1921. 5. 15.

34 이규태, 『개화백경』 4권, 신태양사, 1971, pp.275~276.

의식주와 민속놀이를 통해 바라본 조선의 근대

한편 1910년대 여학생들 사이에는 소풍을 가거나 안방에 모여 앉으면 으레 윷을 던져 사랑을 점쳤다. 윷이 없으면 큰 공을 쪼개어 노는 이 사랑윷은 세 번 던져 그 결과를 64괘의 순열 조합으로 갈라 사랑의 64조건을 적은 텍스트에 맞추어 본다. 윷놀이의 변신이라 할 수 있다.(예: 도개도-손수건을 떨어트려라 천사가 주어갈게다.)[35]

또한 토착개화놀이로서 노처녀 성혼놀이가 있다. 전라도에서 유행한 첨지놀이가 그것이다. 놀이의 멤버는 다섯 명의 아가씨로 구성되는데 그 가운데서 가난 때문에 혼기를 놓친 노처녀가 의례 주인공이 된다. 먼저 10여 명 이상의 아가씨들이 모이면 수레바퀴 모양으로 다리를 뻗고 둥그렇게 둘러 앉아 다음과 같은 자리수를 합창하여 다리를 헤아린다. 한알궁 두알궁 삼재 엄재 호박 꺽기 두루미 찌강 가드라 꿍! 꿍에 걸린 다리의 주인공이 태수가 된다. 이러한 식으로 꿍하며 걸리는 사람마다 형방 흡창 사령으로 배역을 맡는다. 그러면 태수는 어느 마을에 사는 박첨지를 잡아들여라 하고 형방에게 분부를 한다. 잡힌 박첨지는 가난 때문에 시집을 못 보냈다고 한다. 그러면 태수가 어느 집 몇째 둥이가 있지 않느냐 하며 구체적으로 이름을 댄다. 그러면 다언불요라 택일성례할지어다 라고 하면 깔깔 대고 놀이를 끝낸다. 그런데 문제는 어느 누구의 딸이 누구의 아들을 점치며 이 놀이를 했다면 그 이야기를 반드시 전하지 않으면 화가 있기 때문에 소문이 퍼지게 되고 드디어 성혼이 이뤄진다는 것이다. 평양에서는 이 놀이를 평양감사놀이라 했다.[36]

이화학당의 문답놀이 얘기이다. 학교에서 쉬는 시간을 지루하게

35 위의 책, p.278.

36 위의 책, p.280.

보내지 않기 위해 유희 교육이 중요하다고 해서 재래의 놀이에서 교육적인 놀이를 선택, 노는 법을 가르쳤는데 이때 가르친 것이 문답놀이와 郡名외기였다. 서양놀이를 가르쳐 눈치 보는 것보다 앉아서 노는 놀이를 택했던 것이다. 종경도 놀이를 적당히 여성화한 것이 정경부인놀이이다. 수건돌리기의 원형인 콩심기놀이 쥐꼬리 잡기놀이가 있다.

이 놀이는 3·1운동 이후 헌병놀이란 이름으로 바뀌어 쥐의 행렬은 만세꾼이 되고, 헌병은 만세꾼을 잡으러 다니는 시대풍조의 저항 유희로 변신했다.[37] 또한 집단놀이인 강강수월래와 기와밟기는 놀이를 핑계로 담장너머를 보며, 여자가 가랑이를 벌린다고 해서 금지된 놀이이다.

그런가하면 직성풀이인 처용놀이도 수난을 겪었다. 이 놀이는 마른 풀이나 짚으로 만든 인형의 복부에 직성 든 사람의 나이만큼 돈과 함께 밥을 넣어 거리에 버리는데 일종의 원시적인 구휼이나 자선의 한 방편이라 할 수 있다. 처용놀이는 개화기에 직성풀이로 타산성을 계몽시켰다.[38] 그러다가 3·1운동 이후 이 처용놀이가 엉뚱한 방향으로 변모되었다. 불행을 일본놈들에게 팔아야 된다고 해서 으레 인형을 주어다가 일본 집 담 안으로 던졌던 것이다. 급기야 이 놀이는 소년군 놀이로 파급되어 열 살 미만의 아이들까지 잡아가는 형상이 되었다. 당시 동아일보는 '少年軍將校被捉'이란 제목으로 이 풍경을 전하고 있다.

의식주와 민속놀이를 통해 바라본 조선의 근대

37 위의 책, pp.286~287.
38 위의 책, pp.123~124.

근일 개성 시내에는 십여세 안팎쯤 난 아해들이 저녁마다 수백명씩 모히어 비록 아해들의 뜻없는 짓이라 하겠으나 제법 규모가 짜힌 군대조련 비슷한 작란을 하며 그 형세가 점점 커저가는 눈치이므로 당지 경찰서에서는 할 일업시소위 장교라는 아해 다섯명을 잡아갔다더라……. [39]

자라보고 놀란 놈 솥뚜껑 보고 놀란다더니 엄청나게 겁은 난 모양이다. 또한 다리밟기는 서울에서 수표교가 가장 심하였다. 운종의 저녁종 소리가 울리면 장안의 사녀들은 성장을 하고 다리를 밟으러 나갔다. 콧노래를 흥얼거리며 다리를 밟는 기생들에게 눈독을 들였다가 재빨리 낚아채어 어디런지 사라지는 것을 나는 자주 목격했다. 이마무라今村柄의 이야기이다. 보름날에 있었던 朋輩戲는 섹스페스티벌이었다. 장안 탕아들이 방별로 짝지어 얼음지치기로 재치를 겨루는데, 목적은 그 굿이 끝난 뒤 벌어지는 탕녀들과의 도색유희에 있었다.[40]

한국의 놀이는 이처럼 계몽과 왜경들의 압박을 받으면서 근근이 이어져 왔던 것이다. 그런데 많은 이들이 놀이를 언급하되 개화기 초기부터 외국인에게 가장 관심을 끈 놀이가 돌싸움 즉 석전이다. 이 놀이는 합병 후에 금지되었음에도 일본인들의 관심의 대상이 되었다.

야기소우사부로우八木獎三郎는 빈약한 조선의 땅에는 좋은 자료를 얻기 어렵다면서, 『경도잡지』와 『송경지』를 인용해 석전의 기원을 설명했다. 병합 당시는 석전놀이를 폐하지 않았는데, 뒤에 관헌의 엄명으로 그 자취를 감추게 되었다고 했다. 그래서 당시 모습을 보았던 사

---

39 『동아일보』 1920. 8. 27.
40 이규태, 『개화백경』 4권, pp.123~124.

람들이 아직 살아있기에 그 사람들의 얘기와 남아 있는 사진을 보고 서술한 것이다. 석전의 풍습은 도시와 시골 구별 없이 어디나 있지만 특히 국도였던 경성과 개성이 성행했던 것은 주지의 사실이다. 그는 아울러 중국과 일본의 석전에 대해 간단히 언급했다.[41]

이어서 이노우가노리伊能嘉矩가 이 글에 감흥을 받아 석전 풍습에 대해 일본과 대만의 석전을 소개한다고 했다. 그는 송경지를 비롯해 여러 문헌을 참고하여 석전의 기원이 적어도 고려시대 이후부터 실시되었으며, 처음에는 단옷날에 거행되다가 조선조로 와 정월 행사로 바뀌었다고 했다. 그리고 대만과 중국 일본의 예를 들며 원래는 중국에서 들어온 놀이로 규정하며, 일본의 投石은 조선을 경유해 들어온 것이라 했다.[42]

이에 대해 이마무라는 이를 확장시켜 「일본과 조선의 石合戰」이라는 제목 하에 본격적인 논문을 쓰고 있다. 그는 먼저 석합전은 일본과 조선이 공통적으로 지닌 옛 풍속이라고 하면서, 석합전의 명칭, 석합전의 일조 양국의 기원설, 일본과 조선의 석전 비교를 했으며, 끝으로 석전에 관한 한중일의 문헌을 소개했다.[43] 주도면밀한 한국민속에 대한 그의 집착이 다시 한 번 돋보인다.

그리고 이보다 앞서 작자미상의 「진주의 투우」에 대한 소개가 보인다. 여기에는 투우의 기원과 투우의 선택, 투우의 사양관리, 투우의 방법, 우승소의 자랑과 그 영향에 대해 설명했다.[44] 작자는 경상남

---

41 八木奘三郎, 「조선의 석전풍습」, 『인류학』 32권-1호, 1917, pp.1~7.

42 『人類學雜誌』 32권 3호, 1917, pp.77~80.
이노우가노리(伊能嘉矩1867~1925)는 역사학자로서 인류학을 겸했다. 『대만문화지』 3권 등이 있다.

43 今村柄, 「日本과 朝鮮의 石合戰」, 『조선』 148호, 1927, pp.18~48.

44 「晋州의 鬪牛」, 『조선』 119호, 1925, pp.60~65.

도로 되어 있다. 이로 보아 현재 계승되고 있는 진주 소싸움의 인기도를 재삼 느끼게 한다.

또한 작자미상의 윷의 내력에 대한 상식적인 글이 보인다. 윷은 조선 고유의 유희이며, 그 내력을 간단히 수록하고, 기원설을 언급하되 골패는 중국에서, 화투는 일본에서, 투전은 몽고로부터, 카드는 구미로부터 온 것이라 했으며, 手鬪錢은 우리의 고유 것이라 했다.[45]

끝으로 오청이 서술한 「조선의 정월행사」가 보인다. 여기에서 오청은 설날의 음식을 비롯해 복조리, 야광귀, 윷, 지신밟기, 그 외 보름날의 다리밟기, 놋다리밟기, 쥐불놀이, 연날리기, 줄다리기를 소개했다.[46] 이렇듯 매년 거르지 않고 잡지를 통해 소개는 열심히 하고 있지만, 앞서 파란눈들의 기록이 보여준 포근함 감정은 느낄 수가 없다. 하지만 의도가 확실한 일인들의 현장 조사가 얼마나 주도면밀하게 실시되었는가는 지금까지 남겨진 그들의 성과에서 우리가 주지하고 있는 바이다. 다음의 장에서 이러한 일면을 감지할 수 있다.

4. 1930년대 이후의 짧은 희망과 긴 절망의 세월

30년대는 이른바 만주사변(1931. 9.)과 일본의 국제적 고립화가 시작된 연대이다. 조선은 개화 초기부터 불기 시작한 서구식 변화의 바람이 3·1운동을 겪으면서 더욱 일본식의 변화로 바뀌더니, 30년대에 들어서는 도시와 농촌의 모습도 무척 대조를 이루고 있다. 1930년도 한

---

45 『한빛』 2권-2호, 1928, p.36.
46 『조선』 164호, 1929, pp.86~100.

일간지엔 다음과 같은 풍경이 보인다.

학사모를 쓴 조선 학생의 한 손엔 삿뽀로 맥주가 들려 있고, 그 뒤편엔 기린 맥주의 광고가 붙어있다.[47]

농촌에서는 변변히 입고 먹고 즐길 수 있는 그 어떤 것도 제대로 없는 처지에, 도시에서는 맥주를 마시고 음악과 춤추기에 여념이 없다. 일본의 압제를 증오하면서도 학생들은 이렇듯 일본 제품에 열을 올리고 그들에 동화되고 있는 것이다. 당시 종로를 중심으로 남촌은 지금의 명동을 중심으로 근대의 물질적 소비가 강했으며, 북촌은 식민지 질서를 유지하기 위한 규율이 엄격했다. 종로서를 대대적으로 확장한 것이 그러한 예이다.

그런가하면, 당시 영화라는 매체와 유성기 보급은 서구문화를 충실히 전달해온 근대의 전도사이자 일종의 문화변동을 촉진시켜온 주최였다.[48] 이렇듯 혼란스런 상황에서 당시 지식인들의 고뇌가 어떠했는가를 짐작할 수 있다. 이러다보니 아무것도 없는 농촌에서는 불만이 팽배할 수밖에 없다.

당시 7할 이상이 농업인 현실에서 이를 개선하기 위한 일제의 공들이기는 대단했다. 동양척식회사에 의한 이른바 토지 개혁은 농촌에 심한 반발을 일으켰고, 이로 인해 집터를 잃어 새로운 삶의 터전을 위해 나라를 떠나는 사람이 많았다. 이러한 와중에 농촌 개선의 명목하에 지방에서는 그들의 시름 탈출구인 오락에 조차 규제 지침을 내

---

47 이갑기, 「街頭風景」, 『중외일보』 1930. 4. 18.

48 신명직, 앞의 책, p.321.

리기 시작한다.

　오랜 세월 동안 관습적으로 반복되어 이어져 오던 전통놀이는, 점차 신앙성이 쇠퇴하고 오락성이 강조되었고, 또 지역적 특성과 환경적 차이에 따라 변화하고 차별화가 이루어짐으로써 다양한 형태의 민속놀이로 정착되기에 이르렀다. 1930년대 이후 일제는 이러한 상황을 감안해 본격적인 향토오락 조사에 착수한다. 그 결과 1936년에 각 도지사에게 조회하여 전국 각지에서 행해지고 있는 향토오락을 府·郡·島 관하 소학교에 의뢰해서 수집하여 보고하게 된 것이 조선총독부에서 발간한『조선의 향토오락』[49]이다. 자료조회의 수집은 당시 동료인 촉탁 오청의 도움으로 이루어졌다. 그러나 그 이전(1933) 이미 조선총독부의 주관으로『조선의 연중행사』[50]가 발행됐는데, 이 책은 서문에 '조선의 연중행사의 대강을 평이하게 서술한 것으로 설명을 보충하기 위해 각종의 삽화를 덧붙였다'고 했다. 서문이라기보다는 어쩔 수 없는 짤막한 언급에 불과하다. 발행한 이유가 분명히 있었을 텐데 긴 설명이 필요치가 않았나보다. 그 내용을 놀이편만 엿보면,

　정월행사의 놀이에 윷놀이, 널뛰기, 윷점, 오행점, 법고, 지신밟기, 목우희, 처용, 野火戲, 矩火戲, 사자희, 줄다리기, 석전, 쌍륙, 승경도가 있고, 3월에 각씨놀이, 4월에 초파일, 5월에 그네, 씨름이 눈에 띄고, 8월 행사로 씨름, 거북이놀이, 강강수월래, 조리희, 소홍내놀이, 9월에 산놀이, 10월에 성주굿, 12월에 구라희 등이 보인다. 언뜻 보아도 위에 열거된 놀이는 그 시절이면 어김없이 하는 대표적인 놀이들이다. 여기에는 금지시킨 석전도 포함되어 있다. 이외 각종 놀이가 많이

---

49 『朝鮮의 鄕土娛樂』, 朝鮮總督府, 1941.

50 『朝鮮의 年中行事』, 朝鮮總督府, 1931.

있음에도 불구하고 위 종류만 소개한 이유는 무엇일까. 이러한 상황임에도 이 책은 그 뒤 35년까지 5판을 거듭하도록 인기가 있었다. 이로 보아 일제는 30년대 들어 통치를 보다 강화하기 위한 방편의 하나로 놀이에 대한 보다 체계적인 정리가 필요했음을 엿볼 수 있다. 그래서 그러한 결과의 집대성이 이마무라 도모에가 주동이 되어 나온 『조선의 향토오락』이 아니었을까 한다. 어쨌든 그 사이 전통놀이에 대한 제반기록의 일부를 살펴보면 한국인과 일본인에 의한 관심도를 엿볼 수 있다.

먼저 32년엔 '정월의 놀이'라는 제목으로 어렸을 때 보았던 편싸움에 대한 윤백남의 글과, 박로아의 줄다리기(어린이와 어른들의 줄다리기 설명)와 씨름에 대한 글이 보인다.[51] 32년은 만주국이 세워진 해이다. 이를 계기로 日滿經濟 불록이 형성되고, 일본 내에서는 農山漁村經濟更生計劃이 수립된다. 세계적인 경제공황과 함께 이미 일본이 세계전쟁을 일으키기 위한 준비라 할 수 있는 이 시기, 조선 청년들의 자화상을 한 잡지에서 엿볼 수 있다.

대보름날 〈다리밟기〉 행사에 대한 소개를 한 같은 면에, '일본민간비행학교에 입학하면 졸업할 때까지 교비생으로 학교에서 돈 보내주며 공부시킨다'고 이미 다니고 있는 조선청년 김연기라는 항공대원의 유혹하는 글이 그것이다.[52] 또한 같은 잡지엔 오청이 쓴 『연중행사』에서 인용한 제주도의 연등제를 실었으며,[53] 『신가정』엔 윷의 유래가 니시야마西山라는 일본인의 이름으로 상식적인 내용을 소개하고 있다.[54]

---

51 『별건곤』 7권-2호, 1932, pp.74~77.

52 『삼천리』 4권-12호, 1932, p.707.

53 『삼천리』 5권-2호, 1933, p.81.

54 『신가정』 1권-2호, 1933, pp.34~35.

그런가 하면, 『돌맨』엔 及川民次浪가 쓴 〈朝鮮索戰考(동래줄다리기)〉가 보인다. 요부가와는 이 줄다리기가 동래읍 중앙통(부산에서 울산으로 통하는 거리)을 경계로 동서부로 나누어, 읍면은 물론 가까운 고을과 전군의 사람들이 모여 만 여명의 집단이 모이는 행사라고 했다. 이 소개에서 눈에 띄는 것은 줄다리기를 하는 도중 '쾌지나칭칭나네'라는 노래로 분위기를 돋우고 있는 것이 특이하다.[55]

또한 조선 고대 겨울 운동으로, 대구의 金永濟는 장치기에 대해 4쪽에 걸쳐 서술했다. 그는 먼저 장치기란 무엇이며 라는 의문을 제기하며, 재래의 경기 규정, 작전법, 경기시기, 정신적 신체적 양면의 효과, 장치기의 유래, 장치기 협회 탄생의 순으로 자세히 서술하고 있다. 그는 금일에 조선 안에서 무슨 운동이니, 무슨 경기니 하여 노유와 남녀를 불문하고 날로 향상되는 이때에, 마치 듣지도 보지도 못한 외국의 운동경기를 처음 소개하듯이 하니 말할 수없는 슬픔을 느낀다고 했다. 석전과 더불어 집단놀이인 장치기가 활발하지 못했음을 걱정한 것이다. 그래서 3년 전 대구에서 유지 몇 사람이 모여 장치기에 대한 연구 모임을 수차례 하여 협회까지 결성하게 된 내력을 피력했다.[56] 그가 쓴 결론을 보면 당시 상황을 엿볼 수 있다.

금일에 세계가 국방을 튼튼히 하는 이때에 운동경기에는 국경이 없느니 뭐니 하지만, 나는 운동경기 장려 여하에 따라 그 나라의 특이한 국민성을 발성한다고 봅니다. 예를 든다면, 영국의 럭비가 남성의 경기로 제일이라고 하여 반드시 장려해야 할 것이라고 본 미국인은 이

---

55 『돌맨』 2권-4호, 1933, pp.137~139.
56 『중앙』 2권-1호, 1934, pp.450~452.

것을 그냥 수입하지 아니하고 규칙도 다소 수정하고 그 명칭도 아메리켄 풋볼이라고 하여 전 미국에 보급하였으며, 미국의 야구를 구주에서 장려하지 않을 뿐 아니라 이태리의 뭇소리니는 야구는 나라를 망친다고 대사자후를 하였으며, 일본의 검도가 일본혼이라고 하여 제2세 국민에게 적극적으로 보급시킴이 다 자기네의 고유한 정신을 양성시키자는 것입니다.[57]

전통놀이를 통한 고유한 정신 양성 이것이 그에겐 큰 목적이었다. 그래서 조선 고유의 경기로 6년 전에 발족한 씨름협회가 생명만 유지하는 데 급급하다는 안타까움과 함께 오늘날 부패하여가는 조선청년사회를 힘 있게 하기 위해서는 오직 우리의 고유한 경기를 장려해야 한다고 역설하고 있다. 또한 도회처 등지에서는 외래경기나마 여유 있는 시간에 이용하지만, 농촌 청년들은 비록 여유가 있다 하드래도 이를 즐기지 못한다고 한탄을 한다. 이것은 곧 20년대까지 근근이 유지되던 장치기가 30년대 들어서는 드물게 보이는 놀이가 됐다는 우려의 발언이라 할 수 있다. 이로 보아 30년대는 이미 도시에서는 완전히 개화의 성숙기로 접어들어 우리 것보다는 외국 유희로 동화되어 갔으며, 농촌에서는 거의 이를 즐기지 못하는 도·농간의 차이를 실감하게 된다. 그런가 하면 놀이 소개를 통한 우국의 감정도 엿보인다.

같은 해 『신가정』엔 〈아저씨의 말씀〉이란 란을 두어, 이은상이 조카들을 향해 오뚝이 놀이를 소개하고 있다. 이것은 컬린이 한국의 놀이에 소개한 뒤 처음으로 눈에 띄는 놀이이다. 그런데 이은상은 이를 소개하면서 심상치 않은 말을 한다. 어렸을 때 즐겁게 가지고 놀던 장

---

57 위의 책, p.452.

난감이 성인이 된 지금도 재미있게 가지고 노는 이유를 너희들이 알겠느냐고 넌지시 물은 뒤, 이리저리 자빠져도 언제든 다시 일어나는 불굴의 정신을 당시 암울한 세태를 비기어 소개를 하고 있다. 나라를 뺏겨 지금은 쓰러져 있어도 언젠간 오뚝이처럼 다시 우뚝 설수 있다는 메시지를 아이들에게 간접적으로 전하고 있는 것이다. 장난감을 통한 독립운동이라 할까. 그는 이야기 끝에 '이다음 너희들이 자라나 지금 아저씨만큼 커다란 어른이 될 때에도 오뚝이 생각이 날 것이다. 쓰러져도 울지 않는 오뚝이를!'[58]하며 여운을 남겼다.

이렇듯 조금씩 소개하던 놀이의 애기가 1935년엔 한 지역을 중심으로 놀이에 대한 지침서가 하달된다. 경기도에서 가장 공통적으로 거행되고 있는 오락에 대해 그 유래를 약술하고 또한 실행상 개선해야 할 점을 제시한 경기도에서 발간한 『農村娛樂行栞 附立春書例示』[59] 라는 책자가 그것이다. 제목에서 보듯이 놀이를 그들이 즐겨 쓰는 아소비遊び보다는 娛樂이라는 그들 한자로 굳히고 있다. 이 책자는 서두에서

오락은 정조를 도야하고 심신의 피로를 치유해 주는 것으로서 능률을 도모하는 데 필요한 행사이다. 그런데도 조선 재래의 농촌오락은 그 종류가 극히 적어서 오락 그것도 단조해서 무미건조함에 기울고, 종류에 따라 이따금 폐해가 따라 개선을 요하는 것이 적지 않다. 따라서 그 좋은 점을 장려하기 위해 이 책을 펴낸다. 그리고 끝으로 오락행사를 안출하는 것보다 오히려 종래의 것에 개선을 더해 농촌진흥운

---

58 『新家庭』2권-1호, 1934, pp.190~191.

59 『農村娛樂行栞 附立春書例示』(총 23쪽), 京畿道地方課, 1934(?).

동촉진의 자산으로 제공하는 것에 지나지 않기 때문에, 농촌지도자들은 이러한 취지에 의거해 지방에 맞는 오락을 안출하여 이것을 유효하게 행하는 것이 가장 바람직하다.[60]

고 했다. 보다시피 오락은 정조 도야, 심신피로 치료, 능률 도모에 필요한 행사라는 것이다. 오락은 곧 놀이가 아니라 행사로 의무사항이 되버렸다. 아무런 감각 없이 쓰는 연중행사의 '행사'라는 표현과는 무언가 이질감이 든다. 그래서일까. 그 내용을 보면 정월부터 동지섣달까지 모두 20개 항목을 정해 그 유래와 주의할 점을 서술했다. 이 중에 놀이는 柶戲, 跳板戲, 弓術, 川遊, 綱引, 農樂, 백중놀이 脚戲 정도에 불과하다. 이 중에 元旦 부분을 엿보면, 설날은 어른들에게 세배를 올리고, 덕담을 나눈다고 하며, 이날부터 조선에선 재앙을 물리치고 복을 비는 여러 미신행사를 한다고 하면서 윷놀이와 널뛰기를 늘하는 놀이로 꼽았다. 한편 주의할 점으로 가묘에 제를 올리고 신년 인사를 교환하는 것은 존속시키되, 쉬는 날은 길어도 5일을 넘기지 말것이며, 자력자활의 원칙을 망각하고 미신 행위에 의거하여 祈願하는데 시간과 돈을 낭비하는 폐단을 고칠 것. 먼 곳의 친지를 방문하기 위해 동서로 방황하는 부랑의 폐습을 고치고, 설사 찾아가 머물더라도 2박 내지 3박 정도를 할 것이며, 종래와 같이 오래 머무르는 일이 없도록 하라고 했다. 그리고 세배하러 돌아다니는 아이들에게 돈을 주지말도록 권했다. 전통놀이는 민중이 마음대로 즐기는 오락인데, 그러한 놀이도 이렇듯 통제를 받으며 즐겨야(?)하니, 이 책자는 민중을 위한 것이 아니라 민중통제를 위한 지도층을 위한 지침서임을 알 수 있다.

---

60 위의 책, 頭言.

구체적으로 놀이에 대한 주의사항을 보면, 설날에 노는 윷놀이는 조선 독특의 실내유희로 그 기원이 오래 되었으며, 12월 초순에서 1월 15일까지 남녀노소 빈자 부자가 함께 즐기는 놀이인데, 현재 유행되고 있는 마작과 당구보다는 오히려 바람직한 실내유희라고 했다. 그러면서 주의할 점은 편윷을 하는 경우 각 마을의 비용 부담이 크니까 이 점에 주의하고, 특히 12월부터 1월까지는 농촌계몽운동 및 부업작업에 가장 적당한 시기임으로 기간을 12월 중순부터 1월 15일까지 하고 노름에 빠지지 않도록 주의하라고 했다.[61] 위에서 마작과 당구가 유행했다 함은 각각 일본과 서구의 놀이가 당시 사회에 풍미했음을 의미한다. 개화 초기부터 불기 시작한 서구식 변화의 바람이 3·1운동을 겪으면서 더욱 일본식의 변화로 바뀌더니, 30년대에 들어서는 도시와 농촌의 풍경도 이처럼 달라지게 된 것이다.

　같은 내용의 풍조를 띤 무명의 일본기자가 쓴 「조선의 농촌행사와 오락」이 보인다. 그는 '조선의 자력갱생농촌진흥 운동'이 최근 실적을 올리고 있다고 전제를 하고, 행사에 따른 농촌오락이 너무 단조롭고 무미건조하다고 했다. 그래서 지난번 경기도지방과에서 농촌지도에 적당한 지침을 내렸다고 했다. 이 지침이란 앞서 보았던 『農村娛樂行

---

61 위의 책, pp.1~2. 그 외 놀이 부분에 대한 주의사항을 중심으로 필자 나름대로 골자만 정리해 보면 다음과 같다. 주의사항이라 하기에는 억지가 엿보인다.

柶戲: 12월 중순부터 1월 15일까지 한 달 동안만 하되 도박으로 빠지지 않도록 할 것.

跳板戲: 운동부족 특히 하체가 부실한 여인들에게 좋은 운동이나 부상자가 많으니, 枕은 나무 아닌 새끼줄을 사용할 것. 널판은 길이가 일곱 자 정도 폭은 1자 8寸 두께는 1寸 이상으로 할 것. 위에 줄을 달고 내려올 때 다치지 않게 할 것.

綱引: 줄을 만드는데 필요한 짚값, 酒食의 낭비, 투쟁의 폐단이 있어 관청이 쉽게 용인하지 않고 있어 억지로 부활 장려할 필요는 없다. 그러나 내기를 하지 않고, 단지 부락의 협력 정신을 기르기 위해 한다면 부락단란을 도모하는 효과가 있을 것이다.

脚戲: 부락소년의 친목 및 위안을 위해 필요한 것이니, 마을 원로들이 놀이 방법을 적당히 정할 것.

枡』이다. 여기에 소개된 놀이는 柶戲, 農樂을 비롯한 몇 개와 脚戲까지 정도이며, 내용도 이 지침서의 범주를 벗어나지 못한다. 다만 놀이 설명 중 농악에 대한 현장성 있는 서술이 눈에 띄고, 각희에 대해, 자기나라內地의 유도와 가깝고 스모와는 좀 다르다고 하며, 옛적에 사기 진작의 한 방법으로 이것이 성행했는데, 중국 사신이 이를 보고 귀국해 이를 장려하고 高麗伎라 이름을 붙였다.[62]는 내용이 눈에 띈다.

이어서 '없어진 민속'이란 표제로 白花郎의 '장치기'와 '공자제국놀이'가 보인다. 그는 먼저 장치기를 현대 골프의 원시로 예부터 내려온 용맹스런 유희인데, 오랜 세월 흥망성쇠를 거치며 변조되어 樵童遊戲로 종막을 고했다고 안타까워했다. 그리고 「공자제국놀이」는 성균관 유생들이 춘추로 즐기는 놀이로, 선비로서 예의절차를 연습시키기 위한 것이라 하며, 그 절차와 방법에 대해 자세히 서술했다.[63] 한편, 지방민속으로 없어진 肅愼古都의 '官衙놀이'가 김양봉에 의해 소개되었다. 그는 이 놀이가 숙신의 옛 수도인 북청군 토성리에서 대보름이면 노는 놀이로 자신이 본대로 적는다고 하며 5쪽에 걸쳐 자세히 서술했다.[64] 이러한 기록들은 이를 토대로 지금이라도 되살린다면 훌륭한 지방문화재가 될 것이다.

한편 향토무용으로서 인기가 있던 봉산탈춤이 민속학회 학자들의 관심을 끌면서 현장답사와 함께 그 기록을 남기고 있는데, 무라야마村山智順의 「민중오락으로서의 봉산가면극」과 다카하시高橋亨의 「산대잡

---

62 「조선의 농촌 연중행사와 그 오락에 대해」, 『朝鮮及滿洲』 326호, 1935, pp.34~38.

63 「杖치기」, 『조광』 2권-4호, 1936. 4, pp.221~225. 1931년(『동아일보』 2월 5일)까지도 대규모 얼레공대회로 전승되던 장치기가 이때쯤엔 사라진 민속으로 나타난다. 이에 대해선 정형호의 「장치기의 전승과 변모양상」, 『비교민속학』 43집 참조. 「孔子·帝國놀이」, 『조광』 3권-4호, 1937, pp.263~266.

64 『한글』 6권-6호, 1938, pp.28~29.

극에 대하여」가 그것이다.[65] 이 중 무라야마는 36년 8월 31일(백중일) 사리원에서 개최된 봉산탈춤을 활동사진에 담기 위해 갔다고 했다. 원래 5월 5일 단옷날 밤에 개최되어온 것을 일부러 학자들을 위해 공연한 것이다. 이러한 상황은 다시 이들을 서울로 불러 무대에서 벌리는 공연으로 바뀌고, 학자들의 지적에 따라 변용을 가져오게 된다. 밤에서 낮으로, 야외에서 실내무대로의 변화가 그것이다. 또한 한정동의 널뛰기 소개엔 평안도의 석전이 없어진 것에 대한 아쉬움을 쓰고 있는데, 그는 먼저 정월 놀이인 석전을 행하는 중에 부상자가 다소 생기긴 하지만, 지금이라도 장려시켰으면 좋겠다고 했다.[66] 이어서 널뛰기의 좋은 점을 피력하면서 이 놀이에 대한 시조 9수를 남기기도 했다. 이처럼 30년대에 남겨놓은 놀이에 대한 기록은, 없어진 놀이에 대한 그리움과 이러한 처지를 달래기 위한 일제의 지침으로 끝난 것 같다.

5. 일제의 발악과 놀이에 대한 대책

이미 중국의 일부를 손아귀(1934년 滿洲國제재 실시, 1937년 7·7중일전쟁 남경 항주 입성, 1938년 광동 무한삼진 입성)에 쥔 일본은 1941년 12월 진주만공격을 시작으로 태평양전쟁을 벌리는 총력전 체재로 치닫는다. 바로 이 시기 삼천리 잡지에 「戰時下朝鮮民衆에 傳하는 書」가 보인다. 시국이 더욱 중차대하여 관민일체로 이 어려움(시탄)을 돌파하기 위해서 이제 하의상달 상의하달의 제1착으로 총독부고등관을 위

65 『조선』 261. 1937. 2.
66 『조광』 6권-1호, 1940. 1.

시하여 경기도산업부장 중추원서기관 중 제씨의 傳書를 輯載하여 銃後민중에게 보내노라하는 포고문 형식의 글이 그것이다. 제씨를 보면 「대동아공영권건설과 조선민중」桂光淳, 「상공업자의 활로와 저물가정책」朝川東錫韓東錫, 「생산확충 운동과 조선의 지위」平松昌根李昌根, 「고도국방국가건설과 지원병」永田種秀金秉旭, 「초등학교제도와 학생문제」夏山在浩曺在浩가 그들이다. 이 중에 조선총독부사회교육과장인 桂光淳은

> 전시하의 조선민중의 생활태도에 대해 지도계급에 있는 우리 官公吏 其他인사가 이러한 풍조를 기회로 자기의 권한을 남용한다든가 혹은 관민이 일체가 되어 협력해야할 미풍을 무시하고 민중을 억압한다든가 멸시한다고 하면 이것은 민중이 시국을 인식 못하는 이상의 죄악일 것입니다.[67]

라고 하여 삼엄한 시국에 대한 민중들의 인식을 촉구했다. 전시하의 조선 민중의 생활 태도에 대한 자기반성이랄까. 특히 향토예술진흥과 농촌오락 장려문제에 대한 답변에서는 '지나사변이 발발된 지 어언간 5년, 대동아공영건설의 완벽을 기하자면 장기전에 대처하지 않으면 안 된다'고 하며, '이럴수록 직장에 충실하고 이에 따른 피로를 오락으로 풀어야 한다'고 했다. 그러면서 노동후의 위무를 위해 음악, 영화, 연극, 무용 등 예술부분을 위시해서 스포츠, 등산, 다시 한걸음 나가 농촌오락으로 씨름, 그네, 줄다리기, 단오놀이, 삼복놀이 등을 진작시켜 명랑성을 지니게 하고, 서양춤과 서양노래만 장려해야 할

---

67 「戰時下朝鮮民衆에 傳하는 書」, 『삼천리』 13권-4호, 1941, pp.31~32.

것이 아니라 조선의 고유한 탈춤, 가면무, 승무 등 향토예술까지 더욱 조장 동원시켜야 한다고 했다. 그리고는 이 향토예술진흥과 농촌오락의 보급은 국민총력연맹문화부장도 역설했으나 진흥책에 있어서 구체적인 활동이 없는 것이 매우 유감이라 했다.[68] 이로 보아 전쟁에 광분한 비상시기 민중들의 관심을 오락에 전념시키려는 그들의 흉계가 얼마나 치열했는지 알 수 있다.

그래서인가 바로 이에 대한 구체적인 진흥책에 대해, 당시 지도급에 있는 한국인들을 동원해 수백 년 내려오는 향토예술의 부흥 또는 새로운 민예의 창조와 진흥책에 대해 고견을 들어 이 운동에 박차를 가하겠다고 했다. 여기에 등장한 이가 이능화, 고유섭, 유자후, 손진태, 이극노, 송석하, 김윤경, 황의돈, 최현배, 유창선, 김병하이다. 이 중에서 손진태(향토오락의 진흥문제)와 송석하(농촌오락과 향토예술)의 얘기를 들어보자. 손진태는 당시 보성전문학교 도서관장으로 전통오락 진흥문제에 대해 거론했다. 그는 전통오락을 진흥시켜야 하는 이유에 대해 세 가지로 요약했다.

첫째 위정자 또는 지도자와 농민간의 정적융합, 둘째 향토오락을 통한 농민들의 사기 진작(생활에 윤택, 명랑, 유쾌, 활기를 불어넣음), 셋째 이러한 결과로 그들이 애향심과 애토심을 가져 농촌을 떠나는 일이 없도록 하는 것[69]

이 그것이다. 결국 이 얘기는 고향을 등지고 떠나는 농민들의 이

---

68 위의 책, pp.43~46.

69 위의 책, pp.222~223.

탈을 막아보자는 방편으로 향토오락을 진흥시키자는 것이다. 더구나 농민의 離村이 경제문제에만 한한 것이 아니라 향토애의 결여에 있다고 하며, 농촌에는 술, 담배, 의복, 또 어떤 오락도 없다고 하며 오직 있는 것은 무언의 노동밖에 없다고 했다. 서구문화와 일본식 문화에 쩌드는 도시 사람들과는 달리 오직 노동에 시달리고 있는 농촌의 현실을 인지하고 있는 그로서, 당시 지식인의 이율배반적인 고뇌의 흔적을 보는 것 같아 안쓰럽기 조차하다. 그래서인가 그는 그동안 정부가 전통오락에 대해 제한을 가했다는 언급과 함께 생활의 안정 없이는 농촌오락 진흥계획이 오히려 의무적 고통감을 줄 것이며, 군수, 면장, 서장이 강요한다고 하면 오히려 원성을 살 테니 공동일치정신이 함양된 소위 농사계를 통해 악기의 공동 구입과 보관 그리고 복식과 음식비용에 대한 공동 추렴을 하는 것이 바람직하다고 했다. 끝으로 전통오락이라고 해서 모두가 필요한 것이 아니라며, 무동 광대 석전 구전 등은 필요를 느끼지 않으며(시일의 노력이 요하기 때문), 삼복놀이, 석탄놀이 등은 이미 매력을 잃었으니까 각자에 맡길 것이고, 특히 장려하고 싶은 것으로 파종 전과 파종 후에 벌리는 농악, 정초의 윷놀이와 널뛰기 연날리기 보름날의 답교놀이, 단오의 씨름과 그네, 가면무도 추석놀이로 이를 시행하는데 무엇보다 중요한 것은 양력으로 반드시 지내야 된다는 것이다. 그 이유로 순연한 기후관계와 농사관계와 직결되니, 이를테면 신정은 엄동에 비록 수확은 끝났을지라도 남은 일이 많아 아직 바쁠 때이며, 이에 반해 구정은 양기가 회복하고 한가로울 때이니, 이중과세의 폐단을 운위하지 말 것[70]이라고 했다. 이중과세로 몸살을 앓던 시절의 얘기이다. 역시 어려운 시절 양심

---

70 위의 책, pp.223~224.

적인 학자다운 제언이라 할 수 있다.

이에 비해 송석하는 집필 독촉에 대한 게으름에 대한 변명과 함께 별로 쓰고 싶은 마음이 없었던 듯 몇 마디로 끝냈다. 간단한 언급에도 당시 상황을 꼬집었다. 회고해보니 그동안 조선의 향토오락은 공연히 우회했다며, 조선의 각 지방이 지녀오던 온온하고 명랑한 오락과 가요를 배척하고 불건전한 유성기 소리(다 그런 것은 아니지만)에 젊은 농부는 괭이와 소를 버리고 농촌을 떠나고 어부는 술집으로 달아나서 그야말로 불건전한 쾌락을 추구하는 것이 현실이라며 개탄을 한다. 그러나 이것은 그들이 결코 좋아서 하는 짓이 아니라며, 이런 것은 언제든지 수동적으로 있을 따름이오, 그들 자신에게 일종의 공허 말하자면 환락의 적막을 느낄 뿐이라는 것이다. 그러면서 1년의 정신적 위안을 얻을 수 있는 것은 각종 전통놀이라며 그 예를 들었다.[71] 그러나 구체적으로 개선책에 대한 언급은 없다.

이때가 이른바 자신들의 야욕을 위해 전쟁의 광분과 조선인을 황민화 시키기 위한 악랄한 시절이기에, 양심 있는 지식인들에겐 참으로 고난의 세월이었을 것이다. 소학교를 국민 학교 체재로 바꾼 것은 1938년 4월 1일부터이다. 이로부터 3년 뒤 총독부 학무국시학관인 조선인 夏山在浩曹在浩이라는 자의 얘기를 들어보자. 전국의 소학교를 국민 학교로 개편함에 있어 그 의의와 사명 그리고 현 시국 하에 조선인 학생들에게 권하고 싶은 말을 해 달라는 기자의 질문에

일본 제국의 사명이 황국의 도를 중외에 천명하고 실현함에 있기 때문에, 이를 위해 소국민으로 하여금 그 사명과 책무를 파악케 하여

---

71 위의 책, pp.227~228.

장래 大亞細亞의 지도국민으로서의 자질 양성에 노력함이 국민 학교의 사명입니다. …… 특히 내선일치의 기치 하에서 조선인학생들이 황도정신을 확고히 파악해야 할 것을 다시 한 번 강조하고 싶습니다.[72]

그리고 특히 오락문제에 대해 어떻게 생각하느냐는 질문에

미래의 좋은 일꾼이 되기 위해서는 학생들로 하여금 명랑한 기분을 갖게 해야 됩니다. 그런데 그릇된 오락에 빠지는 것은 유감된 일로, 종래에는 전문, 대학생들이 카페에나 빠에 출입하면서 별로 단속하지 않았으나 현재는 단속하는 중이며, 철저히 근절시킬 작정입니다. …… 그리고 당구장 영화관 다방 출입 금지도 당연히 있어야 할 일입니다. 이러한 제안이 너무 심하다고 할 지 모르나 학생에겐 건전한 오락인 스포츠가 있으니까 유흥기분에 속하는 오락을 절대로 금해도 좋다고 봅니다. ……[73]

라고 대답했다. 이처럼 일제는 친일파를 통해 민중을 철저한 황국민으로 동화시키기 위해 학생들의 놀이조차 간섭을 하며 지침을 내리고 있는 것이다. 1941년은 태평양 전쟁의 정당성을 일깨우기 위한 방편으로, 학도병을 차출하여 죽음의 세계로 몰기 위해 당시 지식인을 총동원하여 순회강연회를 하던 시기이다. 위에서 건전한 오락이란 정구, 탁구, 축구 등을 이름이다. 이러한 상황은 또 다른 잡지인

---

72 위의 책, p.44.
73 위의 책, pp.45~46.

『조광』[74]에서도 농촌문화문제 특집을 꾸미고 있다. 여기에서 당시 저명한 인사들에게 앙케이트를 주어 향토오락에 대한 관심을 일깨운다. 인사들 가운데 이극노, 최현배, 이육사의 이름도 보인다. 그리고 논설로서 유광렬의 「건실한 오락의 건설」, 방종현의 「농민의 오락」 그리고 송석하의 「조선 전승오락의 분류」가 따로 실려 있다. 유광렬은 농촌의 오락은 농촌을 지키고 사랑하게 함을 주지로 장려하는 동시에 농촌의 경제적 사정도 고려치 않으면 안 된다고 하면서, 인생은 낙관과 활기로 인하는 태도, 농촌오락은 주로 농촌을 주제로서 농촌 내에서 산출하여 도시문화 연장이면서도 그 특색을 발휘할 것 그리고 농촌의 오락 때문에 부담이 과중하는 폐단이 없도록 하는 것을 골자로 일반론을 피력했다.[75] 방종현은 농민의 오락으로서 윷, 그네, 씨름을 간단히 설명과 함께 추천했고, 송석하는 재래 전승되어온 놀이에 대해 개념만을 알고자 하는 인사들을 위해 참고로 적는다고 전통놀이를 분류했다. 계절적 분류(연중행사), 관념적 분류, 지리적 분류, 존재상분류가 그것이다. 이것은 우리의 전통놀이를 나름대로 분류한 데 의의가 있다. 먼저 그는 보편적 놀이와 특수적 놀이로 크게 분류한 다음, 특수적 놀이를 다시 지리적 놀이와 계절적 놀이로 구분했다.[76] 앞에서 무언가 불만스런 기분으로 쓴 것과는 달리 그는 가장 전문가다운 안목으로 놀이에 대해 접근했다. 당시 정황이 문화향상운동이라는 캠페인을 벌리는 가운데 강요되는 원고청탁이기에, 내용이라는 것이 거의 총독부의 의견을 보충해 주는 수준인 것이다. 따라

---

74 『조광』 7권-4호, 1941. 4.

75 위의 책, pp.171~174.

76 위의 책, pp.179~182.

서 마지못해 쓰는 일련의 행사성 글들이 대부분일 수밖에 없다. 이러한 중에서도 일인들은 입장이 다를 수밖에 없다. 아끼스키秋月孝久라는 이의 글은 제목서부터 조롱조이다. 반도아동이라는 표현이 그것이다. 그는 「半島兒童의 遊戱」라는 제목으로 조선 아이들의 놀이에 대해 썼다.

그는 반도의 유희가 일본과 규칙도 유사하다며, 그러나 반도의 놀이가 반도의 고유놀이인 공기놀이를 제외하곤 일본으로부터 들어온 것이 대단히 많다고 하면서 줄넘기, 비석차기, 사방치기를 예로 들었다. 많다고 너스레를 부리면서 실제로 예를 들은 것은 몇 개에 불과하다.[77] 이 잡지는 앞에서 자주 인용했던 삼천리와 마찬가지로 內鮮一致化 운동을 목적으로 한 잡지이다. 秋月孝久가 누구인지 알 수 없으나 만엽지까지 들먹거리며 반도라는 말로 비하시켜 서술한 것을 보면 일본인인 것 같다.

한편, 후지다료사쿠藤田亮策는[78] 만주에서 거행된 〈高句麗祭〉(조선 337. 1943. 6.)를 두 차례 참가하면서 참가기를 서술했다. 글의 내용을 보면 언뜻 한국의 역사를 예찬하고 훌륭하다는 표현으로 일관하고 있지만, 결국 꼭두각시 정부인 만주국의 건설을 합리화시키기 위한 방편으로 만주 즙안현에서 고구려제를 올리고 있음을 알 수 있다. 그는 글에서, 만주국의 조상인 고구려왕들의 제사를 비롯해 신라, 백제, 임나, 고려의 역대왕의 묘를 찾아 지내는 것은 천황의 은혜로서 지구상에 어느 나라도 없다면서, 조선 만주, 일본이 하나임을 강조했다. 그는 농어촌에 오락을 일으키기 위해서는 朝鮮祭를 중심으로 한 休閑

---

77 『국민문학』, 1942. 11. 1, pp.36~41. 국민문학은 내선일체화 운동을 목적으로 한 문학잡지. 최재서가 주간이다.

78 藤田亮策(1892~1960), 경성제대교수, 조선사전공, 조선사고고학연구.

의 기간에 즐겁게 일하는 습관을 기르게 하는 것이 나의 주장이라며, 경주의 신라제, 부여 공주의 백제제, 김해 고령 함안의 임나제, 평양의 고구려제, 개성의 고려제 등이 가장 적당하다고 했다. 그러나 신라제도 사변(만주)이래 중지되었기에 안타깝다고 하며, 봉오도리盆踊와 氏神祭가 없는 반도의 농어촌인에겐 다만 긴장과 증산뿐이 있을 뿐 기분전환의 방법이 없다고 했다.[79] 일찍이 매년 가을 경주에서는 신라제가 거행되어 사방에서 남녀노소가 모여 밤낮으로 춤과 노래를 즐겼다고 한다. 또한 그는 고구려는 만주의 古族이고 만주인에 의해 만들어진 최강의 왕국이라고 하면서 발해 금 청나라가 모두 고구려를 선조로 여기고 제를 올린다. 후반에 도읍을 조선의 평양으로 옮기긴 했으나 만주 즙안까지 영토를 지니던 국가였고, 지금도 즙안현과 그 주변엔 고분이 산재해 있어 진실로 옛수도의 면모를 지니고 있는 곳이다. 바로 이곳에 42년 5월 5일에 최초의 고구려제가 열려, 금년에 같은 날에 2회 제전이 화려하게 열려 고구려시대의 동맹제를 연상케 한다[80]고 한 그의 언급이 지극한 한국 사랑으로 여겨지는 듯하지만, 결국은 전시의 가혹한 체제와 황국신민으로의 정체성 확립에 동조하고 있음을 부인할 수가 없다. 이렇듯 한나라의 고유한 제사까지 그들은 그들의 정체성을 위해 혈안이 되었던 것이다.

끝으로, 柳子厚는 농촌오락 진흥문제에 대해, 격구를 민간오락으로 즐겨야 한다며, 격구악이라는 표현을 쓰며, 蹴鞠 弄戲의 起源辯, 격구의 방법, 격구기의 도구 및 용어, 격법, 격구의 給格의 順位, 擊毬場, 擊毬樂을 설정하여 해설을 했다. 그는 마지막 격구악의 진흥책에서

79 『조선』 337호, 1943. 6. p.44.
80 위의 책, p.45.

古國樂의 抛毬樂의 歌詞에서 飜取하는 古典的擊毬歌와 시대성으로 活潑無雙한 정신과 사상을 충분히 涵染된 數種의 新擊毬歌와 동시에 춤을 또한 新舊相韻하게 하되 주로 活潑振興의 기분이 부단히 湧出創作되도록 並行했으면 더욱 온고지신의 위대한 효과가 나타나지 아니할까 하는 바이다.[81]

라고 하여 고전적인 격구가와 활발한 정신과 사상이 곁들인 신격구가 서로 잘 어울려 용기 있게 창출이 되면 효과가 있지 않겠느냐고 제안을 했다. 격구악과 신격구가라는 어설픈 표현과 막연한 제안이긴 하지만, 비상시기인 당시 격구악을 통해 활발한 기분이 창출되도록 했으면 좋겠다는 마음은 이해할 것 같다.

국가비상시인 40년대 전반은 모든 것이 국가를 위해 존재하는 것이기에 꼭두새벽 일터에 나가 밤늦도록 고생하는 산업 전사들에게 오락이라는 것은 언감생심이다. 그래서 농어촌 구석구석을 누비기 위해 이동극단을 조직하여 그들의 시름을 잠시나마 잊게 하려는 고육책을 썼던 시절이 바로 이때이다. 이처럼 종전 직전은 절망 그 자체였다. 어떻게 하면 자신들이 저지르고 있는 흉악함을 오락으로 대치시킬 수 있을까 하는 궁여지책을 시도한 시기이기 때문이다. 따라서 이 시기 남겨 놓은 놀이에 대한 기록들이 이러한 한계에 머물러 우리의 일반적인 놀이 내지는 전통놀이가 활발하지 않게 된 요인이 된 것이다.

---

81 『삼천리』 15권-4호, 1943. 4. 1. p.98.

6. 나오며

이상 개화초기부터 일제 최후까지 우리 놀이양상의 변모에 대해 개략적으로 살펴보았다. 반세기 이상에 걸친 긴 세월의 얘기를 불과 몇 등분으로 나누어 서술한다는 자체가 무리인 줄 안다. 각장 그 자체 하나하나가 문제거리이기 때문이다. 그럼에도 이렇듯 지루하게 시대별로 주마간산으로 보고자 하는 것은 일제 강점 기간 많은 일본의 놀이가 우리 일상에 스며들었음에도 불구하고, 그 자료가 쉽게 손에 닿지 않아서이다. 손에 쥐어진 자료는 거의가 우리 전통놀이에 대한 통념적인 해설이었다. 그러다보니 놀이에 대한 용어문제가 다시 혼란을 준다. 놀이, 오락, 스포츠, 구경 등등.

어쨌든 그래서 이왕 벌린 것이니 우선 눈에 띄는 기록을 중심으로, 시대별로 어떠한 놀이들이 당시 사람들에게 관심이 있었는가를 보기로 했다. 그러한 의미에서 개화기 초의 서양 사람들의 놀이에 대한 서술은 매우 신선하고 현장감 넘치는 기록이라고 생각되었다. 동시대에 컬린이 모아놓은 한국의 놀이를 다시 살피며, 이들의 기록을 본다는 자체가 매우 즐거웠다. 왜냐하면 그들이 현장에서 본 호기심 어린 표정이 생생하게 기록되어 있기 때문이다. 그래서 이러한 풍경은 합방 이후 일인들의 기록에서 많이 볼 수 있겠구나 싶어 기대감을 갖고 살폈지만, 처음부터 의도가 분명한 그들에겐 우리의 놀이가 모두 유치하고 저급하기 때문에 볼 것이 없다는 식의 글을 남기기가 일쑤였다. 그러면서 한편으로 야비한 그들의 식민지 정책에 의한 본격적인 일상의 조사는, 호기심 반 두려움 반으로 우리 민속을 샅샅이 뒤져 성과를 냈다. 그러다 보니 자신들의 강압 정치에 조금이라도 거슬리는 놀이라면 이를 제지하기 시작했고, 긴 세월을 이어온 우리의 전통놀이를 자기네 감각으로 몰아가려고 했다. 석전 같은 집단 놀이에 대한 금지 조치도 그 중의 하나이다. 사실 이번 기록들을 보면서 은근히 기대한 것은 개화초기부터 일본인들이 많이 들어와 살았기 때문에, 그들이 물고 온 놀이도 상당히 많겠지 하는 것이었다. 특히 일본의 대표적인 봉오도리가 상당히 유행했으려니 하고 그에 대한 기록을 보려했지만 이 역시 그러했다. 20년대에 그들의 신사를 전국에 짓고 이에 따른 놀이 행사가 많았음에도 불구하고, 이에 대한 기록은 별로 눈에 띄지 않으니 말이다.

끝으로 이 글을 엮으면서 어렸을 때 즐겼던 놀이가 계속 머리에 맴돌았다. 자치기, 비석차기, 무동타기, 줄넘기, 묵찌빠, 장게이, 기마전, 사방치기, 딱지치기, 팽이, 공기, 땅뺏어 먹기, 구슬치기, 말꼬리 잇기, 장기, 꼰지리, 여우놀이, 등등. 거의가 일본의 놀이가 아니었던가 하는 의구심을 가지고. 어쨌든 이번 기회에 많은 숙제를 얻을 수 있어 기쁘다. 같은 시기 일본놀이를 비롯한 여러 남은 과제는 앞으로 관심 있는 이들과 하나하나 살펴가며 같이 이야기 할 기회를 갖고 싶다.

참고문헌

『국민문학』

『農村娛樂行栞 附立春書例示』(총 23쪽), 京畿道地方課, 1934(?).

『대한매일신문』

『돌맨』

『동아일보』

『별건곤』

『삼천리』

『삼천리』

『신가정』

『신한민보』

『人類學雜誌』

『조광』

『조선』

『朝鮮의 年中行事』, 朝鮮總督府, 1931.

『朝鮮의 鄕土娛樂』, 朝鮮總督府, 1941.

『중앙』

『한글』

『한빛』

『황성신문』

「戰時下朝鮮民衆에 傳하는 書」, 『삼천리』 13권-4호, 1941.

「조선의 농촌 연중행사와 그 오락에 대해」, 『朝鮮及滿洲』 326호, 1935.

「晋州의 鬪牛」, 『조선』 119호, 1925.

공제욱 · 정근식 편저, 『식민지의 일상, 지배와 균열』, 문화과학사, 2006.

今村柄, 「日本과 朝鮮의 石合戰」, 『조선』 148호, 1927.

今村柄, 『朝鮮風俗集』

김진균 · 정근식 편저, 『근대적 주체와 식민지 규율 권력』, 문화과학사, 1997.

까를로 로제티, 서울학연구소 역, 『꼬레아 꼬레아』, 숲과 나무, 1996.

신명직, 『모던뽀이, 경성을 거닐다-만문문화로 보는 근대의 얼굴』, 현실문화연구, 2003.

안수길, 『北間島』, 春潮社.

연세대 국학연구원편, 『일제의 식민지배와 일상생활』, 2004.

이갑기, 「街頭風景」, 중외일보, 1930.

李圭泰, 『開化百景』 1, 新太陽社, 1971.

이규태, 『개화백경』 4권, 신태양사, 1971.

이사베라 비숍, 時岡敬子 역, 『朝鮮紀行』, 講談社學術文庫, 1998.

정진석 외, 『제국의 황혼』, 21세기북스, 2011.

정형호, 「장치기의 전승과 변모양상」, 『비교민속학』 43집, 2010.

주영하 외, 『제국 일본이 그린 조선민속』, 한국학중앙연구원, 2006.

최석영, 『일제의 동화이데올로기의 창출』, 서경문화사, 1997.

八木奘三郎, 「조선의 석전풍습」, 『인류학』 32권-1호, 1917.

G·W 길모어, 신복룡 역주, 『서울풍물지』, 집문당, 1999.

H·B 헐버트, 신복룡 역주, 『대한제국멸망사』, 집문당, 1999.

H·N 알렌, 신복룡 역주, 『조선견문기(1884~1905)』, 집문당, 1999.

Stewart Culin, 『Korean Games 1895』(윤광봉 역, 『한국의 놀이』, 열화당, 2003).

W·E 그리피스, 신복룡 역주, 『은자의 나라(1882)』, 집문당, 1999.

광복 이전 전래 무예의 지속과 변용

이승수_중앙대학교 아시아문화학부 교수

이 글은 『한국사회체육학회지』 제42호(한국사회체육학회, 2010.)에 게재되었던 것을 재수록하는 것임을 밝혀둔다.

1. 서론

우리나라 무예의 역사는 오래되었지만, 무예에서 오늘날 소위 말하는 '무예'로의 변용 과정은 근대화를 떼어놓고 생각하기 어렵다. 여기서 문제로 삼는 '무예'는 전래 무예를 기초로 하고 교육성을 강조하며 전통을 재구축하여 근·현대 한국 사회에서 성립한 신체문화를 의미한다. 전래 무예에서 '무예'로의 변용의 선구적 역할을 한 종목에는 태권도, 궁술, 씨름 등이 있다. 이들 무예는 개화기와 일제 강점기를 경험하면서 교육성을 매우 강조하였고 해방 이후 한국 전래 무예의 원형으로 구축되어갔다. 특히 일제 강점기의 무예는 해방 이후 무예 전체의 전개에 많은 영향을 미쳤으며, 체육교육 및 국민교육으로서의 무예의 롤 모델이 되었다.

체육사학에 있어 무예에 대한 본격적인 연구는 1990년대 이후부터 시작되어 몇몇 학자들을 통해 지속적으로 이루어져왔다. 특히 최근에는 전통무예사의 경우 매우 많은 연구결과물이 도출되어 양적 증가 추세를 보여주고 있는데, 이는 주로 우리나라의 무예에 대한 연구자들의 관심이 증대된 것을 방증한다. 그 결과 2009년 현재 각 시대별 무예에 대한 연구 논문은 수백 편에 이른다.

그런데 연구 성과물 중 본 연구와 직·간접적으로 관련된 개화기와 일제 강점기의 전래 무예에 관한 연구는 그다지 많지 않다. 이들 연구 성과물들은 특정 종목의 역사적 변천 과정에 주안점을 둔 연구[1]가

---

1 곽낙현, 「〈매일신보〉에 기재된 각희, 씨름기사에 대한 고찰: 1920년~1945년을 중심으로」, 『한국체육학회지』 46(6), 2007, pp.1~11.
   김창우·이재학·송일훈, 「외래 무도 신체문화의 유입과정을 통해 본 한국 무예의 현대적 의의」, 『한국사회체육학회지』 31. 2007, pp.49~67.
   손수범·이재학, 「외래 무도의 유입과정: 일본 무도를 중심으로」, 『한국체육사학회지』 17,

주를 이루고 있다. 이들 연구결과물은 특정 종목에 한정하여 논의를 전개하고 있어 개화기와 일제 강점기 특히 일제 식민주의라는 큰 틀, 즉 거시적 관점에서 접근하여 우리 무예의 존재 양상을 총체적으로 이해하기에는 미진한 부분이 있다. 한편 최근에 일제 강점기와 관련한 조선의 상황을 다각적으로 살핀 연구 결과물이 나오고 있다. 예를 들어 일제 식민지시기 근대스포츠의 수용 및 교육사와 관련한 연구[2], 스포츠단체 및 인물사와 관련한 연구[3] 등은 본 연구과제에서 추진하

2006, pp.113~130.

조문기·임석원, 「일제강점기 조선연무관의 활동에 관한 연구」, 『체육사학회지』 14(3), 2009, pp.81~92.

옥광·김성헌, 「검도의 국내 도입과 초기 조직화 과정」, 『한국체육사학회지』 14(2), 2009, pp.27~38.

허인욱, 「태권도 모체관 중 〈조선연무관권법부〉와 〈중앙기독청년회권법부〉의 형성과 변천에 관한 연구」, 『한국체육사학회지』 20, 2007, pp.13~28.

최복규, 「근·현대 한국 무예의 자기 정체성: 국술을 중심으로」, 『한국체육학회지』 46(6), 2007, pp.21~30.

2 곽형기, 「근대 학교체육의 전개양상과 체육사적 의미」, 서울대대학원 박사학위논문, 1989.

곽형기, 「한국 근대 학교체육 개념 변천에 관한 연구: 개화기 교과서를 중심으로」, 『한국체육학회지』 20, 2007, pp.107~116.

유근직, 「일제 식민지시대의 체육이 광복 후 한국 학교체육에 미친 영향에 관한 연구」, 『한국체육학회지』 40(2), 2001, pp.33~44.

유근직, 「식민지 체조교육과 한국인의 신체형성에 관한 역사적 고찰」, 『한국체육학회지』 38(2), 1999, pp.24~34.

3 김재우, 「일제하 무단통치기의 YMCA체육활동에 관한 연구」, 『한국체육학회지』 41(5), 2002, pp.15~26.

김재우·이학래, 「일제하 민중적 체육에 관한 고찰」, 『한국체육학회지』 40(4), 2001, pp.51~60.

손환, 「구한말 재일 한국인 유학생단체의 스포츠활동에 관한 연구」, 『한국체육사학회지』 4, 1999, pp.47~57.

손환·정승삼, 「상백 이상백의 한국 근대스포츠 형성에 미친 영향」, 『한국체육학회지』 40(1), 2001, pp.3~15.

손환, 「일제하 조선체육협회의 활동에 관한 연구」, 『한국체육학회지』 42(6), 2003, pp.13~21.

손환·김재우, 「대조선인 일본유학생 친목회의 결성과 스포츠활동에 관한 연구」, 『한국체육학회지』 43(5), 2004, pp.35~42.

손환, 「계원 노백린의 한국근대체육 발전에 미친 영향」, 『한국체육사학회지』 13(2), 2008, pp.41~49.

의식주와 민속놀이를 통해 바라본 조선의 근대

고자 식민주의와 무도의 관련성 연구에 시사점을 제공하고 있다. 다만 이들 연구 또한 미시적 관점에서 접근하고 있어 전체적인 그림을 이해하기에는 무리가 따른다.

이상에서 살펴본 바와 같이 기존의 연구 성과들은 대부분이 특정 종목의 무예 혹은 단체에 편중되어 있거나 특정 인물 등에 한정한 논의가 다수를 차지하고 있다. 또한 일제 강점기와 관련된 논의라고 하더라도 식민주의와 무도의 관련성에 대한 총체적인 접근을 한 연구는 미진하다. 따라서 개화기와 제국일본의 식민주의 정책 속에 한반도의 무예가 구체적으로 어떻게 전개되었고 그 과정에서 전통적 무예가 어떻게 지속, 변용되어왔는지, 또 그 결과 한국인의 신체문화에 어떠한 영향을 미쳤는지 등에 대해 총체적으로 따져보는 작업이 필요하다.

본 연구는 다음의 두 가지 주제로 구성되어 있다. 하나는 '무예 문화의 지속과정'이다. 문화의 지속은 외적인 요인 혹은 외압에 의해 해당 무예가 변용될 우려가 있을 경우 그것을 변함없이 유지하려는 움직임을 의미한다. 여기서는 전래 무예가 지속되는 배경과 경과 등을 당시의 사회·문화적인 맥락 속에서 재검토함으로써 한국인의 신체활동인 무예가 지속되는 과정을 주제화하겠다. 다른 하나는 '무예 문화의 변용'과 관련된다. 문화의 변용이란 내·외적인 요인에 의해 본래의 모습에서 벗어나 새로운 양상을 띠는 것을 말한다. 따라서 본 연구의 목적은 개화기와 일제 강점기를 거치면서 우리의 무예가 어떠한

손환, 「일제강점기 조선의 체력장검정에 관한 연구」, 『한국체육학회지』 48(5), 2009, pp.1~10.
황의룡·손환, 「일제 강점기의 라디오체조 보급과 사회적 영향」, 『한국체육사학회지』 4(3), 2009, pp.37~48.
정동구·최석주, 「이상백의 스포츠외교 및 체육사상」, 『한국체육사학회지』 16, 2005, pp.81~90.

정치·사회적 요인에 의해 지속과 변용의 과정을 거치면서 발전해왔는지를 살펴보는데 있다.

본 연구에서는 이러한 한국 무예 문화의 지속과 변용에 직·간접적으로 영향을 미친 것이 다름 아닌 개화기와 일제 강점기의 외래 스포츠 및 무예라는 가설 하에서 논의를 전개하겠다. 특히 전래 무예가 근대 스포츠로 변화하는 과정과 그 사회·문화적 맥락을 고찰하겠다.

이때 개화기 이전의 전래 무예가 개화기와 일제 강점기를 경험한 지속과 변용의 과정을 크게 다음 두 가지로 나누어 살펴보겠다. 하나는 외래 스포츠 및 무예가 한국 사회에 수용되는 양상이고, 다음은 이들 외래 스포츠와 무예의 수용에 따른 전래 무예가 스포츠로 변화하는 양상에 대해 살펴보고자 한다. 그렇게 함으로써 단순히 무예의 지속과 변용이란 이분법적 논의에서 벗어나 구체적으로 어느 시기에 어떠한 요인에 의해 어떻게 지속되고 변용되었는지에 대해 중층적으로 살펴볼 수 있기 때문이다.

본 연구에서 논의하고자 하는 것은 우리나라의 전래 무예이다. 이들 무예가 개화기와 일제 강점기를 거치면서 어떻게 변화하면서 지속되어 왔는지 그리고 그 변화의 요인들이 무엇이었는지에 대해 살펴보고자 한다. 구체적으로 변화의 내·외적 요인 즉 당시의 군사제도, 교육제도를 비롯하여 외래스포츠 및 무예가 한국의 전래 무예에 미친 영향에 대해 살펴볼 것이다.

이러한 문제를 해결하기 위하여 본 연구에서는 당시의 신문 및 각종 문헌자료 등을 토대로 한 분석과 기존의 연구결과도 적극적으로 원용하여 무예 문화의 전승양상을 재구성하고자 한다. 더불어 궁술, 씨름 등 구체적 사례를 들어 이들 종목이 어떻게 변화하면서 발전해왔는지도 살펴보고자 한다.

2. 외래스포츠 및 무예의 수용

1) 군대를 통한 스포츠 및 무예의 수용

19세기 중엽 서구 자본주의 열강은 자국의 정치, 경제, 군사적 힘을 앞세워 문호개방을 주장하며 아시아 각국에 대한 침략을 감행했다. 당시 조선정부도 1832년, 영국 상선이 충청도 해안에 출몰하여 처음 개항 요청을 한 이후, 프랑스, 러시아, 독일, 미국 등이 차례로 개항을 요구하여 왔다. 그러나 조선은 청나라의 아편전쟁, 천주교의 확장 등의 문제로 인해 개항의 기회를 놓치고 말았다. 그리하여 조선의 군대는 그들과 충돌하게 되었다. 이를 통해 조선은 근대 무기 체제로서의 실전적 한계를 경험하게 되었다.[4] 이러한 상황에서 개화기 조선에 가장 큰 정치, 군사, 사회, 문화적인 영향을 끼쳤던 나라는 바로 일본이었다.

일본과의 강화도 조약(1876) 이후 일본은 정치, 경제 그리고 군사적으로 조선을 잠식해 나갔다. 고종은 수신사를 파견하는가 하면 그들이 가져온 신지식을 수용하게 되었고 그를 토대로 개화의 노선에 따라 정치개혁은 실시되었다. 특히 고종은 군사제도에 많은 관심을 기울였는데, 그 예로 통리기무아문을 설치(1880)하여 5군영을 개편하고 일본식 군사훈련 제도도 들여오게 되는데, 한국의 신식훈련 개시에서 훈련내용의 하나로 검술을 찾아볼 수 있다. 한국의 신식훈련은 1881년에 일본인 호로모도堀本禮造라고 하는 신식 교련관을 초빙하여, 서울에 사는 양반 자제 100명 정도를 사관생도로 선발하여 일본식 군대훈련을 시킨 것이 최초이다. 그때 군사훈련 내용으로 '격검擊劍' 즉

---

4 정재성, 「조선시대 무술의 대중화 요인과 변화」, 『한국체육사학회지』 17, 2006, pp.71~82.

검술이 포함되어 있었다. 다음해 3월에는 궁성호위부대에서 선발된 군인 80명으로 근대적인 군대인 별기군을 창설하여 호리모도에 의해 신식훈련을 시작하였다. 호리모도가 지도한 내용은 프랑스군의 훈련 법이었는데 군사상의 필요에서 체조는 물론, 사격, 마술, 검술, 육상경 기 등을 지도하였다. 이점은 검술이 일본인 교관에 의해 신식훈련의 하나로서 한국에 전해지게 되었다는 것을 말해준다.[5] 따라서 오늘날 의 검도 경기는 개화기 이후부터 일본에서 유입된 것으로 그 당시의 공식적인 명칭은 격검이었으며 그 특성은 스포츠적인 성격보다는 무 예의 일종으로 호신 또는 경호의 목적으로 행하여졌다.[6]

이후 임오군란을 계기로 군사제도는 다시 청나라 방식으로 변화하 게 된다. 특히 임오군란은 무예사적 의미에서 제도권 내에서 전래 무 예의 기능 축소를 가져왔다. 더불어 신식군대의 창설은 우리 민족에 게 무예 수련의 동기의 약화를 초래했다. 특히 갑오개혁에서 무과武科 의 폐지는 무엇보다 우리 민족에게 무술 수련의 목적과 동기 변화와 함께 무예 수련에 대한 인식 변화를 의미한다.[7]

우리나라의 개화기는 1876년의 강화도 조약 이후 서양 문물의 영 향을 받아 종래의 봉건적인 사회 질서를 타파하고 근대적 사회로 개 혁되어 가던 시기를 말하며, 19세기 말 20세기 초라는 시대적 상황이 전통과 신문화의 충돌이라는 자체적 모순을 지니고 있던 시기다. 무 예에 있어서도 조선후기 무예인 전통적 요소와 신문화의 유입과정에 서 외래 무예의 유입이 이루어진 시기이다. 하지만 개화기 직후에 무

---

5 옥광·김성헌, 앞의 논문, p.32.

6 임영무, 「한국체육사상연구」, 연세대학교대학원 박사학위논문, 1987.

7 정재성, 앞의 논문, p.80.

예교육은 존재했다. 대표적으로 우리나라 최초의 근대학교인 원산학사(1883)에서 무예武藝를 교과과정 속에 최초로 채택되고 중시되었다는 점에서 그 역사적 의의가 높다. 이는 결국, 무예武藝라는 내용이 체육의 교과과정으로 인식되었다는 점에서 큰 의미가 있다.

원산학사는 1880년 4월 원산이 개항하여 일본인 거류지가 만들어지고, 일본 상인들이 상업 활동을 시작하자, 덕원·원산의 지방민들은 새로운 세대에게 신지식을 교육하여 인재를 양성함으로써 외국의 도전에 대응하기로 하고, 나름대로 서당을 개량하여 운영하고 있던 중 1883년에 설립된 것이다.[8]

설립 초기에는 학교를 문예반과 무예반武藝班으로 편성하였는데, 문예반 정원은 없었으나 약 50명의 학생을 선발했고, 무예반은 정원 200명을 선발해 이들을 교육·훈련하여 별군관別軍官을 양성하도록 하였다. 이 과정에서 무사로서 무예반에 입학한 경우 입학금 없이 입학을 허락하였다.[9]

하지만, 1894년 갑오개혁 무렵에 원산학사는 소학교와 중학교의 기능이 나뉘어 원산학사는 문예반만 갖춘 원산소학교가 되었고, 한편 원산 감리서에서는 역학당譯學堂을 세워 중학교의 기능을 하면서 소학교 졸업생들에게 외국어와 고등교육을 실시하게 된다. 그 후 원산소학교는 남산동의 같은 자리에 교사를 증축하고 크게 발전하다가 일제 강점기에는 처음에 원산보통학교로, 나중에는 원산제일국민학교가 되어 1945년까지 존속하였다.[10]

---

8 허건식, 「한국사에 나타난 무예제도의 특성」, 『2006 충주세계무술축제 기념 국제 무예 학술 심포지엄 발표집』, 2006, pp.1~16.

9 위의 논문, p.9.

10 같은 곳.

1896년에는 육군무관학교가 설립되었는데, 이는 초급 무관을 양성하는데 그 목적을 두고 있었다. 1909년 9월에 폐교되기 13년 동안 존속하며 변천과정을 거쳤다. 이 학교에서는 처음 러시아의 교관에 의하여 교육이 이루어졌다. 또한 경무청에서는 무예교육이 있었다. 이 당시에는 일본의 격검과 유술을 교육하였는데, 『고종실록高宗實錄』의 "巡檢擊劍諸具購入費 319元" 내용과 "검도는 1896년에 경무청이 치안의 필요상 검술을 경찰 교습과목으로 실시하였다"는 내용을 살펴보면, 1896년에 일본에서 격검 용구를 도입해 경무청에서 경찰의 치안에 필요한 무예교육이 존재했음을 밝히고 있다.[11]

또한, 1896년 1월 11일에 공포된 무관학교(1896~1909)의 관제를 계기로 체육교사를 양성하기 위하여 육군연성학교를 1904년 8월 27일 장교의 재교육을 위하여 원수부元帥府에 설치하였다. 당시 육군연성학교에는 전술과, 사격과, 체조과, 검술과 등의 교육과정을 두었다. 이 당시 전술과와 체조과를 두었다는 것은 육군연성학교의 과정이 단순한 스포츠가 아닌 구국운동을 담당하는 교과목으로 구성된 것으로 생각된다.[12]

공개된 최초의 경기는 1908년 3월에 내각원유회內閣園遊會 주최로 비원에서 한·일 양국 순경사이에 거행된 유술과 격검시합이다. 그리고 1908년 9월 무관 학교장인 이희두李熙斗와 학무 국장 윤치오(尹致旿) 등이 무도기계체육부武進機械體育部를 조직하여 군인 구락부에서 승마, 유도, 사격, 격검(검도) 교육을 실시했다.[13]

---

11 위의 논문, p.10.

12 위의 논문, p.10.

13 같은 곳.

의식주와 민속놀이를 통해 바라본 조선의 근대

1894년 구한말 조선정부는 갑오경장을 계기로 일본의 학제를 모방, 신교육을 실시하면서 체육을 정식 학교 교과목에 채택하였는데, 이에 대한 내용은 고종 32년(1895) 2월 2일 전 국민에게 내린 교육조칙과 소학령을 통해 알 수 있다.

교육조칙에 의하면 체양體樣은 동작에 있어 활발하므로 게을지 않고 고난도 피하지 않으며 견고한 근육과 강건한 골격이 되어 무병강장無病强壯한 즐거움 향유하기 바란다(관보 개국504년 2월 2일)고 하였고, 소학교령 제8조에서는 소학교의 심상과 교과목은 수신·독서·작문·습자·산술·체조로 한다(관보, 개국504년 7월 22일)고 하여 한민족의 교육적 개혁이 이루어졌다. 여기서 말하는 체조는 서양식 군사교육의 초보적 훈련으로서 빼놓을 수 없는 종목이었다. 따라서 그들은 구미 육군의 신병교육에 있어 첫 과목으로 지정되어 있는 체조를 실시해야 했다. 또 군대 체조는 나중에 기계체조, 육상경기에 영향을 미치게 되었다.

서양 스포츠 수용의 한 측면은 개화기의 서양식 훈련에 부수적으로 시작되는 것이다. 그리고 체조는 개화기의 군대에 계승되어 간다. 그것은 체조가 체격 및 체력 향상을 위한 수단으로서 중시되었기 때문이다. 따라서 군사적 필요에 의해 전개된 체조의 도입에는 스포츠적인 의도는 찾아볼 수 없으며, 군대 체조를 그대로 서양 스포츠의 수용으로 볼 수는 없다. 하지만 이 체조가 기계체조나 육상 경기에 영향을 미친 점을 감안한다면 구미스포츠의 수용이라고 볼 수 있다.

체조 외에 군사적 필요에 의해 도입된 무예가 많은데 그 가운데 하나가 사격이다. 또한 기병騎兵의 창설에 따라 승마가 도입되었는데, 이것은 전래의 한국식 마상무예에서 서양식 승마로의 변화를 의미하고 또 이러한 종목은 군사적 목적에 의해 도입된 것으로서 스포츠로 수용된 것은 아니었다. 그리고 체조와 더불어 서양 스포츠의 수용에 차지하는 군대의 역할이 크다는 것을 나타낸다.

2) 학교교육을 통한 스포츠 및 무예의 수용

서양 스포츠의 수용이라는 점에서 군대나 민간에 보이는 것 이상으로 중요한 역할을 한 것은 근대학교이다. 물론 학교라 하더라도 문맹퇴치를 가장 우선시하여 국민 교육을 지향하며 전국에 설치한 초등학교와 고등 전문교육을 지향한 대학을 비롯한 고등 교육기관과는 전혀 다른 성격을 지니고 있다. 또한 각 학교의 성격에 따라 무예에 대처하는 방법도 다르기 마련이다.

쇄국정책으로 외국과의 교섭을 거부하고 무시해 오던 조선은 조선 왕조 전래의 교육 전통에 대해 통절한 반성과 자아의 비판을 통해 서양문물을 수입하여 근대국가로의 전환을 추구하게 된다. 그리하여 낡은 교육 전통과 사회 규범 속에서 1876년 일본과의 병자수호조약을 기점으로 제국 열강들과 통상 조약을 체결함으로써 문호를 개방하게 되었고, 1882년 미국과의 문호개방에서 최초로 서양과의 유학생 교류를 법제화하였다.[14]

이렇게 우리나라의 근대교육에 관한 관심이 커지면서 문호가 개방되고 1885년을 기점으로 유학생과의 교류가 법제화 되자, 기독교계 선교사 알렌Allen, 언더우드H.G. Underwood, 아펜젤러Methodis. Episcopal 등 선교사들이 대거 입국함과 동시에 기독교가 한국에 본격적으로 전해지면서 선교의 목적으로 근대식 학교가 설립되게 된다. 특히 근대 근대

---

14 곽애영·곽형기, 「한국 개화기 기독교계 학교의 체육활동 연구」, 『한국체육사학회지』 16, 2005, pp.27~41.

화된 서양식 신문화를 보급하는데 대표적으로 개척자 역할을 하였다고 생각되는 배재학당(1885), 이화학당(1886), 경신학교(1886), 정신여학교(1887), 영화여학당(1892) 등이 있다.[15]

선교사들에 의해 설립된 기독교계 학교는 초기에 선교사들에 의해 주요 도시에 소수 설립되었으나 점차 지방교회가 조직되면서 지방으로 확산되어 나갔다. 1909년 당시 기독교계 학교는 초·중등학교를 합하여 총 802교에 달했으며, 학생 수가 19,776명이었다.[16]

우리나라 개화기의 교육사상은 개화 교육자들에 의하여 지육·덕육·체육 삼육의 조화로운 발달이 강조되었고 이 교육이념 하에 학교교육을 실시하였다. 그러한 움직임과 연동하여 학교에서도 체육을 중요시하여 수업시간에 유희, 보통체조, 병식체조와 같은 신식 체조를 가르쳤으며, 과외체육활동으로 각종 스포츠를 실시하였다. 이것은 서구식의 학교교육 도입이 서양스포츠의 도입을 필연적으로 가져 온 사례라고 할 수 있다.

예를 들어 배재학당의 경우, 당시 학생들은 수업시간에 배운 도수체조를 질서정연하게 시범을 보였는데 이 단체 체조는 서울에서는 처음 출현한 것이다. 수구파 및 정부 관리들도 학생들의 도수체조를 보고 궁중의 무술사 보다 더 우수하다고 극찬을 하였다.[17]

1909년 학제가 변화되고, 교과과정이 대폭 개편되면서 체육과목으로 교련(체조)이 시행되었는데, 이때의 체조는 군대식 병식체조 위주로 수업이 진행되었다. 또한 이 학교의 교육과정 속에 나타난 단편

---

15 위의 논문, p.30.

16 위의 논문, p.30.

17 위의 논문, p.32.

적 체육현상은 전통적 무예중심에서 탈피하고 신인문주의 교육사조의 영향을 받고 탄생되었던 영국 등 유럽에서 발생된 여러 가지 스포츠가 선교사들을 통해서 특별활동 및 과외체육 속에 수용되는 모습을 보인다. 이들 학교에서는 과외 체육활동으로 야구, 축구, 정구, 농구와 같은 서양식 스포츠를 도입하고 실시하여 한국 학교 스포츠 발전에 선국자적 역할을 담당하였다.[18]

1885년부터 설립되기 시작한 기독교계 학교들은 민주주의적, 인간적, 자유주의적 교육을 표방하는 근대적인 서구 문화를 받아들여 실력 있는 문화인으로서 기독교 진리를 실천하여 교회와 국가에 봉사하고 신교육을 통해 인재를 양성하는 〈지·덕·체〉를 표방한 전인교육을 강조하였다. 또한 체육이 교육의 영역으로 인정받기 시작하면서 체조가 교과목으로 채택되어 놀이, 보통체조, 병식체조 등과 같은 근대 신식 체조를 병행하여 가르쳤다. 개화기에 기독교계 학교의 교과목으로 체조가 설정되어 있었던 것은 우리나라에서 근대적인 체육활동이 시작되어 뿌리를 내려가고 있었음을 의미한다고 볼 수 있다. 나아가 개화기 기독교 학교는 교과 과목 이외의 과외 활동을 통해 전인교육의 새로운 의의를 제시하였고, 선교사들을 통해 서양식 각종 스포츠를 수용하여 실시함으로서 한국 무예에 영향을 미쳤다.[19]

이렇게 서구스포츠는 1910년 이후에는 학교교육의 주요 교과인 체조과와의 관련에서 그 교육적 의의를 인식하여 도입하게 되었고 단순한 모방으로서의 문명개화가 아니라 근대 스포츠 전개의 주류를 점하게 된다.

---

18 위의 논문, p.32.
19 위의 논문, p.41.

물론 문명개화를 통해 모든 스포츠나 무예가 조선에 도입된 것은 아니다. 오히려 개개의 스포츠나 무예를 보면 일제 강점기에 소개된 것도 많다. 거기다가 후에 올림픽 등 국제시합의 필요에서 도입된 것도 있다. 그러나 서양 스포츠가 도입의 역사적 의의라는 점에서는 모든 서양 스포츠가 이 시기에 도입된 것처럼 착각할 정도로 문명개화기는 중요한 의미를 지닌다.

그러나 외래 스포츠 및 무예는 일반인들에게 광범위하게 보급되지 않고 황성 기독교회나 서울 소재의 몇몇 학교에서 행해지는데 불과한 것이었다. 이러한 상태의 스포츠 및 무예는 합방 이후 학교체육에서 강조되고 또 한편으로는 일본인들이 대거 조선에 이주하여 무예를 보급시킴으로서 점차 일반인들에게도 보급되었다.[20] 이점에 대해서는 후술하겠다.

일제치하 무예는 우리 민족사학들에 의해 격검과 유도교육이 이루어진 반면, 일본의 정책적인 일본무도교육의 체제도 존재한다. 1916년 5월에는 사립오성학교에서 검도시설을 갖추어서 일반 청년층을 모집 시작함으로써 우리나라 학교검도의 효시라고 볼 수 있다. 또 1921년 11월 19일에는 원동에 있는 휘문고등학교 부근에 사설도장인 조선무도관을 강낙원이 설립해 격기종목인 검도, 유도, 펜싱, 권투를 직접 지도하였다.[21]

하지만, 일제는 1927년 4월 1일부터 중학교 체조교육부문에 유도와 검도를 채택함으로써 중학, 전문학교에 스포츠 체육종목으로 강조함과 동시에 교우회 활동에도 권장하게 되었다. 이때 서울의 연희

---

20 오정석, 「근대스포츠의 수용과 전통스포츠의 근대화 양상에 관한 연구」, 『한국체육사학회지』2, 1997, p.30.

21 허건식, 앞의 논문, p.10.

전문학교, 보성전문학교, 이화여전에서도 검도 서클이 생기게 됐다. 특히 일본총독부 학무국 지시로 일본인이 운영하는 조선체육협회는 일본인들의 전행기관이었다. 이에 반기를 들고 조선인 체육인들이 1934년 조선체육회를 창립해 유도와 검도가 가입하게 된다.[22]

3) 조선 유학생을 통한 외래 무예의 수용

무예는 조선에 온 외국인들로부터의 수용뿐만 아니라 외국에 나간 조선인이 현지에서 배워 들여 온 사례도 있다. 그 대표적인 종목이 유도와 검도 등 일본 무도 종목들이다.

대한제국은 근대적 문물과 제도를 수용하기 위하여 지리적 또는 문화적으로 한국과 인접한 국각로 유학생의 파견을 시도하였다. 즉 1880년 12월 근대적 문물제도의 수용을 위해 대한제국은 통리기무아문과 같은 신식기관을 설치하였고, 외국 고문관이 고빙되었으며 수신사가 일본에 파견되었다. 그리고 1881년 2월 신사유람단과 9월 영선사를 통하여 일본과 중국으로 유학생이 파견되었다.

1883년에는 60명의 청년들이 현 일본 게이오대학慶應大學의 전신인 게이오의숙慶應義塾에 입학하여 일본어 교육을 받은 후, 서재필 외의 14명이 육군도야마학교에 입학하였다. 그들은 유연체조, 기계체조, 도수교련, 사격 등을 공부하였으며, 귀국 후 고종황제 앞에서 일본에서 배워온 교련체조와 검술을 시범하였다.[23]

이러한 일련의 움직임은 조선 정부가 서구의 근대적 문물을 수용하여 부국강병을 도모하고 근대적 자주 독립 국가를 수립하려는 시

---

22 위의 논문, p.10.
23 옥광·김성헌, 앞의 논문, p.32.

외사주와 민속놀이를 통해 바라본 조선의 근대

도였다. 일본으로의 유학생 파견은 국내의 정세에 따른 몇 차례의 유학생 소환 조치로 인해 중단되기도 하였으나 지속적으로 이루어져 유학생 수는 점차 증가하였다.

일본 유학이 본격화되고 제도화된 것은 1900년대이며, 관비·사비를 포함하여 500여 명의 유학생이 일본에서 수학하기에 이르렀다. 특히 1905년 이후 일본으로 간 유학생은 관비생보다는 사비생이 다수를 차지하였고, 그들은 법률, 정치, 경제, 군사교육 등 다방면에서 신교육을 받았다.[24]

유학생은 귀국한 후 한국 사회 전반에 개척자 역할을 수행한다. 즉 근대학교의 설립과 더불어 군사교육을 받은 유학생은 학교체육과 관련된 교관으로 부임하여 병식 체조 교육을 가르쳐 민족정신을 강화하여 일제와 싸워 이겨낼 수 있는 무력으로 체력양성에 힘을 쏟았다.[25]

대한제국 시기의 무예 학교나 원산학사의 무예반, 무도기계부 등이 설립되고, 교육과정에 한국의 자생적 무도 및 외래무도가 군사교육의 일환으로 실시된다. 당시에 유입된 무도의 정확한 형태와 내용은 전해지지 않지만 일본의 유술柔術이나 격검擊劍과 같은 것들이 가르쳐졌음을 짐작할 때 일본 무도가 한국 유학생에 의해 자의적으로 유입되었을 것이다.[26]

유학생에 의한 외래무도 수용에 대한 근거는 매우 부족한 것이 현실이다. 하지만 개화기를 전후로 대한제국의 정책사업의 일환으로 많

---

24 손수범·이재학, 앞의 논문, p.126.

25 위의 논문, p.126.

26 위의 논문, p.128.

은 유학생이 인접 국가인 일본을 비롯한 중국 등으로 유학을 떠나 그 국가에 체류하여 신문물을 배우기 위해 학교에 입학하여 인접 국가의 유술 내지는 검도를 수련하고, 귀국하여 무도를 지도하였다는 것이다.[27]

예를 들어 유도의 경우 1908년까지의 일본 강도관의 외국인 입문자 수를 확인한 결과 조선인은 8명이 수련하였다. 구체적으로 1901년에 입문한 사람은 신순성, 전영헌, 김익상이고 1902년에는 종재관, 유동건, 한규복, 1903년에는 유동수, 나금전이 입문했다.

그러나 강도관의 유도를 수련하고 귀국한 유학생들이 직접 유도를 지도하였다는 사실은 알 수 없으나 한국인이 1901년에 이미 강도관 유도를 수련하였다는 것은 유학생에 의해 유도가 국내에 전해졌을 가능성이 매우 크다.[28]

이러한 유학생의 유도 활동에 대한 근거는 명확하지 않지만, 이미 한국에 유도와 유사한 유술이 전래되었을 가능성이 있다. 사실 유도 활동에 관한 사실적 근거는 시대적 상황을 고려해볼 때 대부분이 일본 총독부 내지는 서울지역에 의한 자료만을 확인할 수 있어 알려지지 않은 사실이 있을 수 있다.[29]

〈황성신문〉(1908)은 유도의 전래과정을 1909년 나수영, 유근수가 일본 유학 후 황성기독교청년회에 초빙되어 조선에 처음으로 도장을 개설한 것이 시초이며, 월남 이상재가 유도반을 설립한 이후 유도를 시작했다고 주장하고 있다.[30]

---

27 위의 논문, p.127.
28 위의 논문, p.128.
29 위의 논문, p.128.
30 위의 논문, p.128.

의식주와 민속놀이를 통해 바라본 조선의 근대

또한 대표적인 유학생은 육군연성학교(1896)를 역임한 이희두가 있으며, 그는 1895년 10월 일본으로 유학을 떠나 유학일본 1899년 8월에 귀국하였다. 그는 일본 도야마육군사관학교 전술과, 사격과에서 수학하는 등 다양한 교육을 받았다. 윤치호는 갑신정변 때 친일개화파로 몰려 일본으로 망명하여 게이오慶應대학을 졸업하고 동경외국어학교에서 한국어교사를 역임하였으며, 1897년 귀국, 당시 문교부의 학무국장과 일본 유학생 감독을 하였으며 1908년 9월 무관학교장 이희두와 일반 국민의 체육발전을 위하여 군인구락부에 무도기계체육부武道器械體育部를 만들었으며, 교과목으로 활쏘기, 승마, 유도, 격검 등을 가르치게 하였다.[31]

이상재는 1881년 박정양이 이끄는 신사유람단 단원으로 일본에 건너가 신문물을 배웠으며, 황성기독교청년회에서 유도반을 개설하였다. 노백린은 1895년에 일본의 게이오慶應대학을 입학하여 1896년 7월에 동교를 졸업한 뒤 이듬해 육군사관학교의 예비학교였던 육군성 관할의 사립 세이조成城학교에 입학해 체조를 비롯한 기초적인 군사교육을 받았다. 그는 1898년 12월에 일본 육군사관학교 보통과에 입학해 전문적인 군사교육을 받았으며 이듬해 11월 졸업했다. 1900년에 한국에 귀국하여 1901년 4월에 무관학교 보병과의 교관이 되었다. 그는 일본에서 배운 새로운 군사지식을 학생들에게 가르쳐 무관학교의 교육은 차츰 일본식으로 바뀌게 되었다. 그 후 그는 육군연성학교 교장(1906), 군부교육국장(1907. 6.), 무관학교 교장(1907. 8.)을 역임했다. 이 무렵 각 학교에는 체조가 보급되었는데 그 내용은 군대식 훈련을 중심으로 한 병식체조였다. 그 후 구한말에 있어 병식체조는 경성

---

31 『황성신문』 1908년 5월 17일자, 5월 23일자; 『경선신보』 1908년 5월 25일자.

을 중심으로 해서 지방에 이르기까지 확대되어갔다.[32] 윤병인은 1939년부터 1941년까지 일본 도쿄의 니혼대학日本大學에서 유학을 했는데, 우연한 기회에 가라테 사범인 도야마 간껜을 만나게 되었고 그로부터 가라테를 습득하였다. 후에 도야마 간껜은 윤병인에게 4단을 부여했고 그 후 윤병인은 니혼대학 카라테부의 사범을 지내기도 했다. 윤병인의 무예는 「중앙기독청년회권법부」의 제자들에게 전수되었다.[33] 한편 도야마 간껜의 제자인 윤쾌병도 카라테를 습득하였으며 그는 일본에 설립한 「한무관韓武館」의 부관장을 역임하였다.[34]

또한 교토에서 최홍희가 유학 당시 당수도를 수련하였으며, 황기는 만주 등지에서 중국의 십팔기, 오키나와 가라데를 수련한 것으로 알려지고 있다. 이들은 각기 중국 및 일본의 것을 중심으로 당수도를 수련하고, 귀국하여 무도관을 설립하여 국내에 보급한다.

최용술은 14살이 되던 해인 1913년 다케다竹田總角의 문하생이 되어 대동류합기유술을 수련하고, 광복 이후 귀국하여 대구에서 '대한합기유권술도장(1952)'을 개관하여 합기도를 보급한다.[35]

한편, 광복을 전후로 중국의 권법 유입과 일본의 공수도 및 대동류합기유술 등의 무도가 유입된다. 특히 중국의 당수唐手는 일본의 오키나와에 전래되어 공수도로 정립된다. 일본의 공수도 도장 중 동경의 후나고시의 도장인 송도관에 한국 유학생은 이원국, 노병직이 수련하였으며, 또한 마부니의 도장에 윤쾌병, 윤병인, 전상섭 등이 수련

32 손환, 「계원 노백린의 한국근대체육 발전에 미친 영향」, 『한국체육사학회지』 13(2), 2008, p.46.
33 허인욱, 「태권도 모체관 중 〈조선연무관권법부〉와 〈중앙기독청년회권법부〉의 형성과 변천에 관한 연구」, 『한국체육사학회지』 20, 2007, pp.13~28.
34 위의 논문, p.17.
35 손수범·이재학, 앞의 논문, p.128.

하였다.[36]

이밖에 일제 강점기 조선인 유학생들이 조선에 귀국하여 무예 수련을 위해 설립한 단체 혹은 그들이 설립한 유학생단체를 통해 조선에 소개한 스포츠 및 무예도 많이 있다.[37]

이와 같이 유학생에 의한 무도 유입은 개항 이후 유학시절 일본의 유술, 유도, 격검, 검도, 공수도를 비롯하여 중국의 당수를 수련하여 외래 무도가 자의적으로 유입되었다고 할 수 있다.[38]

4) 일본인 및 일본무도단체에 의한 무도의 이식

1910년 제국일본에 의해 조선총독부가 설치되자 주권을 상실한 조선은 정치, 경제, 군사 등 모든 분야에서 지배와 억압의 대상이 되어갔다. 그와 함께 일본 정부의 일본인 이주정책에 의해 많은 일본인들이 조선으로 이주, 정착하기 시작하였고, 그와 더불어 다양한 일본 문화가 이입되기 시작한다. 물론 강제 합병 이전인 19세기 말에도 이미 조선 땅에 이주해 온 일본인도 적지 않다. 당시 근대 체육·스포츠 교육뿐만 아니라 일본의 무도교육을 받은 많은 일본인들은 식민지 조선에서 자국민뿐만 아니라 조선인들에게 무도교육을 실시하기 시작했다. 이때 무도교육의 중추적 역할을 한 일본인들은 조선총독부에 소속된 경찰 관리들이 대부분이었다. 그들은 본국 일본에서 유도, 검도, 합기도 등을 수련하여 실기 및 이론에 대한 지식을 습득하고 있었다.

---

36 위의 논문, p.128.

37 이점에 대해서는 손환, 「구한말 재일 한국인 유학생단체의 스포츠활동에 관한 연구」, 『한국체육사학회지』 4, 1999, pp.47~57 참조.

38 손수범·이재학, 앞의 논문, p.128.

한일합방 이전 일본인에 의해 건립된 무도도장으로는 內田道場 (1906), 東洋協會道場(1907), 龍山停 車場內道場(1908)이 건립되었다.[39] 한일합방 이듬해인 1911년에는 일본인 진노우치陣之內吉次郎에 의해 京城 黃金町 2丁目에 검술도장인 무덕관武德館 건립되었고 이어서 전주 무덕전 건립(1912년), 부산 무덕회(1920년), 경북 무덕관 건립(1923년) 등 전국 각지에서 무도단체인 무덕회가 설립되고 무도를 수련하는 무덕 전이 건립되어 갔다. 이러한 일련의 움직임 속에서 1929년 조선총독 부 경찰 강습소 교정 내에 전국 각지의 무덕회를 총괄할 수 있는 조선 무덕회가 설립되었다.

조선무덕회 설립 이후 각 지역에서는 무덕회 지부의 설립이 이어졌 는데, 이를 토대로 전선경찰관무도대회全鮮警察官武道大會, 전선교육자무 도대회全鮮教育者武道大會, 전선중등무도대회全鮮中等武道大會, 천람무도대회天 覽武道大會 등 각종 무도대회가 정기적, 비정기적으로 개최되었다. 이밖 에 조선무덕회는 무도강습회, 무도학교개설, 연무대회 개최, 야외 시 합 등을 전개하면서 왕성한 활동을 펼쳤다.

이와 같이 조선무덕회는 일제 강점기 일본무덕회의 조선지방본부 로서 일본 무도를 한반도에 보급시키는 통로였으며, 조선총독부 산하 의 대표적 무도단체였다. 그리하여 이 단체는 당시 조선인의 신체문 화인 전통 무예에 직접적으로 많은 영향을 미친 단체라 볼 수 있다. 아래 〈표 1〉은 일제 강점기 일본인에 의한 무덕관 건립과 조선총독부 에 의한 조선무덕회 건립 및 그와 관련한 주요 활동 내용을 정리한 것 이다.

---

39 김창우·이재학·송일훈, 앞의 논문, p.53.

오리주의 민속놀이를 통해 바라본 조선의 근대

연월일	주요 내용
1911.	陣之内吉次郎,京城 黃金町 2丁目 검술도장 무덕관(武德館) 건립
1912.	在間甚太郎 전주 무덕전(武德殿)건축
1920.07.	坂田文吉 부산武德會 설립, 부산무덕관 건립
1923.02.05	大田小作人相助會, 무덕관에서 총회 개최
1923.10.23	경북 무덕관 건립. 조선인, 일본인 기부금 모금. 이장우씨 400원 기부
1925.10.07	경북 봉화 무덕관 건립
1925.11.05	박천 무덕관 건립
1926.09.23	강원무도대회 개최
1926.11.	淺野太三郎, 인천무덕관 건립
1928.	岡野幹雄 경성 무덕회 설립
1929.10.23	總督府警官講習所敎庭에서무덕제 및 무덕회 발기인 총회 개최
1930.02.06	松本福市, 대일본무덕회 조선지방본부 전라북도지부 평의원 촉탁
1931.12.	坂田文吉, 대일본무덕회 부산지부 설치
1933.	池田淸:朝鮮警察協會 會長, 朝鮮武德會本部 副總裁, 朝鮮消防協會 會長 정기재: 무덕관 건설 등에 거액의 금품을 기부하여 표창을 받음
1934.04.09	황해도 해주 무덕관 건립. 원효섭씨 3천원 기부
1934.12.16	중등전문中等專門 학생들에게 무도 권장 위한 학생무도진흥간담회 개최
1935.06.29	일반중등학교에 무도를 정규 과목화. 민간의 무도 통제. 무덕회 조선지방본부로 하여금 십만명 회원모집. 무덕회 지부 설치하여 무도의 전면적 보급 도모
1936.06.28	제8회 전조선 무덕제 개최
1937.03.06	경복궁 내 경회루 부근 무덕전 신축, 15만원 공사비
1937.05.01	조선무덕회 '제9회 무덕제' 광화문 경찰관강습소 무도장에서 개최
1937.05.04	전조선무도대회 개최
1937.07.13	충청북도 무덕전에서무덕제 개최
1937.07.30	평안남도 무덕전 건립 地鎭祭 거행
1938.04.29	전조선무도대회 참가 위해 충남선수 경성으로 출발
1938.04.30	조선무덕회 '제10회 무덕제'가 광화문 경찰관강습소 무도장에서 개최
1938.05.15	조선경찰협회 경기도지부와 일본무덕회 경기도지부의 무도대회 개최

1938.06.04	경북도무도대회(武道大會) 개최
1939.03.25	황국신민체조(皇國臣民體操) 실시
1939.04.23	대일본무덕회조선지방본부 주최 제11회무덕제 및 제19회전조선무도대회 개최
1939.05.18	제21회 무덕제 및 무도대회 전북 전주에서 개최
1939.06.03	제12회 강원도무도대회개회
1939.06.14	조선총독부 내 무덕전 공사 부활
1939.08.28	광주 병사부 개청식 전남무덕전에서 개최
1940.05.02	대일본무덕회 조선지방본부 주최 2600년 봉축조선무도대회 개최
1940.05.07	대일본무덕회 주최 무덕제 및 연무회 헤이안(평안(平安)),신궁에서 개최
1940.05.18	대일본무덕회조선지방본부주최 전조선무도대회 개최
1940.06.21	조선경찰협회 경기도지부 '제6회 무덕제' 및 '제17회무도대회' 개최
1940.10.17	강원신사봉찬무도대회(江原神社奉贊武道大會)
1941.04.	초등학교에서 무도를 정식 과목으로 채택
1942.11.11	大日本武德會黃海道支部主催 第十五回武道大會 개최
1942.11.23	제9회 조선신궁봉찬무도대회朝鮮神宮奉讚武道大會 개최
1943.03.08	여학교에서 무도를 정식과목으로 채택
1943.10.22	대일본무덕회 조선본부의 결성식 무덕전에서 개최
1944.09.27	경기도 무덕전에서 첫 무도칭호심사(武道稱號審査) 실시

-자료출처: 일제 강점기 동아일보, 조선일보, 만선일보, 매일신보, 조선중앙일보 등을 참조 필자 재구성.

3. 전래 무예의 스포츠화

과거 무사의 전투기술을 오늘날 우리는 '전통무예'로 총칭하고 경우에 따라서는 무도 혹은 무술이라 부르기도 한다. 그리고 세부 종목에서는 "검도", "유도" 등으로 구별하고 있다. 그러나 무예인들의 전투기술 명칭을 무예 혹은 무술에서 예와 술 대신에 '도道'를 붙여 무도로 사용하게 된 것은 개화기와 일제 강점기를 경험하면서부터 일반적으로 사용하게 되었다.

개화기 및 일제 강점기에 있어서 무예의 스포츠화 변용은 '무술' 혹은 '무예'에서 '무도'로 변화한 명칭 문제를 포함해서 생각해야 한다. 또한 당시 무예가 '무도'로 불리고 '검술'이 '검도', '격검' 등으로 불리고 있었던 사실을 고려하여 여기서는 당시의 실정에 맞게 '무술', '검술' 등을 그대로를 사용하기로 한다. 더불어 무술에는 구미의 무술도 있기 때문에 개화기 이전에 조선에 존재한 무술이라는 의미를 명확히 하기 위해 여기서는 '전래 무예'로 부르기로 한다.

개화기와 일제 강점기를 거치면서 전래 무예가 무도로 혹은 스포츠로 변화한 사례가 많이 있다. 그러한 전래 무예의 스포츠화는 무예의 종류에 따라 시기적으로 내용적으로 다르게 나타나지만, 그 중에는 스포츠화 되지 않은 종목도 있을 것이다. 그러나 전래 무예의 스포츠화 변용에 미친 문명개화와 식민지배의 영향은 지대하다. 그 결과 무예인들은 그들의 존재 가치를 상실하게 되었다. 따라서 전래 무예의 무예사적인 의미가 사라진 사정을 배경으로 하여 새롭게 전개된 문명개화, 서구화의 시류 아래 전래 무예가 지속하기 위하여 스포츠화 하는 것은 피할 수 없는 상황이었다. 이와 관련하여 궁술과 씨름을 사례로 들어 이들 종목의 스포츠화 변용에 대해 간략하게나마 살펴보고자 한다.

1) 궁술의 스포츠화

조선시대에 접어들어 특히 임진왜란 이후 화약류 무기의 등장으로 인해 궁술이 전쟁의 수단으로서 그 효용 가치를 상실하기 시작한다. 그리고 궁술의 효용 가치 상실은 무과시취제 실시에 의한 선비들의 입신양명의 수단에서 호연지기를 기리는 풍류로 전환하게 만든다. 그러다 갑오개혁으로 인한 무과시취제 폐지는 전래 무예인 궁술의 변화에 많은 영향을 미치게 되었다. 특히 무과武科 시험에 사용했던 관설사정官設射亭들을 폐함으로서 사설사정에서 사습을 하던 사정의 사원들이 단체로 참가하는 편사대회가 주류를 이루었다.[40]

3·1운동 이후 궁술은 조선총독부의 유화정책으로 씨름, 그네뛰기 등과 함께 비교적 대중적인 인기를 누리는 시기도 있었다. 그리하여 궁술대회는 뿔궁인 각궁角弓대회를 비롯하여 목궁木弓이라는 전통 활을 이용한 대회도 성행하기도 했다.[41] 이는 당시의 민족의식이 반영된 결과로 볼 수 있다. 1920년대부터 동아일보사 등 신문사가 주최하는 각종 궁술대회가 열렸고, 1920년에는 전조선궁술대회가 개최되기에 이른다. 이때 현재의 대한궁도협회의 모체로 볼 수 있는 조선궁술연구회가 발족되었다.

그러다 일제 강점기 조선궁도회(1932)가 만들어지면서부터 "궁도"란 새로운 명칭이 등장하게 되었는데, 이후에도 궁술이라는 명칭은 일반적으로 사용되어왔다. 그런데 1940년경이 되면 기존의 궁술은 '궁도'라는 명칭으로 바꾸어 표기되기 시작하였고 더 이상 무예가 아닌 스포츠로 자리매김하게 된다. 아래 매일신보 1940년 4월 2일자 기사는 그것을 단적으로 보여주는 사례이다.

역사적으로 오래인 유래를가지고 삼한시대三韓時代이전부터 훗날산무술武術로서 대중화되어온 조선의 발전기弓道가 이번◎국민의보건시행과 ◎◎◎◎을위하야 가장시발점이라해서 일반경기종목으로서 공

---

40 옥광, 「한국전통 활쏘기의 이론적 정립을 위한 소고」, 『한국체육학회지』 47(1), 2008, pp.1~14.

41 국립민속박물관, 『한국무예사료총서』 XII, 근대신문 1, 2007.

의사주와 민속놀이를 통해 바라본 조선의 근대

인公認을밧게되엇다.이번 조선궁도가 공인을밧게된것은 오래전부터이 것을 근대적인『스포-쓰』로볼것이냐??는◎◎체육의 한가지소일거리 로볼것이냐하는것에대해서국외가돕 는 것으로 결국 근대『스포-쓰』 로서의 여러 가지 ◎◎발전을 갓추엇다는 사실에 빗추어 이번에 그가 치 공인을하게되엇다. 그래서 지난三十일인총독부에서개최되엇든조 선체육인의총회朝鮮體育會總會에서 이것을 인정하는 동시에 사직정社稷亭 에 잇는 조선궁도회朝鮮弓道會를 체육협의가맹단체로 가입식히엇다.

또한 1941년 5월에는 제15회 전조선남여궁도대회가 경성운동장에 서 개최[42]되었는데, 남녀 개인 우승자에게는 우승기와 상품을 수여하 였다. 이러한 경기 운영방식은 전통적인 궁술대회의 운영방식과는 달 리 점차 근대 스포츠의 경기방식으로 변해갔다. 더불어 당시 성행했 던 각종 일본식 무도대회 형식으로 바뀌어가고 있었다.

2) 씨름의 스포츠화

씨름은 예로부터 내려오는 우리나라의 전통적 무예의 하나로, 두 사람이 샅바나 띠 또는 바지의 허리춤을 잡고 힘과 기술을 겨루어 상 대를 먼저 땅에 넘어뜨리는 것으로 승부를 결정하는 경기이다. 이를 각희角戲, 脚戲 혹은 상박相搏이라 부르기도 했다.

씨름의 종류에는 왼씨름, 오른씨름, 띠씨름 등이 있었는데, 이를 근대 스포츠로 발전시키려는 움직임이 대두한 것은 1927년경이었다. 그러한 움직임은 일찍이 일본에서 근대 체육교육을 받고 당시 서울 시내 각 고등학교 체조교사직에 종사하고 있던 강낙원, 서상천, 한진

---

42 『매일신보』, 1941년 5월 27일자.

희, 강진구 등에 의해 이루어졌다. 이들은 모두 일제 강점기 일본에서 유학하여 근대교육을 받은 사람들인데, 씨름의 근대 스포츠화 작업의 하나로서 조선 씨름의 실체를 파악하기 위하여 여름방학 기간 중에 귀향하는 학생들을 이용하여 전국 각지의 씨름에 대한 종류를 조사하게 했다. 그 결과 함경북도, 평안남북도, 황해도 등 10개도에서는 대부분 왼씨름을 하고 경기도와 전라북도 등 3개도에서는 오른씨름을 하는 것으로 밝혀졌다. 그리하여 조선씨름협회(1927)에서는 오랜 역사성을 지닌 조선의 씨름 방식을 왼씨름으로 통일하여 이것을 장려하기로 결정하였다. 그 후 왼씨름을 주로 실시해 왔다.[43]

이와 같이 씨름방식이 통일되는데 있어 중추적인 역할을 한 것은 전 조선을 총괄하는 씨름조직인 '조선씨름협회'였다. 이 단체는 앞서 언급한 강낙원, 서상천, 한진희, 강진구 등이 발기인이 되어 1927년에 설립한 단체이다. 그해 9월에는 '제1회전조선씨름대회'를 휘문고등학교 운동장에서 개최하였는데, 이 대회는 처음 왼씨름방식으로 대회를 치른 전국대회였다. 그 후 매년 연중행사로 서울에서 씨름대회가 개최되었다.

이처럼 전국 규모의 대회가 개최되는 한편, 종래의 방식에 의한 씨름대회는 각지에서 계속적으로 실시되었다. 무라야마村山智順에 의해 1941년에 출판된 『조선의 향토오락』에 의하면, 경기도 경성에서는 이미 왼씨름방식으로 통일된 경향이 나타나지만, 그 이외의 지역에서는 반듯이 왼씨름이 일반적인 방식이 아니었다.[44] 따라서 왼씨름이 일반적인 방식으로 전 조선에 정착하는 것은 1936년 이후이다. 이 해에

---

43 최상수, 『한국의 씨름과 그네 연구』, 서울: 아인각, 1988, p.40.

44 무라야마 지준(村山智順), 『조선의 향토오락』, 조선총독부, 1941.

의식주와 민속놀이를 통해 바라본 조선의 근대

'제1회전조선종합경기씨름대회'가 조선일보 강당에서 개최되었고 또한 이것을 계기로 이후의 전국대회는 대부분 왼씨름방식을 취하게 되었다. 이 이전에는 예를 들어 조선씨름협회 주최의 전조선씨름대회는 왼씨름방식이었지만, 서울중앙기독교청년회 주최의 씨름대회에서는 왼씨름뿐만 아니라 오른씨름 방식도 취하고 있었다. 그런 의미에서는 1936년은 커다란 변화를 가져온 해라 생각된다.

전술한 바와 같이 씨름대회는 어떤 조직이 주최가 되어 개최되는 경우가 있었지만 일반적으로는 축제 속 이벤트의 하나로 실시되어 왔다. 예를 들어 단오, 칠석, 추석 등이 주로 씨름을 하는 날이기 때문이다. 즉 전국대회 형식을 취하게 된 것은 '조선씨름협회'가 설립된 이후이고 이른바 지역대회에 필적할만한 대회가 축제 속 이벤트로서 실시되어 왔다.

원래 씨름은 촌락사회에서 오락성이 강한 신체활동이었는데 운동형태를 전국 규모로 통일함으로써 경기화가 진행되었다. 식민지 시대에는 조선씨름협회가 전국 규모의 중심적인 조직이었지만 1941년부터는 실질적 활동이 중단되었다.

따라서 일제 강점기에 근대 스포츠의 운영조직인 협회가 설립되면서 씨름은 제도화되어 갔다. 또한 씨름은 단오, 백중, 추석 등 명절에 행해지는 세시행사로서의 성격을 띠고 있지만, 스포츠화 되면서 각종 대회 형식으로 운영방식이 변화하였고 일본 제국주의 정책에 편입되어 가는 양상을 보이기도 했다.[45]

이상 궁술과 씨름에서 살펴본 바와 같이 조선의 전래 무예에는 개화기와 일제 강점기를 거치면서 스포츠로 변화한 사례가 많다.

---

45 곽낙현, 앞의 논문, p.5.

4. 결론 및 제언

한국의 전래 무예는 개화기와 일제 강점기를 거치면서 많은 변화를 경험하게 된다. 그러한 변화는 무예 전승의 토대를 약화시키는 결과를 초래하기도 하였으며 한편으로는 새로운 무예 문화를 창출하며 지속적으로 발전해나갔다.

개화기에 일본, 프랑스, 중국 등 여러 나라를 통해 수용된 군사제도로 인해 제도권 속의 전래 무예는 많은 영향을 받게 된다. 특히 『무예도보통지』의 24반 무예 즉 석전·검술·창술·봉술·도술·방패술·마상재·격구·기사·기창 등 대부분이 소멸의 위기에 놓이게 된다. 이들 무예는 군대에서 근대식 병기로 군사훈련을 전환함에 따라 전투기술로서의 기능을 상실하였다. 특히 1907년 일제에 의해 강제로 이루어진 군대해산은 그나마 구식군대에 의해 유지되던 전통무예가 공식적으로 단절되는 결정적인 계기가 되었다.[46] 한편 이러한 일련의 과정을 겪으면서 조선정부는 선진국으로 유학생을 파견하여 자발적으로 선진문물을 수용하게 된다. 또 개항 이후 조선에 파견된 선교사들에 의해 근대식 학교가 설립되고 학교 교과과정을 통해 서양 스포츠 및 무예가 유입되었으며, 특히 일본인들에 의해 일본 군사제도와 무도의 유입이 시작되었다. 당시 일본에서 유입된 무도종목을 살펴보면 유도와 검도가 주요 종목이었다.

조선총독부는 1919년 3·1독립운동을 계기로 총독무관제도, 헌병경찰제도 등을 명목상 철폐하고 문화정치를 통치이념으로 도입하게 된다. 즉 이것은 제한적으로 조선 문화를 용인하여 조선인을 회유

---

46 국립민속박물관, 앞의 책, p.7.

하면서 일본화를 겨냥한 것이었다. 그리하여 각종 무도 혹은 무술대회가 성황을 이루었고 확대 가능성이 있었다. 또한 조선체육의 구심점인 조선체육회를 비롯한 근대 체육단체가 결성되면서 무예는 다시 활기를 띠기 시작한다.[47] 그 가운데 특히 궁술과 씨름의 경우, 전국에서 대회가 개최되는 등 활발한 움직임을 보이게 된다. 무엇보다도 이들 무예의 스포츠화는 전래 무예에 많은 영향을 미치게 되었다. 특히 씨름의 경우 왼씨름, 오른씨름, 띠씨름 등 다양한 종류들이 전개되었는데 전국 규모의 조직이 만들어지면서 경기 방식이 통일되었다. 이러한 작업은 치안治安, 군사軍事, 교육敎育 영역에서 제도적으로 경무청과 조선총독부의 주관 하에 실시되었다. 그러나 1929년 광주학생운동을 계기로 문화정치는 끝나게 된다. 게다가 1931년의 중·일 전쟁으로 인해 치안유지라는 명목 아래 각종 무도 대회가 금지 소멸되어 갔다. 이러한 식민정부 일본의 탄압은 전래 무예가 한국 고유의 문화라는 점을 한층 강하게 각성시키는 계기가 되기도 했다. 그리하여 다른 무예와는 달리 궁술은 조선 무예의 상징적 존재로 자리매김 되기도 하였지만 점차 그 운영방식은 스포츠화로 변화해 간다. 거기에는 문화 내셔널리즘에 의한 영향을 확인할 수 있다.

결과적으로 이러한 제도적 변화에 따른 전래 무예 그 자체의 변용은 종목에 따라서는 쇠퇴와 소멸을 가져오기도 했다. 또한 외래스포츠와 무예 및 무도의 수용은 조선의 전래 무예의 스포츠화 혹은 무도화에 많은 영향을 미치게 되었다. 즉 무예 종목에 따라 약간의 차이는 있겠지만 각 무예가 문화 변용을 겪으면서 지속되어 왔다고 할수 있다. 특히 무예 속에 내재되어 있는 정신적인 요소는 많이 탈락된

---

47 위의 책, p.7.

형태로 전승되게 된다. 환언하면 한국의 전래 무예는 일제 강점이라
는 외압에 의해 세속화의 길을 걸으며 지속되어 왔다. 따라서 한국의
전래 무예는 조선시대부터 변함없이 오늘날까지 이어져온 사례를 찾
아보기 어렵다. 또한 일부 전래 무예는 근대 스포츠의 핵심적인 특성
인 경기화의 과정을 통해 급격한 변화 속에서 자체의 존속과 아울러
조선인의 신체문화로서 계승, 발달해왔다고 할 수 있다.

의식주와 민속놀이를 통해 바라본 조선의 근대

참고문헌

『경선신보』, 1908년 5월 25일자.

『관보』, 개국504년 2월 22일자.

『관보』, 개국504년 2월 2일자.

『매일신보』, 1940년 4월 2일자.

『매일신보』, 1941년 5월 27일자.

『황성신문』, 1908년 5월 17일자, 5월 23일자.

곽낙현, 「〈매일신보〉에 기재된 각희, 씨름기사에 대한 고찰: 1920년~1945년을 중심으로」, 『한국체육학회지 46(6)』, 2007.

곽애영·곽형기, 「한국 개화기 기독교계 학교의 체육활동 연구」, 『한국체육사학회지』 16, 2005.

곽형기, 「근대 학교체육의 전개양상과 체육사적 의미」, 서울대대학원 박사학위논문, 1989.

곽형기, 「한국 근대 학교체육 개념 변천에 관한 연구」, 『한국체육학회지』 20, 2007.

국립민속박물관, 『한국무예사료총서 XII』 근대신문 1, 2007.

김재우, 「일제하 무단통치기의 YMCA체육활동에 관한 연구」, 『한국체육학회지』 41(5), 2002.

김재우·이학래, 「일제하 민중적 체육에 관한 고찰」, 『한국체육학회지』 40(4), 2001.

김창우·이재학·송일훈, 「외래 무도 신체문화의 유입과정을 통해 본 한국 무예의 현대적 의의」, 『한국사회체육학회지』 31, 2007.

무라야마 지준(村山智順), 『조선의 향토오락』, 조선총독부, 1941.

손수범·이재학, 「외래 무도의 유입과정: 일본 무도를 중심으로」, 『한국체육사학회지』 17, 2006.

손환, 「계원 노백린의 한국근대체육 발전에 미친 영향」, 『한국체육사학회지』 13(2), 2008.

손환, 「구한말 재일 한국인 유학생단체의 스포츠활동에 관한 연구」, 『한국체육사학회지』 4, 1999.

손환, 「상백 이상백의 한국 근대스포츠 형성에 미친 영향」, 『한국체육학회지』 40(1), 2001.

손환, 「일제강점기 조선의 체력장검정에 관한 연구」, 『한국체육학회지』 48(5), 2009.

손환, 「일제하 조선체육협회의 활동에 관한 연구」, 『한국체육학회지』 42(6), 2003.

손환, 「계원 노백린의 한국근대체육 발전에 미친 영향」, 『한국체육사학회지』 13(2), 2008.

손환·김재우, 「대조선인 일본유학생 친목회의 결성과 스포츠활동에 관한 연구」, 『한국체육학회지』 43(5), 2004.

손환, 정승삼, 「상백 이상백의 한국 근대스포츠 형성에 미친 영향」, 『한국체육학회지』 40(1), 2001.

오정석, 「근대스포츠의 수용과 전통스포츠의 근대화 양상에 관한 연구」, 『한국체육사학회지』 2, 1997.

옥광, 「한국전통 활쏘기의 이론적 정립을 위한 소고」, 『한국체육학회지』 47(1), 2008.

옥광·김성헌, 「검도의 국내 도입과 초기 조직화 과정」, 『한국체육사학회지』 14(2), 2009.

유근직, 「식민지 체조교육과 한국인의 신체형성에 관한 역사적 고찰」, 『한국체육학회지』 38(2), 1999.

유근직, 「일제 식민지시대의 체육이 광복 후 한국 학교체육에 미친 영향에 관한 연구」, 『한국체육학회지』 40(2), 2001.

임영무, 「한국체육사상연구」, 연세대학교대학원 박사학위논문, 1987.

정동구·최석주, 「이상백의 스포츠외교 및 체육사상」, 『한국체육사학회지』 16, 2005.

정재성, 「조선시대 무술의 대중화 요인과 변화」, 『한국체육사학회지』 17, 2006.

조문기·임석원, 「일제강점기 조선연무관의 활동에 관한 연구」, 『체육사학회지』 14(3), 2009.

최복규, 「근·현대 한국 무예의 자기 정체성: 국술을 중심으로」, 『한국체육학회지』 46(6), 2007.

최상수, 『한국의 씨름과 그네 연구』, 서울: 아인각, 1988.

황의룡·손환, 「일제 강점기의 라디오체조 보급과 사회적 영향」, 『한국체육사학회지』 4(3), 2009.

허건식, 「한국사에 나타난 무예제도의 특성」, 『2006 충주세계무술축제 기념 국제 무예 학술 심포지엄 발표집』, 2006.

허인욱, 「태권도 모체관 중 〈조선연무관권법부〉와 〈중앙기독청년회권법부〉의 형성과 변천에 관한 연구」, 『한국체육사학회지』 20, 2007.

의식주와 민속놀이를 통해 바라본 조선의 근대

대한제국기 운동회의 기능과 표상

김현숙_서울시사편찬위원회 전임연구원

이 글은 『동아시아 문화연구』 제48집(한양대학교 동아시아문화연구소, 2010. 11.)에 게재되었던 것을 재수록하는 것임을 밝혀둔다.

1. 들어가는 말

1897년 황제로 즉위한 고종은 대한제국을 선포하고 황권중심의 중앙집권적 근대국가로서의 면모를 갖추기 시작하였다. 이때 국민통합과 민족의식, 황제에의 충성과 애국심 고양을 위해 서구식 기념 조형물과 기념행사, 담론들, 상징들, 기호들이 도입·적용·재창조되었다.[1] 일례로 자주 독립의 서막을 상징적으로 보여주고 '국민'들의 애국심을 고취시키기 위한 독립문을 들 수 있다. 이 독립문은 프랑스 파리의 개선문과 비슷한 형태로, 프랑스 제 3공화정이 대량 생산한 조형 기념물을 통해 전통을 창조하고 민족의 영광을 상징적으로 보여주는 것과 동일한 상징 조작이 대한제국시기부터 시작되었다는 것을 의미한다. 이와 함께 각종 기념일이 제정되고 행사들이 창안되었다. 그 중의 하나는 조선 개국 505주년을 축하하는 개국기원절 행사와 '대군주 폐하의 탄신일'인 만수성절 행사였고, 또 하나는 운동회였다. 인민과 학생들의 교육과 통합의 장으로서 도입된 근대 운동회에는 각종 상징 및 규율과 경쟁이 운동장이라는 공간을 가로지르고 있었다.

체육이 표방하고 있는 건강, 위생, 교육이라는 외피 속에 "근대 권력이 근대 민족국가 만들기에 서구와 같이 체육을 활용하지 않았는가"라는 문제의식 하에 체육 담론과 상징들이 형성·유포·확산되는 현장을 운동회를 통해 추적하기로 한다. 기존의 운동회 연구는 자료 중심의 실증주의 연구 방법론과 민족주의적 시각의 연구 경향을 띠고 진행되어 왔다. 이에 운동회에 대한 개략적인 전모와 현황이 밝혀

---

1 김현숙, 「한말 '민족'의 탄생과 민족주의 담론의 창출」, 『세계화와 동아시아 민족주의』, 책사랑, 2010.

졌으나, 대부분 연구들은 운동회의 풍경 등을 스케치 하는 정도에 그쳤다.[2] 최근 포스트 모던니즘의 영향을 받아 체육을 근대 규율 및 신체담론의 형성이라는 시각에서 새롭게 논의하기 시작하면서 김주리는 식민지기 문학작품 속에 나타난 운동회의 풍경을 통해 근대 신체담론이 어떤 의식과 양상을 드러내고 있는지 분석하고 있고, 김성학은 군대식 학교 규율의 기원을 20세기 초 병식체조의 등장, 확산, 퇴조 등을 통해 규명하였다.[3] 이들은 기존의 연구를 한 차원을 업그레이드 시켰다는 평을 받는다.

이 글은 기존의 연구시각과 성과를 계승하되, 운동회를 대한제국의 정치·사회적인 맥락에서 해석하고자 한다. 즉, 운동회가 정부의 국민통합과 근대 기획에 어떻게 이용되고 있는지, 아울러 애국계몽론자들의 계몽과 국권회복의 수단으로 어떻게 동원되는지 분석해보고자 한다.[4]

---

2 이학래, 『한국근대체육사연구』, 지식산업사, 1990; 최종삼, 『체육사』, 보경문화사, 1993; 이인숙, 「대한제국기의 사회체육 전개과정과 그 역사적 의의에 관한 연구」, 박사학위논문, 이화여대, 1993; 이태웅, 「19세기말 각급학교 운동회연구」, 『부경대연구논문집』 4권, 부경대, 1999; 전매희, 「선교사들이 근대체육활동에 미친 영향」, 『한국체육학회지』 39권 3호, 2000; 곽애영·곽형기, 「한국 개화기 기독교계 학교의 체육활동 연구」, 『체육사학회지』 16호, 2005.

3 김주리, 「근대적 신체 담론의 일고찰」, 『한국현대문화연구』 13, 2003; 김성학, 「군대식 학교 규율의 기원탐색」, 『교육비평』 22호, 2007; 요시미 순야 외, 이태문 옮김, 『운동회: 근대의 신체』, 논형, 2007.

4 미셸 푸코, 이정우 옮김, 『지식의 고고학』, 민음사, 2000; 미셸 푸코, 양운덕 옮김, 『감시와 처벌』, 나남, 2003. 푸코(Michel Foucault: 1926~1984)는 17~8세기 다양한 담론들을 추적하여 신체와 권력의 관계를 살피고 있다. 시간표, 효율성, 부지런함, 순종, 모범생이라는 단어를 통한 세심한 신체-길들이기 절차에 의해 근대적 인간-산물이 제조된다고 한다. 그는 군대, 감옥, 경찰, 학교 및 병원 등의 미시적 권력 기관들이 인간의 신체를 특정한 목적에 맞도록 통제하고 훈련시키며, 조직하는지 통찰하고 있다. 개개의 신체는 경제적으로는 노동생산성을 극대화시키며, 정치적으로는 순종하고 규격화된 근대형 인간으로 만들어 진다는 점이다. 즉, 푸코의 권력은 단순한 정치적 권력이 아니라 개인 몸에 작용하는 일정한 관계망으로의 권력이다.

2. 근대 기획과 국민통합

1) 운동회장의 규율과 훈육

개항이후 정부와 개화파 지식인들은 서구식 운동회와 체육이 건강·치료·여가·규율·군사 훈련에 효과적이라는 정보를 입수하기 시작하였고, 그 중에서도 時務와 強兵의 일환으로 규율과 군사적 기능에 주목하였다. 물론 우리나라에도 전통적으로 행해졌던 각종 놀이와 활쏘기, 씨름, 석전 등의 운동 종목들과 공동체 내와 공동체 간의 단체 경기가 없었던 것은 아니지만, 유교적 도덕윤리, 예절, 도, 수양 등을 장려했던 유교 교육 내에서 힘, 운동, 육체, 강병, 근육 등은 형이하학이라 간과되었던 것도 사실이다. 결국 근대 체육 담론의 틀과 내용은 개항이후 서구에서 유입된 것이었고, 여기에 기존에 우리가 갖고 있었던 개념의 틀과 일부 내용이 접합되어 한국적인 특징과 외연을 갖게 되었다.

갑오 이후 정부는 부국강병을 국가의 목표로 세우고 이를 위한 전제 조건으로 국민들의 신체건강과 국가의 부름에 즉각 움직이는 신체로 만들기 위한 규율과 훈련에 중점을 두었다. 이러한 목표는 이른바 德養, 體養, 智養이라는 교육관[5]에 구현되었고, 이후 근대 교과 과정 속에 체조 과목을 설치함으로써 실현되었다. 체육의 다양한 기능중 규율과 군사라는 측면이 특히 강조되면서, 병식체조와 정부 주도의 연합대운동회가 개최되었고, 정부의 황제에 충성하는 '臣民만들

---

5 "體動作에 常이 有ᄒ야 勤勵ᄒᄆ로 主ᄒ고, 惰逸을 貪치 勿ᄒ며 苦難을 避치 勿ᄒ야 爾筋을 固케 ᄒ며 爾骨을 健케 ᄒ야 康壯無病ᄒ 樂을 享受ᄒ라", 『관보』, 「敎育立國詔書」, 개국 504년 2월 2일.

기[6]작업이 시작되었다. 광무기의 운동회를 통해 정부의 기획과 전략을 살펴보기로 한다.

대한제국의 초기 운동회들은 정부의 주도로, 정부의 재정 및 행정 지원을 받아서, 정부 산하 교육기관의 학생들을 동원하여, 정부의 군대를 훈련하는 운동장에서 거행되었다. 이는 단순한 학생들의 운동회가 아니었다. 오히려 정부가 주최하는 근대적인 국민 축제 겸 전시용 행사의 성격을 갖고 있다. 운동회 준비와 운영절차를 위해 사전 회의가 진행되었는데, 학교 교장들과 실무진들만이 참석하는 것이 아니라 學部 국장 혹은 각국 과장들이 참석하고 주도하였다.[7]

제4조: 본회를 개최함에 관한 조사를 하기 위해 연합학교장 중으로 위원 수명을 정해 학부당국자와 협의하여 본회 일정 준비 방법을 정함이라.[8]

또한 학부는 운동회에 사용할 태극기, 接賓禮에 사용해야 할 각국의 국기, 의자 및 서양식 식기세트 등 각종 비품들 외에 군악대까지

---

6 갑오개혁을 통해 신분제가 타파되고, 중국의 종주국–속방체제로부터 조선이 독립되었지만, 민족과 국민이 탄생하기까지는 많은 시일이 필요했다. 이 시기 학부에서 출간된 『국민소학독본』 첫 머리에는 "중국은 우리와 같은 아시아 국가에 불과하다."라는 말로 대중에게 화이론적 사고방식의 전환을 촉구하면서, 비로소 '국민'으로서 대중을 지칭하기 시작하였다. 그러나 여기서의 '국민'은 역사와 국가 주권의 주체로서 시민적 권리를 지닌 국민이 아닌, 황제의 피지배자로서의 성격을 갖는 '臣民的 국민'이라 할 수 있다. 황제의 절대권이 강조된 대한제국기에는 황제의 신민으로서의 사회통합이 이루어지는 과도기였다가, 을사보호조약 이후 황제의 권위가 실추된 이후 국가가 황제를 대체하기 시작하였고, 이후 1907년부터 한국에서 국민이라는 용어가 본격적으로 사용되고 있다. 김현숙, 앞의 책, pp.46~53.

7 『대한매일신보』, 「잡보외방통신」 1907. 10. 9, 「잡보외방통신」 1907. 10. 12.

8 한국학중앙연구원, MF. 35-004655, 「관사립보통학교 춘계연합대운동회 규정」, 광무 11년 4월.

타 정부 행정 부서에 공문을 보내 공식적으로 요청하고 있다.[9] 운동회 재정은 정부가 일부 지원하거나, 사회 각 계층 인사들의 부조로 인해 충당되고 있다.[10] 기부자들의 명단을 살펴보면 정부 고위급 관료, 외국어 학교 교장 및 교사, 지방 관찰사 및 향관 등 정부 관련 인사로 구성되어 있음을 알 수 있다.[11] 운동회 장소 또한 정부의 훈련원,[12] 청국 군대가 연병장으로 활용하였던 황화문(창경궁의 동문), 정부 어영청의 분영이 있었던 장충단 옆 南小營, 혹은 황제의 비원 등지에서 열렸다.[13] 여기에 정부 기관 소속 학교인 영어학교, 아어학교, 덕어학교, 불어학교 등 관립 외국어학교들과 관립 소학교들이 모여 각기 연합운

9 奎17798,『學部來去文』제7책,「學部來去案」제4호, 1898년 5월 30일; 奎17798,『學部來去文』제8책,「學部來去案」1899년 4월 25일; 奎17824,『各部通牒』제1책,『通牒』學乙發 제225호, 1907년 10월 23일;『대한매일신보』,「잡보외방통신」1907. 10. 25.

10 『독립신문』,「외국어학교 학도들이 대운동회를 할 터인데」1898. 4. 7,「각 학교 대운동회 보조금」1898. 5. 24.

11 『독립신문』,「각 학교의 대운동회에」1898. 5. 28;『독립신문』,「각 학교 대운동회 보조금」1898. 5. 31. 궁내부, 시종, 장봉환, 김락희, 현보운, 박영우, 친위, 참령, 이학균, 부위, 이상덕, 유병순, 김현대, 정위, 이항로, 홍병진, 김원계, 박정환, 한봉호, 나극선, 이근영, 이병규, 오경근, 박문교, 권종락, 함석윤, 이재롱, 이종욱, 이해원, 참서관, 윤진우, 중추원 의관, 방한덕, 외국어학교, 남정규, 김필희, 이한웅, 이능화, 이종림, 이기철, 김면수, 군부, 이민섭, 협판, 윤치호, 학부, 이돈수, 유한봉, 전태선, 김효진, 이병무, 이용선, 이건호, 관찰사, 임상준, 민치헌, 이주혁, 참서관, 김사묵, 박인식, 백남규, 안석홍, 윤영권, 임학수, 승지, 윤덕영, 남궁억, 주사, 윤기주, 외국어학교, 한귀호, 조재영, 곽광희, 신영익, 이은, 중추원, 의관, 이근배, 황해도, 관찰사, 한경주, 탁지부대신, 심상훈, 궁내부 특진관, 이재순, 사범학교, 정운경, 이용우, 농상공부, 한기준, 협판, 윤정구, 회계원, 성기운, 주전사, 백은규, 시위대 참령, 이남희, 심홍택, 향관, 장석조, 이승필, 정위, 신태근, 전우기, 이덕순, 조성원, 이용한, 부위, 김연기, 유기선, 김준모, 이한창, 이기표, 이민희, 김교익, 홍병수, 김창준, 김기건, 송학수, 문희선, 이흥규, 심의운, 헤리알년, 모리알년, 의정부, 찬정, 이근명, 윤용선.
이 때 모은 보조금은 무려 700여 원이었다. 상금에 240원 지출하고 당일 잡비 제한 나머지를 기민구휼전으로 보조하기로 하였다고 전한다.『대한매일신보』,「대운동회 관광이라」1898. 5. 31.

12 『독립신문』,「오월 삼십일일 각 관립소학교 학원들이 훈련원에서」1896. 6. 2;『대한매일신보』,「잡보외방통신」1907. 11. 6,「잡보외방통신」1908. 5. 16.

13 『독립신문』,「잡보」1896. 5. 30,「논설」1897. 4. 15,「잡보」1897. 6. 19,「잡보」1899. 5. 5.

동회를 개최한 것이다.

정부는 왜 심혈을 기울여 운동회를 준비하고, 독립신문은 왜 이를 홍보하고 기부금 납부를 독려하고 있을까? 운동회에 참가자들의 면면을 보면 그 답을 알 수 있다. 운동회에 참석한 사람들은 정부 대신 및 고위급 관료들, 동서양 각국 외교 사절단과 부인들, 국내 체류 외국인들, 신문사원, 교사들, 나아가 황제와 황후, 황태자까지 운동회의 관람자로 등장하고 있다.[14] 심지어는 국빈이 내한할 경우, 예를 들어 일본의 황태자가 한반도를 방문할 때 관사립 대운동회 관람이 일정에 포함되는 등 일종의 국가적 귀빈행사로 활용되고 있음을 알 수 있다.[15] 즉, 이 시기 운동회는 일반 학생들의 축제나 운동의 기능보다는 일종의 국가적 행사로 국내외에 한국이 서양문물을 수용하고 있으며, 근대 문명국가로 도약하고 있다는 점을 상징적으로 과시하고 있는 기능을 수행하던 것으로 보인다.

1899년 4월 29일 개최된 관립 외국어학교의 연합운동회를 사례로 운동회 이면에 내재된 권력과 상징들을 살펴보기로 한다.[16] 이 때 참가한 사람들은 "대한 정부 대소 관인들과 신사와 각 신문 사원과 각 학도들이며, 동서양 각국 사신과 신사와 각 신문 사원과 교사들과 부인들이 조그마한 태극 기표를 옷깃에 꽂고 대상 대하에 각기 종편하여 앉았으며 초립쓰고 황의 입은 사람들은 군악 기계를 가지고 단정

---

14 『독립신문』, 「잡보」 1896. 6. 25, 「잡보」 1897. 6. 19, 「논설」 1899. 5. 1; 『서우』, 「時事日報」 13호, 1907. 12. 1; 『서우』, 「時事日報」 14호 1908. 1. 1.

15 각 관립학교 학생들은 국가의 행사에 동원되었는데, 독립문 경축회에 배재학당 학생들은 진보가를 부르고, 육영공원 학생들은 체조연습 등을 하여 참석한 내빈들을 즐겁게 해주고 있다. 『대조선독립협회회보』, 「會事記」 제2호 1896. 12. 15; 『대한매일신보』, 「잡보외방통신」 1907. 10. 8.

16 『독립신문』, 「대운동」, 1899. 5. 1.

히 앉았다.”고 묘사하고 있다. 여기서 주목할 것은 대한제국에 주재하고 있는 거의 모든 외교사절들이 초청을 받아 앉아 있는데, 이들은 모두 옷깃에 주최국의 상징인 태극 기표를 꽂고 앉아 있다는 점이다. 이들과 대한제국 권력 간의 우호적이며 협력 관계가 감지되는 것이다.

운동회 진행 요원들의 이름을 보면 총감독의 학부대신 민병석과 민영찬이 등장하고, 운동회의 사무장으로 학부 관료인 김각현과 외국인인 헐버트Hulbert, 마태을E. Martel, 미류 고포, 쟝도, 胡文煒, 해리팩스T.E. Hallifax 등이 있다. 영접원으로는 이필균, 조재영이며, 사무원으로는 현보운, 이한응, 이릉화, 한구호, 이온, 고희성, 박영호, 윤태헌, 김면수, 곽광희, 방대영, 윤태길, 김욱동, 이종녑, 신영익, 김남식이 있었다. 한편, 운동회를 지휘할 심판원으로 단아덕, 보을덕, 오기죠, 산도S. F. Sands, 오태울, 미휴, 위필득 등의 서양인들이 있었다. 외국인 사무장들은 정부 고용 관립 외국어학교 교사들이고, 외국인 심판들은 교사 및 서양외교사절 중에서 선발된 자들이다.

이들 서양인 외교사절단과 교사들은 단순한 관람자가 아니었다. 그들은 서양 운동경기에 생소한 한국인들을 대신하여, 경기 규칙을 가르쳐주고 심판을 보고, 감독하는 중요한 역할을 담당하였다. 실제로 아관파천기부터 서양인들은 정부 각 부처의 고문 및 행정관, 기술관, 교사 등으로 대거 고용되어 실질적인 서양의 문화 및 지식의 전파자 기능을 담당하고 있었다.

서양인들과 함께 한국의 고위급 관료들은 무대의 중앙에 앉아 음식을 대접받으며[17] 운동회를 관람하는 권력 주체로 등장하고 있다. 반면, 청첩장을 받은 다른 손님들과 초립을 쓰고 황의를 입은 군악대

---

17 『독립신문』, 「논설」, 1897. 4. 15. 운동회 음식으로 청국요리도 제공되었다 한다.

들은 무대를 중심으로 양 옆으로 앉아 있고, 학생들은 각기 학교별로 운동장에 배치되었다.[18] 반면 엽전 1냥씩 주고 산 입장료를 가진 평민들은 출구를 중심으로 양 편에서 관람할 수 있었다. 그도 저도 아닌 사람은 입장이 불허되었다. 이렇듯 신분제가 사라진 운동회의 공간은 울타리로 닫힌 채, 다시 권력과 돈을 기준으로 여러 단위로 분할되어 사람들을 구분 짓는 공간으로 재탄생되고 있는 것이다. 외면상 평등성을 가장한 근대적 공간은 사실상 불평등하게 다시 기획된 것이다.

운동회에는 각종 기호들과 상징들이 많이 등장한다. 먼저 훈련원 연병장 울타리에는 각종 작은 오색 깃발들을 멋지게 세우고, 입구에는 대한제국을 상징하는 두 개의 대형 태극기를 걸어 손님들이 그 사이를 걸어 들어가게 배치하였다. 혹시 황제나 황태자가 참석할 경우 어기御旗, 예기睿旗, 친왕기親王旗 등 황실의 위엄을 나타내는 깃발들이 걸리게 되었다. 또한 훈련원 대청에는 태극기를 위엄 있게 높이 세우고 옆에는 참석한 동서양 통상 각국 국기를 차례로 세웠다. 대청 아래 전면에는 구름 같은 차일을 높이 치고, 그 아래 태극 기표를 꽂은 손님들이 단정히 앉아서 관람을 하는 것이다. 학생들은 각자 학교를 상징하는 깃발 아래 모여, 각색 머리 수건으로 자신의 학교를 나타내었는데, "청은 일어 학도요. 홍은 영어학도요. 황은 법어 학도요. 록은 아어 학도요. 흑은 덕어 학도요. 주황은 한어 학도더라." 하였다. 대한제국을 상징하는 태극기가 운동회 정면에 배치되면서, 적극적으로 홍보·이용되고 있음을 알 수 있다. 또한 운동회 참가 학생들은 모두 파

---

18 한국학중앙연구원, 「관사립보통학교 춘계연합대운동회 규정」을 보면 "제14조: 회장은 운동장의 주위를 본부, 내빈석(부인석 구별) 각 학교 處所, 및 참관석으로 구별함" 등 공간을 엄격하게 구분하고 있음을 알 수 있다.

랑색, 빨강색, 갈색, 초록색, 검은색, 주황색 등 6개 색으로 분류되어 경쟁에 참가하게 되었다.[19]

이제 본격적인 운동회 내용으로 들어가 보자.

처음에는 군악을 베푸는데, 청량한 곡조와 장쾌한 음률은 일장 흥취를 돕는지라. 이에 각 학원들이 운동장에 나가 처음에는 철구를 던지고, 그 다음엔 體大人이 200보 달리기, 體小人이 200보 달리기, 넓이뛰기, 제 1차 씨름, 440보 달리기, 체소인이 높이뛰기, 제 1차 줄다리기. 휴식, 다시 운동 하는데, 처음에 체대인이 100보 달리기, 체소인이 100보 달리기, 제 2차 씨름, 체대인 높이뛰기, 다음에 2차 줄다리기, 무관학도들이 100보 달리기, 제 3차 줄다리기, 나귀타고 달리기……

운동회의 개막을 알리고 흥을 돋우기 위해 에케르트Eckert가 지휘하는 대한제국의 군악대가 서양의 군대음악을 연주하고 있다. 그 후 각종 운동 경기가 시작되는데, 높이뛰기, 멀리뛰기, 달리기, 줄다리기 등의 종목에서 體大人과 體小人으로 신체를 구분하여 경쟁을 시키고 있다는 점이다. 흥미로운 점은 한국의 전통 운동 종목인 씨름과 줄다리기가 도입되고, 승마가 아닌 '나귀타고 달리기'도 시도되었다는 점이다. 바로 서양의 운동과 조선의 운동의 접속이자, 통합이다. 그어떤 외래 사조나 문물도 기존 개념과 틀에서 받아들이게 되고, 또 변용된다는 법칙이 확인되는 현장이다.

그 후 운동회의 종목은 활쏘기, 隔安경주 등으로 확대되고, 손님

---

19 1899년 5월 소학교 연합운동회에는 10개교가 참가했는데 모두 각 학교를 상징하는 10개의 색깔의 머리띠와 깃발로 구분하였다. 『독립신문』, 「잡보」 1899. 5. 4.

들 또한 200보 달리기 경주에 참여하기도 하였다.[20] 이와 같이 각 체급별·각 학교별로 구분된 학생들은 이기기 위해 전력 질주를 하게 된다. 운동회는 바로 자본주의의 핵심 원리인 경쟁을 습득하는 장이 된 것이다. 이렇게 자본주의 원리는 신체에 각인되며, 내면화되기 시작하였다.

경쟁에서 이긴 팀에게는 상이 주어졌다. 그것도 황제 혹은 황태자, 또는 참석자 중 가장 고위급 관리인 대신들이 직접 수여하였다.[21] 종전에 대과급제자들만이 향유했던 영예를 운동 경기에서 우승한 학생들에게 주어진 것이다. 그만큼 국가가 체육과 운동을 격려한다는 의미였다. 점수는 각 학교별로 합산되어 이긴 팀에게는 우승기를 개인에게는 상이 주어졌다.[22] 상품은 바다 건너 들어 온 기이한 물품들이었다.

---

20 『독립신문』, 「잡보」 1899. 5. 4; 『황성신문』, 「학교운동회 절차」 1907. 5. 3. 관사립보통학교 춘계연합 대운동회에 운동절차를 좌와 같이 정함.

순서	과목	當次隊名
제 1	집합정렬	(일동경계) 全隊
제 2	행진	(運動歌) 全隊
제 3	연합체조	全隊
제 4	旗取	제 4小隊
제 5	毬拾	仝
제 6	피구	각학교에서 20명씩 선출
晝(휴식)		
제 7	각학교 체조	各校任意人員
제 8	2인 3각	제 2소대
제 9	徒 경주	제 3소대
제 10	경마경주	제 1소대
제 11	직원경주	유지자
제 12	내빈 경주	유지자
제 13	우등기 수여	
제 14	행진	(운동가) 全隊
제 15	정례(훈사, 만세)	全隊
폐회		

21 『대한매일신보』, 「동궁친림」 1907. 10. 22.

22 한국학중앙연구원, 「관사립보통학교 춘계연합대운동회 규정」 제3장 운동 및 시상

1897년 6월 운동회에는 시계, 시계줄, 장갑, 은병, 주머니칼, 명함갑 등이 주어졌고, 1898년 5월 28일 관립외국어학교 대운동회에서는 잔, 담뱃대, 책상, 자명종, 연필, 시계, 수첩, 서양 먹 등이 주어졌다.[23] 이런 상품들은 대부분 상해를 거쳐 수입한 것들로, 이제 운동회는 진귀한 서양 물품과 연결되어 문명화된 장으로 각인되었다. 이렇게 자본과 상품은 근대 권력과 함께 운동회의 이면에 자리 잡고 있었다.

상의 수여식이 끝나면, 다시 군악대의 연주를 듣고, 모든 참가 학생들은 애국가로 화답하고, 마지막으로 "대황제 폐하를 위하여 만세"를 부르고 폐하는 것이다. 여기서 국가와 권력의 의도가 포착된다. 즉, 운동회라는 근대 기획을 통해 태극기, 애국가, 어기 등이 등장하고,

어화 우리 학도들아 운동가를 불러보세. 황상폐하 右文至治 우리학도 龜旺하이, 대한광무 십년이요 …… 충군애국 열심히 …… 만세만세 만만세여 황제폐하 만만세야. 천세천세 천천세여 황태자폐하 천천세라 백세천세 천백세여 우리학교 천백세여

라는 운동가[24]를 반복 노래함으로써 인민들은 국가와 황제에 충성하고 애국하는 근대 신민으로 통합되고 있다.

대한제국기에는 애국가, 경축가, 독립가, 찬미가, 군가 등 수많은 충

제11조: 본회 운동은 별도로 정한 과목 및 방법에 의거하여 각 학교가 운동 준비원과 협의하고 司勢의 지휘를 받아 거행함.

제12조: 시상의 물품과 각항 운동에 대하여 시상 유무는 본부에서 결정하고 개인경기의 시상은 1등부터 3등까지 구별하고 4등 이하 10등까지는 모두 하나의 물품으로 수여함.

제13조: 우등기는 각 학교수상자 중 1등상이 제일 많은 학교에 수여하되 만약 1등상이 다일 경우 2등 이하의 수상자를 참작하여 수여함.

23 『독립신문』, 「잡보」 1897. 6. 19, 「잡보」 1898. 5. 31.

24 『대한매일신보』 1906. 6. 2.

군·애국 노래가 인민들과 군인들의 충성심 고양을 위해 작곡되었다. 「대군주 폐하께서 자주 독립하옵신후」, 「기초로세 기초로세」 등의 노래 외에도 다양한 애국가가 작곡되어 서양의 곡에 맞추어 운동회 등지에서 장엄하게 불리고 있었다. 당시 독립신문에는 10여 편의 애국가가 게재되어 대중화되고 있었는데, 아래의 애국가도 그 중 하나이다.

(1절) 아세아에 대죠션이
　　　즈쥬도록 분명ᄒ다
(2절) 분골ᄒ고 쇄신토록
　　　츙군ᄒ고 애국하세
(3절) 깁은잠을 어서 깨어
　　　부국강병 진보하세

(합가) 에야에애 애국ᄒ세
　　　나라위해 죽어보세
(합가) 우리정부 놉혀주고
　　　우리국민 도와주세
(합가) 눔의 쳔대 밧게되니
　　　후회막급 업시ᄒ세[25]

한편 운동회는 인민들과 학생들에게 근대식 규율과 규칙을 훈육하는 현장이기도 했었다. 운동회 절차를 잠깐 살펴보자.

1. 운동절차를 행하는 마당 안에는 들어가던지 건너가지 못할 사.
1. 운동 본부와 지휘하고 상급주는 처소와 각 위원처소에 왕래하지 못할 사.
1. 회장의 허가와 접대원의 인도함이 없으면 대청에 들어가지 못할 사.
1. 부득이하야 운동장 밖에 출입할 일이 있으면 경찰관의 허가를 받을 사.

---

25 『독립신문』, 「잡보: 학부주사 이필균씨가」 1896. 5. 9.

1. 학교 표는 각각 그 정한 곳에 부쳐서 알아보기 편하게 할 사.

1. 고요하고 엄숙함을 주장하야 보고 듣는 것을 현란치 못하게 할 사.

1. 이상 모든 것을 주의치 아니하는 때는 경찰관의 지휘를 받을 사.[26]

운동회는 우리가 참여하고 즐기는 축제의 공간이 아니라, 황제 및 고위 관료 그리고 외교사절들에게 보여주는 국가적인 행사였다. 이에 각 학교 학생들은 수십일 전부터 체조 및 각종 운동회 경기들을 연습하고, 정해진 시간에 맞추어 경주해야 했던 것이다. 또한 운동회는 질서정연해야 했고, 엄숙해야 했다. 학생들 및 모든 참석자들은 마음대로 운동장 안을 다닐 수 없었고, 바깥출입도 경찰의 허가와 지휘를 받아야 했다. 심지어 학교의 표식도 반드시 정한 곳에 부쳐야 했다. 경기들은 각기 정해진 시간표에 따라 진행되었고, 모든 참가자들은 여기에 순응해야 했다. 운동회 규칙에 나타나는 언표들은 '지휘에 복종', '간섭 불허', '입장 불허', '잡인금지', '엄숙', '주의', '德義준수' 등[27] 엄격한 시공간의 통제들과 규칙들로 구성되어 있다. 바로 근대적 규율의 보급과 내면화 과정이다. 이것이 우리가 경험한 근대 문명이었다.

아울러 기존의 연구에서 지적한 것처럼, 근대 운동 경기나 체조 등은 욕망이나 본능을 억누르고, 규율에 순응하고 통제에 즉각적으로 반응하도록 신체를 훈육하는데 효과적인 방법이다. 특히 대한제국기 정부에 의해 적극 보급되었던 병식체조는 이러한 규율들을 신체에 각인시키고, 정부에 대한 충성과 사회적 규범과 질서를 준수하는 몸으로 단련시키는 역할을 담당하고 있었다. 이제 유교적 충효이데올로

26 『대한매일신보』, 「잡보: 외방통신: 운동절차」 1907. 10. 26.

27 한국학중앙연구원, 「관사립보통학교 춘계연합대운동회 규정」

기는 근대적 충군애국 사상과 국가에 대해 헌신하는 민족주의 이데 올로기로 대체되고 있었고, 그 목표는 바로 부국강병을 위한 기제로 서의 근대적 신체였다. 또한 그 수단으로 바로 체육과 운동회가 이용 되었던 것이다.

2) 구경꾼과 근대인의 탄생

운동회를 둘러싼 정부와 계몽사상가들의 기획과 의도가 과연 국 민들에게 얼마만큼 효과가 있었을까? 1898년도 독립신문에는 재미있 는 기사가 실려 있다. 한 유학자가 친구 따라 운동회에 구경 가서 관전 평을 쓴 것이다.

운동회를 처음 보는 이 관람객은 실망을 금치 못한다. 겨우 하는 것이 "아이들 장난으로 뛰엄 뛰고 다름박질 하는 일인데 굳이 각부대 신들과 외국사람까지 부를 만큼 나라의 큰 일로 삼았는가."라고 날카 롭게 비판하였다. 그러나 반나절 시간이 흐른 뒤 이 유학자는 홀연히 깨닫게 되니, 대저 "기운을 기르고 체격을 운동하여야 게으른 마음 이 부지런해지고 약하던 몸도 충실하고, 이후에 쓰이는 날에 크면 나 라 일이오, 적으면 사적인 일에도 과단이 있고 내 옳은 마음도 생길지 라."라고 체육의 장점을 깨닫고 운동과 애국과의 상관관계도 체득하 고 있다. 더욱이 여러 명이 함께 신체를 호위하고 충군애국을 도모하 기 때문에 각부 대신과 점잖은 외국인들이 참석하여 격려해 주는 것 이라 지적하고 있다.

곧이어 유학자 출신 이 관람객은 한 공간에서 빈부귀천이 없이 함께 즐거워하는 사람들을 보고 세계관의 변화를 일으킨다. 바로 신분의 구 별이 없는 새로운 세상 한 가운데에 서있는 자신을 자각한 것이다.

구경 다 한 후에 또 대신네과 잡인들이 앉어, 혹 담배도 먹고 헌화도 하니 처음 보건데 심히 괴상한 것이, 이전 같으면 잡인이 근처에만 와도 청직이 별배들이 휘축하고 벽제을 할 터인데. 그 역내 마음으로 깨달은 것이 사람이 세상에 나매 하늘이 사정이 없거는 상하귀천을 판에 박아 협제할 이치가 있으리오. …… 천한 사람이라고 의례히 귀한 사람의 하대 받을 이는 아닌즉 …… 천한 사람이라고 아니 지은 죄도 지은 듯이 구축하여 안도 서도 못할 일이 무엇이며, 귀한 사람의 하는 말은 경계 밧기라도 대답 할 마대 못하고 억탁으로 하는 일이라도 꿈적 숨도 못 쉬는 일은 무엇이랴. 그는 그요 나는 나 되고 본 즉 앉고 서는 것이 각기 제 일인데 누가 상관할 바 있으리오. 더 귀한 여러분이 그 이치를 궁구하여 저 사람들과 혼잡 하여 동좌 하엿나보다. 이렇듯 심중으로 문답하여 해득하니 내가 거연히 하루 동안에 개화한 모양이라. …… 나도 조금으로 각저 신문과 외국 서적을 보아 세계 공론과 시국 형편을 좀 알양이면 이왕 암실지 중에 있어 몽매 하던 심목을 좀 깨쳐 볼까 하노라.[28]

이 유학자는 운동회장을 나오면서 "이젠 신문과 외국서적을 보아 세계공론과 시국을 알아야겠다."고 다짐하면서 자신이 하루 사이에 개화한 모양이라 자평을 하고 있다. 이 같은 유학자의 깨달음과 느낌은 바로 당대 지식인들과 정부 관료들이 기획하고 도모한 바였다. 아울러 선물과 축하로 이어지는 승리의 기쁨과 모두 함께 부르는 '애국가와 대황제폐하 만세'는 듣는 자로 하여금 충의를 격발하다는 관전

---

28 『독립신문』, 「어떤 유지각한 친구의 편지」 1898. 6. 11.

평처럼,[29] 한국인들은 서서히 고종의 근대 '신민'으로 통합되어 가고 있었다.

그렇다고 하여 모든 인민들이 정부의 근대기획에 포섭된 것은 아니었다. 어느 완고한 노인이 체조를 하는 학생을 보고 하는 말이 "신학문 공부한다는 꼴이 이거신가. 그 공부하다가는 참 네 입이 밥이 들어가겠다."라는[30] 빈정거리는 말투에서 신구의 갈등이 표현되기도 하였다.

그럼에도 불구하고 1905년 이후 운동회는 전국, 전 계층, 전 기관으로 확산되어 갔다. 이에 한 노동자가 "아! 제기랄! 참! 각 학교 각 관청, 각 교회, 각 사회, 심지어 각 조합, 그 외에도 망둥이 꼴뚝이 집게 발이 돌깍발이 등물이 다 모다 운동회를 하데마는 우리 노동자들은 운동을 한번 못해보고 밤 낮 이렇게 허덕거리다가 죽는단 말인가!"[31] 라는 자조 섞인 말에도 이제 운동회는 한국에 완전히 토착화 과정을 걷고 있음을 알 수 있다.

3. 운동회의 확산과 국권회복

위와 같은 정부 주도의 운동회는 하나의 원형이 되어 1905년대 이후부터 지방으로 확산되기 시작한다. 이는 을사보호조약이라는 국가적 위기 속에서 전개되는 애국계몽 지식인들의 학교설립운동과 민족

---

29 『미일신문』, 「其他」 1898. 5. 31.
30 『대한매일신보』, 「잡보외방통신: 완고양반노인한분」 1907. 8. 14.
31 『대한매일신보』, 「독자투고: 여보게자네운동아니가겠나」 1910. 6. 8.

외서주의 민속놀이를 통해 바라본 조선의 근대

주의적 체육담론의 확립과 맥을 같이 하고 있다. 사회진화론의 영향 하에서 지식인들은 적자생존과 약육강식의 밀림 속에서 우리가 생존할 수 있는 방법은 실력을 양성하고 힘을 키워야 한다는 것이었다. 국가의 존망이 위태롭게 된 것은 바로 과거의 교육에 체육이 결핍된 까닭인데, 체육은 정신적 국민을 양성시키며, 국민을 단합시키고, 국가 자강의 기초라는 주장이었다.[32]

李種滿은 「체육이 국가에 대한 효력」이라는 글에서, 다른 지식인들처럼 교육에는 智德體가 있다고 보는데, 그 중 체육은 건강하고 용맹한 국민을 양성하고 단결시키며, 자강의 기초가 되는 기능이 있다고 설파하였다.

체육은 국가자강의 기초라. 우리들이 운동장에 모여 혹은 멀리 뛰거나 높이 뛰거나 경주함을 서로 관찰하면 불필요한 유희적 행동이라 할지나, 그 실효를 예상하면 우리의 일신에 이익이 있을 뿐 아니라 국가 자강이 이에 있다고 확언한다. 어떤 자들은 지금 20세기 경쟁시대를 우승열패라고 한다. 이에 금일에 결코 그 국민이 된 자의 용감한 마음과 氣를 양성함이 아니면 그 나라로 하여금 자강하게 하기 어렵다. 운동 등의 일은 그 본뜻인 바, 신체상의 혈맥을 유통하게 하여 그 건강한 효과를 얻게 함이다. 이에 체육이 자강의 기초되는 까닭이다.[33]

박은식 또한 전통적인 文 중심의 교육을 국권 상실의 원인으로 비

---

32 『서우』 제4호, 1907년 3월 1일. 「體育의 必要」 金羲善, 『호남학보』 6호, 융희 2년 11월 25일. 各學要領: 家政學續 <제2 가정교육의 準的>

33 『서북학회월보』 융희 3년 8월 1일, 제2권 15호, pp.105~109.

판하면서,[34] 일본의 경우 무사도라 칭하는 상무적 국풍이 있는데, 바로 애국정신과 단결력은 전쟁에서 일본이 우승한 비결이라 하였다. 그는 애국심과 단결심을 함양시킬 방법으로 체육을 강조하는데, 일상에서도 체조와 경주의 쟁투를 연마하여 시시로 산야에서 훈련시키고, 군인들의 전술훈련을 도입하여 가르쳐 고난을 인내하고 기력을 연마하며, 군가를 배우게 할 것을 제안하고 있다.[35] 이같이 이 시기 계몽운동가들이 주도하는 운동회는 강력한 민족주의를 함양하고 군사훈련의 장으로 기능하고 있었다. 본 장에서는 애국계몽기 운동회와 민족주의의 접속에 대해 살펴보기로 하자.

을사보호조약 이후에 다다르면 지방의 운동회와 중앙의 운동회의 성격이 다소 구분되기 시작한다. 중앙의 운동회가 1905년 통감부의 영향력 하에 들어가면서, 병식체조의 기능이 쇠퇴하고, 유희적이며 여가적인 기능이 확대되고 대외 전시용으로 활용되고 있었다. 반면, 아래 기사에서 보는 바와 같이 지방의 운동회는 국권회복의 수단, 애국심 및 민족의식 고취와 국민 교육의 장으로 활용되고 있다.

> ① 선천군수 김우회씨의 부인이 운동회에 권면함은 이웃과 같거니와 그 이튿날 상오 팔시에 각 학교 전송회를 그 고을 훈련동에 배설하고 그 부인이 여자교육이 급한 일이라는 문제로 연설했다더라.[36]

을사주의 민속놀이를 통해 바라본 조선의 근대

---

34 『서우』 제9호, 1907. 8. 1, 「論幼學(續)」, 「譯述者」 朴殷植.
　　『서우』 제7호, 1907. 6. 1, 「論幼學」(前號譯述 續)會員 朴殷植 「論幼學」(前號譯述 續)

35 『서우』 제10호, 1907. 9. 1, 「文弱之弊는 必喪其國」 會員 朴殷植.

36 『대한매일신보』, 「잡보외방통신: 부인연설」 1909. 6. 8; 『대한매일신보』, 「잡보외방통신: 화동학교운동」 1909. 6. 24.

② 일인의 통신을 거한 즉, 공업견습소 학생 일백사십여명이 본월 이십일 오전 11시 청량리 근처에서 운동회하고. 이년급반장 성흥석씨가 연설하기를 우리가 학업을 마치고 각각 다른 업무에 착실히 공부할지나 이 시대의 시세를 본 즉 통곡하고 한탄함을 견디지 못할지라. 우리 나라의 앞길을 두 어깨에 메인 우리 청년은 그 학과만 힘쓰지 말고 일의 완급을 따라 우리 대한 독립을 기약하고 아무쪼록 분발하여 나라일을 하자 하니 비분강개히 연설하며 여러 회원들이 모두 박수치고 칭찬하였다. 대황제폐하의 대한제국만세를 세 번 부르고 폐회하였는데. 이 연설로 인하여 일인이 특별히 주의한다더라.[37]

③ 當夜學校에셔 學徒의 愛國歌와 運動會를 行ᄒ니 觀廳者가 如海ᄒ야 남녀노소가 嬉嬉相樂홀 際에 郡守의 囑託을 應ᄒ야 本員이 紀元慶節의 원인으로부터 인민이 애국ᄒ는 所以를 일장연설ᄒ고……[38]

위의 기사를 보면 한말 계몽가들이 수천 명의 사람들이 운집하는 운동회를 연설회의 장으로 활용한다는 것을 알 수 있다. 황해도 박천군 소재 사립학교들이 연합대운동회를 개최하였는데, 이 때 참여한 학교가 무려 31개, 학도는 900여 명, 관람객은 4,000여 명이었다 한다. 이때 서북학회의 대표들이 참석하여 연설을 하였는데, 이들은 그날 밤 저녁에 다시 학교에서 연설회를 개최하였고, 방청인은 무려 천 오륙백 명에 달했다고 한다.[39] 계몽운동가들이 연설한 내용은 주로 교

---

37 『대한매일신보』, 「잡보외방통신: 주의않는곳없어」 1910. 3. 29.

38 『대한자강회월보』, 「本會會報」, 제4호, 1906. 10. 25.

39 『대한매일신보』, 「잡보외방통신: 운동성황」 1910. 5. 20.

육과 애국심 고취, 국권회복에 관한 연설로 요약될 수 있다.

아래 ④~⑥의 사료에서처럼 모든 운동회장에는 수많은 태극기와 깃발이 등장하고 애국가, 군가 등을 합창되고 참가자들은 '대한제국 만세'를 부르고 있다. 수백 혹은 수천의 사람들이 동일한 공간에서 동일한 사건을 목도하고, 동일한 행위를 통해 일체감을 획득하고 집단의 힘을 느끼고 있다. 바로 지방 곳곳에 있는 인민들까지 계몽사상가들에 의해 애국애족의 민족으로 통합되고 있는 것이다. 다만 1890년대 후반 운동회들이 주로 '황제폐하 만세'를 외쳤던 것과는 달리 이 시기 운동회에서는 '대한제국 만세'로 서서히 바뀌고 있다는 점이다. 즉, 인민들은 계몽사상가들에 의해 황제의 '臣民'이 아닌 '민족'으로서의 통합이 되고 기획되어 가고 있음을 시사한다.

④ 백천군 을촌간에 있는 여러 학교가 음력 삼월십칠일에 대운동회를 하였는데 <u>국기를 들고 항오가 정제할뿐더러 시험하는 과정에 능소능대함</u>으로 관광하는 사람들이 모아 칭찬하였다더라.[40]

⑤ ······ 集合흔 人員이 四百餘名이오 其他 日本人 及 外各國人의 觀光 老少并ᄒ야 近千名이라. ······ 餘興으로ᄂᆞ <u>軍歌, 愛國歌, 改訂修心歌等</u>과 其他 多般의 興味을 助ᄒᄂᆞ 遊戲가 有ᄒ얏ᄂ되[41]

⑥ 本會 第三回 紀念歌와 <u>愛國歌를 齊唱흔 後</u>에 <u>大韓帝國 萬萬歲</u>와

---

40 『대한매일신보』, 「잡보외방통신: 백천학교운동」 1909. 6. 13.

41 『대한학회월보』, 「隨聞隨錄」 제9호, 1908. 11. 25.

太極學會 萬萬歲를 三唱호고 同五時에 餘興으로 閉會호다.[42]

아래의 ⑦ 기사는 강화군 보창학교에서 거행된 연합운동회를 묘사한 글이다. 이때 참가 학도의 수는 20여 개의 학교에서 총 2,613명, 내외국 빈객과 구경하는 사람은 무려 삼만 명 이상이었다 한다. 기사에서 볼 수 있듯이 이것은 단순한 운동회와 병식체조를 뛰어 넘어 일종의 전쟁놀이를 불사하는 것이었다.

⑦ … 이십여 과정을 각각 난호와 경쟁하야 한결같이 상을 주고 또 일반 학도를 좌우로 나누어 포격하기를 시작하는데, 적십자대는 각각 양편에 있어 상한 군사를 낫낫이 병원으로 메어가며 총소리는 연속하여 양진이 서로 진퇴할 즈음에 양편 장관들은 장검을 높이 들고 군병을 지휘하며 망원경을 들어 적진에 형세를 살피더니 한번 호령을 발하매, 한편 진중으로서 결사군 열대가 홀연 내다라 음습하야치니 적진이 항오를 일코 지상천답하며 패하야 달아나거늘 군악소리가 태극기 밑에서 훤자하며 손벽을 치고 춤을 추어 한번 큰 성황을 뵈었다더라.[43]

학생들은 적군과 아군으로 나뉘어 모의 전쟁과 같은 군사훈련을 하고 있다. 이때 운동회에 등장하는 언표는 포격, 결사군, 군병, 적진, 호령, 군악, 태극기 등으로 용감무쌍하고 애국적인 군인으로 조련하려는 계몽운동가들의 의도가 엿보인다. 이 같은 군대식 운동회는

---

42 『태극학보』, 「雜錄」 제25호, 1908. 10. 24.

43 『대한매일신보』, 「굉장한 운동」 1908. 5. 17.

1906년 인천 제물포 운동회 및 통진, 김포, 강화군 연합운동회에서 동일하게 나타난다. 이들은 이 지역 수십 개의 학교들이 연합하여 수만 명이 보는 앞에서 병식체조와 실전과 같은 모의 전투를 행하고 있다.[44]

군사훈련과 같은 운동회는 1906년 이후 등장하기 시작한 사립학교의 병식체조와 궤를 같이 한다. 안창호의 대성학교, 이동휘의 강화도 보창학교, 수원의 삼일학교, 그 외 많은 선교계 사립학교 등지에서 체육을 빙자한 군사훈련이 자주 행해지고, 군사훈련을 과시하는 운동회와 애국심을 고취하는 강연회도 개최되었다.[45] 이 같은 兵式 성격의 운동회와 체육 교과 내용은 통감부를 긴장시키고 있었다. 또한 병식체조가 항일 군사훈련으로 변질하면서 학생들은 일본군과 직접 충돌하기도 하였다. 1906년 평안도 사립학교 학생들은 병식체조를 행하다 일본 군대와 충돌하였고, 1908년 의주의 일본 수비대와 학생들이 충돌하여 4명의 학생이 부상당하고 학교가 파괴되었다고 한다.[46]

국권침탈의 위기 속에서 이젠 운동회는 애국, 희생, 崇武, 규율, 단결 등의 키워드로 집약되고 있다. 이에 참가학생의 구분방식도 학교를 기준으로 한 색깔별 구분에서 이제는 '적과 나'라는 두 개의 그룹으로 나뉘어 경기를 진행하고 있다. 적자생존의 살벌한 경쟁이 운동회에 적용되고, 참가자들은 그것을 모의 체험하게 되었다. 이렇듯 애

---

44 『대한매일신보』, 「굉장한운동」 1908. 6. 16.

45 김현숙, 「한말 '민족'의 탄생과 민족주의 담론의 창출」, 『세계화와 동아시아 민족주의』, 책사랑, 2010, pp.64~65; 김성학, 「군대식 학교규율의 기원탐색」, 『교육비평』 22호, 2007, p.122.

46 김성학, 앞의 책, p.124.

국계몽가들에 의해 체육은 개인의 신체적 건강이나 여가가 아닌 국권회복을 목적으로 하는 교련과 생존의 장, 민족의식을 고취시키는 장으로서의 의미를 갖게 되었다. 이제 학생들과 인민들은 체육과 운동회를 통해 도덕과 윤리, 예와 인, 정신적 수양과 文을 숭상하던 유교적 문화의 풍토에서 그동안 경시해 왔던, 武, 힘, 권력, 신체, 기상, 물질, 부국, 강병, 경쟁, 전쟁, 피, 투쟁, 민족, 애국 등의 개념을 수용하고 내면화하고 있었다.

이 같은 계몽운동가의 기획에 대응하여 통감부에서는 1908년 사립학교령을 통해 병식체조의 교습을 불법화시키고, 연합운동회를 금지하고 있다.

> 나팔을 불고, 북을 치는 것을 훈련하고, 혹 학교 밖에서 운동에 열중하여 수업을 소홀히 하는 것이 심한 자, 무릇 큰 규모의 운동회를 열어 수일 혹은 십수일 수업을 폐지하는 등은 근래 많이 하는 바, 이것들은 실로 교육의 보급을 해하고 또 그 본뜻을 잊은 자이나 이를 학교에서 경고한다.[47]

학부차관의 설명에 따르면 교육의 목적은 한국의 부강문명을 도모하며 진보 발달에 있고, 학교는 덕육, 지육, 체육을 교수해야 하는데, 지방의 많은 학교 중에는 학과목 선택에 있어서 문제점을 드러낸다는 것이다. 나팔을 불고, 큰북을 치며, 학생들을 조련하고 야외 유희만을 열심히 하는 등 체력만 연마하여서는 부강을 도모하기 어렵

---

47 內閣法第局官報課 第四千百六十五號, 내각 총리12호, 「私立學校令」, 훈령. 학부 훈령 제 2호.

다는 지적이다.⁴⁸ 물론 통감부가 연합운동회와 병식체조를 금지한 이유는 학교와 운동회가 항일거점과 수단으로 활용되는 것을 저지하기 위해서였다. 결국 1909년 체조 교과과정 개편을 통해 학교에서 병식체조는 사라지고 스웨덴 체조를 통해 체육 교과과목에는 건강과 유희적 기능만 존속하게 되었다.⁴⁹

4. 나가는 말

근대는 체육이라는 교과목과 운동회라는 새로운 축제를 발명했다. 놀이 및 노동과 긴밀히 결합되어 있는 운동과 지역공동체 차원의 놀이와 유희로서 공동체의 안정성과 연대성을 추구했던 한국의 전통 축제는 이제 서구가 발명한 근대의 체육과 운동회와 접속하게 되었다. 그러나 서구 문명의 패러다임이 동양 문명의 패러다임을 해체·대체하는 과정에서 한국의 전통 운동과 축제는 '후진적'이라는 이름하에 폐기되고 극히 일부만 근대 체육과 운동회에 합류하게 되었다.

본 연구는 대한제국기 정부에 의해 주도된 운동회를 통해 이면에 장착된 권력의 전략을 살펴보고자 하였다. 한국의 운동회와 체육은 서양처럼 개인이 다양한 목적을 위해, 다양한 운동 종목을 즐기는 여유가 허용되지 못하였다. 대한제국기 운동회는 외면상 다양한 색깔과 음악, 깃발, 진귀한 상품, 자유, 평등 등의 기호를 갖고, 보고, 듣고, 먹는 즐거움을 제공하고 있었다. 그러나 그 이면에는 정부와 지식인

---

48 『서북학회월보』, 「사립학교령설명」, 제1권 7호, 융희 2년 12월 1일. pp.422~439.

49 유근직, 김재우, 「초등학교 체육수업과정의 변천과정에 관한 역사적 고찰」, 『한국체육학회지』 38(4), 1999.

들의 '충량한 신민 만들기'와 '근대 문명인 제조'라는 면밀한 목표에 따라 엄격한 규칙과 규율이 적용되고, 치열한 자본주의적 경쟁이 도입되며, 근대적 시공간으로 구획되는 운동회가 기획된 것이다. 바로 황제에 충성하는 근대 '신민만들기' 프로젝트의 일환이자 문명화된 대한제국의 선전의 장으로서 운동회가 활용된 것이다.

새롭게 도입된 체육과 운동회는 을사보호조약이라는 식민지화의 위기에 따라 여가적이고 유희적인 요소는 상당부분 탈색되게 되었다. 병식체조와 연합대운동회로 요약되는 이 시대의 체육과 운동회는 개인 대신에 국가와 민족, 자유 대신에 규율과 복종, 여가 대신에 교육과 희생을 강조하는 장으로 변용되었다. 이것은 우리만의 경험이 아니라 半식민지 국가였던 중국에서도 동일하게 나타나는 현상이었다. 애국계몽사상가들은 운동회와 체육을 활용하여 민족으로서의 단결과 항일의식 고취, 그리고 체조를 가장한 군사훈련을 시켰던 것이다. 또한 계몽사상가들은 종전의 황제에 충성하는 '신민만들기'에서 국가에 애국하는 '국민만들기'라는 새로운 기획의도를 감추지 않았고, 체육과 운동회는 새로 탄생하는 민족과 민족주의 담론을 생산하고 훈련하는 장이 되었다. 이렇듯 한국의 운동회는 '근대인'과 '민족'이라는 새로운 미시권력이 탄생되는 사건이자 공간이 되었다.

참고문헌

김현숙, 「한말 '민족'의 탄생과 민족주의 담론의 창출」, 『세계화와 동아시아 민족주의』, 책사랑, 2010.

미셸 푸코, 이정우 옮김, 『지식의 고고학』, 민음사, 2000.

미셸 푸코, 양운덕 옮김, 『감시와 처벌』, 나남, 2003.

요시미 순야 외, 이태문 옮김, 『운동회: 근대의 신체』, 논형, 2007.

이학래, 『한국근대체육사연구』, 지식산업사, 1990.

최종삼, 『체육사』, 보경문화사, 1993.

곽애영·곽형기, 「한국 개화기 기독교계 학교의 체육활동 연구」, 『체육사학회지』 16호, 2005.

김성학, 「군대식 학교규율의 기원탐색」, 『교육비평』 22호, 2007.

김주리, 「근대적 신체 담론의 일고찰」, 『한국현대문화연구』 13, 2003.

이인숙, 「대한제국기의 사회체육 전개과정과 그 역사적 의의에 관한 연구」, 이화여대대학원 박사학위논문, 1993.

이태웅, 「19세기말 각급학교 운동회연구」, 『부경대연구논문집』 4권, 부경대, 1999.

전매희, 「선교사들이 근대체육활동에 미친 영향」, 『한국체육학회지』 39권 3호, 2000.

의식주와 민속놀이를 통해 바라본 조선의 근대

근대시기 서구식 완구玩具에 대한 단상斷想

서종원_단국대학교 동양학연구원 연구교수

1. 서 론

근대시기는 다양한 분야에서 변화가 불가피한 시기였다. 외부에서 신식문물과 각종 제도 등이 유입되면서 많은 변화가 있었는데, 그 변화의 강도는 여느 시기보다 강했다. 이러한 양상은 비교적 여러 측면에서 확인할 수 있다. 정치·경제·문화 할 것 없이 여러 분야에서 이전에 비해 변화의 강도가 확연하게 달랐다. 그리고 이러한 변화 과정에서 본래 있었던 것이 소멸되기도 하고, 외부에서 유입된 것이 기존의 것을 밀어내고 그 자리를 차지하기도 했다. 물론 이러한 변화 양상을 자세히 들여다보면 더 복잡한 양상을 지닌다.

근대시기 놀이문화 역시 이러한 양상과 크게 다르지 않다. 어느 시기에 오면서 그러한 변화가 본격적으로 진행되었는지 알 수 없지만 중요한 사실은 근대시기의 영향이 오늘날까지 지속되고 있다는 점을 간과해서는 안 된다. 실제로 오늘날까지 전해오는 놀이 중에서 이러한 흔적을 엿볼 수 있는 것이 적지 않다.[1]

근대시기 무렵 외부에서 우리나라로 유입된 놀이문화 가운데 완구玩具[2]가 있다. 우리 고유의 완구가 없었던 것은 아니지만 이 시기에 오면서 오늘날 아이들이 가지고 노는 서구식 완구가 외부에서 유입되었다. 따라서 근대시기에는 우리 고유의 완구와 서구식 완구가 공존하였는데, 여기에서는 서구에서 유입된 완구를 대상으로 당시 완구의 전반적인 실상을 살펴보고자 한다.

근대시기의 완구는 오늘날 장난감이란 용어와 일정 부분 비슷한

---

1 단국대동양학연구소, 『개화기에서 일제강점기까지 한국문화자료총서-민속놀이 관련 자료집 신문편-』, 민속원, 2011. 해제 p.6.

2 완구의 같은 말은 장난감이다. 장난감은 아이들이 가지고 노는 여러 가지 물건을 말한다.

의미를 지니고 있었다. 이 시기에 사용된 완구의 용어는 '작난감' 혹은 '작란감'이었는데, 오늘날 사용되는 '장난감'은 아마도 이들 용어와 관련된 것으로 보인다. 또한 당시의 완구에 대한 개념이나 종류는 오늘날과 큰 차이는 없었던 것 같다. 다만 당시에 완구라 인식하는 대상이 오늘날에는 그렇지 않은 경우가 있다. 그 이유는 아마도 오늘날에는 근대시기에 비해 완구의 종류가 다양해지면서 보다 체계적으로 완구를 명시하고 있기 때문이다. 따라서 근대시기의 완구를 이해하기 위해서는 반드시 이점을 고려해야 할 것이다. 그리고 당시 신문에 소개된 대표적인 완구에는 인형·권총·딱지·풍선·자동차·팽이 등이 있었는데, 이들 완구들은 오늘날 아이들이 가지고 노는 것과 비교해 볼 때 크게 다르지 않았다.[3]

이 글에서는 근대시기 외부에서 유입된 대표적인 놀이 도구인 완구를 주제로 삼아 당시의 신문기사(매일신보·동아일보·조선일보)[4]를 통해 완구의 유입배경 및 전파과정, 완구에 대한 당시의 인식 양상, 완구와 아이들의 교육과의 연관성, 완구와 관련된 다양한 사건·사고를 살펴보고자 한다.

의식주와 민속놀이를 통해 바라본 조선의 근대

---

3 물론 이 시기 완구라 불리는 것이 오늘날에는 그렇지 않은 경우도 있을 것이다. 근대시기와 오늘날의 완구에 대한 정의나 종류가 반드시 일치하는 것이 아니기 때문이다.

4 이 글은 단국대 동양학연구소에서 펴낸 『개화기에서 일제강점기까지 한국문화자료총서-민속놀이 관련 자료집 신문편-』, 민속원, 2011에 실려 있는 신문기사를 토대로 진행한 것이다.

2. 서구식 완구의 유입 배경 및 전파과정

근대시기 이전의 기록에는 오늘날 아이들이 가지고 노는 서구식 완구의 흔적을 찾아보기 어렵다. 그것은 아마도 근대시기 이전엔 서구식 완구가 우리나라에 유입되지 않았던 것과 관련이 있겠지만, 혹여 있다 하더라도 아이들이 가지고 노는 완구에 대해 일반인들이 별 관심을 갖지 않아 기록으로 남기지 않은 점도 결코 배제할 수 없다.

오늘날 많은 아이들이 가지고 노는 서구식 완구는 근대시기 이전에 아이들이 가지고 놀았을 가능성이 있다. 그러나 본격적으로 우리나라에 유입된 시기는 근대시기로 볼 수 있다.[5] 실제로 필자는 울산 방어진을 조사하는 과정에서 방어진의 아이들 대부분은 근대시기

---

5 근대시기에 볼 수 있었던 완구에 대해서는 『은자의 나라』에 자세히 기술되어 있다.
　서울이나 상류 사회 어린이들의 장난감은 매우 깔끔하여 실제 예술품의 경지에 이르고 있었다. 그런가 하면 모든 계급의 어린이 노리개들은 어른 생활의 縮圖品일 따름이다. 살아 있는 애완물로서는 원숭이가 사랑을 받는다. 이 원숭이들은 조끼를 입고 있으며, 포동포동하게 살찌고 할퀴지만 않는다면 어린이들로부터 가장 사랑을 받는다. 강아지들은 바퀴가 달린 호랑이와 함께 보모들의 사랑을 받는다. 아동들은 종이로 만들어 색칠한 이 백수의 왕을 끈에 꿰어 끌고 다닌다. 깡충깡충 뛰는 장난감 水兵은 그것을 끌고 다니는 그 꼬마를 복사한 것에 지나지 않는다. 끈을 잡아당기면 종이로 만든 혓바닥을 날름거리며 나팔을 입으로 가져간다. 관리들의 생활은 日傘과 재미있게 생긴 바퀴가 달린 장난감 전차에서 잘 나타나고 있다. 그 밖에 딸랑이, 깃발, 북 등의 장난감들은 성인 남녀들이 즐기는 실물과 꼭 닮았다. 이들은 모두가 이름이 있고 유행이 있으며 조선 특유의 모양으로 장식되어 있다(W.E. 그리피스, 신복룡 역주, 『은자의 나라 한국』, 집문당, 1999, p.336).

(1930~40년대)에 서양식 완구(장난감, 인형)를 가지고 놀지 않았다는 이야기를 들을 수 있었다. 다만 당시 방어진에 거주해 있던 일본인 아이들이 완구를 가지고 놀았다. 일본의 여자 아동들은 인형을, 남자 아동들은 서구식 완구를 주로 가지고 놀았는데, 그런 아이들도 흔히 볼 수 있었던 것은 아니었다고 한다. 방어진에서 만난 한 제보자는 인형이나 완구를 한 번 만져보고 싶어 완구를 가지고 있는 일본인 아동에게 다가가 말을 건네며 일부러 친해지려 한 적도 있었다[6]고 했다.

앞서 소개한 울산 방어진 사례를 통해 알 수 있듯 일제강점기 무렵만 하더라도 우리나라의 아이들이 완구를 가지고 노는 모습은 거의 찾아볼 수 없었다. 서울을 비롯한 대도시에 자란 7~80대 이상의 노인들 역시 어린 시절에 완구를 가지고 놀았던 경험이 거의 없었다고 한다. 일부 여성들에게서 서구식 인형을 가지고 어린 시절을 보냈다는 이야기를 들을 수 있었지만, 어린 시절에 그러한 경험을 가진 노인들은 찾아보기 힘들었다.

이런 점에서 보면 서구식 완구가 우리나라에 유입된 시기는 생각보다 그리 오래되지 않았을 것으로 사료된다. 따라서 아이들에게 서구식 완구가 보편화된 시기는 아마도 근대시기 이후인 해방 이후일 가능성이 높다.

어찌되었든 오늘날 흔

의식주와 민속놀이를 통해 바라본 조선의 근대

---

6 서종원, 「식민지 시기 아동놀이의 실체와 특징-울산방어진 사례를 중심으로-」, 『제14회 단국대학교 동양학연구소 중점연구소 연구과제 학술회의 자료집(개화기에서 일제강점기까지 한국 문화전통의 지속과 변용VI)』, 2011, p.147.

히 볼 수 있는 서구식 완구가 우리나라에 유입된 시기는 여러 가지 사정을 종합해 볼 때 근대시기로 단정할 수 있을 것이다. 이런 사실은 앞서 소개한 필자의 현지조사 내용과 근대시기의 신문기사를 통해 확인할 수 있다. 특히 근대시기라는 시대적 배경 등을 종합해 볼 때 완구가 우리나라에 유입된 시기는 아동에 대한 관심이 높아진 시기와 일정 부분 관련이 있을 가능성이 높은데, 이런 점에서 보면 본격적으로 완구가 우리나라에 유입된 시기는 근대시기가 아닌가 싶다.

더욱이 근대시기에는 서구의 다양한 신식문물이 우리나라에 소개되었기 때문에 완구 역시 이 무렵에 유입되었을 가능성이 충분하다. 축구와 야구 등의 스포츠를 비롯해 체스 등의 서구식 놀이가 이 시기에 소개되었다는 사실을 보면 완구 역시 이런 흐름 과정에서 자연스레 우리나라에 유입되었을 것이다.

당시 완구가 우리나라에 유입된 배경을 다른 관점에서 살펴본다면 일제강점기라는 시대적 배경 역시 간과할 수 없다. 그 이유는 당시 우리나라를 지배하고 있던 일본은 아이들이 자연스럽게 전쟁과 군대에 대해 관심을 갖도록 이와 관련된 완구를 아이들이 가지고 놀게 했을 가능성이 높기 때문이다. 이 무렵에 소개된 완구 중에 유독 장난감 병정이 많았다는 사실은 이러한 추측을 가능케 해준다. 당시 신문에 실린 한 편의 시사만화에서도 이러한 의도를 엿볼 수 있다.

<時事漫畵 軍國主義의 玩具>
전쟁을 배격한 미국영화 '서부전선이상업다'는 伯林과 繼也納에서 國粹主義者에게 排斥을 밧더라 전쟁을 讚美하는 그들은 아마도 이와

가튼 玩具를 가지고 놀기를 즐겨할 것이다. [7]

이러한 복합적인 배경으로 인해 근대시기에는 세발자전거·바람개비·하모니까·나팔·장난감병정·풍선·권총·사진기·인형·오뚝이 등등 이루 헤아릴 수 없을 정도로 많은 서구식 완구가 우리나라에 유입되었다. 이러한 완구들은 분명 이전 시기에는 쉽게 볼 수 없었던 것인데, 이들 완구를 접한 당시의 아이들과 어른들은 완구를 매우 신기하게 생각하였다.

서구식 완구가 정확하게 언제 어느 국가로부터 우리나라에 유입되었는지 알 수 없다. 다만 서구식 완구는 미국에서 일본으로 걸쳐 우리나라에 소개되었을 가능성이 높다. 물론 개별적인 완구에 따라 그러한 양상은 차이가 있을 수 있다. 그렇지만 대부분의 완구들은 서구에서 만들어진 것이 일본을 거쳐 우리나라에 소개된 듯하다.

얼마전에 미국으로부터 국제의 친선을 목적한 세계아동친선회가 조작되어 아동회에서 금춘에 국제아동친선을 도모하는 사자가 될만하다 수상한 인형을 만들어 멀리태평양을 건너 일본으로 보낸 그중에서 다시 그것이 조선으로 건너와서 얼마전 강원도에 여덜개의 인형이 분배되엇다는바 그 인형의 환영회를 십일 강원도 교육협회주최로 춘천보통학교 대강당에서 성대히 개최할터이라는데 당일에는 춘천읍내 각학교 륙백여 아동들이 회합할터이라더라. [8]

완구와 민속놀이를 통해 바라본 조선의 근대

---

7 『조선일보』 1931. 3. 26.

8 「國際親善使者 米國人形歡迎會 구월십일에 춘천공보교에서」, 『조선일보』 1927. 9. 11.

위의 내용을 통해 당시 많은 사람들이 외부에서 들어온 인형에 대한 관심이 많았음을 알 수 있다. 그리고 당시에는 외국에서 인형이 들어오면 환영회를 열어 그들을 반갑게 맞아주기도 하였다. 이런 양상은 다른 신문 기사에서도 확인할 수 있는데, 그 내용은 다음과 같다.

멀고먼 태평양을 건너서 온 파랑눈의 인형 '쓰규리크'의 얼한아아가씨가 월전무터평남학무과에머물러잇든바평남교육회주최로 몰아오는 십오일오전 열시에 공회당에서 환영회를 개최할터인데 당일에는 부내에 잇는 유치원과 각소학교 전부가 모혀서 성대한 례식을 거행케 될 터이라더라(평양).[9]

앞서 소개한 두 기사를 통해 1920년대 중·후반부터 서구의 다양한 인형이 우리나라에 유입되었음을 알 수 있다. 물론 모든 완구가 이러한 양상으로 우리나라에 소개되었는지에 대해서는 정확하지 않다. 현 시점에서는 다른 유입양상을 고려해 볼 수 있는데, 가령 외국을 왕래하던 유학생이나 상인, 혹은 한국을 찾은 선교사나 외국인들에 의해 완구가 우리나라에 소개되었을 가능성도 충분하기 때문이다.

어떤 경로를 통해 완구가 우리나라에 소개되었는지는 현시점에서 정확히 알 수 없지만 당시 완구에 대한 일반인들의 관심만은 무척이나 높았던 것 같다. 그것은 근대시기에 열린 '완구전람회'를 통해 엿볼 수 있다. 당시 이 행사를 기획한 주최 측의 입장에서는 많은 사람들에게 완구를 판매하는 것이 주된 이유였겠지만, 이 기사를 통해 우리는 당시 많은 사람들이 얼마나 완구를 보고 싶어 했는지를 알 수 있다.

---

9 「파랑눈인형 평양에서 십오일에 환영회」, 『조선일보』 1927. 10. 8.

오는 시월삼십일일 삼십일일이틀동안
매일 오전십시부터 오후 네시까지 녹기
연맹부인부아 청화여숙공동주최로 본
성대회 상회 삼층홀에서 작난감 전람회
를 개최한다는데 제작품은 즉 배도한다
고 한다.[10]

당시 일반인들에게 완구가 널리 알려지게 되자 서구에서 들어온
여러 가지 완구를 자세히 소개한 신문기사가 등장하였다. 또한 미국
의 경우처럼 우리나라에도 완구대여점이 생겼으면 좋겠다는 의견을
신문에 피력한 경우도 있었다.[11] 이 기사처럼 우리나라에 완구만을 판
매하는 완구점이 등장했다는 기사는 찾아 볼 수 없었으나, 문방구와
백화점, 그리고 상공회의소 등에서는 일찍부터 완구가 판매되었다.[12]
물론 언제부터 완구가 이들 장소에서 판매되었는지 알 수 없다. 그렇
지만 적어도 1920년대부터 완구가 일반인들에게 판매되었던 것으로
보인다. 그리고 완구가 일반인들에게 조금씩 알려진 1930년대에 오면
서 어린이날과 성탄절 등의 특별한 날에 아이들에게 완구를 선물하

---

10 「완구 전람회」, 『조선일보』 1938. 10. 29.

11 「작난감을 빌려주는 곳 조선에도 잇엇스면」, 『동아일보』 1936. 2. 20.

12 당시에는 백화점에서 완구를 많이 판매하였는데, 동아일보의 다음 기사에는 이에 대한 구
체적인 기사가 실려 있다.
어린아이에게 상상력을 길러주는 것은 극히 필요한 것입니다. 딸해서 상상력을 닐으키어주
는 작난거리가 매우 필요해집니다. 그년 각 백화점가튼 데서 어린아이의 발을 끌만한 작난
감을 만히 가주처 놋습니다. 또 가정에서도 어린아이에게 리로우리라고 생각하고 흔히들 사
줍니다. (이하 생략) 「어린이의 작난감을 택할때는 상상력을 자극하는 것으로 완비한 작난감
은 돌이어 소득이 적다」, 『동아일보』 1931. 10. 13.

의식주와 민속놀이를 통해 바라본 조선의 근대

는 풍습[13]이 생겨났던 것 같다.

　　咸南利原소년단에서 어린이날을 宣傳하였다합은 旣報와 如하거니와
　　當日에 특히 當邑에 잇는黃天一씨가 소년들의 前途幸福을 祝賀하는
　　意味로 玩具數百個를 그날 소년들에게 配付하였다는바 그어린이들
　　은 깃버할을 마지아니하얏다고[14]

　　완구에 대한 호기심이 많았음에도 불구하고 앞서 소개한 울산방
어진 사례에서도 엿볼 수 있듯 당시 많은 아이들은 경제적 이유 등으
로 인해 완구를 쉽게 가질 수는 없었다. 다만 분명한 사실은 당시에

는 완구에 대한 관심만
은 무척이나 높았던 것
같다. 이런 과정에서 우
리나라의 고유의 완구
즉 鄕土玩具를 만들어
농촌의 경제를 활성화
하자는 주장이 신문에
제기되었다.[15]

---

13 「금년에 유행하는 크리스마스 작란감」, 『동아일보』 1934. 12. 9.

14 「어린이 축하로 완구수백개배부」, 『동아일보』 1924. 5. 7.

15 「地方色을 表現하고 農村의 副業으로 生産 구체안을 작성하야 불원에 통첩, 鄕土玩具獎
勵」, 『동아일보』 1934. 5. 2.

3. 서구식 완구에 대한 당시의 인식 양상

서구에서 유입된 완구에 대한 당시의 인식은 비교적 다양한 양상으로 나타난다. 어떠한 완구냐에 따라 그러한 인식이 차이가 있을 수 있겠지만 중요한 사실은 당시 많은 이들이 완구에 호기심을 가졌다는 것이다. 근대시기는 완구를 포함한 새로운 유형의 놀이문화가 외부에서 유입되었는데, 많은 이들이 이러한 놀이문화에 호기심을 보인 것은 당연한 일이라 할 수 있다.

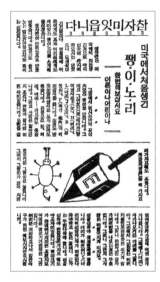

완구를 가지고 노는 대상이 아이라는 점에서 근대시기에는 완구의 교육적 가치에 대해 관심이 많았다. 아이들의 교육에 있어 완구가 효과적인 것인지에 대한 원론적인 고민은 물론, 교육적 가치가 있다면 어떠한 완구를 아이들에게 골라주어야 하는지 등에 대한 논의가 활발하게 이루어졌다. 그렇지만 외부에서 새롭게 유입된 완구의 교육적 가치를 판단하는 일은 당시엔 쉽지 않았을 것이다. 따라서 부모나 어른들이 여러 가지 완구 중에서 교육적으로 좋은 것과 그렇지 않은 것을 판단하여 아이들에게 줄 경우 이러한 고민을 할 수밖에 없었을 것이다. 이런 점에서 보면 예나 지금이나 좋은 완구를 고르는 일은 결코 쉽지 않은 모양이다.

일을 하는 것이 어른의 직무인 것과 가티 작난하는 것이 아이 직무입니다. 아이는 작난하는 가운데서 여러 가지 정신작용을 일으키어 몸을 단련시키고 여러 가지의 경험을 싸아 장래 사회에 나서는 날의 준비를 하는 것입니다. 그런데 아이의 하는 이 긴요한 각난에는 대개 작난감과 열가지 긔구가 필요합니다. 아들이 가지고 노는 작난감과 세간들 나뭇댁이 몰피리가튼 것은 얼듯보아아오것도 아니것 갓지만 이러한 아이들의 자연스러운 작난속에는 큰 교육적을끼칠만한 것이 숨어 잇다는 것을니저서는 안됩니다. 딸하서 작난감을 사서 줄즈음에도 그 선택하는법과 주는법을 그릇치지 안토록 충분주의를 가정야합니다 더욱이 도모지 그수와 모양을 헤아릴수없슴만치 만흔 가지각색의 작난감에 대하야 일일이 그 선악과 적당 부적당을 팔피기는 쉽지 안흔 이입니다. 아이의 나아와 성격에 딸하서라도 여러 가지 조건달러질것임으로 교육상효력이 잇슬지언정 해는업고 기술이 늘어가도 또 미적이며 위생에도 위험하지안코 그리고도 비교적 갑이 싼것이라면 이것은 작난감에 표준감이 될만하겠습니다. (이하 생략)[16]

많은 이들이 이러한 고민을 했던 연유는 앞서 언급했던 바와 같이 당시 완구에 대한 인식이 확연히 달랐기 때문이다. 완구가 교육적으로 좋은 놀이도구이라 생각하는 이도 있지만, 어떤 이들은 완구를 아이들의 사행심을 조장하는 대상으로 인식하였다. 사행심을 조장하는 대상으로 인식하는 사람들은 완구를 가지고 놀 경우에 아이들의 신체와 정신 건강에 문제가 있을 수 있다는 점을 부각시켰다.

순진해야할 어린이의 정신에 요행을 배양시키고 잇는 사행 행위는 어

16 「소홀히 보지 못할 아이들의 작난감-나무댁이 사금파리가 보두 교육상에 큰 영향을 끼친다」, 『동아일보』 1931. 6. 17.

느거리는 물론하고 거미줄치듯 버터져잇다. 이거슨 적은구멍가게를 위사하야 큰백화점에 이르기까지 없는곳이 없도록 야릇한 그림과 사탕을 가지고 제비를 ○게만드려져 잇는데 이것은 어린이들에게 가장 만히 이용되도록 교묘하게 만드러져잇다. 그러므로 이사 행행위가 어린이의 정신에끼치는 영향이 큼을 고려한 경기도에서는 판내각 경찰서에 이것의 철저한 취제를 지시하고잇던 중 보정경찰에서는 삼일전부터 편내를 일체검사 취제한 결과 아조 예상이외의 악질적인 사행행위가 성행하고 잇스므로 그기구 일체를 압수하는 동시에 엄중히 취제하고 엇서서 판내에 산재한 어린이상대의 ㅅ행행위업자들은 전전긍긍하고 있다.[17]

완구에 대한 부정적 인식을 가지고 있던 사람들은 아이들이 완구를 가지고 놀 경우 도박심리가 생길 가능성이 높다고 생각하였다. 앞서 소개한 사행심리와 마찬가지로 권총 등의 완구를 가지고 놀다 보면 저절로 도박심리가 생겨나게 된다는 것이다. 이런 연유로 근대시기에는 경찰들이 완구를 단속하는 일도 있었다.[18] 또한 당시에는 완구가 아이들의 신체발달 과정에 좋지 않은 영향을 줄 수 있다는 기사를 어렵지 않게 볼 수 있는데, 가령 동아일보에 실린 「장난감 때문에 신톄발육에 장해, 日月球로 인하야 어린이의 등이 곱으러진다」[19]의 기

---

17 「아동의 사행심리를 조장시키는 玩具菓子」, 『조선일보』 1938. 6. 12.

18 인천서 보안계에서는인천부내 각아동 완구의 어린이들의 유일한 오락기관인 일전내고 뜯어서 권총갑등을 타게되는 경품을 엄금하느 동시에 현재에도 도착되어 잇는 물건은 본산지로 반환시킨다는데 그 이유는 천진난만한 아동들에게도박심리를 양성하는 폐가잇다하야 그러히는것이라고한다(인천)(「玩具景品을 嚴禁 어린애게도박심리길른다고」, 『동아일보』 1934. 1. 15).

19 『동아일보』 1927. 4. 2.

사가 그것이다.

근대시기에는 완구가 전렴병(전염병)을 옮기는 대상으로 인식되기도 하였다. 그러한 인식의 바탕에는 완구의 재질이 오늘날처럼 좋지 않은 이유도 있지만, 입으로 부는 완구를 친구들끼리 돌려가며 놀다 보면 자연스레 전염병이 옮길 수 있다는 생각이 깔려 있었다. 후자의 경우는 다음의 기사를 통해 구체적으로 확인할 수 있다.

아이들이 즐겁게 가지고노는 작난감은 없어서는 안될 것인데도 위험성도 만습니다. 그것은 작난감에서 전염병이 배게되는 까닭입니다. 잠깐 생각해봐도 나발, 고무풍선, 피리 하모니가 등입니다. 이것은 어느 것이나 입으로 불기 때문에 늘더러운 것이 입으로 드러가기 있습니다. 새것을 사왓슬때도 한번소독해주고 아이들끼리 서로 빌여서 부는 것은 주의하도록 어머님이 일너주십시오.[20]

---

20 「작난감에도 전렴병이 옮는다」, 『조선일보』 1939. 4. 9.

그렇다고 해서 당시 완구에 대한 인식이 부정적인 것만은 아니었다. 여러 가지 면에서 좋은 놀이도구임을 보여주는 기사도 적지 않다.[21] 특히 근대식 학교가 등장하고 서구의 관념이 유입되면서 완구는 아이들의 교육에 있어 중요한 교육도구로 인식되었다.[22] 아동에 대한 관념이나 인식이 변화하면서 완구는 아이들이 가지고 노는 단순한 놀이도구가 아니라 교육적으로도 훌륭한 도구라는 인식이 널리 확산된 것이다. 당시의 신문 기사에서는 이런 내용을 어렵지 않게 발견할 수 있다. 「어린이들의 장난감과 영향」, 「어린아이들의 작란감 선택, 년령과 성질에 딸흐라」, 「아이들에게 주어서는 안될 작란감」, 「어린이 작난감을 택할 때는 상상력을 자극하는 것으로 완비한 작난감은 돌이어 소득이 적다 점토나 나무조각이 조하」, 「발육 따라 달리할 작난감 선택법, 차차 운동에 적당한 것을」, 「어린애의 작난감 문제 작난감과 책을 줄 때 어떠한 주의가 필요한가, 잡지도 과독하는 것은 재미없다」, 「아동들은 작란감을 선택함에 따라서 압날에 위대한 힘을 더들 수가 잇습니다」 등의 기사에서 당시의 이러한 인식을 확인할 수 있다.

완구의 교육적 가치에 대한 인식이 확대되면서 아이를 둔 부모나, 아이들이 모여 있는 유치원에서는 연령 등을 고려하여 아이들에게 좋은 완구를 골라주고자 노력하였다. 완구라는 놀이도구를 이용하여 아이들의 성장과정에서 부족한 부분(인내심, 창의력 등)을 채워주고

---

21 어떠한 작란감이냐에 따라 특히 이러한 인식이 차이가 있었다. 나무조각이나 아이들이 직접 조합하여 만드는 완구, 그리고 상상력을 유발하는 완구는 선호해야 하지만, 투기심을 유발하는 쌍륙이나 화투, 그리고 고무나 셀룰로이드로 만들어진 완구는 비선호의 완구로 인식하고 있다.

22 대표적인 기사가 매일신보의 「과학교육을 위해서는 작난감은 선택할 것」(1942. 7. 5.), 「아동에 대한 완구교육」(1920. 6. 5.)가 있다.

자 했던 것이다.

4. 근대 시기의 아동 교육과 완구

이전 시기와 달리 근대시기에는 아동에 대한 관심이 높았다. 그 이유는 여러 가지 측면에서 고민해 볼 수 있겠지만, 무엇보다 근대적 사고의 도입과 함께 근대식 학교가 등장했다는 점을 중요한 요인으로 꼽을 수 있다. 이 시기에 '어린이 날'이 제정되고 어린이 관련 잡지가 발간되었다는 점 등이 이를 증명한다. 근대시기는 특히 전통시대와 달리 아동을 특별한 주체로 인식하게 되었는데, 이런 인식하에 아동을 보다 나은 주체로 양성할 수 있는 교육의 중요성이 강조되었다. 완구를 가지고 노는 대상이 주로 아동이라는 점에서 근대시기에 완구는 아동들의 교육에 있어 없어서는 안 될 중요한 교육도구로 인식된 것이다.

신문에 보이는 완구와 아동 교육과 관련된 기사에서 자주 볼 수 있는 내용은 아이의 성장과정에 따라 적절한 완구를 골라주어야 한다는 것이다. 이런 양상은 오늘날도 크게 다르지 않다. 가령 1세의 아이와 2~3세의 아이에게는 나이에 맞는 완구를 골라 주어야만이 교육적으로 효과가 높다는 것이 그러한 내용이다. 당시 신문에는 이러한 유형의 기사가 많이 보이는데, 매일신보의 「유치원에 단일 때는 어떠한 작난감이 그들에게 필요할가」와 「거름을 배울 때 주는 작난감」 등의 기사에 이러한 내용이 소개되어 있다.

많은 아이는 갓나서 육칠개월만 되면 기게 되는데 그걸 때에는 될 수 있는대로 기어단이게 하야 많이 거름을 배우도록 걸너야 할 것이다. 그러나 재롱을 보기 위하야서라든지 또는 많이 걸니고저하는 마음에서 무리하게 서들면 다리가 삐뚜러지는 수도 잇다. 주이하십시오 제일 조흔 것은 문이 잘 열리지안는 방에 고무공과같은 것을 주면 제 혼자서 그것을 쪼처다니느라고 잡버지드하고 또벽을 붓잡고 일어스게 될것입니다. 이러날 힘이업스면 길것이닛가 대리가 삐뚜러질 염녀는 업습니다. 주의할 것은 세충까지 충충대대에 흔겁을 싸둡니다. 영리한 아이란 결국 많이 걷는 아이말을 일즉이하는아이 치아가 먼저 나는 아이를 가르침이겟는데 이것으로 귀여운 젓먹이의 멘탈테스트를 하여봄도 조켔습니다. 그것은 이역설로서 많이 걸니고 또많이 말을 아리켜줌이 젓머익의 머리를 발달식혀주는 한방법도 될 것입니다. 생후 팔구개월이 되면 많은 아이는 것게됩니다. 것는다하드라도 이 시대에는 반듯이것는데아니고 술주정군과가튼 거름을 떼어놋는 것입니다. 그럼으로 이때부터 뛴다든지 달닌다든디 도는 도는 모양을 가리켜 줄 필요가 잇는 것인데 그에는 발휘가 달린 것을 주어 그것을 밀고단이게함이 조켔습니다. 그러나 처음에는 나무로 만든것을 주도록 하십시오 나무로 만든 말이라든지 개와 같은 것을 주면 끌고미는 사이에 저절로 거름을 배우게 될 것이고 또 그것은 강제적인 것이아니여서 퍽 자연스러운 발육을하게 될 것입니다.[23]

또한 신문 기사를 통해 완구를 활용한 아이들 교육이 이 시기에 본격적으로 시작되었음을 알 수 있다. '완구를 통해 자연스럽게 과학 지식을 알린다'는 기사가 대표적인 내용이다. 특히 서구의 다양한 교

23 「거름을 배울때에 주는 작남감, 고무공과 목말이 조타」, 『매일신보』 1938. 11. 16.

육제도가 유입되면서 수학과 과학 등을 잘하기 위해서는 아이에게 어떠한 완구를 골라 주어야 하는지 등이 신문에 소개되었다. 당시 일반인들이 생각하는 좋은 완구란 아이의 상상력을 자극하는 것인데, 여러 완구 중에서 점토나 나무 조각이 아이들의 상상력을 기르는데 있어 좋은 완구로 인식되었다. 또한 당시 어른들이 생각하는 좋은 완구란 아이들이 직접 만들어 볼 수 있는 완구였다. 반대로 인공을 가한 완구, 가령 소리가 나는 완구, 이미 완성된 완구 등은 가격만 비싸지 아이들 교육에 별 도움을 주지 못하는 완구로 인식하였다.[24]

앞서 언급한 내용처럼 교육적 측면에서 볼 때 좋지 않은 완구도 있지만, 좋은 교육 도구로 이용할 수 있는 완구도 많았다. 이를 반영하듯 당시에는 아이들의 연령대에 맞는 완구를 잘 골라주면 아이가 성

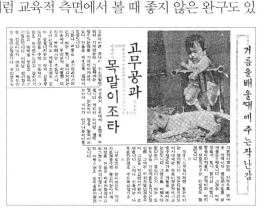

장하는 데 있어 많은 부분에서 도움을 줄 수 있을 거라는 인식이 널리 확산되었다.

근대시기 완구를 통한 교육은 어떠한 완구냐에 따라 차이가 있겠지만 대체로 아이들의 지혜개발, 좋은 습관과 성격 양성, 미적 감각 증가, 지식습득, 과학적 사고 배양, 사회성 및 자율성 습득 등이 주된

---

24 「어린이 작난감을 택할때는 상상력을 자극하는 것으로 완비한 작난감은 돌이어 소득이 적다. 점토아 나무 조각이 조하」, 『동아일보』 1931. 10. 13.

아이들의 작난감 중에는 나무조각이 제일 좋았던 것으로 보인다. 당시에는 아이들의 정신, 교육, 위생상 나무조각이 아이들에게 적당한 완구로 인식하였다(「아이들 작난감은 나무쪼각이 제일 정신, 교육, 위생상」, 『동아일보』 1932. 2. 26).

목적이었다. 예를 들면 침착하지 못한 아동에게는 그림책과 그림 맞추는 것 같은 머리 쓰는 완구를 주어야 하고, 몸이 약한 아이에는 공이나 그네, 스케이트, 자전거 등을 주어 아이의 성격이나 습관을 고칠 수 있는 완구를 주어야 좋다는 것이다. 당시 신문에는 앞선 내용 이외에 완구를 이용한 다양한 교육 방법이 구체적으로 소개되어 있어, 아이들 교육에 적지 않은 도움을 주었다.

당시의 완구를 활용한 아동 교육에서 눈여겨 볼 내용은 많은 이들이 아이들에게 어떠한 완구를 주어야 하는가에 대해 많은 고민을 했다는 점이다. 아이가 있는 부모나 아이에게 완구를 선물할 사람이라면 한 번쯤 이러한 고민을 했던 모양이다. 당시에는 완구에 대한 상세한 지식이 없다보니 좋은 완구를 고루는 법을 비롯해, 나이에 맞는 완구 선택법, 심지어 계절에 맞는 완구를 아이들에게 골라주는 법 등이 신문에 소개된 듯하다. 매일신보의 「작난감은 이러케 고르십시요」를 보면 당시에 완구를 고를 때 신경 써야 하는 부분이 자세히 소개되어 있다.

① 어른의 취미로 고르지 말고 어린이이 발육정도를 생각할 것, ② 가격의 高低보다도 작난감 자신의 가치를 생각할 것, ③ 깨지기 쉬운 것 빗갈 벗겨지기 쉬운 것은 되도록 피할 것, ④ 어린이들의 희망은 어느 정도까지는 만속식히고 어느 정도까지는 참도록 하실 것[25]

또한 같은 기사에는 아이들에게 완구를 가지고 놀게 할 경우 주의해야 할 내용에 대해서도 소개되어 있다.

---

25 『매일신보』 1935. 5. 24.

① 마음껏 작난감하고 놀게 할 것, ② 소중히 하게 할 것, ③ 다소 놀고 나선 잘 간수하게 할 것, ④ 깨진 것은 고치든지 혹은 그 조각을 다른 데 리용하게 할 것[26]

당시의 신문에는 신체발달과정에서 어떠한 완구를 아이에게 주어야 하는지를 고민하는 내용이 담긴 기사가 자주 등장한다. 가령 갓 태어난 아이에게 주는 완구와 6~7세 된 아이에게 주는 완구를 달리해야 한다는 내용이 그것이다. 이 시기의 완구 관련 기사에는 신체 발달시, 생후 3~6개월, 생후 7~8개월, 생후 1~2년, 생후 3년, 생후 6~7년으로 구분하여 각각에 해당되는 아이에게 어떠한 완구가 좋은지를 자세히 소개하고 있다. 동아일보에 실린 기사 내용을 참고해 보면 생후 7~8개월 된 아이에게는 변화가 있는 완구, 즉 움직이면서 소리가 나는 운동인형이나 전차가 좋은 완구였던 것 같다.

또한 남녀의 성별에 따라 남자 아이와 여자 아이에게 어떠한 완구를 골라 주어야 하는지를 소개한 신문기사도 보인다. 이 기사는 남자 아이에게는 칼이나 기차·비행기를 주어야 하고, 여자 아이에게는 발가벗은 인형, 소꿉질(소꿉) 놀이 등을 주는 게 교육적으로 효과가 있다는 내용을 담고 있다.

---

26 『매일신보』 1935. 5. 24.

5. 완구와 관련된 사건과 사고

신문을 통해 근대시기의 완구를 접하는 과정에서 유독 사건·사고와 관련된 기사가 많이 등장했다는 사실을 알 수 있었다. 신문이라는 성격상 사건·사고를 다룬 기사가 자주 등장한 것은 어찌 보면 당연한 일이겠지만, 일반인들이 완구를 제대로 인지하지 못하거나 혹은 완구 사용법을 몰라 벌어지는 사건·사고가 당시에 많이 발생한 것으로 보인다. 신문기사에는 화약이 첨가된 완구를 잘못 다뤄 발생되는 사건·사고, 완구를 만드는 재질에 유해성이 포함되어 있어 아이들이 입에 넣어다 벌어지는 사건·사고 등이 자세히 소개되어 있다.

근대시기 완구의 사건·사고와 관련된 신문기사에서 자주 볼 수 있는 내용이 바로 완구 권총을 이용하여 은행을 털거나 다른 사람을 위협하여 금품을 갈취했다는 것이다. 이런 사건·사고는 당시 여러 지역에서 많이 발생하였는데, 여기에서는 금산과 평양지역에서 있었던 내용을 소개하고자 한다.

지난칠일 오전령시경에 전북금산군목수면 지량리 김진래씨 집에 단도가진 강도 세명이 들어와서 주인이하전가족과 그집에 온손까지 죽인다고 위협한 후 전부 뒤로 결박하고 모다 이불을 씨워노코 집안살림을 뒤진후 현금 이원의복 십여집을 강탈하고 잔락감 '피스톤'을 두

방이나 노흐며 돈을 더내라고 협박하나 현금이업다 한즉 신고들하든 지 소문을 내면 조치못하리라 하고 도주하얏는데 동일 오전 두시반 경에 다시 동리김성학의 집에 침입하야 동일한 수단으로 협박하고 쌀 두말과 현급 십여그와가터 경성방송국은일반의 긔대를 배신하고 그 창설자들을 그것을 독특한(이하 생략)[27]

십칠일밤 종로거리에서 종로서원에게 수상히 보혀 검거된 것이 악운 으로 황해도 일대를 마음대로횡행하며 절도질을 한 죄상이탈로된 황 해도 송화읍 태생 전과일범 임청로(29)의 여죄에 대하야 엄중추궁중 이던 종로서원이 그가 기자고 잇던 작난감권총의 출처와 소용처에 의 심을 품ㅁ고 협박강도에나 쓰지안헛나하야 계속 취조중 십팔일밤에 이르러 파연평양시내에서 그권총으로 강도질한 것을 자백하얏스므로 평양에서 기멸하야 십구일아침 평양서로부터 혀사 두명이 그의 인도 를 바드려고 급거상경하얏다. 스므살때에 해주사범학교를 마치고 교 단 생활까지 한 그가 드디어 강도법으로 전락한 동기는 불순한 사랑 과 유흥비에 끈쿵한 까닭에라고한다.[28]

당시 완구 권총을 이용한 범행은 은행에 들어가 돈을 갈취하는 경 우도 있었지만, 보다 대범하게 완구 권총을 들고 버스에 올라타 운전 사와 승객들을 협박한 경우도 있었다.

지난십삼일 오전령시오분 충북청주에서 조치원으로 가든 조선철도

---

27 「완구권총들고 一夜二處침입」, 『조선일보』 1927. 5. 11.

28 「作亂감拳銃으로 平壤서 强盜犯行조 鐘路署선에 檢擧된 前敎員」, 『조선일보』 1938. 6. 20.

주식회사 버스가 동청주군서면사창리를 지날지음에 돌연괴청년이 나타나 버스를 정거시킨 후 권총가튼 것을 가지고 세발이나 공포를 노아 승객을 위협하면서 '돈을 내라'하야 칠명의 승객에서 현금칠월구십전을 강탈하엿든 사건은 그 후 곳 시문긔사게재를 금지하고 이래 범인을 엄탐충 이십삼일오후 다섯시경 바로 음력섯달 대목날 청주읍 장터에 나와든 범인을 청주경찰서원이 체포하였다. 범인은 본적을 전북 전주군 이서면에 두고 청주읍청주정 일백십구번지에 거주하든 청주읍내 군시제사회사직공 일명태옥이라고 하는 馬貴童으로 판명되었다. (이후 생략)[29]

근대시기에 완구 권총을 이용한 범행 행위가 많이 발생했던 연유는 일반인들이 실제 권총과 완구 권총을 구별하지 못했기 때문이라 생각된다. 일반인들이 완구 권총과 실제 권총을 구별하지 못했다는 점은 두 가지 측면에서 고민해 볼 수 있을 것이다. 하나는 두 개의 권총을 구별하지 못할 정도로 완구 권총이 실제 권총과 매우 흡사해서 벌어진 일일 수 있으며, 다른 하나는 일반인들이 완구 권총 자체가 있다는 사실조차 몰랐기 때문에 벌어진 것일 수 있다. 완구 권총이 위협용 무기로써 피해자가 착각할 정도로 정교하게 만들어졌다는 일부 신문 기사를 보면 아마도 첫 번째 내용과 가깝겠지만, 일반인들이 이 시기에 외부에서 새롭게 유입된 완구 자체를 잘 알지 못해 발생했을 가능성도 배제할 수는 없을 것이다.

어찌 되었든 당시에는 완구 권총을 가지고 일반인들을 협박하여

29 「拳銃(玩具)發射威脅한 버스 襲擊犯逮捕 乘客七名의 紙匣을 一齊强奪 淸州 鳥致院街道서」, 『조선일보』 1936. 1. 26.

범행을 저지르기도 했으며, 일부 독립단에서는 완구 권총을 들고 군자금을 모으기도 했다.

> 평양북도 철산군 부석면 인평리 뎡용권(26)은 본년육칠월경으로부터 동도 신의쥬 방면으로 단이다가 동동구고성면 미럭동 뎡성앙(28) 파밋동 도동군동년풍동에 잇는 모모앙명파음모 고원구육혈포로써 통천과 밋의주군내에 있는 부호한사람의 집에 드러가서 조선독립운동자금을 모집하다가 발각이 되야서 신의주 경찰서에 테포취조즁이라 더라.[30]

이 시기에는 아이들이 완구를 가지고 놀다 벌어지는 사건·사고도 많았다. 당시의 완구들이 오늘날에 비해 정교하게 만들어지지 않은 것이 주된 이유지만 생소한 완구를 잘 못 다뤄 발생하는 사건·사고가 적지 않았다. 이 시기에는 특히 풍선을 가지고 놀다 목숨을 잃는 경우가 많았는데, 입에 물고 있던 풍선이 터져 그 파편이 목구멍으로 넘어가는 사례가 그것이다. 다음 두 기사 내용을 통해 이와 관련된 당시의 실상을 자세히 엿볼 수 있다.

> 지난 이십일륙일에 평양부 경창리 칠십구번디에 사는리선두의 장녀리 혜경은 학교에서 몰아와 '고무'풍선구를 사가지고 불면서 놀다가 풍선구가 터지며 그 터진 조각이 입으로 들어가 긔관이 막히어 죽시 죽었다

---

30 「완구권총으로 군자금모집타가 체포취조 평양북도 철산군 부석면 인평리」, 『조선일보』 1920. 12. 19.
이밖에도 「완구권총으로 군자금모집 하다가 체포」(『조선일보』 1920. 12. 19.), 「완구권총으로 위협하며 군자금을 제공」(『조선일보』 1921. 5. 25.) 등의 기사에서 이를 확인할 수 있다.

는데 곳 귀홀병원으로 다려다가 끄집어내엇으나 소생하지 못하였다는 바 어린이 길르는 일반부형들은 한층주의를 하야야겠다더라(평양).[31]

시내 권농동일백팔십삼벗디리긔택의 오남강문이가 재작이십일오후 여섯시반경에 자긔집 압길에서 고무풍선을 입에 물고 놀다가 그풍선이 터저서 목구녕으로 드러간후 로봇허마츰내숨이막히여즉사하얏는데일반가뎡에서는극히조심할일이더라.[32]

근대시기에는 이와 같이 완구를 잘못 다뤄 발생하는 사건·사고가 많았다. 또한 제작 기술이 부족한 연유로 아이들에게 해로운 독이 들어있는 완구를 가지고 놀다 발생하는 사건·사고도 있었다. 실제로 당시의 신문에는 완구에 독이 들어 있는 것이 많기 때문에 완구를 가지고 노는 아이들은 완구를 절대로 입에 대지 않도록 당부하는 내용이 담긴 기사가 종종 등장한다. 완구 중에서도 특히 짙은 빛깔(색)을 띠고 있는 것이 아이들에게 해로운데, 이들 완구를 절대 입에 대지 말 것을 당부하는 기사도 보인다.

(생략) 그런데 작낙감중에는 위생상 극히 해로운 것이 적지안흡니다. 아이들의 작난감중 고무점토라는 것이 이즈음 대류행을 합니다. 이것은 물르고

---

31 「注意, 아동완구를 주의 '고무' 풍선에 공식참사─가지고 놀든 풍선이 터지며 조각이 목구멍으로 넘어가서 참혹히 죽어」, 『조선일보』 1927. 4. 30.

32 「완구풍선에 小兒窒死─작란감에 어린아해가 죽었다 가뎡에서 주의할 일─」, 『동아일보』 1924. 2. 22.

보드러워서 맘대로 여러 가지 모형을 만들 수 잇슴으로 교육상으로 보아도 여간의미 기픈 것이 아니며 아이들 자신들도 비상히 깃버하는 것입니다. 그러나 이 고무점토속에 석겨잇는 색소 즉 물감에는 유독물의 석것이 잇슴니다. 그것이 손에무덧다가 간접으로 입으로부터 몸에 침입하거나 또는 만지고 잇는 동안에 피부부터 배어들어가서 해를 끼칠넘려가 잇슴니다. 일즉이는 크롬산연酸鉛이라는 무서운 독긔잇는 약품을 석거서 황색의 색소를 내어쓴 작난감이 다 잇섯슴니다. 더구나 색연필과 그레온가튼 것도 마찬가지로 교육상업지숫할거지만 이 것도 사용하는 색소에 달하 충분히 주의를 시켜야합니다. 그리고 제일아이들에게 이런것을 입에 대지말도록 업늉히 경계를 시켜야합니다. 대개는 색깔이 덜 진할스록 덜 위험합니다.[33]

이 시기에는 화약품이 들어있는 완구를 잘못 다뤄 화재가 발생하는 일도 있었다. 오늘날에도 화약이 들어 있는 완구를 아이들에게 판매하는 경우 각별히 신경을 쓰고 있는데, 근대시기에는 특별한 규제가 없다보니 이러한 완구가 시중에 판매되었던 모양이다. 따라서 당시에는 화약이 들어 있는 완구 자체가 폭발하는 일이 많았다. 그래서 당시 신문에는 이런 사건·사고를 막기 위해 화약이 들어간 화약 완구를 가급적 사지 말 것을 당부하는 내용의 기사가 실렸다.

시내동대문경찰서 보안계에서는 저번관내의 화재중이십륙일밤에 이러난창신동이백칠십삼번지리태순의집화재는아이들의 화약 작란의

---

33 「작난감 빗갈에 독잇는 것이 만타 결코 입에는 대지 안토록 지틀 빗 일스록 낫버」, 『동아일보』 1931. 8. 14.

실화인 것이 판명되얏슴에 빗죄여 구력년말년시를 당하야이 화약작란이심할서심으로 리태순의 집화재 원인이된 태전오련발 작란감화약은 물론 그 외에도 실화 될념려가 잇는 작란감심화약은 관내상점을 조사한 후에 판매의 금지를 단행할터이리한다.[34]

6. 결 론

필자는 지금까지 근대시기 신문에 실린 완구 기사를 토대로 당시 완구의 유입 배경 및 전파과정을 비롯해 완구에 대한 당시의 인식 양상, 완구와 아동 교육, 그리고 완구와 관련된 여러 가지 사건·사고를 살펴보았다.

근대시기에는 서구에서 유입된 완구에 대한 개념이 제대로 정립되지 않아 많은 이들이 완구를 접하는 과정에서 혼란스러운 부분이 적지 않았다. 또한 완구를 어떻게 다루어야 하는지 몰라 다양한 형태의 사건·사고가 발생하였다. 이런 연유로 근대시기 완구에 대한 인식은 매우 다양했는데, 특히 부정적인 인식과 긍정적인 인식이 공존했음을 알 수 있었다. 이렇듯 당시 많은 사람들은 처음 접해보는 서구식 완구에 대해 어떻게 받아들여야 하는지를 제대로 알지 못했던 것 같다. 그렇지만 새롭게 유입된 서구식 완구에 대해 많은 관심과 호기심을 가지고 있었다는 사실을 간과해서는 안 될 것이다.

본 연구를 진행하는 과정에서 근대시기에 유입된 서구식 완구는

---

34 「화재방지코저 화약완구 금매」, 『조선일보』 1935. 2. 1.

의식주와 민속놀이를 통해 바라본 조선의 근대

근대시기의 시대적 상황을 고스란히 보여주고 있는 문화적 표상이 아닐까 하는 생각을 해 보았다. 근대시기를 살았던 많은 사람들은 서구식 완구처럼 외부에서 새롭게 유입된 문화를 어떻게 받아들여야 하는지에 대해 늘 고민하면서 살았을 가능성이 높기 때문이다.

이 연구를 진행하면서 서구식 완구가 근대시기에 퍼져나가게 된 연유가 무척 궁금하였다. 당시의 시대적 상황과 완구가 지니는 특성 등을 고려해 보면 그러한 의문점이 풀릴 수 있겠지만 단순히 신문에 실린 기사만으로 이에 대한 해답을 찾기란 결코 쉽지 않았다. 다만 완구가 아이들이 가지고 노는 놀이도구라는 점과 식민지 시기라는 시대적 배경 등을 좀 더 자세히 분석하면 피상적으로나마 그에 대한 근접된 해답을 모색해 볼 수 있을 것이라 생각하였다. 이런 점에서 보면 근대시기 완구에는 우리가 알지 못하는 또 다른 무언가가 숨겨져 있을 가능성도 배제할 수 없다. 통치자나 지배자의 입장에서 순수한 아이들을 그들의 입맛에 맞는 성인으로 길러내기 위해 완구라는 놀이도구가 이용되었을 가능성이 있기 때문이다. 이러한 양상은 특히 일제강점기에 오면서 더욱 두드러졌을 것으로 보이는데, 이점은 완구 이외에 여러 가지 놀이문화에서도 확인할 수 있었다.

신문이라는 자료를 대상으로 진행한 본 연구는 많은 부분에서 보완 작업이 요구된다. 근대시기의 다양한 자료를 검토해야 하며, 여타의 놀이 등을 종합하여 근대시기의 놀이문화의 전반적인 특징 등을 좀 더 자세히 밝혀야 한다. 특히 앞서 언급한 근대시기 아동놀이에 숨겨진 실상을 보다 면밀하게 천착해야 보다 폭넓은 관점에서 근대시기의 문화적 표상을 올바로 이해할 수 있을 것이다.

참고문헌

『매일신보』

『동아일보』

『조선일보』

W.E. 그리피스, 신복룡 역주, 『은자의 나라 한국』, 집문당, 1999.

단국대동양학연구소, 『개화기에서 일제강점기까지 한국문화자료총서-민속놀이 관련 자료집 신문편-』, 민속원, 2011.

서종원, 「식민지 시기 아동놀이의 실체와 특징-울산방어진 사례를 중심으로-」, 『제14회 단국대학교 동양학연구소 중점연구소 연구과제 학술회의 자료집(개화기에서 일제강점기까지 한국 문화전통의 지속과 변용VI)』, 2011.

일제강점기 장난감 관련 기사의 양상과 의미

권선경_덕성여자대학교 초빙교수

1. 머리말

'장난감'이라고 하면 '아이', '어린이', '유아'라는 단어가 동시에 연상된다. 장난감이 어린 아이의 전유물로 인식되어 있기 때문이다. 놀이문화 중에서도 유독 장난감이 아이들의 전유물로 인식되면서 장난감과 관련된 논의가 풍성하게 형성됐던 시작을 일제강점기에서 찾을 수 있을 것 같다. '어린이'라는 개념 혹은 '어린이기'의 형성이 근대의 고안물이기 때문이다.[1]

근대에 와서 생물학적인 측면에서의 어린이가 아니라 개념적 내용의 어린이가 설정되는데, 그것은 크게 두 가지 내용으로 살펴볼 수 있다. 먼저 어린이는 보호받아야 하는 존재라는 것이다. 어린이는 보호받을 권리가 있고, 국가는 어린이를 보호할 의무가 있기 때문에 국가는 어린이에 대한 부모의 의무와 권리까지도 규정한다. 이렇게 해서 국가는 어린이를 국가적 존재로 격상시킴으로써 사회의 생물적 재생산을 보장하게 된다. 다음으로 어린이는 미래의 희망이라는 것인데, 지금은 약하고 어린 존재가 어른이 되어 사회를 이끌고 가게 된다는 논리이다. 따라서 국가가 나서서 어린이를 보호하는 것은 사회의 미래에 대해 투자하는 게 된다. 어린이가 미래의 희망으로 설정되면서 어린이에게 어떻게 투자할 것인가가 대단히 중요한 사회적 쟁점으로 떠오르게 되고, 이에 따라 어린이를 나이에 따라 다시 나누고, 나이별 특성을 세밀히 연구하며, 이에 따라 여러 국가정책들을 수립하게

---

[1] 홍성태, 「근대화 과정에서 어린이는 어떻게 자라왔는가」, 『당대비평』 25, 생각의 나무, 2004, p.245; 김혜경, 「일제하 "어린이기"와 "근대가족"의 형성」, 『한국사회학회 사회학대회 논문집』, 한국사회학회, 1998.

된다.[2]

이 시기 장난감과 관련된 신문 기사들의 대부분은 '교육', '과학', '어머니'라는 키워드로 묶이는데, 그것은 어린이라는 개념이 이 당시 탄생했다는 것과 관련이 있다. 근대에 와서 어린이라는 개념이 설정되자 장난감 역시 어린이의 양육이라는 차원에서 논의되었기 때문으로 보인다. 당시 아이들의 장난감은 교육의 교구 차원에서 논의되었는데, 과학은 장난감이 아이들의 성장 발달에 기여한다는 근거를 제공하였다.

그렇다면 일제강점기 신문에 나타난 장난감 기사의 양상은 어떠하며 그것이 갖는 의미에 대해서 살펴보도록 하겠다.

2. 근대적 의미의 어린이 탄생

한국에서 근대적 의미의 어린이 개념이 나타난 것은 1908년 최남선이 창간한 『소년』지와 거기에 실린 그의 「해에게서 소년에게」 같은 시에서 찾아볼 수 있다. 근대적 의미의 어린이 개념이 구한말부터 나타나기 시작한 것인데, 이러한 어린이의 개념은 우리의 전통적인 어린이의 개념과는 다른 것이었다. '나이가 적어, 세상에 대해서 아는 것이 적다는 의미의 어린이'에서 '찬란한 미래를 열어갈 존재'로 전환되었기 때문이다.

구한말부터 시작된 '어린이의 근대화'는 방정환과 천도교를 중심으로 한 민족주의 계열과 오월회라는 조직을 중심으로 한 사회주의

---

2 홍성태, 위의 논문, pp.245~255.

계열로 양분되어 이루어졌다. 이 중에서 민족주의 계열이 중심이 되었는데, 1923년 5월 1일 제1회 어린이날 기념회가 열렸으며 이 자리에서 '어린이 선언문'이 발표되었다.[3] 그 내용은 어린이의 인권과 관련된 것인데, 장유유서의 윤리적 압박으로부터의 해방, 노동으로부터의 해방, 배우고 놀 수 있는 권리를 이야기하고 있다.[4]

'어린이 선언문' 중에서 어린이의 배우고 놀 수 있는 권리를 이야기하고 있는 '3. 어린이 그들이 고요히 배우고 즐거히 놀기에 족한 각양의 가정 또한 사회적 시설을 행하게 하라'라는 부분에 주목할 필요가 있다. 장난감이 어린 아이의 전유물이자 아이들의 과학적 교육을 위한 방편으로 이해될 수 있었던 것은 이러한 어린이의 근대적 개념에서 기인한 것이라고 볼 수 있다. 장난감이 바로 어린이들이 '배우고 즐거히 놀기에' 적합한 것이기 때문이다. 좀 더 확대하자면 어린이를 미숙한 어른이 아닌 어른과 다른 객체로 인정함으로써 어린이들만의 놀이문화가 필요하다고 본 것이다. 그러나 장난감과 관련된 논의들을 어린이의 인권 문제로만 이해하기는 어렵다. 장난감의 논의를 비롯한 어린이에 대한 논의가 가장 풍부했던 시기가 1920~40년 사이인데, 이 시기가 일제강점기라는 특수한 시대적 상황이었기 때문이다.

실제로 1930년대에 들어와서 어린이 운동은 전면적으로 금지되기에 이른다. 일제가 전시체제에 들어서면서 '어린이'에 대한 개념과 접

---

3 「어린이 선언문」은 아래와 같다.
  1. 어린이를 재래의 윤리적 압박으로부터 해방하여 그들에게 대한 완전한 인격적 예우를 허하게 하라.
  2. 어린이를 재래의 경제적 압박으로부터 해방하여 만 14세 이하의 그들에게 대한 무상 또는 유상의 노동을 폐하라.
  3. 어린이 그들이 고요히 배우고 즐거히 놀기에 족한 각양의 가정 또한 사회적 시설을 행하라.
  (홍성태, 위의 논문, p.247 재인용)

4 위의 내용은 홍성태, 위의 논문, pp.247~248을 요약·정리한 것이다.

근이 달라졌다고 할 수 있다. 민족의 암울한 현실을 깨치고 찬란한 미래를 이룩할 주체로서의 어린이가 아닌 일제의 부국강병에 이바지할 국민의 재생산으로서의 어린이로 전환된 것이다. 10명 이상의 자녀를 낳은 부부에게 상을 줘서 다산을 유인하고, 우량아 선발대회를 여는 등[5] 건강한 신체를 가진 국민의 재생산에 노력했다고 볼 수 있다. 따라서 장난감 기사의 대부분을 차지하는 1930년대 이후의 기사들 역시 이러한 맥락에서 읽어야 할 것으로 보인다.

3. 일제강점기 장난감 관련 기사의 양상

일제강점기 장난감과 관련된 대부분의 신문 기사들은 앞에서 밝힌 것처럼 크게 '과학', '교육', '어머니의 양육'으로 묶인다. 새로운 장난감과 관련된 사건·사고를 다루는 기사들도 함께 존재하지만 대부분은 장난감의 교육적 효용을 다루고 있다고 할 수 있다. 장난감의 '과학적 효과'를 이야기하고 있는 경우, '장난감의 위생'과 관련된 논의, '과학적 효과를 지닌 장난감의 선별을 어머니의 중대한 교육'으로 보는 경우로 크게 나누어 살펴보면 다음과 같다.

1) 교육적 효과
먼저 다음 기사들을 차례로 살펴보자.

---

5 위의 논문, p.248.

〈기사 1〉

(상략) 작난삼륜차, 자동차가튼것으로신체 그아이의장래에 얼마나큰
영향을끼치는것인지 몰릅니다그선택은 극진히 신중하게할것입니다
여긔에는 우선나의아이성질을 잘알고서 장점을길러주고 단점을 교
정해줄의미로 작난감을 갓게해야합니다 아이의 성질의 종류로말하
면 一. 다혈질인아이는쾌할하고 시원한것이 장점이며 단점은 침착하
지못하며 한가지에 끝독못하는것입니다 二. 답즙질인아이는 실행력
이풍부한것이 조흔점이고 낫본점은 제맘대로하려고들며 사정이업는
것입니다(중략) 대개 이러케 나흘수잇습니다 이중의 다혈질의 아이에
게줄만한 작난감은 생각하고또생각할만한작난감즉러화화응용완구
물, 수人자가지고노는것,군인장긔그림마치는 것, 쏘주의력과 인내력
을 길르는 완구물즉락시잘구멍에 마치는것, 공기노는것, 활쏘는것,
핑구치니기에쓰는 것과 전차, 긔차,목수의긔부, 편물자수, 재봉도구와
재료가튼것이며 또의지력을 발달시키기위하야 핑구, 활, 공, 홋트뿔,
콜푸…풍선…그네,나무말,삼륜차,자동차가튼것으로신체를 련단하며
실행력을길러주어항상규를 잇는 정당한생활을하게하는데 효과가만
흡니다 다음에 답즙질의 아이에게는우선동정심을 길러주는동시에
미적감정을 길러주기위하야 인형 동물, 악귀, 그림책가튼것이 조흐며
(하략)[6]

〈기사 2〉

일을 하는 것이 어른의 직무인것과같이 작난하는것이 아이직무입니

---

6 「작난감이 어떠한 힘을 가젓는가–아이의 삐뚜러진성질을족히고칠수잇다」, 『동아일보』
  1929. 12. 13.

다 아이는 작난하는 가운데서 여러 가지 정신작용을 이르키어 몸을
단련시키고 여러 가지의 경험을 싸아 장래 사회에 나서는 날을 준비
하는 것입니다 (중략) 자연스러운작난속에는큰교육적영향을끼칠만한
것이 숨어잇다는 것을니저서는안됩니다 (중략) 나이와 성격에딸서
라도 여러 가지 조건이 달러질것임으로 교육상 효력이잇슬지언정 해
는업고 기술이 늘어가고 또 미적이며 위생에도 위험하지안코그러고
도비교적갑이싼것이라면 (중략) 남녀구별 성질에 맛는것이어야(중략)
아이의 활동을 자아내게하고 장래 사회생활의 준비될만한것이 적당
한것이며 또아이의 취미에 맛도록(중략)창조력과 영구성을 길러줄만
치 잘 맨들어진것이면 (중략) 위생상 주의할 재료가 있습니다 재료는
고무나무, 셀로이드가튼소독하기 편리하고 (하략)[7]

〈기사 3〉

귀여운 자녀들의 발육에는영양분잇는 음식을 먹이는것도 필요하지만
그밧게 아이들의 정신적지능을발달식히고, 수족을 운동식히는 작난
감을 알맛게주는것도필요합니다 (중략) 적당한작난감을줄필요가잇
스니 작난감의 선택은 결코총명한어머니의 지식과 애정을 토대로하
여야완전히할수잇는것입니다[8]

〈기사 4〉

작난감은 어린이의 생활을 길녀주는 중대한 교육기관입니다 어린이
를 놀녀줄때만 교육을 식혀주는것이아니라 골늘때 살 때 또는 바들

---

7 「소홀히 보지 못할 아이들의 작난감-나무댁이 사금파리가 모도 교육상에 큰영향을 끼친
다」, 『동아일보』 1931. 6. 17, 4면.
8 「작난감은 아이들발육에 절대필요하다」, 『매일신보』 1938. 2. 5, 4면.

때에 교육을 밧게 됩니다 (하략)[9]

〈기사 5〉

(상략) 작란감을 사게될때에는 과학적지도이든지정신적등여러가지의
방면을잘삷히여서선택해 주서야만 합니다 (하략)[10]

위의 〈기사 1〉은 아이의 성질을 다혈질, 담즙질, 우울질로 나누고,
그 성질의 장·단점에 따라 장난감을 선별적으로 주어야 한다고 말하
고 있다. 장난감이 성질을 보완할 수 있는 교육적 효과를 지니고 있다
고 보고 있는 것이다. 〈기사 2〉 역시 장난감의 교육적 효과에 대해서
이야기하고 있다. 〈기사 3〉은 아이의 발달을 신체적 발달과 정신적
발달로 나누어 신체적 발달이 고른 영양소를 음식을 먹이는 것이라
면 정신적 발달은 장난감을 통해 지식을 발달시키고, 수족을 운동시
키는 것이라고 말하고 있다. 아이가 생존 및 성장을 하려면 음식물을
섭취하는 것은 필수적인 요건인데, 이와 대등하게 장난감을 통한 정
신적 발달을 이야기하고 있다는 점이 주목된다. 〈기사 4〉와 〈기사 5〉
역시 아이들의 장난감을 중대한 교육기관으로 보거나 과학적 지도나
정신적 교육에 중대한 영향을 끼치는 것으로 보고 있다.

이외에도 장난감의 교육적 효과 혹은 가치를 말하고 있는 기사들
이 많은데, 좀 과정을 한다면 장난감과 관련된 모든 기사가 장난감의
교육적 효과에 대해서 말하고 있다고 할 수 있다. '거름을 배울 때에

---

9 「어린이에게 작난감을줄때는」, 『매일신보』 1938. 11. 10, 4면.

10 「아동들은 작란감을선택함에따라서압날에위대한힘을어들수가잇습니다」, 『조선일보』
1932. 5. 27, 5면.

주는 작난감-고무공과 목말이 조타', [11] '유치원에단일때는 어떠한 작난감이 그들에게 필요할까', [12] 작난감은 잘 골너서줄일 −어린애성격에큰영향이잇는것, '어린이의 완구교육 자연스럽게 과학지식을알니라', [13] '과학교육을위해서 작난감은선택할것 첫재으래가지고놀것을'[14] 등의 신문기사의 제목만으로도 그것을 확인할 수 있다.

2) 장난감의 위생

장난감의 과학적 효과에 대해서 이야기하는 기사와 함께 장난감과 관련된 위생의 문제 역시 당대 중요한 장난감 관련 기사로 파악된다. 다음은 장난감의 위생과 관련된 신문기사들이다.

〈기사 1〉

어린애작난감이**위생적**조건을 일반적으로말한다면 첫재로물론청결할것임니다 (중략) 입에대기쉬운장난감은 사가지고오는 길로 우선뜨거운물에당거서 소독하는것이좃슴니다 이것은 퍽드룸예이지만 작난감가개주인이 매독이잇서서 이주인이 부러본라팔로해서 아해들이매독에걸닌예가잇슴니다 (중략) 세루로이드로맨든 작난감은 이런위험은 업지만 불이단기기 쉬워서 충분히주의해야함니다 (중략) 채색칠한 작난감인데 이것은 당국에서도 취체하고잇슴니다 작난감의 착색으로 연이나 연의화합물을 쓴것이 잇는것갓슴니다 (중략) 연중독을 이르킴

---

11 『매일신보』 1938. 11. 16, 4면.
12 『매일신보』 1938. 11. 23, 4면.
13 『매일신보』 1942. 5. 8, 3면.
14 『매일신보』 1942. 7. 5, 2면.

니다 (하략)¹⁵

〈기사 2〉

세르로이드로 만든 작난감등속이겟는데 랄이라 마스크를쓴채 담배를피우고 잇는 아버지에게 그냥덤벼들대가 잇습니다 (중략) 세르로이드작난감에는 절대로 불기를 가깝게하지말어야되겟습니다 (하략)¹⁶

〈기사 3〉

또엇더한 작란감이교육상에 조흔가하는데 대하여는 여러 가지 복잡한 리론도잇슬것이며 자미잇는 연구도될것입니다 다만 우선건강상으로보아 주의할점 몃가지를쓰려합니다 그런데최근에는 세루로이도로맨든 작란감이 (중략) 타기쉽습니다 (중략) 화상을 당하는일이각금잇습니다 (중략) 불겻혜는 세두로이드로맨든 작란감을 주의식혀야합니다 다음고무풍선특별히불개가붓흔것은 목구녕에말여드리가 긔관을막는일이잇습니다 (중략) 나무나 혹은흙으로 맨든 작란감은 연이나간르감을 바른는것이만흠으로 (중략) 무서운연중독을이르키게됩니다¹⁷

〈기사 4〉

(상략) 위생상 주의할 재료가 있습니다 재료는 고무나무, 셀로이드가튼소독하기 편리하고 (하략)¹⁸

---

15 「주의해야할 아기네작난감 위험한것이 만습니다」, 『매일신보』 1938. 11. 3, 4면.

16 「"셀로이드"작난감 담뱃불이부트면 큰일-불이잘붓는물건을 취급하실때의주의」, 『매일신보』 1939. 5. 18, 4면.

17 「아이들에게주어서는안될작란감-건강상으로보아서」, 『매일신보』 1931. 1. 23, 5면.

18 「소홀히 보지 못할 아이들의 작난감-나무댁이 사금파리가 모도 교육상에 큰영향을 끼친다」, 『동아일보』 1931. 6. 17, 4면.

장난감의 위생과 관련되어 가장 많이 논의되는 것이 바로 셀로로 이드로 만든 장난감이다. 셀로로이드는 타기 쉬운 재질인데, 당시 이 것으로 만든 장난감이 많았으며 그것으로 인해 아이들이 화상을 입 는 경우가 종종 있었던 것으로 보인다. 장난감과 위생의 문제가 기사 화될 때마다 등장하는 것이 바로 셀로로이드로 만든 장난감이기 때 문이다. 다음으로 채색된 장난감에서 발생하게 되는 연중독 등이 언 급된다. 당대까지는 아직 장난감 등에 쓰면 되지 않는 재료들이 규정 이 되지 않았었기 때문에 연을 바른 장난감이 만들어졌던 것으로 보 인다. 개화기부터 시작된 위생과 관련된 논의는 일제강점기까지 계속 해서 강화되어 나타났는데, 장난감 역시 예외가 아니라는 것을 위의 기사들이 잘 보여주고 있다.

3) 장난감과 어머니의 교육

장난감의 교육적 가치를 이야기하면서 가장 많이 언급되는 존재 가 바로 어머니이다. 장난감이 교육적 가치를 지니게 하려면 좋은 장 난감을 아이에 맞게 잘 선택해야 하는데, 그 선택이 어머니의 몫이었 기 때문이다. 아래의 기사를 살펴보자.

(상략) 어머니의지도여하로또한 압날이열리고못열리게되는것입니다 그럼으로 어머니되시는분들은 자녀를양육할때에 어렷슬때부터 연 구성이잇도록만들어야만되겠습니다 (중략) 과학적가치가 충분히잇고 따라서 어린아이들이 갓고노는중에 우연히 이것을엇더케 만드럿나하 고 생각도하고 그래서뜨더서 자기들이다시만들만한것을 사다가준록 하여야하겠습니다 그리하야어려서부터 연구심이생기여서장래엇더 한일이든지창조력이강한사람이되여야하겠습니다 오늘까지세계발명

가를 본다면 어른이된뒤에 무엇이든지 발명을하겟다고 생각한것이 안이라자라날때부터 연구성이 잇서서무엇이든지 발명케 된것이올시다 례를드러말한다면 『라이토』형제가 비행긔를발명하도록된동긔는 아버지가 『라이트』에게 사다준대나무로만든『잠자리』를가지고 이것 이엇더케된엿나하고 여러번생각하고실험을한결과 드듸여 비행긔를 발명하기까지 되엿스며긔선을발명할때에 꿈에서배을보고서그로말 미아마 긔선을발명하게된것이올시다 그러므로아모나사다주는 <u>한 개 의 작란감</u>이 그아이에게잇서서중대한문제까지이르게됨을 일상생각 하십시오 그리고 여러 가지책을볼때나신문을날마다드러다볼때에어 린아이들이보고서알만한과학의서적을보게하며 따라서 신문도상식 을어들만한 과학지식이실녀여잇다게되면 표를질너서보게하십시오 그러케되면 어린자녀들이 책이나신문을보아서보통의과학적 지식을 엇는것은물논이겟지만 이로말미암아서한호긔심을어더서 자연이 발 명심을 일으키게됨니다 부모가 책으로는 과학에대한이야기가만히실 닌것을사다주고 작란감은 흥미잇고 연구할만한작란감을사다주게되 면 어린아이는 과학적머리가생기지안으랴안이생길수업시 생기게될 것입니다 부모들은 이점에특히조심을하시며 자녀를양육하심을바람 니다[19]

아이의 교육을 강조하고, 그 교육을 주관하는 어머니의 중요성을 강조하는 것은 국가의 중요한 인적 자원인 아이들의 양육을 부모 특 히 어머니가 담당하고 있었기 때문이다. 아이들을 민족의 암울한 현

---

19 「어린자녀들에게 과학적지식을주자-작란감선택에조심할것이며 책은과학이실닌것을닑히 라」, 『조선일보』 1932. 9. 7, 2면.

실을 타개하고 찬란한 미래를 가져올 존재로 파악하든 황국신민으로 파악하든 간에 국가 및 민족의 중요한 인적자원이라고 여기는 데에서는 동일하다. 따라서 그 인적자원을 신체적·정신적으로 잘 양육해야만 하는 것이며 그러한 책무를 바로 어머니에게 부과했다고 볼 수 있다.

4. 일제강점기 장난감 관련 기사의 의미

3장에서 살펴봤듯이 일제강점기 장난감과 관련된 신문 기사들의 대부분은 장난감을 통한 '교육', 장난감의 교육적 효과가 얼마나 '과학적인가', 장난감의 교육적 또는 양육적이라는 키워드로 묶인다. 그것은 바로 근대에 탄생한 어린이 개념의 연장선상에서 이해할 수 있다. 근대가 탄생시킨 어린이의 인권을 보장하기 위해서 장난감의 교육적 가치가 강조되었다고 볼 수 있다. 이와 함께 어린이의 인권과는 별개로 식민권력에 의해 인적 자원인 국민의 재생산이라는 측면에서도 장난감의 교육적 가치는 강조되었다. 둘의 목적은 달랐지만 장난감을 통해 어린이들의 신체와 정신을 단련시키고자 했던 것은 동일했다.

장난감의 교육적 가치의 강조는 어머니의 역할 강조로 이어졌는데, 아이의 양육을 어머니가 담당했기 때문이다. 미래의 희망 혹은 건강한 국민의 재생산인 어린이를 잘 양육하기 위해서는 그 양육을 전반적으로 주관하는 어머니가 강조될 수밖에 없었고, 장난감 역시 그러한 맥락 안에서 논의되었다고 볼 수 있다. 장난감의 위생이 강조되었던 것은 당대가 위생담론이 팽배했던 시대였다는 데에서 장난감 역시 그러한 담론 안에 놓여있다고 보인다.

다음으로 일제강점기 장난감과 관련된 기사들이 대부분 1930년대 이후에 집중되어 있다는 것이다. 일제강점기는 시기에 따라 3기로 구분하는데, 1931년~1945년까지는 민족말살정책을 펼쳤던 파쇼 통치기에 해당한다. 1931년 일본제국주의의 만주침략에서부터 태평양전쟁에서 일제가 패망한 1945년 8월까지를 가리키는데, 1920년대 말기부터의 경제공황에 타격을 입은 일본제국주의는 그 대응책으로 파쇼 체제로 전환하는 한편, 공황탈출구를 만주침략에서 찾게 되었다. 이 침략전쟁이 이후 중일전쟁과 태평양전쟁으로 이어짐으로써 한반도에 대한 식민지적 성격도 달라졌으며, 이에 따라 그 식민통치정책도 파쇼 체제, 전시체제로 전환되어갔다. 파쇼 통치기를 통해 약 500만 명의 조선인이 전쟁노동력으로 동원되었고, 약 50만 명의 조선인 청년들이 전투인력으로 동원되었다.[20]

장난감 기사가 집중되어 있는 당시는 일제의 전시상황이었다. 따라서 아이들의 장난감 기사 역시 당대의 전시상황 안에서 이해해야 할 것으로 보인다. 다음의 기사를 살펴보자.

> (상략) 그러나 요지음과가티 물재가 부족한시대에는 커다란기성품작난감도 손에드러오기가 어려우니가 될수잇는대로 일상품의페물을 모아서 커다란작난감으로 리용하도록 하는것이조켓습니다[21]

전쟁을 치르기 위해 실생활품까지 동원되던 시기임을 감안한다면 장난감에 대해서 규제하는 것은 당연한 것으로 보인다. 그런데 여기

20 한국 브리태니커, 『브리태니커 세계 대백과사전』 24, 서울: 브리태니커: 동아일보사, 1994.

21 「모든일상필수품도 아이들에게는작난감박케못된다」, 『조선일보』 1940. 3. 13, 4면.

서 주목할 것은 장난감에 대한 논의가 장난감을 만들어 쓰거나 재활용하자는 데에 있다는 것이다. 전술했듯이 당대 아이들은 식민권력의 입장에서도 미래의 황국신민이자 계속될 전쟁의 중요한 인적자원이었다. 따라서 아이들의 교육, 특히 신체적 단련을 포기할 수는 없었다. 그것이 장난감의 재활용이나 가정에서 만들어 쓰는 장난감 등으로 나타났던 것이다. 아래의 기사를 보자.

〈기사 1〉

빠나나껍질노남양에사는 토인드링 애용하는 쪽배의 모형을 만드러 봅시다[22]

〈기사 2〉

자미잇는 팽이를 누구든지 만들수잇는법을 이야기 하겟습니다[23]

위의 기사처럼 당시 기사 중에는 장난감을 만드는 방법이 자세하게 기술되어 있는 것들이 적지 않다는 것 역시 이것을 잘 보여주고 있다.

5. 맺음말

이상을 통해 일제강점기 장난감과 관련된 신문 기사들의 양상과 그것이 갖는 의미에 대해서 살펴보았다. 당시 장난감과 관련된 신문

---

22 「작난감 만드는법 빠나나의통나무배」, 『동아일보』 1937. 5. 9, 5면.
23 「작난감 만드는법 가지가지의 팽이만드는법」, 『동아일보』 1937. 5. 20, 5면.

기사들은 크게 '교육', '위생', '어머니'라는 키워드로 묶을 수 있었다. 근대적 의미에서 어린이라는 개념이 새롭게 설정되면서 어린이의 인권의 보장이라는 측면에서 어린이의 교육이 강조되었고, 장난감 역시 그러한 맥락에서 이해될 수 있었다. 그러나 우리는 일제강점기라는 특수한 역사적 상황을 경험했기 때문에 일제강점기라는 특수한 상황 역시 고려해서 이해해야 한다. 민족의 암울한 현실을 타개할 미래의 희망으로 어린이를 설정하여 장난감을 통한 아이들의 교육이 이야기될 수도 있었지만 식민권력의 입장에서도 황국신민의 재생산이라는 측면에서 아이들의 교육은 중요했기 때문이다.

장난감을 통한 아이들의 교육이 부각되면서 자연스럽게 아이들의 양육을 전담하는 어머니의 존재가 중요시되고, 부각될 수밖에 없었다. 또한 '위생'은 당대 사회의 가장 커다란 담론 중의 하나였기 때문에 장난감 역시 그 담론 안에 포함되었다고 볼 수 있다.

참고문헌

『동아일보』

『매일신보』

『조선일보』

김정의, 『한국의 소년운동』, 혜안, 1999.

김혜경, 「일제하 "어린이기"와 "근대가족"의 형성」, 『한국사회학회 사회학대회 논문집』, 한국사회학회, 1998.

염희경, 『이데올로기와 어린이의 불행한 만남』, 『창비어린이』 4-3, 창작과 비평사, 2006.

홍성태, 「근대화 과정에서 어린이는 어떻게 자라왔는가」, 『당대비평』 25, 생각의 나무, 2004.

한국 브리태니커, 『브리태니커 세계 대백과사전』 24, 서울: 브리태니커: 동아일보사, 1994.

의식주와 민속놀이를 통해 바라본 조선의 근대

1판 1쇄 인쇄 2012년 03월 20일
1판 1쇄 발행 2012년 03월 30일

편저자 단국대학교 동양학연구원
펴낸이 서채윤
펴낸곳 채륜
책임편집 정나영
표지·본문디자인 Design窓

등록 2007년 6월 25일(제25100-2007-000025호)
주소 서울 광진구 군자동 229
대표전화 02-6080-8778 | **팩스** 02-6080-0707
E-mail chaeryunbook@naver.com
Homepage www.chaeryun.com

책값은 뒤표지에 있습니다.
ISBN 978-89-93799-57-6 93380

이 저서는 2008년 정부(교육과학기술부)의 재원으로 한국학술진흥재단의 지원을 받아 수행한 연구임.
(KRF-2008-005-J02201)